PLATON

ŒUVRES COMPLÈTES

LES LOIS

LIVRES III - VI

COLLECTION DES UNIVERSITÉS DE FRANCE
publiée sous le patronage de l'ASSOCIATION GUILLAUME BUDÉ

PLATON

ŒUVRES COMPLÈTES

TOME XI

2e partie

LES LOIS

LIVRES III - VI

TEXTE ÉTABLI ET TRADUIT
PAR
ÉDOUARD DES PLACES, S. J.
Correspondant de l'Institut

Sixième tirage

PARIS
LES BELLES LETTRES
2007

Conformément aux statuts de l'Association Guillaume Budé, ce volume a été soumis à l'approbation de la commission technique, qui a chargé M. Auguste Diès d'en faire la révision et d'en surveiller la correction en collaboration avec M. Édouard des Places.

95 boulevard Raspail, 75006 Paris
www.lesbelleslettres.com

Première édition 1951

ISBN : 978-2-251-00231-6
ISSN : 0184-7155

CONSPECTUS SIGLORUM

A = Parisinus graecus 1807 (saec. IX ex.).
A[c] = idem post correctionem primae manus.
A[2] = manus revisoris coaeva vel paulo posterior.
A[3] = manus saec. X in. (= Arethae, ut vid.).
a = manus Constantini saec. XII ex..
a[2] = manus saec. XV.
a[3] = manus altera saec. XV.
O = Vaticanus graecus 1 (saec. IX ex.).
O[c] = idem post correctionem primae manus.
O[2] = manus revisoris coaeva vel paulo posterior.
O[3] = manus saec. X in. (= Arethae, ut vid.).
O[4] = recensio saec. XI-XII ex libro Patriarchae.
Π = τοῦ πατριάρχου τὸ βιβλίον (comp.).
Π° = τοῦ πατριάρχου τὸ βιβλίον ἀπ' ὀρθώσεως (id.).
O[5] = manus recentior (saec. XIV ?).
P = Palatinus graecus 173 (saec. X-XI) in libro IV° (715 e-718 a) et V° (727 a-732 d), multis omissis.
K[c] = Marcianus graecus 188 (saec. XIV) post correctionem.

Raro nominantur, propter conjecturas vetustiores :
Barberinianus graecus 209 (saec. XVI in.).
Laurentianus (L) 80.17 (saec. XV).
Marcianus graecus 184 (saec. XV).
Oxon(iensis) = Corpus Christi College 96 (saec. XVI in.).
Vaticanus graecus 1029 (saec. XIV).
Vossianus graecus fol. 74 (saec. XV).

Aldina = editio princeps Musuri (Venetiis, apud Aldum Manutium, 1513).

Ath. = Athenaei Naucratitae Dipnosophistarum libri XV, rec. G. Kaibel, Leipzig, 1887-1890 (Bibl. Teubneriana). Paginae ed. I. Casaubon, Paris, 1597.
Athenaei A = Marcianus graecus 447 (saec. X).
Clem. = Clemens Alexandrinus, ed. O. Stählin, Leipzig, 1905-1938 (*GCS*).
Cyr. Alex. adv. Jul. = Cyrilli Alexandrini adversus Julianum, ed. Aubert (Migne, *PG*, t. 76).
Eus. = Eusebii Pamphili Evangelicae Praeparationis libri XV, rec. E. H. Gifford, Oxford, 1903. Paginae ed. F. Viger, Paris, 1628.
Eusebii A = Parisinus graecus 451 (a. 914), ubi I-V tantum.
Eusebii B = Parisinus graecus 465 (saec. XIII ex.), ubi « liber XII totus desideratur » (H. Diels).
Eusebii D = Parisinus graecus 467 (saec. XV ex.).
Eusebii I = Marcianus graecus 341 (saec. XV).
Eusebii N = Neapolitanus II AA16 (saec. XIV).
Eusebii O = Bononiensis, B. Univ. 3643 (saec. XIII in.).
Gal. = Galenus, dans Medicorum graecorum opera, ed. C. G. Kühn, Leipzig, 1820-1833.
Jambl. Protr. = Jamblichi Protrepticus, ed. H. Pistelli, Leipzig, 1888 (Bibl. Teubneriana).
Philop. = Joannis Philoponi De aeternitate mundi contra Proclum, ed. H. Rabe, Leipzig, 1899 (Bibl. Teubneriana).
Proclus in Remp. = Procli Diadochi in Platonis Rempublicam commentarii, ed. G. Kroll, Leipzig, 1899-1901 (Bibl. Teubneriana).
Stob. = Joannis Stobaei Anthologium, ed. C. Wachsmuth-O. Hense, Berlin, 1884-1923.
Stobaei A = Parisinus graecus 1984 (saec. XIV),
Stobaei F = Farnesianus 299 (saec. XIV).
Stobaei L = Laurentianus 8.22 (saec. XIV).
Stobaei M = Scorialensis (Mendozae) XC [ΣII 14] (saec. XII) M^d = collatio Dindorfiana.
Stobaei P = Parisinus graecus 2129 (saec. XV).
Stobaei S = Vindobonensis (Sambuci) 67 (saec. XI in.).
Theo = Theonis Smyrnaei Expositio rerum mathematicarum, ed. E. Hiller, Leipzig, 1878 (Bibl. Teubneriana).
Theod. = Theodoreti Graecarum affectionum curatio, ed. J. Raeder, Leipzig, 1904 (Bibl. Teubneriana).

Theodoreti C = Parisinus Coislinianus 250 (saec. XI).
Theodoreti K = Vaticanus graecus 2249 (saec. X).
Theodoreti S = Scorialensis X.II. 15 [372 Miller] (saec. XI)

comp. = (in) compendio.
e. v. = extra versum.
i. m. = in margine.
i. r. = in rasura.
i. t. = in textu.
p. n. = puncto v. punctis notavit (notatum).
s. v. = supra versum.
scr. = scripsit.
ἀ. = ἀλλαχοῦ.
γρ. = γράφεται.

LIVRE III

676 a *L'origine des constitutions s'éclaire par l'histoire de l'humanité.*

L'Athénien. — Voilà donc réglée cette question ; mais les constitutions, quelle en a été, dirons-nous, l'origine ? N'est-ce pas de ce point de vue qu'on la considérerait le plus facilement et le mieux ?

Clinias. — Duquel ?

L'Athénien. — Du même point de vue d'où il faut examiner aussi en toute occasion le cheminement progressif des cités vers la vertu ou encore vers le vice.

Clinias. — Et lequel veux-tu dire ?

L'Athénien. — A mon avis, c'est d'embrasser du regard
b la suite infinie des temps et les changements qui s'y sont déroulés.

Clinias. — Qu'entends-tu par là ?

L'Athénien. — Voyons, depuis qu'il y a des cités et des hommes qui vivent en citoyens, crois-tu pouvoir jamais te représenter la longueur du temps qui s'est écoulé ?

Clinias. — En tout cas, ce n'est aucunement aisé.

L'Athénien. — Mais au moins que cette longueur serait infinie, incommensurable[1] ?

Clinias. — Cela, oui, parfaitement.

L'Athénien. — N'est-il pas vrai que pendant ce temps des milliers et des milliers de villes se sont succédé, et que non moins nombreuses, dans le même ordre de grandeur, furent
c celles qui disparurent ? N'ont-elles pas aussi, chacune en son lieu, refait plusieurs fois le cycle des régimes ? Parfois de petites sont devenues grandes, de grandes sont devenues

1. Ces quelques phrases de l'Athénien, prologue au *Discours sur l'histoire universelle* que constitue le livre III, trouveront un écho dans l'épigramme de Léonidas de Tarente sur « les deux infinis »

Γ

ΑΘ. Ταῦτα μὲν οὖν δὴ ταύτῃ· πολιτείας δὲ ἀρχὴν τίνα **676 a**
ποτὲ φῶμεν γεγονέναι ; μῶν οὐκ ἐνθένδε τις ἂν αὐτὴν ῥᾷστά τε καὶ κάλλιστα κατίδοι ;

ΚΛ. Πόθεν ;

ΑΘ. Ὅθενπερ καὶ τὴν τῶν πόλεων ἐπίδοσιν εἰς ἀρετὴν μεταβαίνουσαν ἅμα καὶ κακίαν ἑκάστοτε θεατέον.

ΚΛ. Λέγεις δὲ πόθεν ;

ΑΘ. Οἶμαι μὲν ἀπὸ χρόνου μήκους τε καὶ ἀπειρίας καὶ τῶν μεταβολῶν ἐν τῷ τοιούτῳ. **b**

ΚΛ. Πῶς λέγεις ;

ΑΘ. Φέρε, ἀφ' οὗ πόλεις τ' εἰσὶν καὶ ἄνθρωποι πολιτευόμενοι, δοκεῖς ἄν ποτε κατανοῆσαι χρόνου πλῆθος ὅσον γέγονεν ;

ΚΛ. Οὔκουν ῥᾴδιόν γε οὐδαμῶς.

ΑΘ. Τὸ δέ γε ὡς ἄπλετόν τι καὶ ἀμήχανον ἂν εἴη ;

ΚΛ. Πάνυ μὲν οὖν τοῦτό γε.

ΑΘ. Μῶν οὖν μυρίαι μὲν ἐπὶ μυρίαις ἡμῖν γεγόνασι πόλεις ἐν τούτῳ τῷ χρόνῳ, κατὰ τὸν αὐτὸν δὲ τοῦ πλήθους
λόγον οὐκ ἐλάττους ἐφθαρμέναι ; πεπολιτευμέναι δ' αὖ **c**
πάσας πολιτείας πολλάκις ἑκασταχοῦ ; καὶ τοτὲ μὲν ἐξ ἐλαττόνων μείζους, τοτὲ δ' ἐκ μειζόνων ἐλάττους, καὶ

676 a 5 εἰς A : ἐπ' O || 6 μεταβαίνουσαν AO : μεταβαινουσῶν cj. Böckh || **b** 6 ῥᾴδιόν γε Π i. m. O^4 : ῥᾴδιον A ῥᾷόν γε O et (ον γε supra διον) A^2 || 7 ἄπλετόν (sic) O : ἄπειρόν A Π i. m. O^4 ἄπειρόν (ει et ρ s. v.) O^4 || 9 μῶν οὖν A et τπ (= τοῦ πατριάρχου) i. m. O^4 : μῶν γε οὖν O || **c** 2 post ἐξ ras. un. litt. in A (cum uno signo).

petites ; de meilleure est sorti pire, et de pire, meilleure ?

Clinias. — Nécessairement.

L'Athénien. — Saisissons donc, si nous le pouvons, la cause de ce changement ; car peut-être nous montrera-t-elle les premières naissances et transformations des régimes.

Clinias. — Tu as raison, et il faut mettre nos efforts, toi à exposer ce que tu en penses, nous à te suivre.

677 a L'Athénien. — Vous semble-t-il que les antiques traditions renferment quelque vérité ?

Clinias. — Lesquelles ?

L'Athénien. — L'humanité aurait été plusieurs fois détruite par des déluges, des pestes et bien d'autres fléaux, à la suite desquels il ne restait que peu de représentants de la race humaine.

Clinias. — Absolument, pareille opinion est tout à fait croyable pour tout le monde.

Le déluge.

L'Athénien. — Voyons, imaginons, à titre d'exemple, le désastre produit jadis par le déluge.

Clinias. — Quelle idée faut-il nous en faire ?

b L'Athénien. — Que les rescapés du désastre étaient vraisemblablement des pâtres de la montagne, petites étincelles du genre humain conservées, je pense, sur des sommets [1].

Clinias. — Apparemment.

L'Athénien. — Fatalement aussi, par suite, ces gens-là étaient sans expérience des métiers en général, des industries que les citadins mettent en œuvre pour se supplanter ou s'éclipser mutuellement, et de tout ce qu'ils inventent pour se nuire les uns aux autres.

Clinias. — C'est du moins vraisemblable.

c L'Athénien. — Supposerons-nous que les villes établies

(*Anthologie Palatine*, VII 472). La leçon ἄπλετόν de O, qu'avec la plupart des éditeurs je préfère à l'ἄπειρόν de A et d'O[4], a pour elle, un peu plus loin, l'expression semblable ἐν χρόνου τινὸς μήκεσιν ἀπλέτοις (683 a 6).

1. L'idée que, en cas d'inondation, seuls « les bouviers et les pâtres dans les montagnes sont sauvés » appartient au *Timée* (22 d 8-9 ; cf. *Critias*, 109 d 4-6) ; mais l'image de l'étincelle ne se rencontre pas ailleurs chez Platon. Les trois passages platoniciens sur les « crises cosmiques », les « destructions périodiques de l'huma-

χείρους ἐκ βελτιόνων γεγόνασι καὶ βελτίους ἐκ χειρόνων ;

ΚΛ. Ἀναγκαῖον.

ΑΘ. Ταύτης δὴ πέρι λάβωμεν, εἰ δυναίμεθα, τῆς μεταβολῆς τὴν αἰτίαν· τάχα γὰρ ἂν ἴσως δείξειεν ἡμῖν τὴν πρώτην τῶν πολιτειῶν γένεσιν καὶ μετάβασιν.

ΚΛ. Εὖ λέγεις, καὶ προθυμεῖσθαι δεῖ, σὲ μὲν ὃ διανοῇ περὶ αὐτῶν ἀποφαινόμενον, ἡμᾶς δὲ συνεπομένους.

ΑΘ. Ἆρ' οὖν ὑμῖν οἱ παλαιοὶ λόγοι ἀλήθειαν ἔχειν τινὰ 677 a
δοκοῦσιν ;

ΚΛ. Ποῖοι δή ;

ΑΘ. Τὸ πολλὰς ἀνθρώπων φθορὰς γεγονέναι κατακλυσμοῖς τε καὶ νόσοις καὶ ἄλλοις πολλοῖς, ἐν οἷς βραχύ τι τῶν ἀνθρώπων λείπεσθαι γένος.

ΚΛ. Πάνυ μὲν οὖν πιθανὸν τὸ τοιοῦτον πᾶν παντί.

ΑΘ. Φέρε δή, νοήσωμεν μίαν τῶν πολλῶν ταύτην τὴν τῷ κατακλυσμῷ ποτε γενομένην.

ΚΛ. Τὸ ποῖόν τι περὶ αὐτῆς διανοηθέντες ;

ΑΘ. Ὡς οἱ τότε περιφυγόντες τὴν φθορὰν σχεδὸν ὄρειοί b
τινες ἂν εἶεν νομῆς, ἐν κορυφαῖς που σμικρὰ ζώπυρα τοῦ τῶν ἀνθρώπων διασεσωσμένα γένους.

ΚΛ. Δῆλον.

ΑΘ. Καὶ δὴ τοὺς τοιούτους γε ἀνάγκη που τῶν ἄλλων ἀπείρους εἶναι τεχνῶν καὶ τῶν ἐν τοῖς ἄστεσι πρὸς ἀλλήλους μηχανῶν εἴς τε πλεονεξίας καὶ φιλονικίας καὶ ὁπόσ' ἄλλα κακουργήματα πρὸς ἀλλήλους ἐπινοοῦσιν.

ΚΛ. Εἰκὸς γοῦν.

ΑΘ. Θῶμεν δὴ τὰς ἐν τοῖς πεδίοις πόλεις καὶ πρὸς c

c 8 μετάβασιν A Π i. m. O^4 et (ασιν s. v.) O^4 : μεταβολήν O || **677 a** 1 ἆρ' -**c** 8 φήσομεν hab. Eusebius, 12, 15, 2-4 (587 c-588 a V.) || ὑμῖν A Π i. m. O^4 Eusebii I et (ὑ s. v.) O^4 : ἡμῖν O et Eusebii ON || ἔχειν A (sed in ἀλήθειαν supra alt. α acc. eras., utpote olim τινα sequente) Eus. et s. v. O^3 : om. O || 9 ποτε AO : om. Eus. || **b** 3 διασεσωσμένα AO Eus.

dans les plaines ou sur la côte étaient pour lors ruinées de fond en comble ?

Clinias. — Supposons-le.

L'Athénien. — Par suite, que les instruments de toute sorte disparaissaient, et que les découvertes sérieuses en tout art, en politique ou en quelque autre science, tout cela, dirons-nous, s'en allait pour lors à vau l'eau ? Si, en effet, très bon, ces acquisitions avaient subsisté au cours des temps telles que nous les voyons ordonnées actuellement, quelle place pouvait-il rester pour une découverte quelconque ?

d Clinias. — Il reste ce fait que, apparemment, pendant des myriades et des myriades d'années ces inventions échappaient aux hommes primitifs, et que, il y a un ou deux millénaires, l'une fut révélée à Dédale, l'autre à Orphée, celle-ci à Palamède, la technique musicale à Marsyas et à Olympos, celle de la lyre à Amphion[1], et à d'autres les autres en très grand nombre, qui ne sont nées, pour ainsi dire, que d'hier ou d'avant-hier.

L'Athénien. — C'est très bien, Clinias, d'avoir oublié ton ami, qui, à la lettre, est né hier.

Clinias. — Veux-tu parler d'Épiménide ?

e L'Athénien. — Oui bien, de lui ; car il vous a de loin, mon cher, dépassé tous les hommes, par le chef-d'œuvre que prédisait depuis longtemps un mot d'Hésiode, et qu'il a, dites-vous, effectivement réalisé[2].

Clinias. — Nous le disons, en effet.

L'Athénien. — Devons-nous donc, après le cataclysme, décrire ainsi la situation de l'humanité : une immense et effrayante solitude, une multitude énorme de riches terres,

nité » et, par suite, la renaissance continuelle de la civilisation ont été analysés à nouveau par A.-J. Festugière (*La Révélation d'Hermès Trismégiste*, II, p. 99-100) et rapprochés par lui (*ibid.*, p. 222-223) de l'« Archéologie » d'Aristote au livre I du dialogue *Sur la Philosophie*, reconstituée d'après Synésius (fr. 13 Rose = 8 Walzer) et surtout Philopon. Partout il est fait appel aux « antiques traditions » de notre texte (677 a 1).

1. Thème du « premier inventeur » (cf. A. Kleinguenther, ΠΡΩΤΟΣ ΕΥΡΕΤΗΣ, Leipzig, 1933). A Dédale, constructeur du Labyrinthe (nommé le premier pour honorer le Crétois ?), était attribuée l'architecture ; à Orphée, la poésie ; à Palamède, le trictrac.

2. Épiménide, ancêtre de Clinias (cf. I 642 d-643 a et la note),

θαλάττῃ κατοικούσας ἄρδην ἐν τῷ τότε χρόνῳ διαφθείρεσθαι ;

ΚΛ. Θῶμεν.

ΑΘ. Οὐκοῦν ὄργανά τε πάντα ἀπόλλυσθαι, καὶ εἴ τι τέχνης ἦν ἐχόμενον σπουδαίως ηὑρημένον ἢ πολιτικῆς ἢ καὶ σοφίας τινὸς ἑτέρας, πάντα ἔρρειν ταῦτα ἐν τῷ τότε χρόνῳ φήσομεν ; πῶς γὰρ ἄν, ὦ ἄριστε, εἴ γε ἔμενεν τάδε οὕτω τὸν πάντα χρόνον ὡς νῦν διακεκόσμηται, καινὸν ἀνηυρίσκετό ποτε καὶ ὁτιοῦν ;

ΚΛ. Τοῦτο ὅτι μὲν μυριάκις μύρια ἔτη διελάνθανεν ἄρα d
τοὺς τότε, χίλια δὲ ἀφ᾽ οὗ γέγονεν ἢ δὶς τοσαῦτα ἔτη, τὰ μὲν Δαιδάλῳ καταφανῆ γέγονεν, τὰ δὲ Ὀρφεῖ, τὰ δὲ Παλαμήδει, τὰ δὲ περὶ μουσικὴν Μαρσύᾳ καὶ Ὀλύμπῳ, περὶ λύραν δὲ Ἀμφίονι, τὰ δὲ ἄλλα ἄλλοις πάμπολλα, ὡς ἔπος εἰπεῖν χθὲς καὶ πρῴην γεγονότα.

ΑΘ. Ἄριστ᾽, ὦ Κλεινία, τὸν φίλον ὅτι παρέλιπες, τὸν ἀτεχνῶς χθὲς γενόμενον.

ΚΛ. Μῶν φράζεις Ἐπιμενίδην ;

ΑΘ. Ναί, τοῦτον· πολὺ γὰρ ὑμῖν ὑπερεπήδησε τῷ μηχα- e
νήματι τοὺς σύμπαντας, ὦ φίλε, ὃ λόγῳ μὲν Ἡσίοδος ἐμαντεύετο πάλαι, τῷ δὲ ἔργῳ ἐκεῖνος ἀπετέλεσεν, ὡς ὑμεῖς φατε.

ΚΛ. Φαμὲν γὰρ οὖν.

ΑΘ. Οὐκοῦν οὕτω δὴ λέγωμεν ἔχειν τότε, ὅτ᾽ ἐγένετο ἡ φθορά, τὰ περὶ τοὺς ἀνθρώπους πράγματα, μυρίαν μέν τινα φοβερὰν ἐρημίαν, γῆς δ᾽ ἀφθόνου πλῆθος πάμπολυ,

c 2 ἄρδην O (iterat i. m. O^3) Eus. γρ. i. m. a^2 : ἄρα ἦν A || 8 πῶς -10 ὁτιοῦν Atheniensi cont. Immisch : alteri trib. AO || 10-**d** 1 ὁτιοῦν τοῦτο (sed alt. το, fort. etiam υ, p. n. et acc. suppr.) A : ὁτιοῦν τοῦ (τοῦ e. v.) O^4 ὁτιοῦν O Π i. m. O^4 et (γρ. ὁτιοῦν χωρὶς τοῦ τοῦ) i. m. a^2 || 3 Παλαμήδει A et (ει s. v.) O^4 : Παλαμήδηι O || 7 ἄριστ᾽ i. m. K^c (γρ. καὶ ἆρ᾽ οἶσθ᾽ ὦ ἢ ἄριστ᾽ ὦ) : ἆρ᾽ οἶσθ᾽ id. ἆρ᾽ ἴστ᾽ AO || **e** 6 οὐκοῦν -8 πάμπολυ hab. Eusebius, 12, 15, 5 (588 **a-b** V.) || λέγωμεν AO Eus. : λέγομεν cj. Budé i. m. Vossiani || 8 δ᾽ A et s. v. O^4 : δὲ Eus. τ᾽ O.

et, tous les autres animaux étant disparus, quelques têtes de bétail, peut-être une race de chèvres qui se trouvait épar-
678 a gnée, en petit nombre, elles aussi, pour assurer, en ce début, la vie de leurs pâtres ?

CLINIAS. — Et comment !

L'ATHÉNIEN. — Mais cité, constitution, législation, objets qui ont suscité notre discussion présente, pensons-nous qu'il en restât absolument, peut-on dire, même le souvenir ?

CLINIAS. — Nullement.

L'ATHÉNIEN. — Mais n'est-ce pas de ces conditions qu'est sorti tout notre système actuel, cités, constitutions, métiers et lois, avec abondance de vice, abondance aussi de vertu ?

CLINIAS. — Qu'est-ce à dire ?

b L'ATHÉNIEN. — Pensons-nous, homme étonnant, que dans leur ignorance de beaucoup des choses belles qui ornent les villes, de beaucoup des choses aussi qui les déparent, ces gens-là aient atteint le comble de la vertu ou du vice ?

CLINIAS. — Belle parole ; nous te comprenons.

L'ATHÉNIEN. — Mais avec le progrès du temps et la multiplication de notre race, le monde est devenu ce que le monde est maintenant ?

CLINIAS. — Exactement.

L'ATHÉNIEN. — Non pas tout d'un coup, naturellement, mais peu à peu, en un temps considérable.

c CLINIAS. — C'est fort vraisemblable.

L'ATHÉNIEN. — En effet, à l'idée de descendre des hauteurs dans les plaines, tous, j'imagine, sentaient se renouveler leur terreur [1].

CLINIAS. — Évidemment.

L'ATHÉNIEN. — Ne leur était-ce pas une joie, en ce temps-là, du fait de leur petit nombre, de se voir entre eux [2] ? Mais

avait fait de la « mauve » et de l'« asphodèle » (Hésiode, *Travaux*, 41) des simples d'une vertu souveraine.

1. Cf. 677 b et la note. « Se renouveler leur terreur », ou, plus littéralement : « de frayeur, tinter leurs oreilles » ; car l'épithète ἔναυλος s'applique à une parole récemment entendue ou à un événement peu ancien.

2. « Du fait de leur petit nombre » et aussi « de leur isolement » (678 e 9-10). A. Diès a précisé les rapports de ce tableau avec ceux du l. II de la *République* (371 b-372 d) et du *Politique* (de ce dernier, celui du l. IV des *Lois* est un extrait) : « ... *Lois* et *République*

ζῴων δὲ τῶν ἄλλων ἐρρόντων, βουκόλι' ἄττα, καὶ εἴ τί που αἰγῶν περιλειφθὲν ἐτύγχανεν γένος, σπάνια καὶ ταῦτα νέμουσιν εἶναι ζῆν τότε κατ' ἀρχάς ; 678 a

ΚΛ. Τί μήν ;

ΑΘ. Πόλεως δὲ καὶ πολιτείας πέρι καὶ νομοθεσίας, ὧν νῦν ὁ λόγος ἡμῖν παρέστηκεν, ἆρ' ὡς ἔπος εἰπεῖν οἰόμεθα καὶ μνήμην εἶναι τὸ παράπαν ;

ΚΛ. Οὐδαμῶς.

ΑΘ. Οὐκοῦν ἐξ ἐκείνων τῶν διακειμένων οὕτω τὰ νῦν γέγονεν ἡμῖν σύμπαντα, πόλεις τε καὶ πολιτεῖαι καὶ τέχναι καὶ νόμοι, καὶ πολλὴ μὲν πονηρία, πολλὴ δὲ καὶ ἀρετή ;

ΚΛ. Πῶς λέγεις ;

ΑΘ. Ἆρ' οἰόμεθα, ὦ θαυμάσιε, τοὺς τότε, ἀπείρους b ὄντας πολλῶν μὲν καλῶν τῶν κατὰ τὰ ἄστη, πολλῶν δὲ καὶ τῶν ἐναντίων, τελέους πρὸς ἀρετὴν ἢ πρὸς κακίαν γεγονέναι ;

ΚΛ. Καλῶς εἶπες, καὶ μανθάνομεν ὃ λέγεις.

ΑΘ. Οὐκοῦν προϊόντος μὲν τοῦ χρόνου, πληθύοντος δ' ἡμῶν τοῦ γένους, εἰς πάντα τὰ νῦν καθεστηκότα προελήλυθεν πάντα ;

ΚΛ. Ὀρθότατα.

ΑΘ. Οὐκ ἐξαίφνης γε, ὡς εἰκός, κατὰ σμικρὸν δὲ ἐν παμπόλλῳ τινὶ χρόνῳ.

ΚΛ. Καὶ μάλα πρέπει τοῦθ' οὕτως. c

ΑΘ. Ἐκ γὰρ τῶν ὑψηλῶν εἰς τὰ πεδία καταβαίνειν, οἶμαι, πᾶσιν φόβος ἔναυλος ἐγεγόνει.

ΚΛ. Πῶς δ' οὔ ;

ΑΘ. Ἆρ' οὐκ ἄσμενοι μὲν ἑαυτοὺς ἑώρων δι' ὀλιγότητα ἐν τοῖς περὶ ἐκεῖνον τὸν χρόνον, πορεῖα δέ, ὥστ' ἐπ' ἀλλή-

678 a 7 ante ἐκείνων ras. un. litt. in A (cum uno signo) || **b** 3 ἢ A Π i. m. O⁴ : ἢ καὶ O || 6 πληθύοντος A Π i. m. O⁴ : πληθύνοντος O (sed pr. ν p. n.) || 8 πάντα A et ἀ. i. m. O⁴ : ἅπαντα O || **c** 5 οὐχ ἄσμενοι AO || 6 πορεῖα scr. Estienne : πόρεια A (ante π. ras. duar. litt.) et O.

les moyens de transport, qui les auraient reliés alors les uns aux autres par terre ou par mer, n'avaient-ils pas péri avec les métiers, autant dire à peu près tous ? Ainsi donc, il ne leur était guère possible, je pense, de se mêler les uns aux
d autres : le fer, le cuivre, tous les minerais avaient disparu pêle-mêle, de sorte qu'il y avait toute sorte de difficultés pour en extraire à nouveau, et on était à court de bois de charpente. Car si des outils avaient pu subsister quelque part dans les montagnes, ils avaient bientôt disparu par usure, et il ne devait pas s'en fabriquer d'autres jusqu'à ce que l'art des mineurs revînt parmi les hommes.

Clinias. — Le moyen, en effet ?

L'Athénien. — Et combien de générations plus tard pensons-nous que cela s'est produit ?

e Clinias. — Apparemment, un grand nombre.

L'Athénien. — Mais alors, les métiers qui ont besoin de fer, de cuivre et de tous les métaux, ne dirons-nous pas qu'ils avaient disparu aussi à cette époque, pour le même temps et un plus long encore ?

Clinias. — Et comment !

L'Athénien. — Ce sont donc aussi la discorde et la guerre qui étaient mortes en ce temps-là sur plusieurs points.

Clinias. — De quelle manière ?

L'Athénien. — Tout d'abord, ils s'aimaient et se regardaient avec bienveillance dans leur isolement ; ensuite, ils n'avaient pas à se disputer la nourriture. Les pâturages ne
679 a manquaient pas, sauf peut-être au début pour quelques-uns, et c'est de cela surtout qu'ils vivaient à cette époque ; car le lait et la viande ne leur faisaient aucunement défaut ; et de plus la chasse leur fournissait des vivres d'une qualité et d'un nombre appréciables. D'ailleurs vêtements, couvertures, habitations, ustensiles qui s'emploient au feu ou sans feu existaient en abondance ; en effet, les arts plastiques et tous ceux qui relèvent du tissage se passent complètement de fer,

opposent l'innocence heureuse d'une société rudimentaire au trouble moral qu'éveille la civilisation, alors que le *Politique* oppose, à la vie d'une humanité dont Dieu est le pasteur, la vie d'une humanité laissée à elle-même, et met naturellement en relief la misère inhérente à tout monde et toute société d'où Dieu est absent » (*Notice* du *Politique*, p. xxxix). Cf. 1re partie, *Introduction*, p. xvii-xviii.

λους τότε πορεύεσθαι κατὰ γῆν ἢ κατὰ θάλατταν, σὺν ταῖς τέχναις ὡς ἔπος εἰπεῖν πάντα σχεδὸν ἀπωλώλει; συμμίσγειν οὖν ἀλλήλοις οὐκ ἦν οἶμαι σφόδρα δυνατόν· σίδηρος γὰρ καὶ χαλκὸς καὶ πάντα τὰ μεταλλεῖα συγκεχυμένα ἠφάνιστο, d
ὥστε ἀπορία πᾶσα ἦν τοῦ ἀνακαθαίρεσθαι τὰ τοιαῦτα, δρυοτομίας τε εἶχον σπάνιν. Εἰ γάρ πού τι καὶ περιγεγονὸς ἦν ὄργανον ἐν ὄρεσι, ταῦτα μὲν ταχὺ κατατριβέντα ἠφάνιστο, ἄλλα δὲ οὐκ ἔμελλεν γενήσεσθαι, πρὶν πάλιν ἡ τῶν μεταλλέων ἀφίκοιτο εἰς ἀνθρώπους τέχνη.

ΚΛ. Πῶς γὰρ ἄν;

ΑΘ. Γενεαῖς δὴ πόσαις ὕστερον οἰόμεθα τοῦθ' οὕτως γεγονέναι;

ΚΛ. Δῆλον ὅτι παμπόλλαις τισίν. e

ΑΘ. Οὐκοῦν καὶ τέχναι, ὅσαιπερ σιδήρου δέονται καὶ χαλκοῦ καὶ τῶν τοιούτων ἁπάντων, τὸν αὐτὸν χρόνον καὶ ἔτι πλείονα ἠφανισμέναι ἂν εἶεν ἐν τῷ τότε;

ΚΛ. Τί μήν;

ΑΘ. Καὶ τοίνυν στάσις ἅμα καὶ πόλεμος ἀπωλώλει κατὰ τὸν τότε χρόνον πολλαχῇ.

ΚΛ. Πῶς;

ΑΘ. Πρῶτον μὲν ἠγάπων καὶ ἐφιλοφρονοῦντο ἀλλήλους δι' ἐρημίαν, ἔπειτα οὐ περιμάχητος ἦν αὐτοῖς ἡ τροφή.
Νομῆς γὰρ οὐκ ἦν σπάνις, εἰ μή τισιν κατ' ἀρχὰς ἴσως, ᾗ 679 a
δὴ τὸ πλεῖστον διέζων ἐν τῷ τότε χρόνῳ· γάλακτος γὰρ καὶ κρεῶν οὐδαμῶς ἐνδεεῖς ἦσαν· ἔτι δὲ θηρεύοντες οὐ φαύλην οὐδ' ὀλίγην τροφὴν παρείχοντο. Καὶ μὴν ἀμπεχόνης γε καὶ στρωμνῆς καὶ οἰκήσεων καὶ σκευῶν ἐμπύρων τε καὶ ἀπύρων ηὐπόρουν· αἱ πλαστικαὶ γὰρ καὶ ὅσαι πλεκτικαὶ τῶν τεχνῶν οὐδὲ ἓν προσδέονται σιδήρου, ταῦτα δὲ πάντα τούτω τὼ

c 8 (et **e** 6) ἀπωλώλει (pr. ω ex o) a O[4] : ἀπολώλει || **d** 3 πού τι O : που A || 7 ἄν O Π i. m. O[4] et s. v. A[2] : δή A et s. v. O[4] || 8 πο-σαις A[c] (infra o et supra αι eras., acc. i. r.) : πῶς αἷς A ? || **e** 2 δέονται O et γρ. i. m. A[2] : λέγονται A et γρ. i. m. O[3].

b et la divinité avait donné aux hommes ces deux sortes de métiers pour leur procurer toutes ces ressources, afin que, le jour où ils viendraient à manquer de métal, ceux de notre race pussent naître et se développer[1]. Dans cette situation, ils n'étaient pas tellement pauvres, ni poussés par la pauvreté à entrer en contestation ; mais ils ne seraient jamais devenus riches, étant dépourvus d'or et d'argent comme ils l'étaient en ce temps-là. Or, quand une société ne connaît jamais ni la richesse ni la pauvreté, c'est bien dans celle-là que pourraient apparaître les plus généreux caractères : ni démesure
c ni injustice, ni non plus jalousies ou rivalités n'y prennent naissance. Ils étaient donc bons, pour ces raisons et du fait de leur prétendue simplicité[2] : ce qu'ils entendaient dire de beau ou de laid, ils estimaient, en gens simples, que c'était la vérité pure et ils y croyaient. Nul n'aurait su, comme aujourd'hui, à force de sagesse, y flairer un mensonge ; mais, tenant pour vrai ce que l'on disait des dieux et des hommes, ils vivaient en s'y conformant ; et voilà comment ils étaient absolument tels que nous venons de les décrire.

d CLINIAS. — Moi, en tout cas, et celui-ci nous sommes bien de cet avis.

L'ATHÉNIEN. — Dirons-nous donc que plusieurs générations doivent avoir vécu de cette façon, moins industrieuses que les hommes d'avant le déluge et que ceux d'aujourd'hui, moins instruites des divers arts et en particulier de ceux de la guerre, tels qu'on les pratique actuellement sur terre et sur mer, et de ceux qui ne s'exercent qu'à l'intérieur de la cité sous le nom de procès et de séditions, qui ont mis en
e œuvre, par la parole et par l'action, tous les moyens de se faire mutuellement du mal et du tort ; qu'on était plus simple, plus courageux aussi bien que plus tempérant et, en toutes circonstances, plus juste ? La raison de cet état de choses, nous l'avons déjà exposée.

CLINIAS. — C'est exact.

L'ATHÉNIEN. — Mettons que nos explications et toutes les

1. Le souvenir paraît s'être gardé d'une époque où l'humanité ignorait le fer ; celui-ci était pourtant connu en Anatolie dès 3000 av. J.-C. Sur la proscription de l'or et de l'argent, si souvent répétée dans les *Lois*, cf. *Pindare et Platon*, p. 114.

2. La mention de la « simplicité » (*euèthéia*) n'a rien d'ironique ;

τέχνα θεὸς ἔδωκε πορίζειν τοῖς ἀνθρώποις, ἵν' ὁπότε εἰς b
τὴν τοιαύτην ἀπορίαν ἔλθοιεν, ἔχοι βλάστην καὶ ἐπίδοσιν τὸ τῶν ἀνθρώπων γένος. Πένητες μὲν δὴ διὰ τὸ τοιοῦτον σφόδρα οὐκ ἦσαν, οὐδ' ὑπὸ πενίας ἀναγκαζόμενοι διάφοροι ἑαυτοῖς ἐγίγνοντο· πλούσιοι δ' οὐκ ἄν ποτε ἐγένοντο ἄχρυσοί τε καὶ ἀνάργυροι ὄντες, ὃ τότε ἐν ἐκείνοις παρῆν. Ἧι δ' ἄν ποτε συνοικίᾳ μήτε πλοῦτος συνοικῇ μήτε πενία, σχεδὸν ἐν ταύτῃ γενναιότατα ἤθη γίγνοιτ' ἄν· οὔτε γὰρ ὕβρις οὔτ' ἀδικία, ζῆλοί τε αὖ καὶ φθόνοι οὐκ ἐγγίγνονται. c
Ἀγαθοὶ μὲν δὴ διὰ ταῦτά τε ἦσαν καὶ διὰ τὴν λεγομένην εὐήθειαν· ἃ γὰρ ἤκουον καλὰ καὶ αἰσχρά, εὐήθεις ὄντες ἡγοῦντο ἀληθέστατα λέγεσθαι καὶ ἐπείθοντο. Ψεῦδος γὰρ ὑπονοεῖν οὐδεὶς ἠπίστατο διὰ σοφίαν, ὥσπερ τὰ νῦν, ἀλλὰ περὶ θεῶν τε καὶ ἀνθρώπων τὰ λεγόμενα ἀληθῆ νομίζοντες ἔζων κατὰ ταῦτα· διόπερ ἦσαν τοιοῦτοι παντάπασιν οἵους αὐτοὺς ἡμεῖς ἄρτι διεληλύθαμεν.

ΚΛ. Ἐμοὶ γοῦν δὴ καὶ τῷδε οὕτως ταῦτα συνδοκεῖ. d

ΑΘ. Οὐκοῦν εἴπωμεν ὅτι γενεαὶ διαβιοῦσαι πολλαὶ τοῦτον τὸν τρόπον τῶν πρὸ κατακλυσμοῦ γεγονότων καὶ τῶν νῦν ἀτεχνότεροι μὲν καὶ ἀμαθέστεροι πρός τε τὰς ἄλλας μέλλουσιν εἶναι τέχνας καὶ πρὸς τὰς πολεμικάς, ὅσαι τε πεζαὶ καὶ ὅσαι κατὰ θάλατταν γίγνονται τὰ νῦν, καὶ ὅσαι δὴ κατὰ πόλιν μόνον αὐτοῦ, δίκαι καὶ στάσεις λεγόμεναι, λόγοις ἔργοις τε μεμηχανημέναι πάσας μηχανὰς εἰς τὸ e
κακουργεῖν τε ἀλλήλους καὶ ἀδικεῖν, εὐηθέστεροι δὲ καὶ ἀνδρειότεροι καὶ ἅμα σωφρονέστεροι καὶ σύμπαντα δικαιότεροι ; τὸ δὲ τούτων αἴτιον ἤδη διεληλύθαμεν.

ΚΛ. Ὀρθῶς λέγεις.

ΑΘ. Λελέχθω δὴ ταῦτα ἡμῖν καὶ τὰ τούτοις συνεπόμενα

679 b 6 ἢ -680 c 5 ποιήμασιν hab. Stobaeus, IV, 1, 121 (70, 15-72, 4 H.) || 8 γενναιότατα A Stob. et γρ. i. m. O[3] (Π sine τὸ βιβλίον superscr. O[4]) : δικαιότατα O || **d** 4 ἀτεχνότεροι (pr. ο ex ω) A[c] et O cum Stobaeo : ἀτεχνώτεροι A || **e** 1 post λόγοις ras. un. litt. in A (cum uno signo).

déductions que nous allons y ajouter tendaient à nous repré-
680 a senter quel usage ces gens-là pouvaient bien faire alors des lois et quel était leur législateur.

CLINIAS. — Oui, c'est bien dit.

L'ATHÉNIEN. — N'est-il pas vrai qu'ils n'avaient pas besoin de législateurs et qu'une pareille institution n'avait pas pris cours à cette époque ? En effet, l'écriture n'existe pas encore à cette période du cycle ; ils vivent selon des coutumes et ce que l'on appelle des lois traditionnelles.

CLINIAS. — C'est du moins vraisemblable.

L'ATHÉNIEN. — Mais il y a déjà une sorte de régime politique, celui que je vais dire.

CLINIAS. — Lequel ?

La vie patriarcale.

b L'ATHÉNIEN. — Il me semble que tous placent en ce temps-là un régime d'autorité personnelle qui subsiste jusqu'aujourd'hui en plusieurs pays grecs et barbares ; c'est sans doute celui qu'Homère décrit à propos de la vie des Cyclopes, quand il dit :

Ceux-là n'ont pas d'assemblées délibérantes ni de règlements,
Mais ils habitent les cimes de hautes montagnes,
Au creux des cavernes, et chacun régit
c *Ses enfants et ses femmes, sans souci du voisin* [1].

CLINIAS. — Ce poète de chez vous a l'air d'avoir été charmant. En effet, nous avons lu encore d'autres vers de lui pleins d'urbanité, en petit nombre cependant ; car nous autres Crétois, nous ne pratiquons guère la poésie étrangère.

MÉGILLOS. — Nous, au contraire, nous la pratiquons, et ce poète paraît supérieur à ses émules ; seulement, ce n'est pas la
d vie de Sparte, c'est plutôt une sorte de vie ionienne qu'il dépeint en toute occasion. Dans le cas présent, il semble témoi-

« prétendue » montre que s'il y a ironie, celle-ci vise ceux qui ont détourné le mot de sa valeur originelle ; cf. *Rép.* III 400 e 1-3.

1. *Od.* 9, 112-115. Au v. 115, ἀλόχων est la seule leçon attestée. C'est à tort que les éditeurs mentionnent une variante ἀλόχου sur la foi d'Aristote, *Eth. Nic.* X, 1180 a 28, où il ne pouvait être question de polygamie. Cf. J. Labarbe, *L'Homère de Platon,* Liège, 1949, p. 238, n, 5.

ἔτι πάντα εἰρήσθω τοῦδ᾽ ἕνεκα, ἵνα νοήσωμεν τοῖς τότε νόμων τίς ποτ᾽ ἦν χρεία καὶ τίς ἦν νομοθέτης αὐτοῖς. 680 a

ΚΛ. Καὶ καλῶς γε εἴρηκας.

ΑΘ. Ἆρ᾽ οὖν ἐκεῖνοι μὲν οὔτ᾽ ἐδέοντο νομοθετῶν οὔτε πω ἐφίλει κατὰ τούτους τοὺς χρόνους γίγνεσθαι τὸ τοιοῦτον ; οὐδὲ γὰρ γράμματα ἔστι πω τοῖς ἐν τούτῳ τῷ μέρει τῆς περιόδου γεγονόσιν, ἀλλ᾽ ἔθεσι καὶ τοῖς λεγομένοις πατρίοις νόμοις ἑπόμενοι ζῶσιν.

ΚΛ. Εἰκὸς γοῦν.

ΑΘ. Πολιτείας δέ γε ἤδη καὶ τρόπος ἐστίν τις οὗτος.

ΚΛ. Τίς ;

ΑΘ. Δοκοῦσί μοι πάντες τὴν ἐν τούτῳ τῷ χρόνῳ πολι- b τείαν δυναστείαν καλεῖν, ἣ καὶ νῦν ἔτι πολλαχοῦ καὶ ἐν Ἕλλησι καὶ κατὰ βαρβάρους ἐστίν· λέγει δ᾽ αὐτὴν που καὶ Ὅμηρος γεγονέναι περὶ τὴν τῶν Κυκλώπων οἴκησιν, εἰπὼν

τοῖσιν δ᾽ οὔτ᾽ ἀγοραὶ βουληφόροι οὔτε θέμιστες,
ἀλλ᾽ οἵ γ᾽ ὑψηλῶν ὀρέων ναίουσι κάρηνα
ἐν σπέσσι γλαφυροῖσι, θεμιστεύει δὲ ἕκαστος
παίδων ἠδ᾽ ἀλόχων, οὐδ᾽ ἀλλήλων ἀλέγουσιν. c

ΚΛ. Ἔοικέν γε ὁ ποιητὴς ὑμῖν οὗτος γεγονέναι χαρίεις. Καὶ γὰρ δὴ καὶ ἄλλα αὐτοῦ διεληλύθαμεν μάλ᾽ ἀστεῖα, οὐ μὴν πολλά γε· οὐ γὰρ σφόδρα χρώμεθα οἱ Κρῆτες τοῖς ξενικοῖς ποιήμασιν.

ΜΕ. Ἡμεῖς δ᾽ αὖ χρώμεθα μέν, καὶ ἔοικέν γε κρατεῖν τῶν τοιούτων ποιητῶν, οὐ μέντοι Λακωνικόν γε ἀλλά τινα μᾶλλον Ἰωνικὸν βίον διεξέρχεται ἑκάστοτε. Νῦν μὴν εὖ d

680 a 6 λεγομένοις A et (Π sine τὸ βιϐλίον et εγο s. v.) O[4] : λειπομένοις O Stob. || 7 πατρίοις A et (οις comp. s. v.) O[4] : πατρικοῖς O Stob. || **b** 4 γεγονέναι O et (έν i. r., αι s. v.) A[2] : γεγοναι ? A || **c** 2 ὑμῖν A et s. v. O[4] : om. O || 7 μέντοι A : μήντοι O et (ή s. v.) A[2].

gner sérieusement en faveur de ta thèse, lorsque sa mythologie attribue à la sauvagerie les mœurs primitives des Cyclopes.

L'Athénien. — Oui, c'est vrai qu'il m'apporte son témoignage, et nous le prendrons pour garant qu'il peut se former des régimes comme celui-là.

Clinias. — Bien.

L'Athénien. — Et ne serait-ce pas parmi ces groupes que la détresse des catastrophes avait dispersés par ménages et
e par familles, où les aînés commandent en vertu du pouvoir à eux transmis par un père ou une mère, tandis que sous leur gouverne les autres, comme des oiseaux, constitueront une seule troupe, soumise à une royauté patriarcale, de toutes la plus juste ?

Clinias. — Tout à fait.

L'Athénien. — Et après cela, un plus grand nombre se réunissent en agglomérations plus considérables et se tournent vers les cultures, tout d'abord vers celles qui couvrent les
681 a pentes des montagnes ; en guise de rempart pour se défendre des bêtes féroces, ils se font des clôtures de pierres sèches[1], réalisant cette fois une grande habitation commune.

Clinias. — Il est du moins vraisemblable que les choses se passent ainsi.

L'Athénien. — Et ceci, n'est-ce pas vraisemblable.

Clinias. — Quoi ?

L'Athénien. — A mesure que ces habitats du début, moins importants, se développent en ceux-ci qui le sont davantage, chacune des cellules apporte avec soi un aîné comme chef de famille et des habitudes particulières engendrées par
b leur isolement mutuel, habitudes qui diffèrent selon les parents et les éducateurs et qui, soit dans les rapports religieux, soit dans les rapports mutuels, se sont créées ou plus polies ou plus rudes, suivant que les chefs ont été davantage l'un ou l'autre ; et, juste de la même façon, chacune, modelant à ses préférences propres ses enfants et les enfants de ses enfants, doit apporter, je le répète, des lois particulières dans cette société plus large.

Clinias. — Évidemment.

1. Αἱμασία, qui désigne proprement un mur de pierres sèches, a fini par signifier « enclos » ; cf. L. Robert, *Hellenica*, II, 1946, p. 137-138.

τῷ σῷ λόγῳ ἔοικε μαρτυρεῖν, τὸ ἀρχαῖον αὐτῶν ἐπὶ τὴν ἀγριότητα διὰ μυθολογίας ἐπανενεγκών.

ΑΘ. Ναί· συμμαρτυρεῖ γάρ, καὶ λάβωμέν γε αὐτὸν μηνυτὴν ὅτι τοιαῦται πολιτεῖαι γίγνονταί ποτε.

ΚΛ. Καλῶς.

ΑΘ. Μῶν οὖν οὐκ ἐκ τούτων τῶν κατὰ μίαν οἴκησιν καὶ
κατὰ γένος διεσπαρμένων ὑπὸ ἀπορίας τῆς ἐν ταῖς φθοραῖς,
ἐν αἷς τὸ πρεσβύτατον ἄρχει διὰ τὸ τὴν ἀρχὴν αὐτοῖς ἐκ e
πατρὸς καὶ μητρὸς γεγονέναι, οἷς ἑπόμενοι καθάπερ ὄρνιθες
ἀγέλην μίαν ποιήσουσι, πατρονομούμενοι καὶ βασιλείαν
πασῶν δικαιοτάτην βασιλευόμενοι ;

ΚΛ. Πάνυ μὲν οὖν.

ΑΘ. Μετὰ δὲ ταῦτά γε εἰς τὸ κοινὸν μείζους ποιοῦντες
πόλεις πλείους συνέρχονται, καὶ ἐπὶ γεωργίας τὰς ἐν ταῖς
ὑπωρείαις τρέπονται πρώτας, περιβόλους τε αἱμασιώδεις 681 a
τινὰς τειχῶν ἐρύματα τῶν θηρίων ἕνεκα ποιοῦνται, μίαν
οἰκίαν αὖ κοινὴν καὶ μεγάλην ἀποτελοῦντες.

ΚΛ. Τὸ γοῦν εἰκὸς ταῦθ᾽ οὕτως γίγνεσθαι.

ΑΘ. Τί δέ ; τόδε ἆρα οὐκ εἰκός ;

ΚΛ. Τὸ ποῖον ;

ΑΘ. Τῶν οἰκήσεων τούτων μειζόνων αὐξανομένων ἐκ
τῶν ἐλαττόνων καὶ πρώτων, ἑκάστην τῶν σμικρῶν παρεῖναι
κατὰ γένος ἔχουσαν τόν τε πρεσβύτατον ἄρχοντα καὶ αὑτῆς
ἔθη ἄττα ἴδια διὰ τὸ χωρὶς ἀλλήλων οἰκεῖν, ἕτερα ἀφ᾽ b
ἑτέρων ὄντων τῶν γεννητόρων τε καὶ θρεψάντων, ἃ εἰθίσθησαν περὶ θεούς τε καὶ ἑαυτούς, κοσμιωτέρων μὲν κοσμιώτερα καὶ ἀνδρικῶν ἀνδρικώτερα, καὶ κατὰ τρόπον οὕτως ἑκάστους τὰς αὑτῶν ἂν αἱρέσεις εἰς τοὺς παῖδας ἀποτυπουμένους καὶ παίδων παῖδας, ὃ λέγομεν, ἥκειν ἔχοντας ἰδίους νόμους εἰς τὴν μείζονα συνοικίαν.

ΚΛ. Πῶς γὰρ οὔ ;

e 3 ποιήσουσι O[c] et (σου s. v.) A[2] : ποιουσι vel ποιοισι O ποιησι A || 4 πασῶν O et (ut vid.) A : πᾶσαν fec. A[c] (acc. et α ex ω) || **681 b** 5 ἂν αἱρέσεις cj. Schneider : ἀναιρέσεις AO.

c L'Athénien. — En outre, nécessairement, chaque groupe aime d'abord ses propres lois et les préfère à celles des autres.

Clinias. — C'est ainsi.

L'Athénien. — Tiens ! nous avons comme mis le pied sans nous en douter, à ce qu'il paraît, sur l'origine de la législation.

Clinias. — Tout à fait.

L'Athénien. — Après cela, en tout cas, cette nouvelle communauté doit choisir certains de ses membres comme représentants, pour examiner les coutumes de tous les groupes et, dans l'intérêt commun, exposer clairement aux
d chefs et conducteurs de peuples, comme à des rois, celles qui leur agréent le plus, afin de les leur faire approuver ; ils seront appelés eux-mêmes des législateurs ; quant aux autres, les ayant établis comme magistrats, ils feront des anciens pouvoirs personnels une sorte d'aristocratie ou même de royauté, et c'est sous le régime ainsi modifié qu'on vivra par la suite.

Clinias. — Certes, les choses se passeraient de cette façon par étapes.

L'Athénien. — Parlons maintenant d'une autre forme politique, la troisième, où se rencontrent toutes les espèces de régimes aussi bien que de cités avec leurs vicissitudes.

Clinias. — Quelle est donc cette forme ?

Fondation et ruine de Troie.

e L'Athénien. — Celle qu'Homère encore a indiquée après la seconde, en disant que la troisième se présentait ainsi : *il fonda Dardanie*, dit-il en effet,

Car la sainte Ilion ne s'élevait pas encore dans la plaine comme une cité, une vraie cité humaine : ses hommes continuaient à habiter les pentes de l'Ida aux mille sources[1].

682 a Il récite donc ces vers et les autres, ceux qu'il appliquait aux Cyclopes, en parlant, si j'ose dire, selon la divinité et selon notre nature ; car les poètes aussi sont une race divine,

1. *Iliade*, 20, 216-218 (trad. Mazon légèrement modifiée). A côté du génitif πολυπίδακος, normal en fin d'hexamètre, Platon a pu trouver dans une recension ancienne πολυπιδάκου (cf. J. Labarbe, *o. c.*, p. 241). La citation de l'*Iliade* reparaît dans le fragment du

ΑΘ. Καὶ μὴν τούς γε αὑτῶν νόμους ἀρέσκειν ἑκάστοις c ἀναγκαῖόν που, τοὺς δὲ τῶν ἄλλων ὑστέρους.

ΚΛ. Οὕτως.

ΑΘ. Ἀρχῇ δὴ νομοθεσίας οἷον ἐμβάντες ἐλάθομεν, ὡς ἔοικεν.

ΚΛ. Πάνυ μὲν οὖν.

ΑΘ. Τὸ γοῦν μετὰ ταῦτα ἀναγκαῖον αἱρεῖσθαι τοὺς συνελθόντας τούτους κοινούς τινας ἑαυτῶν, οἳ δὴ τὰ πάντων ἰδόντες νόμιμα, τά σφισιν ἀρέσκοντα αὐτῶν μάλιστα εἰς τὸ κοινὸν τοῖς ἡγεμόσι καὶ ἀγαγοῦσι τοὺς δήμους οἷον βασιλεῦσι φανερὰ δείξαντες ἑλέσθαι τε δόντες, αὐτοὶ d μὲν νομοθέται κληθήσονται, τοὺς δὲ ἄρχοντας καταστήσαντες, ἀριστοκρατίαν τινὰ ἐκ τῶν δυναστειῶν ποιήσαντες ἢ καί τινα βασιλείαν, ἐν ταύτῃ τῇ μεταβολῇ τῆς πολιτείας οἰκήσουσιν.

ΚΛ. Ἐφεξῆς γοῦν ἂν οὕτω τε καὶ ταύτῃ γίγνοιτο.

ΑΘ. Τρίτον τοίνυν εἴπωμεν ἔτι πολιτείας σχῆμα γιγνόμενον, ἐν ᾧ δὴ πάντα εἴδη καὶ παθήματα πολιτειῶν καὶ ἅμα πόλεων συμπίπτει γίγνεσθαι.

ΚΛ. Τὸ ποῖον δὴ τοῦτο ; e

ΑΘ. Ὃ μετὰ τὸ δεύτερον καὶ Ὅμηρος ἐπεσημήνατο, λέγων τὸ τρίτον οὕτω γεγονέναι. « Κτίσσε δὲ Δαρδανίην » γάρ πού φησιν, « ἐπεὶ οὔπω Ἴλιος ἱρὴ

ἐν πεδίῳ πεπόλιστο, πόλις μερόπων ἀνθρώπων,
ἀλλ' ἔθ' ὑπωρείας ᾤκουν πολυπιδάκου Ἴδης. »

Λέγει γὰρ δὴ ταῦτα τὰ ἔπη καὶ ἐκεῖνα, ἃ περὶ τῶν Κυκλώπων εἴρηκεν, κατὰ θεόν πως εἰρημένα καὶ κατὰ φύσιν· θεῖον γὰρ οὖν δὴ καὶ τὸ ποιητικὸν ἐνθεαστικὸν ὂν γένος 682 a

d 8 εἴδη A (sed εἴ i. r., ut vid.) cum O⁴ (εἴ s. v.) et Π i. m. O⁴ : ἤδη O || **e** 6 πολυπιδάκου AO : πολυπίδακος Homeri codd. || **682 a** 3 θεῖον -5 ἑκάστοτε hab. Hermias, *In Phaedrum*, 88, 17-19 C. ; Proclus, *In Remp.*, I, 156, 6-9 et 185, 11-13 K. || ἐνθεαστικόν AO Herm. Procl. 185 : om. Procl. 156 || post γένος ras. duar. vel tr. litt. in A (cum duob. sign.).

inspirée lorsqu'elle chante, et avec l'aide des Grâces et des Muses ils atteignent à tout instant bien des faits historiques.

CLINIAS. — Certes.

L'ATHÉNIEN. — Progressons donc encore plus avant dans la fable qui nous est venue à l'esprit : peut-être éclairera-t-elle mon propos. Faut-il faire ainsi ?

b CLINIAS. — Tout à fait.

L'ATHÉNIEN. — Troie, disions-nous, fut fondée quand on quitta les hauteurs pour descendre dans une plaine grande et belle, sur une crête peu élevée et voisine de fleuves nombreux, qui prenaient leur source aux sommets de l'Ida[1].

CLINIAS. — On le dit, c'est certain.

L'ATHÉNIEN. — Ne croyons-nous pas que cet événement eut lieu longtemps après le déluge ?

CLINIAS. — Comment ne serait-ce pas longtemps après ?

L'ATHÉNIEN. — En tout cas, il a fallu que les hommes eussent terriblement oublié le cataclysme dont nous parlions

c tout à l'heure, pour exposer ainsi une ville à nombre de fleuves qui coulent des hauteurs, confiants en des collines qui n'étaient guère élevées.

CLINIAS. — C'est donc, évidemment, qu'un temps tout à fait considérable les séparait d'un semblable désastre.

L'ATHÉNIEN. — D'autres cités aussi, j'imagine, s'installaient dans les plaines, en grand nombre dès lors, à mesure que les hommes se multipliaient.

CLINIAS. — Évidemment.

L'ATHÉNIEN. — Celles-ci, paraît-il, allèrent jusqu'à entreprendre une expédition contre Troie, et peut-être même par mer, car déjà tous allaient sur l'eau sans crainte.

d CLINIAS. — Il semble.

L'ATHÉNIEN. — Et après un siège de dix ans à peu près, les Achéens ruinèrent Troie.

CLINIAS. — Absolument.

1. I du dialogue d'Aristote *Sur la Philosophie* que Jean Philopon nous a conservé au début de son commentaire à l'*Isagogè* de Nicomaque de Gérasa (traduit par A.-J. Festugière dans *La Révélation d'Hermès Trismégiste*, t. II, p. 222-223) ; cf. ci-dessus la note à 677 b.

1. Faut-il, avec Ch. Vellay (*Controverses autour de Troie*, Paris, 1936, p. 91) tenir ces expressions homériques, celles d'*Il.* 20, 216-218 cité plus haut, pour « irréductiblement défavorables au site d'Hissarlik » ? Mais G. Radet avait sans doute raison de mettre en

ὑμνῳδοῦν, πολλῶν τῶν κατ᾽ ἀλήθειαν γιγνομένων σύν τισιν Χάρισιν καὶ Μούσαις ἐφάπτεται ἑκάστοτε.

ΚΛ. Καὶ μάλα.

ΑΘ. Εἰς δὴ τὸ πρόσθεν προέλθωμεν ἔτι τοῦ νῦν ἐπελθόντος ἡμῖν μύθου· τάχα γὰρ ἂν σημήνειέ τι τῆς ἡμετέρας περὶ βουλήσεως. Οὐκοῦν χρή ;

ΚΛ. Πάνυ μὲν οὖν. b

ΑΘ. Κατῳκίσθη δή, φαμέν, ἐκ τῶν ὑψηλῶν εἰς μέγα τε καὶ καλὸν πεδίον Ἴλιον, ἐπὶ λόφον τινὰ οὐχ ὑψηλὸν καὶ ἔχοντα ποταμοὺς πολλοὺς ἄνωθεν ἐκ τῆς Ἴδης ὡρμημένους.

ΚΛ. Φασὶ γοῦν.

ΑΘ. Ἆρ᾽ οὖν οὐκ ἐν πολλοῖς τισι χρόνοις τοῖς μετὰ τὸν κατακλυσμὸν τοῦτο οἰόμεθα γεγονέναι ;

ΚΛ. Πῶς δ᾽ οὐκ ἐν πολλοῖς ;

ΑΘ. Δεινὴ γοῦν ἔοικεν αὐτοῖς λήθη τότε παρεῖναι τῆς
νῦν λεγομένης φθορᾶς, ὅθ᾽ οὕτως ὑπὸ ποταμοὺς πολλοὺς c
καὶ ἐκ τῶν ὑψηλῶν ῥέοντας πόλιν ὑπέθεσαν, πιστεύσαντες οὐ σφόδρα ὑψηλοῖς τισιν λόφοις.

ΚΛ. Δῆλον οὖν ὡς παντάπασί τινα μακρὸν ἀπεῖχον χρόνον τοῦ τοιούτου πάθους.

ΑΘ. Καὶ ἄλλαι γε οἶμαι πόλεις τότε κατῴκουν ἤδη πολλαί, πληθυόντων τῶν ἀνθρώπων.

ΚΛ. Τί μήν ;

ΑΘ. Αἵ γέ που καὶ ἐπεστρατεύσαντο αὐτῇ, καὶ κατὰ θάλατταν δὲ ἴσως, ἀφόβως ἤδη πάντων χρωμένων τῇ
θαλάττῃ. d

ΚΛ. Φαίνεται.

ΑΘ. Δέκα δ᾽ ἔτη που μείναντες Ἀχαιοὶ τὴν Τροίαν ἀνάστατον ἐποίησαν.

ΚΛ. Καὶ μάλα.

a 4 ὑμνῳδοῦν A (ῡ i. r.) et O Procl. (bis) : χρησμῳδοῦν Herm. || γιγνομένων A (post o eras.) et O : γεγονότων Procl. (bis) om. Herm. || 7 τοῦ νῦν O : τοίνυν A et ἁ. i. m. O^4 (οὐχ εὖ) || b 3 τε A et (ε ex ι) O^c : τι O || 5 φασὶ A et (α s. v.) O^4 : φησὶ O || c 4 τινα K^c : τι AO.

L'Athénien. — Or, au cours de cette période de dix ans que dura l'investissement de Troie, les divers pays des assiégeants virent arriver les nombreux malheurs causés par les soulèvements de la jeunesse, qui même, au retour des soldats dans leurs villes et leurs demeures, les reçut si mal et si
e injustement qu'il s'ensuivit des meurtres, des massacres et des exils innombrables ; ceux qui furent bannis revinrent plus tard avec un nouveau nom, appelés Doriens au lieu d'Achéens, parce que c'était Dorieus qui avait rallié les exilés d'alors[1]. Mais voilà qu'à partir d'ici tous ces événements qui se déroulent sont votre légende à vous, Lacédémoniens, et votre histoire.

Mégillos. — Et comment !

Les États doriens.

L'Athénien. — Le point où a commencé notre digression, lorsqu'au début de notre entretien sur les lois nous avons rencontré la musique et l'ivresse, nous y voilà maintenant ramenés à nouveau comme par une providence, et la discussion, — dirai-je qu'elle nous offre une prise favorable ? — est arrivée à la
683 a fondation même de Lacédémone, dont vous vantiez le gouvernement et aussi bien celui de la Crète, puisque leurs lois sont sœurs. Or maintenant, la divagation de nos propos, qui nous ont fait parcourir une série de régimes et de fondations, nous vaut un avantage : nous avons considéré une première cité, une seconde, une troisième, dont les fondations se succèdent, croyons-nous, dans des laps de temps infinis, et maintenant cette quatrième cité, ou si vous voulez ce peuple est arrivé, au moment de sa constitution ancienne, puis tel
b qu'il est actuellement constitué[2]. Si de tout cela nous pouvons induire ce qui a été bien institué ou non, quelles lois en conservent les parties sauves et lesquelles en ruinent les parties ruineuses, quels changements et sur quels points

garde contre des identifications trop rigoureuses ; mieux vaut faire la part, chez Homère, de l'imagination et du « paysage intérieur ».

1. Allusion à l'invasion dorienne et à la conquête du Péloponnèse, dont le souvenir s'était perpétué mais que Platon ne met pas forcément 80 ans après la chute de Troie. Quant à l'accueil fait aux anciens combattants, nous le connaissons par l'*Odyssée* ou par l'*Agamemnon* d'Eschyle, et Platon devait avoir à sa disposition d'autres *Nostoi*.

2. L'examen des institutions crétoises et lacédémoniennes, entre-

ΑΘ. Οὐκοῦν ἐν τούτῳ τῷ χρόνῳ, ὄντι δεκέτει, ὃν τὸ Ἴλιον ἐπολιορκεῖτο, τὰ τῶν πολιορκούντων ἑκάστων οἴκοι κακὰ πολλὰ συνέβαινεν γιγνόμενα περὶ τὰς στάσεις τῶν νέων, οἳ καὶ ἀφικομένους τοὺς στρατιώτας εἰς τὰς αὑτῶν πόλεις τε καὶ οἰκίας οὐ καλῶς οὐδ' ἐν δίκῃ ὑπεδέξαντο, ἀλλ' ὥστε θανάτους τε καὶ σφαγὰς καὶ φυγὰς γενέσθαι e παμπόλλας· οἳ πάλιν ἐκπεσόντες κατῆλθον μεταβαλόντες ὄνομα, Δωριῆς ἀντ' Ἀχαιῶν κληθέντες διὰ τὸ τὸν συλλέξαντα εἶναι τὰς τότε φυγὰς Δωριᾶ. Καὶ δὴ ταῦτά γε ἤδη πάνθ' ὑμεῖς, ὦ Λακεδαιμόνιοι, τἀντεῦθεν μυθολογεῖτέ τε καὶ διαπεραίνετε.

ΜΕ. Τί μήν ;

ΑΘ. Ὅθεν δὴ κατ' ἀρχὰς ἐξετραπόμεθα περὶ νόμων διαλεγόμενοι, περιπεσόντες μουσικῇ τε καὶ ταῖς μέθαις, νῦν ἐπὶ τὰ αὐτὰ πάλιν ἀφίγμεθα ὥσπερ κατὰ θεόν, καὶ ὁ λόγος ἡμῖν οἷον λαβὴν ἀποδίδωσιν· ἥκει γὰρ ἐπὶ τὴν εἰς Λακεδαίμονα κατοίκησιν αὐτήν, ἣν ὑμεῖς ὀρθῶς ἔφατε 683 a κατοικεῖσθαι καὶ Κρήτην ὡς ἀδελφοῖς νόμοις. Νῦν οὖν δὴ τοσόνδε πλεονεκτοῦμεν τῇ πλάνῃ τοῦ λόγου, διὰ πολιτειῶν τινων καὶ κατοικισμῶν διεξελθόντες· ἐθεασάμεθα πρώτην τε καὶ δευτέραν καὶ τρίτην πόλιν, ἀλλήλων, ὡς οἰόμεθα, ταῖς κατοικήσεσιν ἐχομένας ἐν χρόνου τινὸς μήκεσιν ἀπλέτοις, νῦν δὲ δὴ τετάρτη τις ἡμῖν αὕτη πόλις, εἰ δὲ βούλεσθε, ἔθνος ἥκει κατοικιζόμενόν τέ ποτε καὶ νῦν κατῳκισμένον. Ἐξ ὧν ἁπάντων εἴ τι συνεῖναι δυνάμεθα τί τε b καλῶς ἢ μὴ κατῳκίσθη, καὶ ποῖοι νόμοι σῴζουσιν αὐτῶν τὰ σῳζόμενα καὶ ποῖοι φθείρουσι τὰ φθειρόμενα, καὶ ἀντὶ

e 4 τὰς τότε φυγὰς A Π i. m. O^4 et (ὰς et ὰς s. v.) O^4 : τοὺς τότε φυγάδας O (sed τοὺς O^c ex τὰς) || Δωριᾶ AO : Δωριέα A^2 (έ i. m.) cum A^3 (έ s. v.) et O^4 (έ s. v.) || 5 τε O : om. A et ά. s. v. O^4 || **683 a** 1 κατοίκησιν AO : κατοίκισιν cj. Böckh || 6 κατοικήσεσιν O^4 (η s. v.) et Π i. m. O^4 : κατοικίσεσιν AO || 8 νῦν O : πρὸ νῦν A Π i. m. O^4.

feraient le bonheur d'une cité, voilà, Mégillos et Clinias, ce qu'il nous faut dire à nouveau comme si nous reprenions au début, à moins que nous n'ayons des objections contre les propos tenus jusqu'ici.

MÉGILLOS. — En tout cas, étranger, si un dieu nous pro-
c mettait qu'en entreprenant pour la seconde fois l'enquête sur la législation nous entendrons des propos de la qualité et de l'étendue de ceux qui viennent d'être tenus, j'accepterais, pour ma part, de faire une longue route, et le jour présent me paraîtrait court. Et pourtant c'est à peu près celui où le dieu tourne de l'été vers l'hiver[1].

L'ATHÉNIEN. — Il faut donc, paraît-il, faire cette enquête.

MÉGILLOS. — Tout à fait.

L'ATHÉNIEN. — Eh bien ! transportons-nous par la pensée à cette époque où Lacédémone, Argos, Messène et leurs possessions étaient virtuellement soumises, Mégillos, à vos
d ancêtres ; là-dessus, ils décidèrent, à en croire du moins la façon dont on rapporte la tradition, de diviser en trois leurs forces et de fonder trois cités : Argos, Messène, Lacédémone.

MÉGILLOS. — Tout à fait.

L'ATHÉNIEN. — Le roi d'Argos fut Téménos, celui de Messène Cresphontès, ceux de Sparte Proclès et Eurysthénès.

MÉGILLOS. — D'accord.

L'ATHÉNIEN. — Et toutes les populations leur jurèrent de
e les secourir, si l'on essayait de renverser leur royauté.

MÉGILLOS. — Parfaitement.

L'ATHÉNIEN. — Mais lorsqu'une royauté est abolie, ou quand une autorité en général l'a été dans le passé, est-ce par d'autres que par elle-même ? Ou plutôt, tandis que tout à l'heure, rencontrant un peu plus haut cette question, nous posions ces principes, les aurions-nous maintenant oubliés[2] ?

MÉGILLOS. — Serait-ce possible ?

L'ATHÉNIEN. — Eh bien ! cette fois-ci, nous établirons mieux notre thèse : c'est après avoir rencontré des faits historiques, semble-t-il, que nous abordons la même doctrine ;
684 a ainsi, nous n'enquêterons pas dans l'abstrait, mais sur du

pris au l. I sur le plan théorique, reprend ici du point de vue historique.

1. C'est le solstice d'été.

2. Rappel (et application aux régimes politiques) du principe posé

ποίων ποῖα μετατεθέντα εὐδαίμονα πόλιν ἀπεργάζοιτ' ἄν, ὦ Μέγιλλέ τε καὶ Κλεινία, ταῦτα δὴ πάλιν οἷον ἐξ ἀρχῆς ἡμῖν λεκτέον, εἴ μή τι τοῖς εἰρημένοις ἐγκαλοῦμεν λόγοις.

ΜΕ. Εἰ γοῦν, ὦ ξένε, τις ἡμῖν ὑπόσχοιτο θεὸς ὡς, ἐὰν ἐπιχειρήσωμεν τὸ δεύτερον τῇ τῆς νομοθεσίας σκέψει, τῶν c
νῦν εἰρημένων λόγων οὐ χείρους οὐδ' ἐλάττους ἀκουσόμεθα, μακρὰν ἂν ἔλθοιμι ἔγωγε, καί μοι βραχεῖ' ἂν δόξειεν ἡ νῦν παροῦσα ἡμέρα γίγνεσθαι. Καίτοι σχεδόν γ' ἐστὶν ἡ ἐκ θερινῶν εἰς τὰ χειμερινὰ τοῦ θεοῦ τρεπομένου.

ΑΘ. Χρὴ δὴ ταῦτα, ὡς ἔοικεν, σκοπεῖν.

ΜΕ. Πάνυ μὲν οὖν.

ΑΘ. Γενώμεθα δὴ ταῖς διανοίαις ἐν τῷ τότε χρόνῳ, ὅτε Λακεδαίμων μὲν καὶ Ἄργος καὶ Μεσσήνη καὶ τὰ μετὰ τούτων ὑποχείρια τοῖς προγόνοις ὑμῶν, ὦ Μέγιλλε, ἱκανῶς d
ἐγεγόνει· τὸ δὲ δὴ μετὰ τοῦτο ἔδοξεν αὐτοῖς, ὥς γε λέγεται τὸ τοῦ μύθου, τριχῇ τὸ στράτευμα διανείμαντας, τρεῖς πόλεις κατοικίζειν, Ἄργος, Μεσσήνην, Λακεδαίμονα.

ΜΕ. Πάνυ μὲν οὖν.

ΑΘ. Καὶ βασιλεὺς μὲν Ἄργους Τήμενος ἐγίγνετο, Μεσσήνης δὲ Κρεσφόντης, Λακεδαίμονος δὲ Προκλῆς καὶ Εὐρυσθένης.

ΜΕ. Πῶς γὰρ οὔ;

ΑΘ. Καὶ πάντες δὴ τούτοις ὤμοσαν οἱ τότε βοηθήσειν, ἐάν τις τὴν βασιλείαν αὐτῶν διαφθείρῃ. e

ΜΕ. Τί μήν;

ΑΘ. Βασιλεία δὲ καταλύεται, ὦ πρὸς Διός, ἤ καί τις ἀρχὴ πώποτε κατελύθη, μῶν ὑπό τινων ἄλλων ἢ σφῶν αὐτῶν; ἢ νυνδὴ μέν, ὀλίγον ἔμπροσθεν τούτοις περιτυχόντες τοῖς λόγοις, οὕτω ταῦτ' ἐτίθεμεν, νῦν δ' ἐπιλελήσμεθα;

ΜΕ. Καὶ πῶς;

ΑΘ. Οὐκοῦν νῦν δὴ μᾶλλον βεβαιωσόμεθα τὸ τοιοῦτον· περιτυχόντες γὰρ ἔργοις γενομένοις, ὡς ἔοικεν, ἐπὶ τὸν αὐτὸν λόγον ἐληλύθαμεν, ὥστε οὐ περὶ κενόν τι ζητήσομεν

vécu, du réel. Or, les faits sont les suivants[1] : trois royautés ont échangé des serments avec chacune des trois villes leurs sujettes, selon des lois qu'elles ont établies communes aux gouvernants et aux gouvernés, les uns s'engageant à ne pas imposer plus violemment leur autorité avec le progrès du temps et de la race ; les autres, sous la garantie des magistrats, à ne jamais renverser eux-mêmes la royauté ni souffrir
b que d'autres le tentent ; mais les rois secourraient, en cas d'injustice, les rois et les peuples, et les peuples, en cas d'injustice, les peuples et les rois. N'est-ce pas cela ?

MÉGILLOS. — C'est cela, oui.

L'ATHÉNIEN. — Ne croyez-vous pas que les constitutions politiques édictées dans les trois États, soit par les rois, soit par d'autres législateurs, avaient un avantage essentiel ?

MÉGILLOS. — Lequel ?

L'ATHÉNIEN. — L'union de deux d'entre eux contre le troisième, quel qu'il fût, s'il désobéissait aux lois établies.

MÉGILLOS. — Évidemment.

c L'ATHÉNIEN. — Or la plupart des gens prescrivent aux législateurs d'établir une législation que les peuples et les multitudes accueilleront volontiers, comme si l'on enjoignait à des entraîneurs ou à des médecins de soigner et guérir agréablement les corps en traitement.

MÉGILLOS. — Tout à fait.

L'ATHÉNIEN. — En réalité, il faut souvent être content si l'on peut arriver sans douleur excessive à rendre un corps bien portant et sain[2].

MÉGILLOS. — Et comment !

d L'ATHÉNIEN. — Les hommes de ce temps-là avaient cet autre avantage qui ne facilitait pas peu l'établissement des lois.

MÉGILLOS. — Lequel ?

au livre I (626 e) : « La défaite où l'on succombe à ses propres armes est ce qu'il y a tout à la fois de plus honteux et de plus lâche » ? Mais voir l'*Introduction*, p. xx, n. 3.

1. Depuis 683 c, Platon suit la version laconisante de l'invasion dorienne (résumée *Lettre VIII*, 354 b) ; cf. *Pindare et Platon*, p. 42.

2. La foule exige une législation agréable et non pas simplement bienfaisante ; pour blâmer ce caprice, Platon recourt volontiers à la comparaison de la médecine : *Gorg.* 521 d-522 a (le médecin traduit par un cuisinier devant un tribunal d'enfants), *Lois* IV 720 c-d (conseillers politiques et médecins de gens libres), *Lettre* VII 330 d-

[τὸν αὐτὸν λόγον], ἀλλὰ περὶ γεγονός τε καὶ ἔχον ἀλήθειαν. 684 a
Γέγονεν δὴ τάδε· βασιλεῖαι τρεῖς βασιλευομέναις πόλεσιν τριτταῖς ὤμοσαν ἀλλήλαις ἑκάτεραι, κατὰ νόμους οὓς ἔθεντο τοῦ τε ἄρχειν καὶ ἄρχεσθαι κοινούς, αἱ μὲν μὴ βιαιοτέραν τὴν ἀρχὴν ποιήσεσθαι προϊόντος τοῦ χρόνου καὶ γένους, οἱ δέ, ταῦτα ἐμπεδούντων τῶν ἀρχόντων, μήτε αὐτοὶ τὰς βασιλείας ποτὲ καταλύσειν μήτ' ἐπιτρέψειν
ἐπιχειροῦσιν ἑτέροις, βοηθήσειν δὲ βασιλῆς τε βασιλεῦσιν b
ἀδικουμένοις καὶ δήμοις, καὶ δῆμοι δήμοις καὶ βασιλεῦσιν ἀδικουμένοις. Ἆρ' οὐχ οὕτως ;

ΜΕ. Οὕτω μὲν οὖν.

ΑΘ. Οὐκοῦν τό γε μέγιστον ταῖς καταστάσεσιν τῶν πολιτειῶν ὑπῆρχεν ταῖς ἐν ταῖς τρισὶ πόλεσι νομοθετουμέναις, εἴτε οἱ βασιλῆς ἐνομοθέτουν εἴτ' ἄλλοι τινές ;

ΜΕ. Ποῖον ;

ΑΘ. Τὸ βοηθούς γε εἶναι τὰς δύο ἐπὶ τὴν μίαν ἀεὶ πόλιν, τὴν τοῖς τεθεῖσιν νόμοις ἀπειθοῦσαν.

ΜΕ. Δῆλον.

ΑΘ. Καὶ μὴν τοῦτό γε οἱ πολλοὶ προστάττουσιν τοῖς c
νομοθέταις, ὅπως τοιούτους θήσουσιν τοὺς νόμους οὓς ἑκόντες οἱ δῆμοι καὶ τὰ πλήθη δέξονται, καθάπερ ἂν εἴ τις γυμνασταῖς ἢ ἰατροῖς προστάττοι μεθ' ἡδονῆς θεραπεύειν τε καὶ ἰᾶσθαι τὰ θεραπευόμενα σώματα.

ΜΕ. Παντάπασι μὲν οὖν.

ΑΘ. Τὸ δέ γ' ἐστὶν ἀγαπητὸν πολλάκις εἰ καί τις μετὰ λύπης μὴ μεγάλης δύναιτο εὐεκτικά τε καὶ ὑγιῆ σώματα ἀπεργάζεσθαι.

ΜΕ. Τί μήν ;

ΑΘ. Καὶ τόδε γε ἔτι τοῖς τότε ὑπῆρχεν οὐ σμικρὸν εἰς d
ῥαστώνην τῆς θέσεως τῶν νόμων.

ΜΕ. Τὸ ποῖον ;

684 a 1 τὸν αὐτὸν λόγον secl. Badham || 3 post ἑκάτεραι ras. un. litt. in A || 5 ποιήσεσθαι A Π i. m. O^4 et (ε s. v.) O^4 : ποιήσασθαι O || **b** 2 δῆμοι AO : δῆμον (ν ex ι) A^c.

L'Athénien. — Les législateurs n'étaient pas en butte, lorsqu'ils imposaient aux citoyens une certaine égalité de biens, à la pire des critiques, si fréquente en d'autres cités où on légifère : si quelqu'un s'avise de toucher à la propriété foncière et d'abolir les dettes, voyant qu'on n'arrivera jamais sans ces mesures à instaurer une égalité suffisante, le législateur qui essaie une réforme de ce genre trouve aussitôt devant lui tout un peuple qui lui dit de ne pas mouvoir ce
e qui est immuable[1], qui le maudit d'introduire des partages du sol et des suppressions de dettes, au point qu'ils sont tous réduits à l'impuissance[2]. Mais, pour les Doriens, cela même allait de soi tout bellement et sans animosité : la terre se divisait sans contestation, et il n'y avait pas de dettes importantes et anciennes.

Mégillos. — C'est vrai.

L'Athénien. — Comment donc, excellents amis, leur fondation et leur législation ont-elles bien pu tourner si mal ?

685 a Mégillos. — Que veux-tu dire, et de quoi les blâmes-tu ?

L'Athénien. — De ces trois pays, deux gâtèrent bientôt leur constitution et leurs lois, et il n'en resta qu'un, celui de votre cité.

Mégillos. — La réponse n'est guère facile.

L'Athénien. — Eh bien ! c'est en examinant maintenant cette question, en jouant à propos de lois au jeu paisible qui sied à des vieillards, qu'il nous faut continuer sans ennui notre chemin, comme nous le disions au moment de nous
b mettre en route.

Mégillos. — Bien sûr, il faut faire comme tu dis.

L'Athénien. — Mais en matière de lois, quelle plus belle enquête pourrions-nous faire que d'étudier celles qui ont honoré ces cités ? De quelles villes plus grandes et plus illustres considérerions-nous la fondation ?

Mégillos. — Il est difficile de leur en préférer d'autres.

L'Athénien. — Dans l'esprit de ces gens-là, bien évidem-

331 a (si l'État, comme le malade, refuse de changer de régime, on ne devra pas se prêter à de nouvelles consultations).

1. Précepte rituel, qui avait passé en proverbe ; cf., avec ἀκίνητον, *Théét.* 181 a 8, *Lois* VIII 843 a 1, XI 913 b 9 (cf. V 736 d 1) ; avec εὖ κείμενον, *Phil.* 15 c 9 ; et cf. *Epinomis* 985 c 8.

2. Pour l'abolition des dettes, un exemple fameux est la *seisachthie* de Solon (Aristote, *Constitution d'Athènes*, ch. vi).

ΑΘ. Οὐκ ἦν τοῖς νομοθέταις ἡ μεγίστη τῶν μέμψεων, ἰσότητα αὐτοῖς τινα κατασκευάζουσιν τῆς οὐσίας, ἥπερ ἐν ἄλλαις νομοθετουμέναις πόλεσι πολλαῖς γίγνεται, ἐάν τις ζητῇ γῆς τε κτῆσιν κινεῖν καὶ χρεῶν διάλυσιν, ὁρῶν ὡς οὐκ ἂν δύναιτο ἄνευ τούτων γενέσθαι ποτὲ τὸ ἴσον ἱκανῶς· ὡς ἐπιχειροῦντι δὴ νομοθέτῃ κινεῖν τῶν τοιούτων τι πᾶς ἀπαντᾷ λέγων μὴ κινεῖν τὰ ἀκίνητα, καὶ ἐπαρᾶται γῆς τε [e] ἀναδασμοὺς εἰσηγούμενον καὶ χρεῶν ἀποκοπάς, ὥστ' εἰς ἀπορίαν καθίστασθαι πάντ' ἄνδρα. Τοῖς δὲ δὴ Δωριεῦσι καὶ τοῦθ' οὕτως ὑπῆρχεν καλῶς καὶ ἀνεμεσήτως, γῆν τε ἀναμφισβητήτως διανέμεσθαι, καὶ χρέα μεγάλα καὶ παλαιὰ οὐκ ἦν.

ΜΕ. Ἀληθῆ.

ΑΘ. Πῇ δή ποτε οὖν, ὦ ἄριστοι, κακῶς οὕτως αὐτοῖς ἐχώρησεν ἡ κατοίκησίς τε καὶ νομοθεσία ;

ΜΕ. Πῶς δὴ καὶ τί μεμφόμενος αὐτῶν λέγεις ; [685 a]

ΑΘ. Ὅτι τριῶν γενομένων τῶν οἰκήσεων τὰ δύο αὐτῶν μέρη ταχὺ τήν τε πολιτείαν καὶ τοὺς νόμους διέφθειρεν, τὸ δὲ ἓν μόνον ἔμεινεν, τὸ τῆς ὑμετέρας πόλεως.

ΜΕ. Οὐ πάνυ ῥᾴδιον ἐρωτᾷς.

ΑΘ. Ἀλλὰ μὴν δεῖ γε ἡμᾶς τοῦτο ἐν τῷ νῦν σκοποῦντας καὶ ἐξετάζοντας, περὶ νόμων παίζοντας παιδιὰν πρεσβυτικὴν σώφρονα, διελθεῖν τὴν ὁδὸν ἀλύπως, ὡς ἔφαμεν ἡνίκα ἠρχόμεθα πορεύεσθαι. [b]

ΜΕ. Τί μήν ; καὶ ποιητέον γε ὡς λέγεις.

ΑΘ. Τίν' οὖν ἂν σκέψιν καλλίω ποιησαίμεθα περὶ νόμων ἢ τούτων οἳ ταύτας διακεκοσμήκασιν ; ἢ πόλεων περὶ τίνων εὐδοκιμωτέρων τε καὶ μειζόνων κατοικήσεων σκοποίμεθ' ἂν ;

ΜΕ. Οὐ ῥᾴδιον ἀντὶ τούτων ἑτέρας λέγειν.

ΑΘ. Οὐκοῦν ὅτι μὲν διενοοῦντό γε οἱ τότε τὴν κατα-

d 6 ἄλλαις K^c : ἀλλήλαις AO ἄλλῃ cj. England || 9 τῶν -e 1 κινεῖν i. m. A^2 : om. A || **e** 9 κατοίκησίς AO : κατοίκισίς cj. Böckh || **685 b** 5 κατοικήσεων AO : κατοικίσεων cj. Böckh || 6 ἂν AO : om. Π i. m. O^4.

ment, ces dispositions ne devaient pas assurer une protection
c suffisante au seul Péloponnèse, mais encore à tous les Grecs si quelqu'un des barbares leur faisait tort, comme le jour où les peuples de la Troade, forts de la puissance des Assyriens de Ninive, provoquèrent par leur insolence la guerre contre Ilion. Car ce qui restait du prestige de cet empire était encore considérable : de même qu'aujourd'hui nous craignons, nous, le Grand Roi, de même, à cette époque, les contemporains redoutèrent le bloc ainsi organisé. Un grand
d sujet de plaintes contre les Grecs avait été la seconde prise de Troie ; car cette ville faisait partie de l'empire assyrien [1]. En face de ces dangers, l'union des forces jadis réparties entre trois États sous l'autorité de rois qui étaient frères, les fils d'Héraclès, avait été, semble-t-il, imaginée et réglée à propos, et cette armée l'emportait sur celle qui avait marché contre Troie. Tout d'abord, en effet, on mettait, chefs pour chefs, le commandement des Héraclides bien au-dessus de celui des Pélopides [2] ; ensuite, cette armée paraissait supérieure en cou-
e rage à celle qui était arrivée devant Troie ; car les nouveaux venus étaient vainqueurs : les autres, des Achéens, avaient été battus par ces Doriens. Ne pensons-nous pas que telles étaient les dispositions et les intentions des hommes de ce temps-là ?

Mégillos. — Tout à fait.

L'Athénien. — Ne devaient-ils pas aussi croire naturelle-
686 a ment que cet état de choses serait stable et durerait longtemps, entre gens rapprochés par tant de travaux et de dangers communs, gouvernés par une seule race, celle de

1. La source de Platon n'est pas Hérodote ; ce pourraient être les *Persica* de Ctésias : rattachaient-elles Troie à l'empire assyrien ? La première prise de Troie, par Héraclès, est évoquée au chant V de l'*Iliade* (vv. 640 sv.) ; sur la seconde, cf. ci-dessus, 682 d. Le Grand Roi est désigné (c 6) par l'expression protocolaire avec article et adjectif, celle des inscriptions et du cylindre de Cyrus, qui remonte au VIe siècle au moins (peu après 538) ; en d'autres endroits, Platon se conforme à l'usage récent : voir à 695 e.

2. Sur le retour des Héraclides, cf. Apollodore, *Bibliothèque*, II 177 ; les *Héraclides* d'Euripide traitent une partie du sujet. Les Pélopides (ou Atrides) sont les fils d'Atrée (lui-même fils de Pélops), Agamemnon, roi de Mycènes et d'Argos, et Ménélas, roi de Sparte.

σκευὴν ταύτην οὐ Πελοποννήσῳ μόνον ἔσεσθαι βοηθὸν
ἱκανήν, σχεδὸν δῆλον, ἀλλὰ καὶ τοῖς Ἕλλησιν πᾶσιν, εἴ c
τις τῶν βαρβάρων αὐτοὺς ἀδικοῖ, καθάπερ οἱ περὶ τὸ Ἴλιον
οἰκοῦντες τότε, πιστεύοντες τῇ τῶν Ἀσσυρίων δυνάμει τῇ
περὶ Νῖνον γενομένῃ, θρασυνόμενοι τὸν πόλεμον ἤγειραν
τὸν ἐπὶ Τροίαν. Ἦν γὰρ ἔτι τὸ τῆς ἀρχῆς ἐκείνης σχῆμα
τὸ σῳζόμενον οὐ σμικρόν· καθάπερ νῦν τὸν μέγαν βασιλέα
φοβούμεθα ἡμεῖς, καὶ τότε ἐκείνην τὴν συσταθεῖσαν σύν-
ταξιν ἐδέδισαν οἱ τότε. Μέγα γὰρ ἔγκλημα πρὸς αὐτοὺς
ἡ τῆς Τροίας ἅλωσις τὸ δεύτερον ἐγεγόνει· τῆς ἀρχῆς γὰρ d
τῆς ἐκείνων ἦν μόριον. Πρὸς δὴ ταῦτ᾽ ἦν πάντα ἡ τοῦ
στρατοπέδου τοῦ τότε διανεμηθεῖσα εἰς τρεῖς πόλεις κατα-
σκευὴ μία ὑπὸ βασιλέων ἀδελφῶν, παίδων Ἡρακλέους,
καλῶς, ὡς ἐδόκει, ἀνηυρημένη καὶ κατακεκοσμημένη καὶ
διαφερόντως τῆς ἐπὶ τὴν Τροίαν ἀφικομένης. Πρῶτον μὲν
γὰρ τοὺς Ἡρακλείδας τῶν Πελοπιδῶν ἀμείνους ἡγοῦντο
ἀρχόντων ἄρχοντας ἔχειν, ἔπειτ᾽ αὖ τὸ στρατόπεδον τοῦτο
τοῦ ἐπὶ Τροίαν ἀφικομένου διαφέρειν πρὸς ἀρετήν· νενικη- e
κέναι γὰρ τούτους, ἡττᾶσθαι δ᾽ ὑπὸ τούτων ἐκείνους,
Ἀχαιοὺς ὄντας ὑπὸ Δωριῶν. Ἆρ᾽ οὐχ οὕτως οἰόμεθα καὶ
τινι διανοίᾳ τοιαύτῃ κατασκευάζεσθαι τοὺς τότε ;

ΜΕ. Πάνυ μὲν οὖν.

ΑΘ. Οὐκοῦν καὶ τὸ βεβαίως οἴεσθαι ταῦθ᾽ ἕξειν εἰκὸς
αὐτοὺς καὶ χρόνον τιν᾽ ἂν πολὺν μένειν, ἅτε κεκοινωνη- 686 a
κότας μὲν πολλῶν πόνων καὶ κινδύνων ἀλλήλοις, ὑπὸ γένους
δὲ ἑνὸς τῶν βασιλέων ἀδελφῶν ὄντων διακεκοσμῆσθαι,

c 7 ante φοβούμεθα ras. un. litt. in A (cum uno signo) || σύνταξιν ἐδέδισαν O et (σύντα i. r., ξιν ἐδέ e. v.) A[2] : ἐδέδισαν (ut vid.) A || **d** 2 ταῦτ᾽ ἦν cj. Schneider : ταύτην AO ταῦτα K[c] || 3 τοῦ AO : om. ἀ. i. m. O[4] || 5 ὡς AO : om. cj. Estienne || 7 πελοπιδῶν O[c] (acc. in ι eras.) : πελοπίδων O πεδοπιδῶν A[c] πεδοπίδων A || 8 post αὖ τὸ ras. duar. litt. in A cum uno signo (an αὐτὸ τό ?) || **e** 2 ἡττᾶσθαι AO : ἡττῆσθαι cj. Böckh || 4 τινι A et γρ. i. m. O[4] : τῇ O et s. v. A[2] || τοιαύτῃ γρ. i. m. O[4] : ταύτῃ AO || **686 a** 3 διακεκοσμῆσθαι A et γρ. comp. i. m. O[3] (Π superscr. O[4]) : διακεκοσμημένους O.

leurs rois qui étaient frères, et en outre guidés par les oracles de tant de devins et ceux mêmes de l'Apollon de Delphes[1] ?

MÉGILLOS. — Comment ne serait-ce pas naturel ?

L'ATHÉNIEN. — Cette grande attente s'envola, paraît-il, alors bien vite, sauf, nous venons de le dire, pour une petite
b partie, celle de votre pays, et celui-ci n'a jamais cessé jusqu'à ce jour d'être en guerre avec les deux autres ; pourtant, si le plan primitif s'était réalisé et avait fait l'union, ç'eût été, militairement, une force irrésistible.

MÉGILLOS. — Certes.

L'ATHÉNIEN. — Comment donc et par où s'est-il effondré ? N'est-il pas intéressant d'examiner, à propos d'un ensemble de cette importance, quel destin a pu le renverser[2] ?

MÉGILLOS. — En fait, il serait vain de porter ses regards
c ailleurs pour voir des lois ou des constitutions différentes maintenir de grandes et belles situations ou au contraire les ruiner de fond en comble, si on négligeait celles-ci.

L'ATHÉNIEN. — Cette fois, voilà donc, à ce qu'il paraît, que nous nous sommes engagés par bonheur dans une considération d'importance.

MÉGILLOS. — Tout à fait.

L'ATHÉNIEN. — Mais, homme étonnant, ne venons-nous pas de tomber dans la méprise commune à tous les hommes ? Chaque fois qu'ils voient qu'une chose a été belle, ils se disent
d qu'elle aurait fait des merveilles si l'on avait su en user selon une belle méthode ; et nous, dans ce même cas, il se pourrait bien que nos vues ne fussent pas justes et selon l'ordre, ni davantage, sur tous les autres sujets, celles de tous les gens qui en ont de semblables.

MÉGILLOS. — Vraiment, qu'entends-tu par là, et à propos de quoi devons-nous dire que tu as tenu ce langage ?

L'ATHÉNIEN. — Mon bon, c'est de moi-même que je viens

1. Platon parle toujours de l'Apollon de Delphes avec le plus grand respect (cf. *Pindare et Platon*, p. 137-139), et en aucun cas il ne sera question de le sacrifier à une religion nouvelle ; sans doute, à Delphes même, Apollon avait dû partager avec Dionysos ; mais il garde son prestige dans la cité des *Lois* et de l'*Epinomis*, fidèles en cela à la tradition dorienne.

2. La réponse à la question ne sera donnée que 695 e 6, après la critique de l'éducation de Xerxès.

πρὸς τούτοις δ' ἔτι καὶ πολλοῖς μάντεσι κεχρημένους εἶναι
τοῖς τε ἄλλοις καὶ τῷ Δελφικῷ Ἀπόλλωνι ;

ΜΕ. Πῶς δ' οὐκ εἰκός ;

ΑΘ. Ταῦτα δὴ τὰ μεγάλα οὕτως προσδοκώμενα διέπτατο,
ὡς ἔοικε, τότε ταχύ, πλὴν ὅπερ εἴπομεν νυνδὴ σμικροῦ
μέρους τοῦ περὶ τὸν ὑμέτερον τόπον, καὶ τοῦτο δὴ πρὸς τὰ b
δύο μέρη πολεμοῦν οὐ πώποτε πέπαυται μέχρι τὰ νῦν·
ἐπεὶ γενομένη γε ἡ τότε διάνοια καὶ συμφωνήσασα εἰς ἕν,
ἀνυπόστατον ἄν τινα δύναμιν ἔσχε κατὰ πόλεμον.

ΜΕ. Πῶς γὰρ οὔ ;

ΑΘ. Πῶς οὖν καὶ πῇ διώλετο ; ἆρ' οὐκ ἄξιον ἐπισκοπεῖν
τηλικοῦτον καὶ τοιοῦτον σύστημα ἥτις ποτὲ τύχη διέφθειρε ;

ΜΕ. Σχολῇ γὰρ οὖν δή τις ἂν ἄλλο σκοπῶν, ἢ νόμους
ἢ πολιτείας ἄλλας θεάσαιτο σῳζούσας καλὰ καὶ μεγάλα c
πράγματα ἢ καὶ τοὐναντίον διαφθειρούσας τὸ παράπαν, εἰ
ἀμελήσειε τούτων.

ΑΘ. Τοῦτο μὲν ἄρα, ὡς ἔοικεν, εὐτυχῶς πως ἐμβεβή-
καμέν γε εἴς τινα σκέψιν ἱκανήν.

ΜΕ. Πάνυ μὲν οὖν.

ΑΘ. Ἆρ' οὖν, ὦ θαυμάσιε, λελήθαμεν ἄνθρωποι πάντες,
καὶ τὰ νῦν δὴ ἡμεῖς, οἰόμενοι μὲν ἑκάστοτέ τι καλὸν ὁρᾶν
πρᾶγμα γενόμενον καὶ θαυμαστὰ ἂν ἐργασάμενον, εἴ τις ἄρα
ἠπιστήθη καλῶς αὐτῷ χρῆσθαι κατά τινα τρόπον, τὸ δὲ νῦν d
γε ἡμεῖς τάχ' ἂν ἴσως περὶ τοῦτο αὐτὸ οὔτ' ὀρθῶς διανοοί-
μεθα οὔτε κατὰ φύσιν, καὶ δὴ καὶ περὶ τὰ ἄλλα πάντες
πάντα, περὶ ὧν ἂν οὕτω διανοηθῶσιν ;

ΜΕ. Λέγεις δὲ δὴ τί, καὶ περὶ τίνος σοι φῶμεν μάλιστ'
εἰρῆσθαι τοῦτον τὸν λόγον ;

ΑΘ. Ὠγαθέ, καὶ αὐτὸς ἐμαυτοῦ νυνδὴ κατεγέλασα.

a 4 κεχρημένους O et (κε s. v.) A^3 : χρημένους A || **b** 2 τὰ AO et re vera Aldina || 4 ἂν A et s. v. O^4 (ἐν ὅλοις ἀντιγράφοις comp. i. m. O^4) : om. O || 7 ἥτις A et (ἥ s. v.) O^4 : εἴ τις O || **c** 4 ἐμβεβήκαμέν A Π i. m. O^4 et (pr. μ s. v.) O^4 : ἐκβεβήκαμέν O ἐκβεβλήκαμέν K^c || **d** 4 post περὶ ras. duar. litt. in A (cum uno signo).

de me moquer. Comme je considérais cette organisation dont nous parlons, j'ai trouvé qu'elle était splendide et qu'un trésor merveilleux fût en elle échu aux Grecs, je le répète, si l'on s'en était alors servi comme il faut[1].

e MÉGILLOS. — N'est-ce pas à propos et raisonnablement que tu as parlé et que nous t'avons approuvé ?

L'ATHÉNIEN. — Peut-être ; je me dis cependant que quiconque voit un instrument considérable et muni de beaucoup de puissance et de force éprouve d'instinct ce sentiment, que si le possesseur d'un engin de cette nature et de cette taille savait en faire usage, il accomplirait bien des merveilles et serait heureux.

687 a MÉGILLOS. — Cela encore n'est-il pas légitime ? Que t'en semble ?

L'ATHÉNIEN. — Examine donc les considérations qui, pour quelque objet que ce soit, « légitiment » cet éloge ; tout d'abord, en ce qui concerne le sujet présent, comment, s'ils avaient su disposer méthodiquement leurs forces, les maîtres de cette époque auraient-ils bien pu atteindre le but ? N'est-ce pas s'ils les avaient solidement constituées et maintenues ensuite à travers les temps, de façon à rester libres personnellement et capables de commander à qui ils voudraient, et de satis-
b faire, chez tous les hommes universellement, Grecs ou barbares, leurs propres désirs et ceux de leurs descendants[2] ? Ne les louerait-on pas à ces divers titres ?

MÉGILLOS. — Tout à fait.

Ne rien souhaiter que de raisonnable.

L'ATHÉNIEN. — De même, lorsqu'à la vue d'une grande richesse, des honneurs qui distinguent une famille ou d'autres avantages de ce genre un homme tient le même langage, ne le fait-il pas avec l'arrière-pensée que par là on obtiendra tous les biens que l'on désire, ou le plus grand nombre et les plus précieux ?

MÉGILLOS. — Il semble bien.

c L'ATHÉNIEN. — Allons, tous les hommes ne partagent-ils

1. La récurrence reprend les expressions antérieures de l'Athénien (686 c 9-d 1), qui reviendront encore (avec chiasme) 686 e 5-7 ; l'insertion d'ἂν avant κτῆμα παραπεσεῖν, proposée par England, rendrait la phrase plus régulière.

2. Cf. *Alcib. I*, 105 b.

Ἀποβλέψας γὰρ πρὸς τοῦτον τὸν στόλον οὗ πέρι διαλεγόμεθα, ἔδοξέ μοι πάγκαλός τε εἶναι καὶ θαυμαστὸν κτῆμα παραπεσεῖν τοῖς Ἕλλησιν, ὅπερ εἶπον, εἴ τις ἄρα αὐτῷ τότε καλῶς ἐχρήσατο.

ΜΕ. Οὐκοῦν εὖ καὶ ἐχόντως νοῦν σύ τε πάντα εἶπες καὶ e
ἐπῃνέσαμεν ἡμεῖς ;

ΑΘ. Ἴσως· ἐννοῶ γε μὴν ὡς πᾶς ὃς ἂν ἴδῃ τι μέγα καὶ δύναμιν ἔχον πολλὴν καὶ ῥώμην εὐθὺς ἔπαθε τοῦτο, ὡς εἴπερ ἐπίσταιτο ὁ κεκτημένος αὐτῷ χρῆσθαι τοιούτῳ τε ὄντι καὶ τηλικούτῳ, θαυμάστ᾽ ἂν καὶ πολλὰ κατεργασάμενος εὐδαιμονοῖ.

ΜΕ. Οὐκοῦν ὀρθὸν καὶ τοῦτο ; ἢ πῶς λέγεις ; 687 a

ΑΘ. Σκόπει δὴ ποῖ βλέπων ὁ τὸν ἔπαινον τοῦτον περὶ ἑκάστου τιθέμενος « ὀρθῶς λέγει »· πρῶτον δὲ περὶ αὐτοῦ τοῦ νῦν λεγομένου, πῶς, εἰ κατὰ τρόπον ἠπιστήθησαν τάξαι τὸ στρατόπεδον οἱ τότε διακοσμοῦντες, τοῦ καιροῦ πως ἂν ἔτυχον ; ἆρ᾽ οὐκ εἰ συνέστησάν τε ἀσφαλῶς αὐτὸ διέσῳζόν τε εἰς τὸν ἀεὶ χρόνον, ὥστε αὐτούς τε ἐλευθέρους εἶναι καὶ ἄλλων ἄρχοντας ὧν βουληθεῖεν, καὶ ὅλως ἐν ἀνθρώποις
πᾶσι καὶ Ἕλλησι καὶ βαρβάροις πράττειν ὅτι ἐπιθυμοῖεν b
αὐτοί τε καὶ οἱ ἔκγονοι ; μῶν οὐ τούτων χάριν ἐπαινοῖεν ἄν ;

ΜΕ. Πάνυ μὲν οὖν.

ΑΘ. Ἆρ᾽ οὖν καὶ ὃς ἂν ἰδὼν πλοῦτον μέγαν ἢ τιμὰς διαφερούσας γένους, ἢ καὶ ὁτιοῦν τῶν τοιούτων, εἴπῃ ταὐτὰ ταῦτα, πρὸς τοῦτο βλέπων εἶπεν, ὡς διὰ τοῦτο αὐτῷ γενησόμενα ὧν ἂν ἐπιθυμῇ πάντα ἢ τὰ πλεῖστα καὶ ὅσα ἀξιώτατα λόγου ;

ΜΕ. Ἔοικε γοῦν.

ΑΘ. Φέρε δή, πάντων ἀνθρώπων ἐστὶ κοινὸν ἐπιθύμημα c

e 1 ἐχόντως iterat i. m. A² et (addito νοῦν) O³ || 5 ὄντι (τι s. v.) AᶜOᶜ : ὄν AO || 687 a 5 πως edd. : πῶς AO || 7 alt. τε O : γε A et (γ s. v.) O⁴ || b 2 ἐπαινοῖεν cj. Ast : ἐπιθυμοῖεν AO.

pas le désir essentiel que la discussion dégage en ce moment, comme elle le dit en propres termes ?

MÉGILLOS. — Lequel ?

L'ATHÉNIEN. — Le vœu que les événements obéissent aux injonctions de notre âme, tous, si c'était possible ; sinon, du moins les choses humaines.

MÉGILLOS. — Et comment !

L'ATHÉNIEN. — Et si en toute occasion nous ne voulons que cela, les uns et les autres, enfants aussi bien que vieillards, n'est-il pas fatal que nous ne cessions de former ce vœu ?

MÉGILLOS. — Évidemment.

d L'ATHÉNIEN. — Avec nos amis aussi, j'imagine, nous appellerons de nos vœux ce qu'ils souhaitent pour eux-mêmes.

MÉGILLOS. — Et comment !

L'ATHÉNIEN. — Or un fils, qui est un enfant, est cher à l'homme qui est son père [1].

MÉGILLOS. — Évidemment.

L'ATHÉNIEN. — Et pourtant, parmi les vœux que l'enfant forme pour soi-même, il en est bien où le père supplierait les dieux de ne jamais exaucer les prières de son fils.

MÉGILLOS. — Tu veux dire quand celui-ci les prie sans discernement et lorsqu'il est encore jeune ?

L'ATHÉNIEN. — Oui ; et aussi lorsque le père, tout vieux qu'il est ou même s'il est resté trop jeune [2], entièrement
e aveugle au droit et à la justice, fait d'ardentes prières dans des sentiments voisins de ceux où Thésée se trouvait à l'égard d'Hippolyte qui mourut si malheureusement, crois-tu, si le fils y voit clair, qu'alors l'enfant priera avec son père [3] ?

MÉGILLOS. — Je comprends ce que tu veux dire. C'est, me semble-t-il, qu'il ne faut pas demander instamment que tout

1. Cf. *Lysis*, 207 d.

2. Allusion au proverbe « le vieillard est deux fois enfant », que le 1er livre a cité (646 a 4) ? Ou plutôt le mot grec désigne ici moins l'âge que la chaleur du sang (ou de la tête).

3. La scène où Thésée maudit son fils est une des plus pathétiques d'*Hippolyte* (887 sv.) De la pièce d'Euripide Platon adapte ailleurs les vers 352 (*Alcib. I* 113 c 2-3) et 612 (*Banq.* 199 a 5, *Théét.* 154 d 5-6).

ἕν τι τὸ νῦν ὑπὸ τοῦ λόγου δηλούμενον, ὥς αὐτός φησιν ὁ λόγος;

ΜΕ. Τὸ ποῖον;

ΑΘ. Τὸ κατὰ τὴν τῆς αὑτοῦ ψυχῆς ἐπίταξιν τὰ γιγνόμενα γίγνεσθαι, μάλιστα μὲν ἅπαντα, εἰ δὲ μή, τά γε ἀνθρώπινα.

ΜΕ. Τί μήν;

ΑΘ. Οὐκοῦν ἐπείπερ βουλόμεθα πάντες τὸ τοιοῦτον ἀεί, παῖδές τε ὄντες καὶ ἄνδρες πρεσβῦται, τοῦτ' αὐτὸ καὶ εὐχόμεθ' ἀναγκαίως διὰ τέλους;

ΜΕ. Πῶς δ' οὔ;

ΑΘ. Καὶ μὴν τοῖς γε φίλοις που συνευχοίμεθ' ἂν ταῦτα d
ἅπερ ἐκεῖνοι ἑαυτοῖσιν.

ΜΕ. Τί μήν;

ΑΘ. Φίλος μὲν ὑὸς πατρί, παῖς ὢν ἀνδρί.

ΜΕ. Πῶς δ' οὔ;

ΑΘ. Καὶ μὴν ὧν γ' ὁ παῖς εὔχεται ἑαυτῷ γίγνεσθαι, πολλὰ ὁ πατὴρ ἀπεύξαιτ' ἂν τοῖς θεοῖς μηδαμῶς κατὰ τὰς τοῦ ὑέος εὐχὰς γίγνεσθαι.

ΜΕ. Ὅταν ἀνόητος ὢν καὶ ἔτι νέος εὔχηται, λέγεις;

ΑΘ. Καὶ ὅταν γε ὁ πατὴρ ὢν γέρων ἢ καὶ σφόδρα νεανίας, μηδὲν τῶν καλῶν καὶ τῶν δικαίων γιγνώσκων, εὔχηται e
μάλα προθύμως ἐν παθήμασιν ἀδελφοῖς ὧν τοῖς γενομένοις Θησεῖ πρὸς τὸν δυστυχῶς τελευτήσαντα Ἱππόλυτον, ὁ δὲ παῖς γιγνώσκῃ, τότε, δοκεῖς, παῖς πατρὶ συνεύξεται;

ΜΕ. Μανθάνω ὃ λέγεις. Λέγειν γάρ μοι δοκεῖς ὡς οὐ τοῦτο εὐκτέον οὐδὲ ἐπεικτέον, ἕπεσθαι πάντα τῇ ἑαυτοῦ

c 10 ἄνδρες A et (ἐν τοῖς ἀντιγράφοις) i. m. O[4] : ἄνδρες καὶ O || 11 εὐχόμεθα O : εὐχοίμεθα A εὐχοίμεθ' ἂν cj. Budé i. m. Vossiani || d 1 ξυνευχοίμεθ' ἂν A (υχ i. r.) : ξυνευχόμεθ' ἂν O || 2 ἑαυτοῖσιν A : ἑαυτοῖσι γρ. i. m. O[4] αὐτοῖς Θ || 6 ὧν γ' A (ut vid.) et O : ὧν A[c] (post ὧν un. sign. sine ras.) et i. m. O[4] || 10 ἢ O et s. v. A[3] : om. A || e 6 εὐχτέον A (ut vid.) et O : εὐχταῖον a (αι comp. i. r.) et O[4] (αῖ s. v.) Mœris.

obéisse à notre désir, sans que notre désir obéisse davantage à notre raison[1]; mais ce qu'une cité et chacun de nous doivent hâter de leurs vœux, c'est d'être raisonnables.

688 a L'Athénien. — Oui, et qu'en particulier un législateur politique doive toujours avoir les yeux fixés là-dessus quand il arrête les commandements de la loi, je m'en ressouviens moi-même, et je vous rappelle en outre, si nous n'avons pas oublié le début de cet entretien, que, selon votre thèse, le bon législateur devait régler toutes les dispositions par rapport à la guerre[2]; pour moi, je disais au contraire que c'était là demander de légiférer en fonction d'une seule vertu parmi
b les quatre, alors qu'il faut les avoir toutes en vue, mais principalement et la première celle qui commande tout l'ensemble de la vertu, c'est-à-dire la sagesse, l'intelligence, l'opinion, avec leur escorte de passion et de désir. Ainsi, la discussion est revenue au même point, et moi qui parle maintenant, je renouvelle mes affirmations initiales, si vous voulez, par manière de jeu, ou, si vous préférez, au grand sérieux[3]; d'après moi, il est risqué de formuler des vœux quand on manque de prudence, et c'est le contraire de ses
c désirs que l'on obtient. Si vous voulez admettre que je parle sérieusement, admettez-le; en fait, mon attente serait bien trompée si vous ne découvriez pas maintenant, en suivant l'argumentation que nous nous sommes proposée tout à l'heure, que le renversement des rois et de tout l'empire projeté n'eut pas pour cause la lâcheté ni l'incompétence militaire du commandement et de ceux qui devaient se laisser commander : ils ont été ruinés par tous les autres vices, mais surtout par l'ignorance des intérêts majeurs de l'humanité.
d Que les choses se soient passées ainsi en ce temps-là, que maintenant plus que jamais il en soit de même et que, dans la suite des âges, il ne doive pas en advenir autrement, c'est

1. Il ne paraît pas impossible de garder la leçon le mieux attestée, dont l'intrusion resterait inexplicable ; la variante πολύ, adoptée par la majorité des éditeurs (mais non par England) implique une opposition à la phrase négative qui serait plus correctement marquée par ἀλλά que par δέ.

2. Cf. I 628 d sv. ; et, pour la phrase suivante, 630 c, 631 c (631 c 5 sv. est repris littéralement 688 b 1 sv.), 632 c.

3. C'est l'antithèse socratico-platonicienne du jeu sérieux.

βουλήσει, τὴν βούλησιν δὲ μηδὲν μᾶλλον τῇ ἑαυτοῦ φρονήσει· τοῦτο δὲ καὶ πόλιν καὶ ἕνα ἡμῶν ἕκαστον καὶ εὔχεσθαι δεῖν καὶ σπεύδειν, ὅπως νοῦν ἕξει.

688 a ΑΘ. Ναί, καὶ δὴ καὶ πολιτικόν γε ἄνδρα νομοθέτην ὡς ἀεὶ δεῖ πρὸς τοῦτο βλέποντα τιθέναι τὰς τάξεις τῶν νόμων, αὐτός τε ἐμνήσθην καὶ ὑμᾶς ἐπαναμιμνῄσκω, κατ᾽ ἀρχὰς εἰ μεμνήμεθα τὰ λεχθέντα, ὅτι τὸ μὲν σφῷν ἦν παρακέλευμα ὡς χρεὼν εἴη τὸν ἀγαθὸν νομοθέτην πάντα πολέμου χάριν τὰ νόμιμα τιθέναι, τὸ δὲ ἐμὸν ἔλεγον ὅτι τοῦτο μὲν πρὸς μίαν ἀρετὴν οὐσῶν τεττάρων κελεύοι τίθεσθαι τοὺς νόμους, b δέοι δὲ δὴ πρὸς πᾶσαν μὲν βλέπειν, μάλιστα δὲ καὶ πρὸς πρώτην τὴν τῆς συμπάσης ἡγεμόνα ἀρετῆς, φρόνησις δ᾽ εἴη τοῦτο καὶ νοῦς καὶ δόξα μετ᾽ ἔρωτός τε καὶ ἐπιθυμίας τούτοις ἑπομένης. Ἥκει δὴ πάλιν ὁ λόγος εἰς ταὐτόν, καὶ ὁ λέγων ἐγὼ νῦν λέγω πάλιν ἅπερ τότε, εἰ μὲν βούλεσθε, ὡς παίζων, εἰ δ᾽, ὡς σπουδάζων, ὅτι δή φημι εὐχῇ χρῆσθαι σφαλερὸν εἶναι νοῦν μὴ κεκτημένον, ἀλλὰ τἀναντία ταῖς βουλήσεσίν οἱ γίγνεσθαι. Σπουδάζοντα δ᾽ εἴ με τιθέναι βού- c λεσθε, τίθετε· πάνυ γὰρ οὖν προσδοκῶ νῦν ὑμᾶς εὑρήσειν, τῷ λόγῳ ἑπομένους ὃν ὀλίγον ἔμπροσθε προυθέμεθα, τῆς τῶν βασιλέων τε φθορᾶς καὶ ὅλου τοῦ διανοήματος οὐ δειλίαν οὖσαν τὴν αἰτίαν, οὐδ᾽ ὅτι τὰ περὶ τὸν πόλεμον οὐκ ἠπίσταντο ἄρχοντές τε καὶ οὓς προσῆκεν ἄρχεσθαι, τῇ λοιπῇ δὲ πάσῃ κακίᾳ διεφθαρμένα, καὶ μάλιστα τῇ περὶ τὰ μέγιστα τῶν ἀνθρωπίνων πραγμάτων ἀμαθίᾳ. Ταῦτ᾽ οὖν ὡς οὕτω γέγονε περὶ τὰ τότε, καὶ νῦν, εἴ που, γίγνεται, καὶ ἐς d τὸν ἔπειτα χρόνον οὐκ ἄλλως συμβήσεται, ἐὰν βούλησθε,

e 7 μηδὲν AO (post δὲ ras. plur. litt. in A cum tribus signis) : γρ. πολὺ i. m. A[2] (sine acc.) et s. v. O[4] || **688 a** 2 δεῖ A et (εἰ s. v.) O[4] : δὴ O || 4 παρακέλευμα AO : παρακέλευσμα A[3] (σ s. v.) || 6 τὸ -**b** 4 ἑπομένης hab. Stobaeus, IV, 1, 123 (72, 12-17 H.) || **b** 1 καὶ πρὸς πρώτην τὴν AO : πρὸς τὴν πρώτην καὶ Stob. || 2 φρόνησις a (ν s. v.) : φρόησις A || 5 ὁ λέγων AO : ἀ. ὃ ἔλεγον ἐγώ· οὐχ εὖ i. m. O[4] || 6 εἰ δ᾽ cj. Böckh : εἶθ᾽ AO || **c** 6 προσῆκεν cj. Marc. gr. 184 : προσήκειν AO.

ce que je vais, avec votre agrément, essayer de découvrir en suivant l'ordre de la discussion, et de vous faire voir dans la mesure du possible comme à des amis.

CLINIAS. — Vois-tu, étranger, exprimée par des paroles notre louange te pèserait, mais nos actes seront ton meilleur éloge : nous suivrons avec ardeur ton exposé, et c'est par là que l'homme libre tout au moins montre le mieux qu'il approuve ou non.

e MÉGILLOS. — Très bien, Clinias ; faisons comme tu dis.

CLINIAS. — Ainsi en sera-t-il, si Dieu le veut. Parle seulement.

Lutter contre l'ignorance.

L'ATHÉNIEN. — Nous disons donc, en reprenant la route de notre discussion, que la plus grande ignorance perdit alors cet empire et produira naturellement le même effet à notre époque, de sorte que, s'il en va de cette façon, le législateur doit s'efforcer d'inculquer aux cités toute la sagesse possible, et de déraciner le plus qu'il pourra l'inintelligence[1].

CLINIAS. — C'est évident.

689 a L'ATHÉNIEN. — Qu'est-ce donc qu'on appellerait à bon droit la plus grande ignorance ? Voyez si vous partagez vous aussi mon avis ; pour moi, je la définis ainsi.

CLINIAS. — Comment ?

L'ATHÉNIEN. — Quand un homme, après avoir jugé beau ou bon quelque chose, le hait au lieu de l'aimer, et que ce qu'il trouve mauvais et injuste, il l'aime au contraire et l'accueille, c'est par ce désaccord de la douleur et du plaisir avec l'opinion raisonnable que je définis la pire ignorance, et aussi la plus vaste, parce qu'elle atteint la plus grande
b partie de l'âme ; car la partie qui souffre et qui jouit est dans l'âme ce que le peuple et la multitude sont dans la cité. Ainsi, lorsque l'âme s'oppose à la science, à l'opinion, à la raison, qui sont naturellement faites pour commander, j'appelle cela inintelligence ; de même dans un État, lorsque

1. « Inintelligence » traduit ἄνοιαν, que Böckh voulait remplacer par ἄγνοιαν (et de même 689 b 3, 691 d 1). Mais ἄνοια semble ici à peu près synonyme d'ἀμαθία (e 4, 689 a 1), dont la définition donnée un peu plus loin (689 a 5-10) correspond mieux au sens général

πειράσομαι ἰὼν κατὰ τὸν ἑξῆς λόγον ἀνευρίσκειν τε καὶ ὑμῖν δηλοῦν κατὰ δύναμιν ὡς οὖσιν φίλοις.

ΚΛ. Λόγῳ μὲν τοίνυν σε, ὦ ξένε, ἐπαινεῖν ἐπαχθέστερον, ἔργῳ δὲ σφόδρα ἐπαινεσόμεθα· προθύμως γὰρ τοῖς λεγομένοις ἐπακολουθήσομεν, ἐν οἷς ὅ γε ἐλεύθερος ἐπαινῶν καὶ μὴ μάλιστ᾽ ἐστὶν καταφανής.

ΜΕ. Ἄριστ᾽, ὦ Κλεινία, καὶ ποιῶμεν ἃ λέγεις. e

ΚΛ. Ἔσται ταῦτα, ἐὰν θεὸς ἐθέλῃ. Λέγε μόνον.

ΑΘ. Φαμὲν δή νυν, καθ᾽ ὁδὸν ἰόντες τὴν λοιπὴν τοῦ λόγου, τὴν μεγίστην ἀμαθίαν τότε ἐκείνην τὴν δύναμιν ἀπολέσαι καὶ νῦν ταὐτὸν τοῦτο πεφυκέναι ποιεῖν, ὥστε τόν γε νομοθέτην, εἰ τοῦθ᾽ οὕτως ἔχει, πειρατέον ταῖς πόλεσιν φρόνησιν μὲν ὅσην δυνατὸν ἐμποιεῖν, τὴν δ᾽ ἄνοιαν ὅτι μάλιστα ἐξαιρεῖν.

ΚΛ. Δῆλον.

ΑΘ. Τίς οὖν ἡ μεγίστη δικαίως ἂν λέγοιτο ἀμαθία ; 689 a
σκοπεῖτε εἰ συνδόξει καὶ σφῷν λεγόμενον· ἐγὼ μὲν δὴ τὴν τοιάνδε τίθεμαι.

ΚΛ. Ποίαν ;

ΑΘ. Τὴν ὅταν τῳ τι δόξαν καλὸν ἢ ἀγαθὸν εἶναι μὴ φιλῇ τοῦτο ἀλλὰ μισῇ, τὸ δὲ πονηρὸν καὶ ἄδικον δοκοῦν εἶναι φιλῇ τε καὶ ἀσπάζηται, ταύτην τὴν διαφωνίαν λύπης τε καὶ ἡδονῆς πρὸς τὴν κατὰ λόγον δόξαν ἀμαθίαν φημὶ εἶναι τὴν ἐσχάτην, μεγίστην δέ, ὅτι τοῦ πλήθους ἐστὶ τῆς ψυχῆς·
τὸ γὰρ λυπούμενον καὶ ἡδόμενον αὐτῆς ὅπερ δῆμός τε καὶ b
πλῆθος πόλεώς ἐστιν. Ὅταν οὖν ἐπιστήμαις ἢ δόξαις ἢ λόγῳ ἐναντιῶται, τοῖς φύσει ἀρχικοῖς, ἡ ψυχή, τοῦτο ἄνοιαν προσαγορεύω, πόλεώς τε, ὅταν ἄρχουσιν καὶ νόμοις μὴ

d 4 κατὰ τὴν δύναμιν O (sed τὴν p. n.) || **e** 3 φαμὲν -689 e 1 φανεῖται hab. Stobaeus, IV, 1, 124 (72, 19-74, 16 H.) || 6 γε Stob. : τε AO || εἰ τοῦθ᾽ O[4] (τοῦ s. v.) cum Stobaeo : εἴθ᾽ AO || **689 a** 5 δόξαν cj. edd. : δόξῃ a (ηι i. r. ex ει, ut vid.) et O cum Stobaei A δόξει Stobaei M || 7 τὴν AO : om. Stob.

la multitude n'obéit pas aux magistrats et aux lois, et aussi chez un particulier, quand de belles raisons, présentes dans l'âme, n'obtiennent aucun résultat, bien au contraire : c'est toutes ces ignorances que je regarderais comme les plus
c discordantes chez un État ou en chacun des citoyens, non pas les ignorances des hommes de métiers, — si vous comprenez, étrangers, ce que je veux dire[1].

Clinias. — Nous le comprenons, ami, et nous y souscrivons.

L'Athénien. — Tenons donc cela pour décidé et formulé comme nous l'avons dit : à ceux des citoyens qui ont ces ignorances il ne faudra confier aucune part du pouvoir mais les reprendre comme des ignorants, fussent-ils excellents
d raisonneurs et rompus à toutes les subtilités, à tout ce qui développe la rapidité de l'esprit ; ceux qui ont les dispositions contraires des précédentes, on s'adressera à eux comme à des sages, quand même ils ne sauraient, comme on dit, ni lire ni nager[2], et on leur donnera les charges comme à des hommes de sens. Comment en effet, amis, la moindre espèce de jugement pourrait-elle exister là où il n'y a pas d'harmonie ? C'est impossible ; et la plus belle et la plus grande parmi les harmonies sera très justement appelée la plus grande sagesse, dont a sa part l'homme qui vit selon la raison, tandis que celui qui en manque ruine sa maison et par rapport à la cité ne se révélera jamais comme un sauveur, mais se montrera tout le contraire, totalement ignorant dans ce
e domaine. Voilà donc, ainsi que nous venons de le dire, ce qu'il faut tenir pour établi de la façon que nous l'avons exposé.

Clinias. — Qu'il le reste.

d'ἄνοια qu'à celui d'ἄγνοια : il s'agit d'une ignorance plus profonde. Le français conserve mal ces nuances, n'ayant guère que le mot « ignorance » pour ἀμαθία et pour ἄγνοια ; peut-être faudrait-il rendre ἀμαθία par « inconscience » ?

1. L'accord intime des sentiments avec la raison suppose l'éducation des goûts et des répugnances décrite au début du l. II ; cf. la note à 653 c ; en ce sens (non au sens rejeté par le *Phédon*), l'âme est une harmonie ; cf. 689 d. Comme la multitude représente dans la cité l'élément sensitif, sa désobéissance aux magistrats et aux lois entraîne pour l'État le pire des désaccords.

2. Proverbe qui reflète le tempérament d'un peuple de marins

πείθηται τὸ πλῆθος, ταὐτόν, καὶ δὴ καὶ ἑνὸς ἀνδρός, ὁπόταν καλοὶ ἐν ψυχῇ λόγοι ἐνόντες μηδὲν ποιῶσιν πλέον ἀλλὰ δὴ τούτοις πᾶν τοὐναντίον, ταύτας πάσας ἀμαθίας τὰς πλημμελεστάτας ἔγωγ' ἂν θείην πόλεώς τε καὶ ἑνὸς ἑκάστου τῶν c
πολιτῶν, ἀλλ' οὐ τὰς τῶν δημιουργῶν, εἶ ἄρα μου καταμανθάνετε, ὦ ξένοι, ὃ λέγω.

ΚΛ. Μανθάνομέν τε, ὦ φίλε, καὶ συγχωροῦμεν ἃ λέγεις.

ΑΘ. Τοῦτο μὲν τοίνυν οὕτω κείσθω δεδογμένον καὶ λεγόμενον, ὡς τοῖς ταῦτ' ἀμαθαίνουσι τῶν πολιτῶν οὐδὲν ἐπιτρεπτέον ἀρχῆς ἐχόμενον καὶ ὡς ἀμαθέσιν ὀνειδιστέον, ἂν καὶ πάνυ λογιστικοί τε ὦσι καὶ πάντα τὰ κομψὰ καὶ ὅσα πρὸς τάχος τῆς ψυχῆς πεφυκότα διαπεπονημένοι ἅπαντα, d
τοὺς δὲ τοὐναντίον ἔχοντας τούτων ὡς σοφούς τε προσρητέον, ἂν καὶ τὸ λεγόμενον μήτε γράμματα μήτε νεῖν ἐπίστωνται, καὶ τὰς ἀρχὰς δοτέον ὡς ἔμφροσιν. Πῶς γὰρ ἄν, ὦ φίλοι, ἄνευ συμφωνίας γένοιτ' ἂν φρονήσεως καὶ τὸ σμικρότατον εἶδος ; οὐκ ἔστιν, ἀλλ' ἡ καλλίστη καὶ μεγίστη τῶν συμφωνιῶν μεγίστη δικαιότατ' ἂν λέγοιτο σοφία, ἧς ὁ μὲν κατὰ λόγον ζῶν μέτοχος, ὁ δὲ ἀπολειπόμενος οἰκοφθόρος καὶ περὶ πόλιν οὐδαμῇ σωτὴρ ἀλλὰ πᾶν τοὐναντίον ἀμαθαίνων εἰς ταῦτα ἑκάστοτε φανεῖται. Ταῦτα μὲν οὖν, e
καθάπερ εἴπομεν ἄρτι, λελεγμένα τεθήτω ταύτῃ.

ΚΛ. Κείσθω γὰρ οὖν.

b 5 καὶ δὴ καὶ -**e** 1 φανεῖται hab. Eusebius, 12, 8, 1-3 (581 c-582 a V.) || καὶ δὴ A Π i. m. O^4 Eus. Stob. : δὴ O || 6 ἀλλὰ δὴ AO : ἀλλαχῇ Eus. ἀλλὰ ζῇ Stob. || 7 πᾶν AO Stob. : γοῦν Eus. || πλημμελεστάτας A Eus. Stob. et (alt. α ex ου) O^c : πλημμελεστάτους O || **c** 2 μου A Eus. et ἀ. i. m. O^4 : ἐμοῦ O ποῦ Stob. || 4 τε AO Eus. : γε Stob. || ἃ AO Stob. : ὃ Eus. || 6 τοῦτο -d 4 ἔμφροσιν hab. Theodoretus, 1, 35 (14, 16-23 R.) || 7 ταῦτ' ἀμαθαίνουσι i. m. a^3 cum K^c et (-ιν) $Π^o$ i. m. O^4 Eus. Theod. : εἰς ταῦτα ἀμαθαίνουσι Stob. (cf. e 1) ταῦτα μανθάνουσι AO || **d** 2 τούτων AO Stob. : τούτοις Eus. τούτους Theod. || 7 δικαιότατ' (ατ s. v.) A^c : δικαιότ' A || **e** 1 φανεῖται A O Eus. : φαίνεται Stob.

Sept titres à commander.

L'Athénien. — Mais, dans les cités, il y a nécessairement, je suppose, des gouvernants et des gouvernés.

Clinias. — Et comment !

690 a L'Athénien. — Eh bien ! quels sont, et en quel nombre, les titres à commander ou à obéir, soit dans des cités, soit dans des maisons grandes ou petites ? Le premier n'est-il pas celui de père et de mère ? Et en général, la situation de parents n'est-elle pas partout un juste titre d'autorité à l'égard des descendants [1] ?

Clinias. — Absolument.

L'Athénien. — La loi qui fait suite à la précédente est que les nobles commandent aux manants ; une troisième vient encore après celles-là, à savoir que les plus âgés doivent commander et les plus jeunes se soumettre.

Clinias. — Évidemment.

b L'Athénien. — Une quatrième, à son tour, que les esclaves obéissent et que les maîtres commandent.

Clinias. — Cela va de soi.

L'Athénien. — D'après la cinquième, j'imagine, le plus fort commande, le plus faible obéit.

Clinias. — Tu viens de mentionner une autorité bien contraignante.

L'Athénien. — Oui, et la plus répandue parmi tous les êtres vivants, la loi de nature, comme l'appela jadis Pindare de Thèbes [2]. Mais, semble-t-il, la règle la plus importante serait la sixième, qui veut que l'ignorant suive, et que le
c sage mène et commande. Or, dans ce cas, très avisé Pindare, je ne dirai certainement pas qu'elle est contre nature, mais bien naturelle, l'autorité que la loi exerce sur des sujets consentants et non contraints.

Clinias. — Tu as parfaitement raison.

1. Sur le respect des parents, un des fondements de la cité antique, voir les textes cités dans *Pindare et Platon*, p. 88-90, et ajouter *Lois* XI 931 a-d.

2. Un des textes importants pour l'interprétation du fragment de Pindare (169 Schröder = *Adélon* 49 Puech) sur « la loi reine du monde, des hommes et des dieux », déformé ou tout au moins sollicité par Calliclès dans le *Gorgias* (484 b) et auquel font écho dans les *Lois*, outre le passage du l. III, ceux des livres IV (715 a 1) et X

ΑΘ. Ἄρχοντας δὲ δὴ καὶ ἀρχομένους ἀναγκαῖον ἐν ταῖς πόλεσιν εἶναί που.

ΚΛ. Τί μήν ;

ΑΘ. Εἶέν· ἀξιώματα δὲ δὴ τοῦ τε ἄρχειν καὶ ἄρχεσθαι **690 a** ποῖά ἐστι καὶ πόσα, ἔν τε πόλεσιν μεγάλαις καὶ σμικραῖς ἔν τε οἰκίαις ὡσαύτως ; ἆρ' οὐχὶ ἓν μὲν τό τε πατρὸς καὶ μητρός ; καὶ ὅλως γονέας ἐκγόνων ἄρχειν ἀξίωμα ὀρθὸν πανταχοῦ ἂν εἴη ;

ΚΛ. Καὶ μάλα.

ΑΘ. Τούτῳ δέ γε ἑπόμενον γενναίους ἀγεννῶν ἄρχειν· καὶ τρίτον ἔτι τούτοις συνέπεται τὸ πρεσβυτέρους μὲν ἄρχειν δεῖν, νεωτέρους δὲ ἄρχεσθαι.

ΚΛ. Τί μήν ;

ΑΘ. Τέταρτον δ' αὖ δούλους μὲν ἄρχεσθαι, δεσπότας δὲ **b** ἄρχειν.

ΚΛ. Πῶς γὰρ οὔ ;

ΑΘ. Πέμπτον γε οἶμαι τὸ κρείττονα μὲν ἄρχειν, τὸν ἥττω δὲ ἄρχεσθαι.

ΚΛ. Μάλα γε ἀναγκαῖον ἀρχὴν εἴρηκας.

ΑΘ. Καὶ πλείστην γε ἐν σύμπασιν τοῖς ζῴοις οὖσαν καὶ κατὰ φύσιν, ὡς ὁ Θηβαῖος ἔφη ποτὲ Πίνδαρος. Τὸ δὲ μέγιστον, ὡς ἔοικεν, ἀξίωμα ἕκτον ἂν γίγνοιτο, ἕπεσθαι μὲν τὸν ἀνεπιστήμονα κελεῦον, τὸν δὲ φρονοῦντα ἡγεῖσθαί τε καὶ ἄρχειν. Καίτοι τοῦτό γε, ὦ Πίνδαρε σοφώτατε, σχεδὸν **c** οὐκ ἂν παρὰ φύσιν ἔγωγε φαίην γίγνεσθαι, κατὰ φύσιν δέ, τὴν τοῦ νόμου ἑκόντων ἀρχὴν ἀλλ' οὐ βίαιον πεφυκυῖαν.

ΚΛ. Ὀρθότατα λέγεις.

e 4 ἄρχοντας -690 c 9 λέγεις hab. Stobaeus, IV, 2, 31 (166, 2-167, 4 H.) || δὲ A² (δ s. v.) et O Stob. : τε A || ἐν AO cum Stobaei L : om. Stobaei SMA || **690 a** 2 ἔν τε (2°) AO et Stobaei ML : καὶ Stobaei SA || **b** 4 πέμπτον AO : καὶ πέμπτον Stob. || τὸ AO : τὸν Stob. || τὸν A cum Stobaei L et comp. s. v. O⁴ : p. n. Aᶜ om. O cum Stobaei SMA et ἀ. i. m. O⁴ || 6 ἀναγκαῖον A : ἀναγκαίαν A² (α supra ο) et O cum Stobaei SMA ἀναγκαίου Stobaei L.

L'Athénien. — La septième autorité, chère aux dieux et favorisée de la fortune, nous la faisons venir du sort : que celui qu'il a désigné commande, que celui qu'il exclut prenne place parmi les sujets, voilà, d'après nous, la justice même.

Clinias. — C'est très vrai.

d L'Athénien. — « Tu vois, législateur », dirons-nous en entrant dans le jeu de ceux qui abordent gaillardement l'œuvre législative, « combien il y a de titres à commander, et l'opposition naturelle qui les sépare ? Car nous venons de découvrir une source de divisions, et c'est à toi d'y porter remède. Mais commence par rechercher avec nous comment, par quelle faute contre ces règles, les rois d'Argos et de Messène se sont perdus et avec eux la puissance grecque, si
e merveilleuse en ce temps-là. N'est-ce pas parce qu'ils méconnurent le mot si juste d'Hésiode : « Souvent la moitié est plus que le tout [1] ? » Lorsqu'il est préjudiciable de prendre le tout et que la moitié suffit, il estimait qu'alors ce qui est mesuré l'emporte sur l'immodéré, le meilleur sur le moins bon. »

Clinias. — Tout à fait.

L'Athénien. — Est-ce d'abord chez les rois, d'après nous, que ce phénomène apparaît d'habitude pour leur malheur, ou bien parmi les peuples ?

691 a Clinias. — Normalement et ordinairement, c'est là un mal de rois qui vivent dans la superbe et la mollesse.

L'Athénien. — N'est-il pas évident, par conséquent, que les rois de cette époque furent les premiers à en être atteints, à s'accroître aux dépens des lois établies ? Sur ce qu'ils avaient promis et juré, ils ne s'accordèrent pas entre eux, et la discorde, qui est, nous le répétons, la plus grande ignorance, sous des apparences de sagesse, ruina, par des dissonances et un manque d'harmonie lamentable, tout cet ordre de choses ?

(890 a 4-5). J'ai retracé l'histoire de la controverse (*Pindare et Platon*, p. 171-175).

1. Hésiode, *Travaux*, 40, où le proverbe, cité aussi *Rép.* V 466 c, précède immédiatement celui de la mauve et de l'asphodèle, rencontré à propos d'Epiménide (ci-dessus, note à 677 e 3) : « Enfants ! ils ne savent même pas combien la moitié vaut plus que le tout ni quels grands avantages contiennent la mauve et l'asphodèle ». Dans les vers précédents (38-39), il était question de rois « dévoreurs de présents », que cette épithète oppose aux deux rois entre lesquels le

ΑΘ. Θεοφιλῆ δέ γε καὶ εὐτυχῆ τινα λέγοντες ἑβδόμην ἀρχήν, εἰς κλῆρόν τινα προάγομεν, καὶ λαχόντα μὲν ἄρχειν, δυσκληροῦντα δὲ ἀπιόντα ἄρχεσθαι τὸ δικαιότατον εἶναί φαμεν.

ΚΛ. Ἀληθέστατα λέγεις.

ΑΘ. « Ὁρᾷς δή, » φαῖμεν ἄν, « ὦ νομοθέτα, » πρός τινα d
παίζοντες τῶν ἐπὶ νόμων θέσιν ἰόντων ῥᾳδίως, « ὅσα ἐστὶ πρὸς ἄρχοντας ἀξιώματα, καὶ ὅτι πεφυκότα πρὸς ἄλληλα ἐναντίως ; νῦν γὰρ δὴ στάσεων πηγήν τινα ἀνηυρήκαμεν ἡμεῖς, ἣν δεῖ σε θεραπεύειν. Πρῶτον δὲ μεθ' ἡμῶν ἀνάσκεψαι πῶς τε καὶ τί παρὰ ταῦτα ἁμαρτόντες οἱ περί τε Ἄργος καὶ Μεσσήνην βασιλῆς αὐτοὺς ἅμα καὶ τὴν τῶν Ἑλλήνων δύναμιν, οὖσαν θαυμαστὴν ἐν τῷ τότε χρόνῳ, διέφθειραν. Ἆρ' οὐκ ἀγνοήσαντες τὸν Ἡσίοδον ὀρθότατα e
λέγοντα ὡς τὸ ἥμισυ τοῦ παντὸς πολλάκις ἐστὶ πλέον ; ὁπόταν ᾖ τὸ μὲν ὅλον λαμβάνειν ζημιῶδες, τὸ δ' ἥμισυ μέτριον, τότε τὸ μέτριον τοῦ ἀμέτρου πλέον ἡγήσατο, ἄμεινον ὂν χείρονος. »

ΚΛ. Ὀρθότατά γε.

ΑΘ. Πότερον οὖν οἰόμεθα περὶ βασιλέας τοῦτ' ἐγγιγνόμενον ἑκάστοτε διαφθείρειν πρότερον, ἢ ἐν τοῖσιν δήμοις ;

ΚΛ. Τὸ μὲν εἰκὸς καὶ τὸ πολύ, βασιλέων τοῦτ' εἶναι 691 a
νόσημα ὑπερηφάνως ζώντων διὰ τρυφάς.

ΑΘ. Οὐκοῦν δῆλον ὡς πρῶτον τοῦτο οἱ τότε βασιλῆς ἔσχον, τὸ πλεονεκτεῖν τῶν τεθέντων νόμων, καὶ ὃ λόγῳ τε καὶ ὅρκῳ ἐπῄνεσαν, οὐ συνεφώνησαν αὑτοῖς, ἀλλ' ἡ διαφωνία, ὡς ἡμεῖς φαμεν, οὖσα ἀμαθία μεγίστη, δοκοῦσα δὲ σοφία, πάντ' ἐκεῖνα διὰ πλημμέλειαν καὶ ἀμουσίαν τὴν πικρὰν διέφθειρεν ;

d 3 ὅτι A Π i. m. O⁴ et s. v. O⁴ : ὅσα O || 6 ἁμαρτόντες A et (άν p. n., acc. in o) O⁴ : ἁμαρτάνοντες O || **e** 1 ἆρ'- 5 χείρονος hab. Stobaeus, IV, 1, 122 (72, 6-10 H.) || 5 ἡγήσατο AO Stob. : ἡγησάμενον K[c] || 8 τοῖσιν A : τοῖσι O⁴ (alt. ι s. v.) τοῖς O || **691 a** 1 τοῦτ' O[c] (ων p. n.): τούτων O.

Clinias. — Il semble bien.

b L'Athénien. — Eh ! quelles précautions le législateur qui opérait alors devait-il donc prendre contre le développement de ce mal ? Par les dieux, il n'y a maintenant rien de sorcier à le reconnaître ni rien de difficile à le décrire ; mais s'il avait été question alors de le prévoir, ne serait-il pas plus sage que nous, celui qui l'aurait prévu ?

Mégillos. — Que veux-tu dire ?

La constitution de Sparte.

L'Athénien. — En regardant ce qui s'est passé chez vous, Mégillos, il est aisé de reconnaître, et, une fois reconnu, de dire ce qu'il aurait fallu faire alors.

Mégillos. — Exprime-toi plus clairement encore.

L'Athénien. — Eh bien ! le plus clair serait ceci.

Mégillos. — Quoi ?

c L'Athénien. — Si l'on donne ce qui est trop grand à ce qui est trop petit, en dépassant la mesure, que ce soit des voiles aux vaisseaux, de la nourriture aux corps ou de l'autorité aux âmes, tout sombre, et dans leurs excès les uns courent à des maladies, les autres à l'injustice qui naît de la démesure[1]. Qu'est-ce donc que je veux dire ? N'est-ce pas ceci ? Il n'est pas, amis, d'âme mortelle dont la nature puisse porter la plus grande autorité humaine si elle est jeune ou d irresponsable, et lorsqu'elle aura infecté son intelligence de la pire maladie, l'inintelligence, ne pas s'attirer la haine de ses amis les plus intimes, ce qui a tôt fait de la perdre et de dissiper toute sa puissance. Mais pour se garder de ce mal en déterminant la juste mesure, il fallait de grands législateurs. Que le résultat ait été obtenu alors, c'est de notre part maintenant une conjecture bien modeste. En fait il paraît y avoir eu...

pouvoir était sagement réparti à Sparte : ils en avaient chacun cette moitié préférable à la totalité (cf. 691 d).

1. Cf. 687 a 5 (nécessité du *kairos* pour la stabilité d'un empire) et 690 e (supériorité du mesuré) ; *Introduction*, p. xx, n. 2. En matière de régime, la mesure est un dogme de l'école hippocratique. Mais les novateurs auxquels s'en prend l'auteur de l'*Ancienne Médecine* voulaient trouver dans leur hypothèse du froid ou du chaud, du sec ou de l'humide, un *métron* (analogue à la « mesure » des sciences exactes) qui permît de discerner en tous les cas la vraie cause du

ΚΛ. Ἔοικε γοῦν.

ΑΘ. Εἶέν· τί δὴ τὸν νομοθέτην ἔδει τότε τιθέντα εὐ- b
λαβηθῆναι τούτου περὶ τοῦ πάθους τῆς γενέσεως ; ἆρ' ὦ πρὸς θεῶν νῦν μὲν οὐδὲν σοφὸν γνῶναι τοῦτο οὐδ' εἰπεῖν χαλεπόν, εἰ δὲ προϊδεῖν ἦν τότε, σοφώτερος ἂν ἦν ἡμῶν ὁ προϊδών ;

ΜΕ. Τὸ ποῖον δὴ λέγεις ;

ΑΘ. Εἴς τὸ γεγονὸς παρ' ὑμῖν, ὦ Μέγιλλε, ἔστιν νῦν γε κατιδόντα γνῶναι καὶ γνόντα εἰπεῖν ῥᾴδιον ὃ τότε ἔδει γίγνεσθαι.

ΜΕ. Σαφέστερον ἔτι λέγε.

ΑΘ. Τὸ τοίνυν σαφέστατον ἂν εἴη τὸ τοιόνδε.

ΜΕ. Τὸ ποῖον ;

ΑΘ. Ἐάν τις μείζονα διδῷ τοῖς ἐλάττοσι [δύναμιν] c
παρεὶς τὸ μέτριον, πλοίοις τε ἱστία καὶ σώμασιν τροφὴν καὶ ψυχαῖς ἀρχάς, ἀνατρέπεταί που πάντα, καὶ ἐξυβρίζοντα τὰ μὲν εἰς νόσους θεῖ, τὰ δ' εἰς ἔκγονον ὕβρεως ἀδικίαν. Τί οὖν δή ποτε λέγομεν ; ἆρά γε τὸ τοιόνδε, ὡς Οὐκ ἔστ', ὦ φίλοι ἄνδρες, θνητῆς ψυχῆς φύσις ἥτις ποτὲ δυνήσεται τὴν μεγίστην ἐν ἀνθρώποις ἀρχὴν φέρειν νέα καὶ ἀνυπεύ-
θυνος, ὥστε μὴ τῆς μεγίστης νόσου ἀνοίας πληρωθεῖσα d
αὐτῆς τὴν διάνοιαν, μῖσος ἔχειν πρὸς τῶν ἐγγύτατα φίλων, ὃ γενόμενον ταχὺ διέφθειρεν αὐτὴν καὶ πᾶσαν τὴν δύναμιν ἠφάνισεν αὐτῆς ; τοῦτ' οὖν εὐλαβηθῆναι γνόντας τὸ μέτριον μεγάλων νομοθετῶν. Ὡς οὖν δὴ τότε γενόμενον, νῦν ἔστιν μετριώτατα τοπάσαι· τὸ δ' ἔοικεν εἶναι —

b 3 γνῶναι τοῦτο A : τοῦτο γνῶναι O || **c** 1 ἐάν -4 ἀδικίαν hab. Stobaeus, IV, 1, 125 (74, 18-75, 2 H.) || δύναμιν (AO) om. Stob. || 2 παρεὶς A^c (ι eraso post ρ) et O Stob. : παριεὶς A || 4 θεῖ A (sed postea ras. plur. litt. cum quat. sign.) O Stobaei SM : γρ. πίπτει i. m. A^2O^3 θεῖον Stobaei A || 5 λέγομεν AO : γρ. λέγω i. m. O^4 || **d** 5 post γενόμενον dist. AO || 6 τοπάσαι· τὸ δ' scr. Burnet : τοπάσαι, τόδ' AO.

MÉGILLOS. — Quoi ?

L'ATHÉNIEN. — Un dieu qui prenait soin de vous et qui, en prévision de l'avenir, faisant naître chez vous deux rois jumeaux au lieu d'un seul, a ramené l'autorité à des limites
e plus justes[1]. Après cela, encore, une nature humaine unie à une nature divine, voyant votre royauté toujours enfiévrée,
692 a mêle la puissance raisonnable de la vieillesse à la force présomptueuse de la race, en donnant au conseil des vingt-huit vieillards, dans les affaires importantes, même suffrage qu'au pouvoir royal. Puis le troisième sauveur, voyant chez vous le pouvoir encore enflé et irrité, lui imposa comme un frein la puissance des éphores, qu'il rapprochait de la puissance attribuée par le sort[2]. Et ainsi, grâce à ce dosage, la royauté de votre pays, mélange proportionné des éléments qu'il fallait, s'est sauvée elle-même et a fait le salut des
b autres. Ce n'est pas, en effet, avec Téménos, Cresphontès et les législateurs de ce temps-là, quels qu'ils pussent être à édicter des lois, que même l'apanage d'Aristodèmos se serait jamais sauvé : ils n'étaient pas suffisamment experts en législation, car alors il est bien certain que jamais ils n'auraient cru modérer par des serments une âme jeune, armée d'un pouvoir d'où la tyrannie pouvait sortir ; en fait, le dieu a montré quel devait et doit être le pouvoir destiné à durer
c le plus. Que nous reconnaissions ces principes, je l'ai déjà dit, maintenant, après l'événement, il n'y a là rien de sorcier, — car à juger sur l'exemple des faits il n'y a rien de difficile ; mais s'il s'était trouvé quelqu'un pour les prévoir, pour arriver à tempérer les pouvoirs et les ramener de trois à un seul, il aurait sauvé tout le beau plan d'alors et jamais l'invasion perse ni aucune autre n'eût fondu sur la Grèce, en nous méprisant comme gens qui comptent peu.

CLINIAS. — C'est la vérité.

mal. C'était aussi l'opinion de Platon (*Phil.*, 56 a-b). Cf. A.-J. Festugière, *in* Hippocrate, *L'ancienne Médecine*, p. 43.

1. C'est en ce sens qu'il faut interpréter le proverbe cité par Hésiode ; voir ci-dessus la note à 690 e.

2. « Une nature humaine unie à une nature divine » désigne Lycurgue, qui recevait ses inspirations de l'Apollon de Delphes (cf. 624 a 5). Le « troisième sauveur » (pour cette locution proverbiale, empruntée à la coutume d'offrir dans les banquets la troisième coupe à Zeus Sauveur, cf. *Phil.* 66 d 4 et la note d'A. Diès) pourrait être

ΜΕ. Τὸ ποῖον ;

ΑΘ. Θεὸς εἶναι κηδόμενος ὑμῶν τις, ὃς τὰ μέλλοντα
προορῶν, δίδυμον ὑμῖν φυτεύσας τὴν τῶν βασιλέων γένεσιν
ἐκ μονογενοῦς, εἰς τὸ μέτριον μᾶλλον συνέστειλε. Καὶ μετὰ e
τοῦτο ἔτι φύσις τις ἀνθρωπίνη μεμειγμένη θείᾳ τινὶ δυνάμει,
κατιδοῦσα ὑμῶν τὴν ἀρχὴν φλεγμαίνουσαν ἔτι, μείγνυσιν τὴν
κατὰ γῆρας σώφρονα δύναμιν τῇ κατὰ γένος αὐθάδει ῥώμῃ, 692 a
τὴν τῶν ὀκτὼ καὶ εἴκοσι γερόντων ἰσόψηφον εἰς τὰ μέγιστα
τῇ τῶν βασιλέων ποιήσασα δυνάμει. Ὁ δὲ τρίτος σωτὴρ
ὑμῖν ἔτι σπαργῶσαν καὶ θυμουμένην τὴν ἀρχὴν ὁρῶν, οἷον
ψάλιον ἐνέβαλεν αὐτῇ τὴν τῶν ἐφόρων δύναμιν, ἐγγὺς τῆς
κληρωτῆς ἀγαγὼν δυνάμεως· καὶ κατὰ δὴ τοῦτον τὸν λόγον
ἡ βασιλεία παρ᾽ ὑμῖν, ἐξ ὧν ἔδει σύμμεικτος γενομένη καὶ
μέτρον ἔχουσα, σωθεῖσα αὐτὴ σωτηρίας τοῖς ἄλλοις γέγονεν
αἰτία. Ἐπεὶ ἐπί γε Τημένῳ καὶ Κρεσφόντῃ καὶ τοῖς τότε b
νομοθέταις, οἵτινες ἄρα ἦσαν νομοθετοῦντες, οὐδ᾽ ἡ Ἀρι-
στοδήμου μερὶς ἐσώθη ποτ᾽ ἄν — οὐ γὰρ ἱκανῶς ἦσαν νομο-
θεσίας ἔμπειροι· σχεδὸν γὰρ οὐκ ἄν ποτ᾽ ᾠήθησαν ὅρκοις
μετριάσαι ψυχὴν νέαν, λαβοῦσαν ἀρχὴν ἐξ ἧς δυνατὸν ἦν
τυραννίδα γενέσθαι — νῦν δ᾽ ὁ θεὸς ἔδειξεν οἵαν ἔδει καὶ
δεῖ δὴ τὴν μενοῦσαν μάλιστα ἀρχὴν γίγνεσθαι. Τὸ δὲ παρ᾽
ἡμῶν γιγνώσκεσθαι ταῦτα, ὅπερ εἶπον ἔμπροσθεν, νῦν μὲν c
γενόμενον οὐδὲν σοφόν — ἐκ γὰρ παραδείγματος ὁρᾶν γεγο-
νότος οὐδὲν χαλεπόν — εἰ δ᾽ ἦν τις προορῶν τότε ταῦτα
καὶ δυνάμενος μετριάσαι τὰς ἀρχὰς καὶ μίαν ἐκ τριῶν
ποιῆσαι, τά τε νοηθέντα ἂν καλὰ τότε πάντα ἀπέσωσε καὶ
οὐκ ἄν ποτε ὁ Περσικὸς ἐπὶ τὴν Ἑλλάδα οὐδ᾽ ἄλλος οὐδεὶς
στόλος ἂν ὥρμησε, καταφρονήσας ὡς ὄντων ἡμῶν βραχέος
ἀξίων.

ΚΛ. Ἀληθῆ λέγεις.

d 8 εἶναι AO : οἶμαι K^c || 692 a 1 γῆρας A et γρ. i. m. O^3 (Π superscr. O^4) : ἀγορὰς O || 8 αὐτῇ edd. : αὕτη AO || b 7 μενοῦσαν K^c : (ἴσως) μένουσαν i m. a^3 μὲν οὖσαν AO || c 5 ἀπέσω*σε A (post ω ras. un. litt.) || 7 στόλος ἂν AO : ἂν στόλος O^4.

d *Les guerres médiques.* L'Athénien. — Honteuse, en tout cas, fut la façon dont ils la repoussèrent. Et quand je dis honteuse, je ne nie pas qu'en étant vainqueurs sur terre et sur mer les hommes d'alors n'aient remporté de belles victoires ; mais ce que je déclare honteux à cette époque, le voici : d'abord, sur trois États qu'ils étaient, un seul a pris la défense de la Grèce ; les deux autres avaient si lâchement dégénéré que l'un d'eux voulait même empêcher Lacédémone de prendre cette défense, en lui faisant la guerre de toutes ses forces ; l'autre, qui avait eu le premier rang au temps lointain du partage,
e celui d'Argos, invité à repousser les barbares, ne répondit pas à l'appel et ne prit pas les armes. Et à s'étendre sur les événements qui marquèrent alors cette guerre, on porterait contre la Grèce des accusations qui n'ont rien d'honorable. Bien plus, qui dirait que la Grèce s'est défendue ne dirait pas la vérité : en fait, si la résolution commune d'Athènes
693 a et de Sparte n'avait écarté la menace de la servitude, c'était à peu près sûrement la confusion de toutes les races grecques entre elles, ainsi que des barbares avec les Grecs et des Grecs avec les barbares, comme actuellement les habitants des régions soumises aux Perses, à force de dispersions et de brassages, vivent dans un éparpillement lamentable. Voilà, Clinias et Mégillos, ce que nous pouvons reprocher aux hommes d'État, comme on les appelle, et aux législateurs, ceux d'autrefois et ceux d'aujourd'hui, afin qu'en recherchant les causes du mal nous arrivions à découvrir ce qu'il
b aurait fallu faire d'autre que ce qui s'est fait ; nous venons de le dire tout à l'heure : il ne faut pas instituer de pouvoir trop grand ou sans contrôle, mais garder l'idée qu'une cité doit être libre, raisonnable, unie, et que le législateur doit viser à ce résultat quand il fait des lois. Ne nous étonnons pas si plusieurs fois déjà nous avons proposé un idéal que le législateur, disions-nous, devait avoir devant les yeux en
c rédigeant ses lois, et si d'autre part l'idéal ainsi proposé ne nous paraît pas toujours sous le même aspect : il faut considérer que lorsque nous disons qu'il faut avoir égard à la

Théopompos, si celui-ci a bien, comme le dit Aristote (*Politique* V 9, 1, 1313 a 26-27) établi l'éphorat ; au VIIIe siècle, si ce Théopompos est identique au vainqueur d'Aristodèmos dans la première guerre

ΑΘ. Αἰσχρῶς γοῦν ἠμύναντο αὐτούς, ὦ Κλεινία. Τὸ δ' d
αἰσχρὸν λέγω οὐχ ὡς οὐ νικῶντές γε οἱ τότε καὶ κατὰ γῆν
καὶ κατὰ θάλατταν καλὰς νενικήκασι μάχας· ἀλλὰ ὅ φημι
αἰσχρὸν τότ' εἶναι, τόδε λέγω, τὸ πρῶτον μὲν ἐκείνων τῶν
πόλεων τριῶν οὐσῶν μίαν ὑπὲρ τῆς Ἑλλάδος ἀμῦναι, τὼ
δὲ δύο κακῶς οὕτως εἶναι διεφθαρμένα, ὥστε ἡ μὲν καὶ
Λακεδαίμονα διεκώλυεν ἐπαμύνειν αὐτῇ, πολεμοῦσα αὐτῇ
κατὰ κράτος, ἡ δ' αὖ πρωτεύουσα ἐν τοῖς τότε χρόνοις τοῖς
περὶ τὴν διανομήν, ἡ περὶ τὸ Ἄργος, παρακαλουμένη ἀμύ- e
νειν τὸν βάρβαρον οὔθ' ὑπήκουσεν οὔτ' ἤμυνεν. Πολλὰ δὲ
λέγων ἄν τις τὰ τότε γενόμενα περὶ ἐκεῖνον τὸν πόλεμον,
τῆς Ἑλλάδος οὐδαμῶς εὐσχήμονα ἂν κατηγοροῖ· οὐδ' αὖ
ἀμύνασθαι τήν γε Ἑλλάδα λέγων ὀρθῶς ἂν λέγοι, ἀλλ' εἰ
μὴ τό τε Ἀθηναίων καὶ τὸ Λακεδαιμονίων κοινῇ διανόημα
ἤμυνεν τὴν ἐπιοῦσαν δουλείαν, σχεδὸν ἂν ἤδη πάντ' ἦν 693 a
μεμειγμένα τὰ τῶν Ἑλλήνων γένη ἐν ἀλλήλοις, καὶ βάρβαρα
ἐν Ἕλλησι καὶ ἑλληνικὰ ἐν βαρβάροις, καθάπερ ὧν Πέρσαι
τυραννοῦσι τὰ νῦν διαπεφορημένα καὶ συμπεφορημένα
κακῶς ἐσπαρμένα κατοικεῖται. Ταῦτ', ὦ Κλεινία καὶ
Μέγιλλε, ἔχομεν ἐπιτιμᾶν τοῖς τε πάλαι πολιτικοῖς λεγο-
μένοις καὶ νομοθέταις καὶ τοῖς νῦν, ἵνα τὰς αἰτίας αὐτῶν
ἀναζητοῦντες, ἀνευρίσκωμεν τί παρὰ ταῦτα ἔδει πράττειν b
ἄλλο· οἷον δὴ καὶ τὸ παρὸν εἴπομεν, ὡς ἄρα οὐ δεῖ μεγάλας
ἀρχὰς οὐδ' αὖ ἀμείκτους νομοθετεῖν, διανοηθέντας τὸ
τοιόνδε, ὅτι πόλιν ἐλευθέραν τε εἶναι δεῖ καὶ ἔμφρονα καὶ
ἑαυτῇ φίλην, καὶ τὸν νομοθετοῦντα πρὸς ταῦτα βλέποντα
δεῖ νομοθετεῖν. Μὴ θαυμάσωμεν δὲ εἰ πολλάκις ἤδη προθέ-
μενοι ἄττα, εἰρήκαμεν ὅτι πρὸς ταῦτα δεῖ νομοθετεῖν
βλέποντα τὸν νομοθέτην, τὰ δὲ προτεθέντα οὐ ταὐτὰ ἡμῖν c
φαίνεται ἑκάστοτε· ἀλλὰ ἀναλογίζεσθαι χρή, ὅταν πρὸς τὸ

d 6 διεφθαρμένα AO : διεφθαρμένω K^c || **e** 5 ἀμύνασθαι A et (sec. α s. v.) O^4 : ἀμύνεσθαι O || **693 a** 2 βάρβαρα AO : βαρβαρικὰ K^c || **b** 3 καὶ comp. post νομοθετεῖν O (sed p. n.).

tempérance, ou à la prudence, ou à l'union, ce ne sont pas là des buts différents, c'est le même but, et, de même, la multitude des expressions analogues qui peuvent s'offrir ne doit pas nous troubler.

CLINIAS. — Tâchons de faire ainsi en revenant sur la discussion ; dès maintenant, en ce qui concerne l'union, la
d prudence et la liberté, explique le but que tu allais assigner au législateur.

L'ATHÉNIEN. — Eh bien ! écoute. Il y a, parmi les constitutions, comme deux mères dont on dirait avec raison que les autres sont nées, et il est juste de donner à l'une le nom de monarchie, à l'autre celui de démocratie ; la première atteint à son comble dans la race perse, la seconde y atteint chez nous ; et toutes les autres sans exception, je le répète, sont des variétés de celles-là [1]. Or, il faut nécessairement que ces deux éléments soient représentés, si l'on veut qu'il y ait
e liberté et union dans la sagesse ; c'est ce que notre argumentation prétend réclamer, quand elle dit qu'à moins d'avoir part aux deux une cité ne saurait être bien gouvernée.

CLINIAS. — Le moyen, en effet ?

L'ATHÉNIEN. — Or, pour avoir chéri d'un amour excessif et exclusif, l'un la monarchie, l'autre la liberté, aucun des deux États n'a atteint la juste mesure ; les vôtres, Sparte et la Crète, y sont arrivés davantage ; Athènes et la Perse, après y avoir à peu près réussi autrefois, sont maintenant
694 a moins heureuses. Nous devons en rechercher les causes, n'est-ce pas ?

CLINIAS. — Absolument, si nous voulons en quelque manière exécuter notre programme.

Le despotisme perse.

L'ATHÉNIEN. — Écoutons. Lorsque les Perses, du temps de Cyrus, vivaient davantage selon une juste proportion de sujétion et de liberté, ils devinrent tout d'abord libres, puis

de Messénie ; mais l'Aristodèmos de b 3 est le fondateur de Lacédémone, père de Proclès et d'Eurysthénès (cf. 683 d 7 ; Hérod. IV 52). La lettre VIII (354 b), avec Hérod. I 65, attribue à Lycurgue l'institution de l'éphorat comme celle du sénat. Cf. *Introduction*, p. XXIV-XXVI.

1. C'est l'enseignement du l. VIII de la *République*. L'union et la liberté appartiennent davantage à la démocratie, la prudence à la

σωφρονεῖν φῶμεν δεῖν βλέπειν, ἢ πρὸς φρόνησιν ἢ φιλίαν, ὡς ἔσθ᾽ οὗτος ὁ σκοπὸς οὐχ ἕτερος ἀλλ᾽ ὁ αὐτός, καὶ ἄλλα δὴ πολλὰ ἡμᾶς τοιαῦτα ἂν γίγνηται ῥήματα μὴ διαταραττέτω.

ΚΛ. Πειρασόμεθα ποιεῖν οὕτως ἐπανιόντες τοὺς λόγους· καὶ νῦν δὴ τὸ περὶ τῆς φιλίας τε καὶ φρονήσεως καὶ ἐλευθερίας, πρὸς ὅ τι βουλόμενος ἔμελλες λέγειν δεῖν στοχάζεσθαι τὸν νομοθέτην, λέγε. d

ΑΘ. Ἄκουσον δή νυν. Εἰσὶν πολιτειῶν οἷον μητέρες δύο τινές, ἐξ ὧν τὰς ἄλλας γεγονέναι λέγων ἄν τις ὀρθῶς λέγοι, καὶ τὴν μὲν προσαγορεύειν μοναρχίαν ὀρθόν, τὴν δ᾽ αὖ δημοκρατίαν, καὶ τῆς μὲν τὸ Περσῶν γένος ἄκρον ἔχειν, τῆς δὲ ἡμᾶς· αἱ δ᾽ ἄλλαι σχεδὸν ἅπασαι, καθάπερ εἶπον, ἐκ τούτων εἰσὶ διαπεποικιλμέναι. Δεῖ δὴ οὖν καὶ ἀναγκαῖον μεταλαβεῖν ἀμφοῖν τούτοιν, εἴπερ ἐλευθερία τ᾽ ἔσται καὶ φιλία μετὰ φρονήσεως· ὃ δὴ βούλεται ἡμῖν ὁ λόγος προσ- e
τάττειν, λέγων ὡς οὐκ ἄν ποτε τούτων πόλις ἄμοιρος γενομένη πολιτευθῆναι δύναιτ᾽ ἂν καλῶς.

ΚΛ. Πῶς γὰρ ἄν;

ΑΘ. Ἡ μὲν τοίνυν τὸ μοναρχικόν, ἡ δὲ τὸ ἐλεύθερον ἀγαπήσασα μειζόνως ἢ ἔδει μόνον, οὐδετέρα τὰ μέτρια κέκτηται τούτων, αἱ δὲ ὑμέτεραι, ἥ τε λακωνικὴ καὶ κρητική, μᾶλλον· Ἀθηναῖοι δὲ καὶ Πέρσαι τὸ μὲν πάλαι οὕτω πως, τὸ νῦν δὲ ἧττον. Τὰ δ᾽ αἴτια διέλθωμεν· ἢ γάρ; 694 a

ΚΛ. Πάντως, εἴ γέ που μέλλομεν ὃ προυθέμεθα περαίνειν.

ΑΘ. Ἀκούωμεν δή. Πέρσαι γάρ, ὅτε μὲν τὸ μέτριον μᾶλλον δουλείας τε καὶ ἐλευθερίας ἦγον ἐπὶ Κύρου, πρῶτον μὲν ἐλεύθεροι ἐγένοντο, ἔπειτα δὲ ἄλλων πολλῶν δεσπόται.

c 3 ἢ πρὸς A[3] (ἢ s. v.) : πρὸς AO || 7 πειρασόμεθα AO : πειρασώμεθα (ω ex o) A[c]O[4] || d 3 ante ὧν ras. un. litt. in A (cum uno signo) || 5 ante γένος (init. vers.) ras. duar. litt. in A (cum uno signo) || 694 a 3 ἀκούωμεν A et (ω ex o) O[c] : ἀκούομεν O || 5 μὲν AO : μὲν αὐτοὶ K[c].

maîtres de beaucoup d'autres. En effet, comme le commandement accordait aux inférieurs une part de liberté et les admettait à l'égalité, il y avait plus d'amitié entre soldats et
b généraux, on se montrait hardi au danger, et comme le roi, sans jalousie, autorisait leur franc-parler et honorait ceux qui pouvaient donner un avis sur quelque matière, quiconque aussi parmi eux était prudent et de bon conseil mettait au service de tous sa compétence et sa capacité, si bien qu'en ce temps-là tout prospéra chez eux, grâce à la liberté, à l'union et à la communauté des vues[1].

CLINIAS. — Il semble bien que ce que l'on raconte se soit passé ainsi.

c L'ATHÉNIEN. — Mais comment alors cet empire a-t-il pu se perdre sous Cambyse, pour se sauver à nouveau, on peut le dire, avec Darius ? Vous plaît-il que dans notre reconstitution nous recourions à la prophétie[2] ?

CLINIAS. — Assurément, cela nous aidera à examiner l'objet propre de notre recherche.

L'ATHÉNIEN. — Je « prophétise » donc de Cyrus que, d'ailleurs excellent général et dévoué à son pays, il n'a eu aucune idée de ce qu'est une bonne éducation, ni aucun souci de gestion domestique.

CLINIAS. — Que devons-nous entendre par là ?

d L'ATHÉNIEN. — Il paraît, depuis sa jeunesse, avoir vécu en expéditions, laissant élever ses enfants par les femmes. Celles-ci les élevaient dès leur enfance en leur disant qu'ils étaient déjà heureux et comblés, qu'il ne leur manquait rien de ce qui fait le bonheur ; et à force d'empêcher que personne leur opposât la moindre contrariété sous prétexte qu'ils étaient heureux à souhait, d'obliger tout le monde à vanter leurs propos et leurs actions, elles en firent les jolis sires qu'on imagine.

monarchie ; cf. la psychologie des sentiments dans les premiers livres des *Lois* et la récapitulation de 688 a-d.

1. La Perse de Cyrus est représentée comme une sorte de démocratie militaire ; d'où la mention du franc-parler, *parrhèsia*, si cher aux Athéniens (cf. *Pindare et Platon*, p. 103). Xénophon avait popularisé l'image d'un Cyrus primesautier et libre d'allures. Mais Athénée (505 a) voyait déjà dans la critique de l'éducation perse (694 c sv.) une réponse à la *Cyropédie*.

2. Cette « vaticinatio post eventum » doit s'éclairer à la lumière des explications données plus haut (691 b et d, 692 b-c).

Ἐλευθερίας γὰρ ἄρχοντες μεταδιδόντες ἀρχομένοις καὶ ἐπὶ
τὸ ἴσον ἄγοντες, μᾶλλον φίλοι τε ἦσαν στρατιῶται στρατη-
γοῖς καὶ προθύμους αὑτοὺς ἐν τοῖς κινδύνοις παρείχοντο· b
καὶ εἴ τις αὖ φρόνιμος ἦν ἐν αὐτοῖς καὶ βουλεύειν δυνατός,
οὐ φθονεροῦ τοῦ βασιλέως ὄντος, διδόντος δὲ παρρησίαν
καὶ τιμῶντος τοὺς εἴς τι δυναμένους συμβουλεύειν, κοινὴν
τὴν τοῦ φρονεῖν εἰς τὸ μέσον παρείχετο δύναμιν, καὶ πάντα
δὴ τότε ἐπέδωκεν αὐτοῖς δι' ἐλευθερίαν τε καὶ φιλίαν καὶ
νοῦ κοινωνίαν.

ΚΛ. Ἔοικέν γέ πως τὰ λεγόμενα οὕτω γεγονέναι.

ΑΘ. Πῇ δὴ οὖν ποτε ἀπώλετο ἐπὶ Καμβύσου καὶ πάλιν c
ἐπὶ Δαρείου σχεδὸν ἐσώθη ; βούλεσθε οἷον μαντείᾳ διανοη-
θέντες χρώμεθα ;

ΚΛ. Φέρει γοῦν ἡμῖν ⟨εἰς⟩ σκέψιν τοῦτο ἐφ' ὅπερ ὡρμήκαμεν.

ΑΘ. Μαντεύομαι δὴ νῦν περί γε Κύρου, τὰ μὲν ἄλλ' αὐτὸν στρατηγόν τε ἀγαθὸν εἶναι καὶ φιλόπολιν, παιδείας δὲ ὀρθῆς οὐχ ἧφθαι τὸ παράπαν, οἰκονομίᾳ τε οὐδὲν τὸν νοῦν προσεσχηκέναι.

ΚΛ. Πῶς δὴ τὸ τοιοῦτον φῶμεν ;

ΑΘ. Ἔοικεν ἐκ νέου στρατεύεσθαι διὰ βίου, ταῖς γυναι- d
ξὶν παραδοὺς τοὺς παῖδας τρέφειν. Αἱ δὲ ὡς εὐδαίμονας
αὐτοὺς ἐκ τῶν παίδων εὐθὺς καὶ μακαρίους ἤδη γεγονότας
καὶ ἐπιδεεῖς ὄντας τούτων οὐδενὸς ἔτρεφον· κωλύουσαι δὲ
ὡς οὖσιν ἱκανῶς εὐδαίμοσιν μήτε αὐτοῖς ἐναντιοῦσθαι
μηδένα εἰς μηδέν, ἐπαινεῖν τε ἀναγκάζουσαι πάντας τὸ
λεγόμενον ἢ πραττόμενον ὑπ' αὐτῶν, ἔθρεψαν τοιούτους
τινάς.

b 4 εἴς τι O^4 (σ s. v.) : εἴ τι O et (εἴ s. v.) A^2 τι A || 6 ἐπέδωκεν K^c : ἀπέδωκεν AO || **c** 1 ante ἐπὶ eras. in A (cum uno signo) || 4 εἰς σκέψιν cj. Post : σκέψιν AO || τοῦτο AO: τοῦ cj. Badham || 6 μαντεύομαι -d 2 τρέφειν hab. libere Athenaeus, XI, 505 a || 7 φιλόπολιν AO : φιλόπονον Ath. || παιδείας -8 παράπαν hab. Gellius, XIV, 3, 4 || 8 ὀρθῆς οὐχ AO : οὐκ ὀρθῶς Gell. ὀρθῆς οὐδὲ Ath. || post οὐδὲν un. sign. in A (sine ras.).

Clinias. — La belle éducation, vraiment, que tu viens de décrire !

e L'Athénien. — Dis plutôt l'éducation féminine, celle de femmes du sérail nouvellement enrichies, et qui élèvent leurs enfants sans l'aide des hommes, retenus par la guerre et par bien des périls.

Clinias. — C'est logique.

L'Athénien. — Leur père, lui, leur gagnait bétail, moutons, troupeaux d'hommes et d'animaux de toute espèce, en grand nombre, mais ceux à qui il comptait léguer ces
695 a richesses, il ignorait qu'on ne leur donnait pas l'éducation paternelle, celle des Perses, — ce sont des pâtres, les Perses ; une rude contrée les voit naître, — éducation austère, propre à former des pâtres bien robustes et capables de vivre au grand air, de veiller, et s'il faut porter les armes, de les porter ; il ne vit pas que c'était la formation gâtée par le prétendu « bonheur » du protocole, la formation des Mèdes, que des femmes et des eunuques donnaient à ses fils,
b et d'où ils sortirent tels qu'il fallait s'y attendre après une éducation sans frein[1]. En tout cas, lorsqu'à la mort de Cyrus ces jeunes gens lui succédèrent, perdus de mollesse et de licence, l'un d'eux commença par tuer son frère, qu'il ne supportait pas de voir son égal, puis, égaré lui-même par l'ivresse et l'inconduite, il laissa prendre son empire par les Mèdes et celui qu'on appelait alors l'eunuque, plein de mépris pour la démence de Cambyse[2].

c Clinias. — On dit cela, et il semble bien que les choses se soient passées à peu près de la sorte.

L'Athénien. — On dit aussi, je crois, que l'empire retourna aux Perses grâce à Darius et aux Sept.

Clinias. — Sans doute.

L'Athénien. — Voyons donc cela, fidèles à notre argument. Darius n'était pas fils de roi, ni nourri dans une éducation amollissante ; lorsqu'il arriva à l'empire et s'en empara avec six autres, il le partagea et le divisa en sept lots, dont il reste encore aujourd'hui des ombres de vestiges ; il voulut

1. Le « bonheur » de 695 a 6 (cf. 694 d 2, 3, 5) faisait partie des privilèges que le protocole réservait aux rois de Perse.

2. Sur l'usurpation du mage Gaumata, qui se faisait passer pour Smerdis miraculeusement sauvé du meurtre projeté par son frère

ΚΛ. Καλήν, ὡς ἔοικας, τροφὴν εἴρηκας.

ΑΘ. Γυναικείαν μὲν οὖν βασιλίδων γυναικῶν νεωστὶ e
γεγονυιῶν πλουσίων, καὶ ἐν ἀνδρῶν ἐρημίᾳ, διὰ τὸ μὴ σχολάζειν ὑπὸ πολέμων καὶ πολλῶν κινδύνων, τοὺς παῖδας τρεφουσῶν.

ΚΛ. Ἔχει γὰρ λόγον.

ΑΘ. Ὁ δὲ πατήρ γε αὐτοῖς αὖ ποίμνια μὲν καὶ πρόβατα καὶ ἀγέλας ἀνδρῶν τε καὶ ἄλλων πολλῶν πολλὰς ἐκτᾶτο,
αὐτοὺς δὲ οἷς ταῦτα παραδώσειν ἔμελλεν ἠγνόει τὴν 695 a
πατρῴαν οὐ παιδευομένους τέχνην, οὖσαν περσικήν — ποιμένων ὄντων Περσῶν, τραχείας χώρας ἐκγόνων — σκληρὰν καὶ ἱκανὴν ποιμένας ἀπεργάζεσθαι μάλα ἰσχυροὺς καὶ δυναμένους θυραυλεῖν καὶ ἀγρυπνεῖν καὶ εἰ στρατεύεσθαι δέοι στρατεύεσθαι· διεφθαρμένην δὲ παιδείαν ὑπὸ τῆς λεγομένης εὐδαιμονίας τὴν μηδικὴν περιεῖδεν ὑπὸ γυναικῶν τε καὶ εὐνούχων παιδευθέντας αὐτοῦ τοὺς ὑεῖς, ὅθεν
ἐγένοντο οἵους ἦν αὐτοὺς εἰκὸς γενέσθαι, τροφῇ ἀνεπι- b
πλήκτῳ τραφέντας. Παραλαβόντες δ' οὖν οἱ παῖδες τελευτήσαντος Κύρου τρυφῆς μεστοὶ καὶ ἀνεπιπληξίας, πρῶτον μὲν τὸν ἕτερον ἅτερος ἀπέκτεινε τῷ ἴσῳ ἀγανακτῶν, μετὰ δὲ τοῦτο αὐτὸς μαινόμενος ὑπὸ μέθης τε καὶ ἀπαιδευσίας τὴν ἀρχὴν ἀπώλεσεν ὑπὸ Μήδων τε καὶ τοῦ λεγομένου τότε εὐνούχου, καταφρονήσαντος τῆς Καμβύσου μωρίας.

ΚΛ. Λέγεται δὴ ταῦτά γε, καὶ ἔοικεν σχεδὸν οὕτω πως c
γεγονέναι.

ΑΘ. Καὶ μὴν καὶ πάλιν εἰς Πέρσας ἐλθεῖν τὴν ἀρχὴν διὰ Δαρείου καὶ τῶν ἑπτὰ λέγεταί που.

ΚΛ. Τί μήν;

ΑΘ. Θεωρῶμεν δὴ συνεπόμενοι τῷ λόγῳ. Δαρεῖος γὰρ βασιλέως οὐκ ἦν ὑός, παιδείᾳ τε οὐ διατρυφώσῃ τεθραμμένος, ἐλθὼν δ' εἰς τὴν ἀρχὴν καὶ λαβὼν αὐτὴν ἕβδομος, διείλετο ἑπτὰ μέρη τεμόμενος, ὧν καὶ νῦν ἔτι σμικρὰ ὀνεί-

695 b 1 αὐτοὺς εἰκός A : εἰκὸς αὐτοὺς O.

gouverner selon des lois par lesquelles il introduisait une
d sorte d'égalité commune à tous, et régla par décret le tribut que Cyrus avait promis aux Perses, établissant ainsi amitié et concorde entre tous les Perses et gagnant le peuple perse à coup d'argent et de présents ; aussi ses armées lui conquirent-elles par leur dévouement autant de territoires qu'en avait laissé Cyrus. Après Darius, le produit de la molle formation des rois, Xerxès, — « Pauvre Darius », sommes-nous peut-être fondés à lui dire, « qui ne t'es pas instruit du malheur
e de Cyrus et as fait grandir ton Xerxès dans les mêmes mœurs où Cyrus avait élevé Cambyse ! » — Xerxès donc, en enfant de la même éducation, reproduisit les disgrâces de Cambyse ; et en somme, depuis ce temps-là, il n'a encore paru chez les Perses aucun roi vraiment « grand », si ce n'est de nom[1]. La faute, selon moi, n'en est pas au hasard, mais à la vie mau-
696 a vaise que mènent le plus souvent les fils des gens trop riches et des tyrans : il ne risque pas de sortir de cette éducation enfant ou homme fait ou vieillard qui se distingue par la vertu. Voilà, affirmons-nous, ce que doit examiner le législateur, et nous de même en ce moment. Mais votre cité, Lacédémoniens, mérite au moins cet hommage que vous ne départez ni au pauvre ni au riche, ni au particulier ni au roi, quelque dignité ou quelque éducation que ce soit, hors celles que le guide inspiré de vos origines vous a fixées de la
b part d'un dieu. Il ne faut pas, en effet, qu'un citoyen ait des droits spéciaux parce qu'il se distingue par la richesse, ni davantage, d'ailleurs, parce qu'il est bon coureur ou beau ou fort sans quelqu'une des vertus, ou vertueux mais d'une vertu où la tempérance fait défaut.

MÉGILLOS. — Que veux-tu dire par là, étranger ?

L'ATHÉNIEN. — Le courage, sans doute, est une partie de la vertu.

MÉGILLOS. — Assurément.

Cambyse, cf. Hérodote III, 61 sv. D'après I. Lévy (*Revue des Études anciennes*, 1940, p. 234-241), Platon donne au mot assyrien qui signifiait primitivement « chef, commandant », *saris*, le sens postérieur de « castrat » (ce que n'était pas le Pseudo-Smerdis, comme l'affirme la *Lettre VII*, 332 b 1).

1. Cf. ci-dessus 685 c 6 et p. 23, n. 1. Les *Perses* d'Eschyle (v. 24) semblent le premier témoin littéraire de l'usage qui, à partir de Darius, supprime l'article devant βασιλεύς (cf. 698 e 6) ; en parlant

ρατα λέλειπται, καὶ νόμους ἠξίου θέμενος οἰκεῖν ἰσότητα
κοινήν τινα εἰσφέρων, καὶ τὸν τοῦ Κύρου δασμόν, ὃν ὑπέ- d
σχετο Πέρσαις, εἰς τὸν νόμον ἐνέδει, φιλίαν πορίζων καὶ
κοινωνίαν πᾶσιν Πέρσαις, χρήμασι καὶ δωρεαῖς τὸν Περσῶν
δῆμον προσαγόμενος· τοιγαροῦν αὐτῷ τὰ στρατεύματα μετ᾽
εὐνοίας προσεκτήσατο χώρας οὐκ ἐλάττους ὧν κατέλιπε
Κῦρος. Μετὰ δὲ Δαρεῖον ὁ τῇ βασιλικῇ καὶ τρυφώσῃ πάλιν
παιδευθεὶς παιδείᾳ Ξέρξης — « Ὦ Δαρεῖε, » εἰπεῖν ἐστιν
δικαιότατον ἴσως, « ὃς τὸ Κύρου κακὸν οὐκ ἔμαθες, ἐθρέψω
δὲ Ξέρξην ἐν τοῖς αὐτοῖς ἤθεσιν ἐν οἷσπερ Κῦρος Καμβύ- e
σην » — ὁ δέ, ἅτε τῶν αὐτῶν παιδειῶν γενόμενος ἔκγονος,
παραπλήσια ἀπετέλεσεν τοῖς Καμβύσου παθήμασιν· καὶ
σχεδὸν ἔκ γε τοσούτου βασιλεὺς ἐν Πέρσαις οὐδείς πω
μέγας ἐγγέγονεν ἀληθῶς, πλήν γε ὀνόματι. Τὸ δ᾽ αἴτιον
οὐ τύχης, ὡς ὁ ἐμὸς λόγος, ἀλλ᾽ ὁ κακὸς βίος ὃν οἱ τῶν
διαφερόντως πλουσίων καὶ τυράννων παῖδες τὰ πολλὰ 696a
ζῶσιν· οὐ γὰρ μή ποτε γένηται παῖς καὶ ἀνὴρ καὶ γέρων ἐκ
ταύτης τῆς τροφῆς διαφέρων πρὸς ἀρετήν. Ἃ δή, φαμέν,
τῷ νομοθέτῃ σκεπτέον, καὶ ἡμῖν δὲ ἐν τῷ νῦν παρόντι.
Δίκαιον μήν, ὦ Λακεδαιμόνιοι, τοῦτό γε τῇ πόλει ὑμῶν
ἀποδιδόναι, ὅτι πενίᾳ καὶ πλούτῳ καὶ ἰδιωτείᾳ καὶ βασιλείᾳ
διαφέρουσαν οὐδ᾽ ἥντινοῦν τιμὴν καὶ τροφὴν νέμετε, ἃς μὴ
τὸ κατ᾽ ἀρχὰς ὑμῖν θεῖον παρὰ θεοῦ διεμαντεύσατό τινος. b
Οὐ γὰρ δὴ δεῖ κατὰ πόλιν γε εἶναι τὰς τιμὰς ὑπερεχούσας,
ὅτι τίς ἐστιν πλούτῳ διαφέρων, ἐπεὶ οὐδ᾽ ὅτι ταχὺς ἢ καλὸς
ἢ ἰσχυρὸς ἄνευ τινὸς ἀρετῆς, οὐδ᾽ ἀρετῆς ἧς ἂν σωφροσύνη
ἀπῇ.

ΜΕ. Πῶς τοῦτο, ὦ ξένε, λέγεις ;

ΑΘ. Ἀνδρεία που μόριον ἀρετῆς ἕν ;

ΜΕ. Πῶς γὰρ οὔ ;

d 1 κοινήν τινα **A** : τινα κοινὴν O ‖ 3 τὸν O : τῶν **A** ‖ 8 ὃς AO : ὡς K[c] ‖ **e** 5 ἐγγέγονεν **A** : γέγονεν OK[c] ‖ 6 ὁ ἐμὸς **A** et (ἐμὸς s. v.) O[4] : οὑμὸς A[2] (οὑ s. v.) ὁ O.

L'Athénien. — Tranche donc toi-même la question, à supposer qu'on te demande si tu accepterais de loger chez toi ou de voir loger près de toi un homme très courageux mais sans tempérance et débauché[1].

c Mégillos. — Ne parle pas de malheur.

L'Athénien. — Eh quoi ! un homme de métier et habile dans sa sphère mais injuste ?

Mégillos. — En aucune façon.

L'Athénien. — Or la justice ne vient pas sans la tempérance.

Mégillos. — Le moyen, en effet ?

L'Athénien. — Ni non plus l'homme sage dont nous avons fait tout à l'heure notre idéal, celui dont les plaisirs et les douleurs s'harmonisent et s'accordent avec les raisonnements justes.

Mégillos. — Non, en effet.

L'Athénien. — Mais examinons encore ceci à propos des
d droits civiques, pour juger lesquels sont justifiés ou ne le sont pas dans les différentes occasions.

Mégillos. — Quoi donc ?

L'Athénien. — Si la tempérance réside toute seule dans une âme, à l'exclusion de l'ensemble des autres vertus, méritera-t-elle en justice honneur ou discrédit ?

Mégillos. — Je ne sais comment répondre.

L'Athénien. — Eh bien ! tu as parlé comme il faut ; car si tu avais répondu à ma question dans un sens ou dans l'autre, je crois que tu te serais exprimé de travers.

Mégillos. — C'est donc bien fait.

L'Athénien. — Soit. Mais ce qui ne fait que compléter ce à quoi s'attachent honneur ou discrédit ne mérite pas qu'on
e en parle ; cela demande plutôt qu'on se taise et n'en dise rien.

Mégillos. — Il me semble que tu parles de la tempérance.

L'Athénien. — Oui. Et ce qui, parmi les autres biens, nous rend les plus grands services quand ce surcroît s'y ajoute, voilà qui aura tous les titres à être particulièrement honoré ; le second les aura en second lieu ; et de même, dans l'ordre, chacun recevra à son rang les avantages qui lui sont dus.

de Cyrus, Platon (694 b 3) et Hérodote font précéder ce mot de l'article.

1. Comme les mercenaires de I 630 b.

ΑΘ. Δίκασον τοίνυν αὐτὸς τὸν λόγον ἀκούσας εἴ σοι δέξαι' ἂν σύνοικον ἢ γείτονα εἶναί τινα σφόδρα μὲν ἀνδρεῖον, μὴ σώφρονα δὲ ἀλλ' ἀκόλαστον.

ΜΕ. Εὐφήμει. c

ΑΘ. Τί δέ; τεχνικὸν μὲν καὶ περὶ ταῦτα σοφόν, ἄδικον δέ;

ΜΕ. Οὐδαμῶς.

ΑΘ. Ἀλλὰ μὴν τό γε δίκαιον οὐ φύεται χωρὶς τοῦ σωφρονεῖν.

ΜΕ. Πῶς γὰρ ἄν;

ΑΘ. Οὐδὲ μὴν ὅν γε σοφὸν ἡμεῖς νυνδὴ προυθέμεθα, τὸν τὰς ἡδονὰς καὶ λύπας κεκτημένον συμφώνους τοῖς ὀρθοῖς λόγοις καὶ ἑπομένας.

ΜΕ. Οὐ γὰρ οὖν.

ΑΘ. Ἔτι δὴ καὶ τόδε ἐπισκεψώμεθα τῶν ἐν ταῖς πόλεσιν τιμήσεων ἕνεκα, ποῖαί τε ὀρθαὶ καὶ μὴ γίγνονται ἑκάστοτε. d

ΜΕ. Τὸ ποῖον;

ΑΘ. Σωφροσύνη ἄνευ πάσης τῆς ἄλλης ἀρετῆς ἐν ψυχῇ τινι μεμονωμένη τίμιον ἢ ἄτιμον γίγνοιτ' ἂν κατὰ δίκην;

ΜΕ. Οὐκ ἔχω ὅπως εἴπω.

ΑΘ. Καὶ μὴν εἴρηκάς γε μετρίως· εἰπὼν γὰρ δὴ ὧν ἠρόμην ὁποτερονοῦν, παρὰ μέλος ἔμοιγ' ἂν δοκεῖς φθέγξασθαι.

ΜΕ. Καλῶς τοίνυν γεγονὸς ἂν εἴη.

ΑΘ. Εἶέν· τὸ μὲν δὴ πρόσθημα ὧν τιμαί τε καὶ ἀτιμίαι οὐ λόγου, ἀλλά τινος μᾶλλον ἀλόγου σιγῆς, ἄξιον ἂν εἴη. e

ΜΕ. Σωφροσύνην μοι φαίνῃ λέγειν.

ΑΘ. Ναί. Τὸ δέ γε τῶν ἄλλων πλεῖστα ἡμᾶς ὠφελοῦν μετὰ τῆς προσθήκης μάλιστ' ἂν τιμώμενον ὀρθότατα τιμῷτο, καὶ τὸ δεύτερον δευτέρως· καὶ οὕτω δὴ κατὰ τὸν ἑξῆς λόγον τὰς ἐφεξῆς τιμὰς λαγχάνον ἕκαστον ὀρθῶς ἂν λαγχάνοι.

696 b 10 δέξαιο A^2 (ο s. v.) et (sine acc.) O : δέξαι A || **d** 1 μὴ s. v. $A^c O^4$: om. AO || 3 ἐν A et s. v. O^4 : om. O || 8 post τοίνυν (init. vers.) duo signa in A || 9 ὧν A et i. m. O^4 : om. O.

697 a Mégillos. — C'est bien ainsi.

L'Athénien. — Ne dirons-nous pas que c'est encore au législateur qu'il appartient de répartir les honneurs ?

Mégillos. — Assurément.

L'Athénien. — Veux-tu que nous les lui laissions tous à distribuer selon les actions et dans le détail, et que nous tâchions de faire une division triple, puisque nous avons, nous aussi, le désir d'arriver à des lois, en distinguant le plus important, le second et le troisième ?

Mégillos. — Tout à fait.

L'Athénien. — Nous disons donc que la cité qui veut se
b conserver et prospérer dans la mesure possible à l'homme doit nécessairement, à ce qu'il paraît, départir correctement l'honneur et l'infamie. Or, dit-on, ce qui est correct, c'est de regarder comme les plus précieux et les premiers les biens qui concernent l'âme, si la tempérance y réside ; comme les seconds, les avantages et les biens corporels ; comme les troisièmes, ceux que l'on dit attachés à la fortune et aux richesses[1] ; à s'écarter de cette règle, soit en donnant à l'argent la place d'honneur, soit en assignant un rang plus
c élevé à l'une des classes inférieures, un législateur ou une cité ne feraient œuvre ni morale ni politique. Tenons-nous cette conclusion pour légitime ou que faut-il dire ?

Mégillos. — Tenons-la pour tout à fait évidente.

L'Athénien. — Voilà les principes que nous a fait affirmer avec plus de force l'examen du régime des Perses : or, nous constatons que d'année en année ils se sont corrompus davantage, et la cause en est, d'après nous, qu'à force de réduire à l'excès la liberté du peuple et d'augmenter plus que de raison le despotisme, ils ont ruiné dans l'État le sens de l'amitié et
d de l'union[2]. Quand celui-ci a disparu, le conseil des gouvernants ne délibère plus dans l'intérêt des gouvernés et du peuple, mais en vue de sa propre autorité : dès qu'ils croient pouvoir en tirer le moindre avantage, ils anéantissent des

1. Sur les cortèges de la vertu, cf. *Phèdre* 248 a-253 c, *Philèbe* 63 e, *Lois* IV 716 a ; sur le classement des biens, ci-dessus II 660-661 et les notes, et ci-après V 726-730 (tout le début du livre V).

2. Les restrictions à la liberté populaire compromettent l'amitié, qui, avec la liberté, est un des fondements de la démocratie ; cf. ci-dessus 693 d et la note.

ΜΕ. Ἔχει ταύτῃ. 697 a
ΑΘ. Τί οὖν ; οὐ νομοθέτου καὶ ταῦτα αὖ φήσομεν εἶναι
διανέμειν ;
ΜΕ. Καὶ μάλα.
ΑΘ. Βούλει δὴ τὰ μὲν ἅπαντα καὶ ἐφ᾽ ἕκαστον ἔργον
καὶ κατὰ σμικρὰ ἐκείνῳ δῶμεν νεῖμαι, τὸ δὲ τριχῇ διελεῖν,
ἐπειδὴ νόμων ἐσμὲν καὶ αὐτοί πως ἐπιθυμηταί, πειραθῶμεν,
διατεμεῖν χωρὶς τά τε μέγιστα καὶ δεύτερα καὶ τρίτα ;
ΜΕ. Πάνυ μὲν οὖν.
ΑΘ. Λέγομεν τοίνυν ὅτι πόλιν, ὡς ἔοικεν, τὴν μέλλουσαν
σῴζεσθαί τε καὶ εὐδαιμονήσειν εἰς δύναμιν ἀνθρωπίνην δεῖ b
καὶ ἀναγκαῖον τιμάς τε καὶ ἀτιμίας διανέμειν ὀρθῶς. Ἔστιν
δὲ ὀρθῶς ἄρα τιμιώτατα μὲν καὶ πρῶτα τὰ περὶ τὴν ψυχὴν
ἀγαθὰ κεῖσθαι, σωφροσύνης ὑπαρχούσης αὐτῇ, δεύτερα δὲ
τὰ περὶ τὸ σῶμα καλὰ καὶ ἀγαθά, καὶ τρίτα τὰ περὶ τὴν
οὐσίαν καὶ χρήματα λεγόμενα· τούτων δὲ ἂν ἐκτός τις
βαίνῃ νομοθέτης ἢ πόλις, εἰς τιμὰς ἢ χρήματα προάγουσα
ἤ τι τῶν ὑστέρων εἰς τὸ πρόσθεν τιμαῖς τάττουσα, οὔθ᾽ c
ὅσιον οὔτε πολιτικὸν ἂν δρῴη πρᾶγμα. Εἰρήσθω ταῦτα ἢ
πῶς ἡμῖν ;
ΜΕ. Πάνυ μὲν οὖν εἰρήσθω σαφῶς.
ΑΘ. Ταῦτα μὲν τοίνυν ἡμᾶς ἐπὶ πλέον ἐποίησεν εἰπεῖν ἡ
Περσῶν περὶ διάσκεψις τῆς πολιτείας· ἀνευρίσκομεν δὲ ἔτη
ἐπὶ ἔτη χείρους αὐτοὺς γεγονότας, τὴν δὲ αἰτίαν φαμέν, ὅτι
τὸ ἐλεύθερον λίαν ἀφελόμενοι τοῦ δήμου, τὸ δεσποτικὸν δ᾽
ἐπαγαγόντες μᾶλλον τοῦ προσήκοντος, τὸ φίλον ἀπώλεσαν
καὶ τὸ κοινὸν ἐν τῇ πόλει. Τούτου δὲ φθαρέντος, οὔθ᾽ ἡ τῶν d
ἀρχόντων βουλὴ ὑπὲρ ἀρχομένων καὶ τοῦ δήμου βουλεύεται,
ἀλλ᾽ ἕνεκα τῆς αὐτῶν ἀρχῆς, ἄν τι καὶ σμικρὸν πλέον ἑκά-

697 a 10 λέγομεν -**c** 2 πρᾶγμα hab. Stobaeus, IV, 1, 126 (75, 4-14 H.) || λέγομεν OK^c Stob. : λέγωμεν A || **b** 7 ἢ χρήματα AO : χρήματα Stob. || **c** 7 ἔτη ἐπὶ ἔτη scripsi auctore Wagner : ἐπὶ ἐπὶ ἔτι A (sed alt. ἐπὶ punctis, prius linea subjecta notavit A^c) et O (sed prius ἐπὶ p. n.).

cités, ils anéantissent des nations alliées en les détruisant par l'incendie, haïssant et haïs d'une haine et d'une inimitié impitoyables ; mais lorsqu'ils viennent à éprouver le besoin que leurs peuples combattent pour leur défense, ils ne
e trouvent plus en eux ni union ni volonté résolue de s'exposer et de combattre ; en possession de myriades humaines qu'il serait infini de calculer, ils n'ont en elles toutes que des masses sans valeur militaire, et, réduits à payer des hommes comme s'ils en manquaient, ils s'imaginent que des mercenaires, des étrangers arriveront à les sauver. En outre, ils
698 a tombent forcément dans la folie de proclamer par leurs actes qu'en comparaison de l'or et de l'argent les biens que la cité déclare précieux et honorables ne sont jamais que radotage[1].

Mégillos. — Absolument.

L'Athénien. — En voilà assez pour la question des Perses et du mauvais régime qui leur vient actuellement d'un excès de servitude et de despotisme.

Mégillos. — Absolument.

La victoire d'Athènes.

L'Athénien. — Il nous faut exposer maintenant, à propos de la constitution d'Athènes, comment la liberté absolue
b vis-à-vis de tout pouvoir ne vaut pas, il s'en faut, la soumission raisonnable à une autorité. Au temps où les Perses attaquèrent la Grèce et, aussi bien, à peu près tous les peuples fixés en Europe, nous avions un régime traditionnel, des magistratures fondées sur la distinction de quatre classes censitaires ; notre souveraine était la conscience, qui nous faisait consentir à vivre dans l'obéissance aux lois de ce temps-là[2]. En outre, cette invasion gigantesque par terre et par mer,
c qui nous inspira une peur désespérée, nous rangea dans une servitude plus grande encore à l'égard des magistrats et des lois, et de toutes ces causes il résulta une extrême union

1. C'est renverser un principe essentiel de la cité platonicienne ; cf. II 679 b 5-8 et la note, IV 705 b 3-6, V 742 e 6-9, 743 d 2-3, 744 d 3-6, VII 801 b 5-7.

2. La « conscience », αἰδώς, est la bonne crainte des lois dont Platon, accumulant pour la décrire les propositions relatives, fait la principale cause des victoires d'Athènes lors des guerres médiques (ci-après, 699 c).

στοτε ἡγῶνται ἔσεσθαί σφισιν, ἀναστάτους μὲν πόλεις,
ἀνάστατα δὲ ἔθνη φίλια πυρὶ καταφθείραντες, ἐχθρῶς τε
καὶ ἀνηλεήτως μισοῦντες μισοῦνται· ὅταν τε εἰς χρείαν τοῦ
μάχεσθαι περὶ ἑαυτῶν τοὺς δήμους ἀφικνῶνται, οὐδὲν κοινὸν
ἐν αὐτοῖς αὖ μετὰ προθυμίας τοῦ ἐθέλειν κινδυνεύειν καὶ
μάχεσθαι ἀνευρίσκουσιν, ἀλλὰ κεκτημένοι μυριάδας ἀπεράν- e
τους λογισμῷ, ἀχρήστους εἰς πόλεμον πάσας κέκτηνται, καὶ
καθάπερ ἐνδεεῖς ἀνθρώπων μισθούμενοι, ὑπὸ μισθωτῶν καὶ
ὀθνείων ἀνθρώπων ἡγοῦνταί ποτε σωθήσεσθαι. Πρὸς δὲ
τούτοις ἀμαθαίνειν ἀναγκάζονται, λέγοντες ἔργοις ὅτι λῆρος 698 a
πρὸς χρυσόν τε καὶ ἄργυρόν ἐστιν ἑκάστοτε τὰ λεγόμενα
τίμια καὶ καλὰ κατὰ πόλιν.

ΜΕ. Πάνυ μὲν οὖν.

ΑΘ. Τὰ μὲν δὴ περί γε Περσῶν, ὡς οὐκ ὀρθῶς τὰ νῦν διοικεῖται διὰ τὴν σφόδρα δουλείαν τε καὶ δεσποτείαν, τέλος ἐχέτω.

ΜΕ. Πάνυ μὲν οὖν.

ΑΘ. Τὰ δὲ περὶ τῆς ἀττικῆς αὖ πολιτείας τὸ μετὰ τοῦτο
ὡσαύτως ἡμᾶς διεξελθεῖν χρεών, ὡς ἡ παντελὴς καὶ ἀπὸ
πασῶν ἀρχῶν ἐλευθερία τῆς μέτρον ἐχούσης ἀρχῆς ὑφ' ἑτέ- b
ρων οὐ σμικρῷ χείρων· ἡμῖν γὰρ κατ' ἐκεῖνον τὸν χρόνον, ὅτε
ἡ Περσῶν ἐπίθεσις τοῖς Ἕλλησιν, ἴσως δὲ σχεδὸν ἅπασιν
τοῖς τὴν Εὐρώπην οἰκοῦσιν, ἐγίγνετο, πολιτεία τε ἦν παλαιὰ
καὶ ἐκ τιμημάτων ἀρχαί τινες τεττάρων, καὶ δεσπότις ἐνῆν
τις αἰδώς, δι' ἣν δουλεύοντες τοῖς τότε νόμοις ζῆν ἠθέλομεν.
Καὶ πρὸς τούτοις δὴ τὸ μέγεθος τοῦ στόλου κατά τε γῆν καὶ
κατὰ θάλατταν γενόμενον, φόβον ἄπορον ἐμβαλόν, δουλείαν
ἔτι μείζονα ἐποίησεν ἡμᾶς τοῖς τε ἄρχουσιν καὶ τοῖς νόμοις c

d 4 σφίσιν A et (σι s. v.) O[3] : σφίν O || 6 ἀνηλεήτως AO : ἀνελεήτως (pr. ε ex η) O[c] ἀνηλεῶς (η et comp. ῶς s. v.) O[4] || μισοῦνται ὅταν fec. A[c] (νται ὅτ' ἂν e. v.) || **698 a** 9 τῆς cj. England : τὴν τῆς AO || **b** 1 ἀρχῆς om. O || 2 χείρων A et (ω ex o) O[4] : χεῖρον O || ἡμῖν -**c** 3 φιλία hab. Aristides, II, 365 D || **c** 1 τε AO[c] Arist. : τότε O (sed τό p. n. O[4]).

entre nous. En effet, dix ans à peu près avant la bataille de Salamine, Datis arriva avec une autre armée perse, envoyé par Darius contre les Athéniens et les Érétriens, avec ordre exprès de les ramener dans les fers et menace de mort en cas d'insuccès. Datis donc s'empara bientôt d'Érétrie par la
d force, à la tête de troupes innombrables, et il répandit dans notre ville le bruit effrayant que pas un Érétrien ne lui avait échappé : en faisant la chaîne, disait-on, les soldats de Datis avaient pris au filet tout le pays. Cette nouvelle, qu'elle fût vraie ou quel qu'en fût le caractère, frappa de terreur tous les Grecs, et les Athéniens les premiers[1] ; mais lorsqu'ils envoyèrent partout des demandes de secours, personne ne
e les écouta, sauf les Lacédémoniens ; encore ceux-ci, retenus par la guerre qu'ils avaient alors avec Messène ou par quelque autre empêchement (on ne le précise pas, que je sache), arrivèrent en fait un jour après la bataille qui se livra à Marathon[2]. Là-dessus, on parla de préparatifs que l'on disait considérables et l'on alla répétant des menaces de toute sorte de la part du Roi. Puis le temps passa ; on apprit que Darius était mort et que son fils, avec tout le feu de la jeunesse, lui avait succédé sur le trône sans démordre du projet.
699 a Instruits par le précédent de Marathon, les Athéniens se dirent que tous ces préparatifs étaient dirigés contre eux ; lorsqu'ils apprirent le percement de l'Athos, le pont jeté sur l'Hellespont et le nombre des vaisseaux, ils estimèrent qu'il n'y avait de salut pour eux ni sur terre ni sur mer ; personne ne viendrait à leur secours, ils n'avaient qu'à se rappeler comment, lors de la première invasion et des événements d'Érétrie, personne non plus ne les avait secourus ni ne
b s'était risqué à partager leurs combats ; ils s'attendaient bien qu'il en fût de même, cette fois encore, sur terre ; du côté

1. Sur les événements d'Erétrie, en Eubée, dont Platon parle comme d'un on-dit, cf. *Introduction*, p. xxvii-xxix.

2. Le retard des Lacédémoniens à Marathon n'est plus attribué uniquement, comme il l'était 692 d 6-8, à la guerre de Messénie (où, selon la version laconisante suivie par Platon, Messène fait figure d'agresseur) ; Platon réserve ici la possibilité d'une autre explication : d'après Hérodote (VI 106), les Lacédémoniens attendirent la pleine lune ; mais sur leur conseil les Platéens intervinrent à Marathon avec toutes leurs forces (VI 108), ce dont Platon ne fait pas mention (cf. e 1). Voir l'*Introduction*, p. xxii-xxiv.

δουλεῦσαι, καὶ διὰ πάντα ταῦθ' ἡμῖν συνέπεσε πρὸς ἡμᾶς
αὐτοὺς σφόδρα φιλία. Σχεδὸν γὰρ δέκα ἔτεσιν πρὸ τῆς ἐν
Σαλαμῖνι ναυμαχίας ἀφίκετο Δᾶτις Περσικὸν στόλον ἄγων,
πέμψαντος Δαρείου διαρρήδην ἐπί τε Ἀθηναίους καὶ Ἐρε-
τριᾶς, ἐξανδραποδισάμενον ἀγαγεῖν, θάνατον αὐτῷ προειπὼν
μὴ πράξαντι ταῦτα. Καὶ ὁ Δᾶτις τοὺς μὲν Ἐρετριᾶς ἔν τινι
βραχεῖ χρόνῳ παντάπασιν κατὰ κράτος τε εἷλεν μυριάσι d
συχναῖς, καί τινα λόγον εἰς τὴν ἡμετέραν πόλιν ἀφῆκεν
φοβερόν, ὡς οὐδεὶς Ἐρετριῶν αὐτὸν ἀποπεφευγὼς εἴη·
συνάψαντες γὰρ ἄρα τὰς χεῖρας σαγηνεύσαιεν πᾶσαν τὴν
Ἐρετρικὴν οἱ στρατιῶται τοῦ Δάτιδος. Ὁ δὴ λόγος, εἴτ'
ἀληθὴς εἴτε καὶ ὅπῃ ἀφίκετο, τούς τε ἄλλους Ἕλληνας καὶ
δὴ καὶ Ἀθηναίους ἐξέπληττεν, καὶ πρεσβευομένοις αὐτοῖς
πανταχόσε βοηθεῖν οὐδεὶς ἤθελεν πλήν γε Λακεδαιμονίων· e
οὗτοι δὲ ὑπό τε τοῦ πρὸς Μεσσήνην ὄντος τότε πολέμου καὶ
εἰ δή τι διεκώλυεν ἄλλο αὐτούς — οὐ γὰρ ἴσμεν λεγόμενον —
ὕστεροι δ' οὖν ἀφίκοντο τῆς ἐν Μαραθῶνι μάχης γενομένης
μιᾷ ἡμέρᾳ. Μετὰ δὲ τοῦτο παρασκευαί τε μεγάλαι λεγό-
μεναι καὶ ἀπειλαὶ ἐφοίτων μυρίαι παρὰ βασιλέως. Προϊόντος
δὲ τοῦ χρόνου, Δαρεῖος μὲν τεθνάναι ἐλέχθη, νέος δὲ καὶ
σφοδρὸς ὁ ὑὸς αὐτοῦ παρειληφέναι τὴν ἀρχὴν καὶ οὐδαμῶς
ἀφίστασθαι τῆς ὁρμῆς. Οἱ δὲ Ἀθηναῖοι πᾶν τοῦτο ᾤοντο ἐπὶ 699 a
σφᾶς αὐτοὺς παρασκευάζεσθαι διὰ τὸ Μαραθῶνι γενόμενον,
καὶ ἀκούοντες Ἄθω τε διορυττόμενον καὶ Ἑλλήσποντον
ζευγνύμενον καὶ τὸ τῶν νεῶν πλῆθος, ἡγήσαντο οὔτε κατὰ
γῆν σφίσιν εἶναι σωτηρίαν οὔτε κατὰ θάλατταν· οὔτε γὰρ
βοηθήσειν αὐτοῖς οὐδένα — μεμνημένοι ὡς οὐδ' ὅτε τὸ πρό-
τερον ἦλθον καὶ τὰ περὶ Ἐρέτριαν διεπράξαντο, σφίσι γε
οὐδεὶς τότε ἐβοήθησεν οὐδ' ἐκινδύνευσεν συμμαχόμενος· ταὐ-
τὸν δὴ προσεδόκων καὶ τότε γενήσεσθαι τό γε κατὰ γῆν — καὶ b

c 2 πάντα ταῦθ' A Π i. m. O⁴ : ταῦτα πάνθ' O Arist. || 3 σφοδρὰ cj. Aldina || **e** 4 ὕστεροι A et (ι s. v.) O⁴ : ὕστερον O || **699 a** 3 Ἄθω Kᶜ : Ἄθων AO || 6 πρότερον A : πρῶτον O || 7 σφίσι A : σφισι (σι s. v.) O³ σφι O.

de la mer également, ils ne voyaient qu'impossibilité de se sauver, devant l'attaque de mille vaisseaux et plus encore. Une seule issue leur apparaissait, précaire sans doute et désespérée, mais il n'y en avait pas d'autre, lorsqu'ils considéraient les événements précédents et comment, alors aussi, la victoire qu'ils avaient remportée leur avait paru sortir d'une situation inextricable ; s'embarquant sur cette espérance, ils ne trouvaient pour eux de refuge qu'en eux-mêmes
c et dans les dieux. Tout cela leur inspira une amitié mutuelle, je veux dire la peur du danger présent et celle qui était née de leurs lois anciennes, dont ils avaient pris le pli en obéissant aux lois précédentes, à celle qu'à plusieurs reprises, dans nos premiers entretiens, nous avons appelée crainte du déshonneur[1] ; nous disions aussi qu'elle exigeait l'obéissance de ceux qui voulaient devenir gens de bien, tandis que les lâches en sont affranchis et n'ont point de telle crainte ; mais s'ils n'en avaient alors été saisis, jamais ils ne se seraient portés en masse à la résistance[2], ils n'auraient pas défendu les temples, les tombeaux, la patrie, tous leurs biens et toutes
d leurs affections, comme alors ils les protégèrent ; peu à peu, en l'occurrence, nous nous serions tous débandés et dispersés chacun de notre bord.

Mégillos. — Vraiment, étranger, tu as bien parlé, à ton honneur et à l'honneur de ta patrie.

L'Athénien. — Je le crois, Mégillos ; c'est que tu mérites qu'on te dise l'histoire de ce temps-là, associé que tu es par ta naissance aux bonnes dispositions de tes pères. Examinez cependant, Clinias et toi, si nous tenons vraiment un langage approprié à notre œuvre de législateurs ; car je ne fais pas cet
e exposé pour le plaisir de conter, mais dans l'intention que je viens de dire. Voyez un peu ; puisque nous avons eu en quelque sorte le même sort, les Perses et nous, eux pour avoir réduit le peuple à une extrême servitude, nous, au contraire, pour avoir encouragé les masses à une extrême licence, il semble que si nous voulons décider comment et de quoi nous devons parler maintenant, les propos que nous venons de tenir n'aient pas manqué d'utilité.

1. Cf I 647 a 8-b 1.

2. « Ils », c'est-à-dire « les lâches », qui peuvent être soulevés, aux heures graves, par de plus hauts sentiments. Cf. p. 41, n. 2.

κατὰ θάλατταν δ' αὖ πᾶσαν ἀπορίαν ἑώρων σωτηρίας, νεῶν
χιλίων καὶ ἔτι πλεόνων ἐπιφερομένων. Μίαν δὴ σωτηρίαν
συνενόουν, λεπτὴν μὲν καὶ ἄπορον, μόνην δ' οὖν, βλέψαντες
πρὸς τὸ πρότερον γενόμενον, ὡς ἐξ ἀπόρων καὶ τότε ἐφαίνετο
γενέσθαι τὸ νικῆσαι μαχομένους· ἐπὶ δὲ τῆς ἐλπίδος ὀχούμενοι
ταύτης ηὕρισκον καταφυγὴν αὑτοῖς εἰς αὑτοὺς μόνους
εἶναι καὶ τοὺς θεούς. Ταῦτ' οὖν αὐτοῖς πάντα φιλίαν ἀλλήλων c
ἐνεποίει, ὁ φόβος, ὁ τότε παρὼν ὅ τε ἐκ τῶν νόμων τῶν
ἔμπροσθεν γεγονώς, ὃν δουλεύοντες τοῖς πρόσθεν νόμοις
ἐκέκτηντο, ἣν αἰδῶ πολλάκις ἐν τοῖς ἄνω λόγοις εἴπομεν,
ᾗ καὶ δουλεύειν ἔφαμεν δεῖν τοὺς μέλλοντας ἀγαθοὺς ἔσεσθαι,
ἧς ὁ δειλὸς ἐλεύθερος καὶ ἄφοβος· ὃν εἰ τότε μὴ δέος ἔλαβεν,
οὐκ ἄν ποτε συνελθὼν ἠμύνατο, οὐδ' ἤμυνεν ἱεροῖς τε καὶ
τάφοις καὶ πατρίδι καὶ τοῖς ἄλλοις οἰκείοις τε ἅμα καὶ
φίλοις, ὥσπερ τότ' ἐβοήθησεν, ἀλλὰ κατὰ σμικρὰ ἂν ἐν τῷ d
τότε ἡμῶν ἕκαστος σκεδασθεὶς ἄλλος ἄλλοσε διεσπάρη.

ΜΕ. Καὶ μάλα, ὦ ξένε, ὀρθῶς τε εἴρηκας καὶ σαυτῷ τε
καὶ τῇ πατρίδι πρεπόντως.

ΑΘ. Ἔστι ταῦτα, ὦ Μέγιλλε· πρὸς γὰρ σὲ τὰ ἐν τῷ
τότε χρόνῳ γενόμενα, κοινωνὸν τῇ τῶν πατέρων γεγονότα
φύσει, δίκαιον λέγειν. Ἐπισκόπει μὴν καὶ σὺ καὶ Κλεινίας
εἴ τι πρὸς τὴν νομοθεσίαν προσήκοντα λέγομεν· οὐ γὰρ
μύθων ἕνεκα διεξέρχομαι, οὗ λέγω δ' ἕνεκα. Ὁρᾶτε γάρ· e
ἐπειδή τινα τρόπον ταὐτὸν ἡμῖν συνεβεβήκει πάθος ὅπερ
Πέρσαις, ἐκείνοις μὲν ἐπὶ πᾶσαν δουλείαν ἄγουσιν τὸν
δῆμον, ἡμῖν δ' αὖ τοὐναντίον ἐπὶ πᾶσαν ἐλευθερίαν προτρέπουσι
τὰ πλήθη, πῶς δὴ καὶ τί λέγωμεν τοὐντεῦθεν
οἱ προγεγονότες ἡμῖν ἔμπροσθεν λόγοι τρόπον τινὰ καλῶς
εἰσιν εἰρημένοι.

b 2 δ'αὖ O et (αυ supra η) A² : δὴ A || 6 ἐπὶ -c 5 ἔσεσθαι hab. Aristides, II, 365-366 D. || c 2 ἐνεποίει AO : ἐποίει Arist. || 5 ᾗ καὶ AO : καὶ ᾗ Arist. || 6 ἧς AO || e 2 ξυνεβεβήκει scr. Schanz : ξυμβεβήκει AO || 3 ἄγουσιν A : ἄγουσι Π i. m. O⁴ et (alt. αγ p. n.) O⁴ : ἀγαγοῦσι O.

700 a Mégillos. — Tu dis bien ; mais tâche de nous expliquer encore plus clairement ta pensée actuelle.

Les origines de la licence.

L'Athénien. — Ainsi ferai-je. Du temps des anciennes lois, amis, le peuple n'était pas maître de la situation, mais en quelque manière il obéissait librement aux lois.

Mégillos. — A quelles lois veux-tu dire ?

L'Athénien. — Tout d'abord à celles qui régissaient la musique du temps, s'il faut exposer depuis l'origine les progrès excessifs de la liberté. A cette époque, en effet, la musique était divisée chez nous en genres et modes définis ;
b un premier genre comprenait les prières aux dieux, auxquelles on donnait le nom d'hymnes ; le genre opposé à celui-là formait une autre catégorie qu'on aurait fort bien appelée « thrènes » ; celui du péan en faisait une troisième ; un autre, parce que, je pense, il décrivait la naissance de Dionysos, se nommait dithyrambe. Les « nomes », enfin, portaient ce nom-là même, comme constituant une autre sorte de chants ; et on les qualifiait de « citharédiques »[1]. Ces catégories et quelques autres une fois distinguées, il ne fut plus permis de transformer abusivement un genre de mélodies
c en un autre. Et l'autorité qui réglait ces matières, pour en connaître et juger en connaissance de cause, puis châtier les contrevenants, ce n'étaient pas les sifflets ni des cris discordants de la foule, comme à présent, ni non plus des applaudissements donneurs de louanges ; les gens cultivés s'étaient fait un principe d'écouter pour leur compte en silence jusqu'à la fin, tandis que les enfants, les pédagogues et la masse du public étaient rappelés à l'ordre par la baguette des policiers. C'est avec une pareille rigueur qu'en ces circonstances le
d peuple acceptait d'obéir et de ne pas s'enhardir à juger dans le tumulte ; par la suite, avec le cours du temps, l'autorité en matière de délits contre la musique passa à des compositeurs qui avaient sans doute le tempérament créateur mais ne savaient rien de la justice et des droits de la Muse ; dans la frénésie de plaisir qui les possédait plus que de raison,

1. Le nome est une longue pièce lyrique chantée avec accompagnement de cithare. Il nous en est resté un de Timothée de Milet, *les Perses*, dont le sujet est la bataille de Salamine.

ΜΕ. Λέγεις εὖ· πειρῶ δ' ἔτι σαφέστερον ἡμῖν σημῆναι 700 a τὸ νῦν λεγόμενον.

ΑΘ. Ἔσται ταῦτα. Οὐκ ἦν, ὦ φίλοι, ἡμῖν ἐπὶ τῶν παλαιῶν νόμων ὁ δῆμός τινων κύριος, ἀλλὰ τρόπον τινὰ ἑκὼν ἐδούλευε τοῖς νόμοις.

ΜΕ. Ποίοις δὴ λέγεις ;

ΑΘ. Τοῖς περὶ τὴν μουσικὴν πρῶτον τὴν τότε, ἵνα ἐξ ἀρχῆς διέλθωμεν τὴν τοῦ ἐλευθέρου λίαν ἐπίδοσιν βίου. Διῃρημένη γὰρ δὴ τότε ἦν ἡμῖν ἡ μουσικὴ κατὰ εἴδη τε ἑαυτῆς ἄττα καὶ σχήματα, καί τι ἦν εἶδος ᾠδῆς εὐχαὶ πρὸς b θεούς, ὄνομα δὲ ὕμνοι ἐπεκαλοῦντο· καὶ τούτῳ δὴ τὸ ἐναντίον ἦν ᾠδῆς ἕτερον εἶδος — θρήνους δέ τις ἂν αὐτοὺς μάλιστα ἐκάλεσεν — καὶ παίωνες ἕτερον, καὶ ἄλλο, Διονύσου γένεσις οἶμαι, διθύραμβος λεγόμενος. Νόμους τε αὐτὸ τοῦτο τοὔνομα ἐκάλουν, ᾠδὴν ὥς τινα ἑτέραν· ἐπέλεγον δὲ κιθαρῳδικούς. Τούτων δὴ διατεταγμένων καὶ ἄλλων τινῶν, οὐκ ἐξῆν ἄλλῳ εἰς ἄλλο καταχρῆσθαι μέλους εἶδος· τὸ δὲ κῦρος τούτων c γνῶναί τε καὶ ἅμα γνόντα δικάσαι, ζημιοῦν τε αὖ τὸν μὴ πειθόμενον, οὐ σύριγξ ἦν οὐδέ τινες ἄμουσοι βοαὶ πλήθους, καθάπερ τὰ νῦν, οὐδ' αὖ κρότοι ἐπαίνους ἀποδιδόντες, ἀλλὰ τοῖς μὲν γεγονόσι περὶ παίδευσιν δεδογμένον ἀκούειν ἦν αὐτοῖς μετὰ σιγῆς διὰ τέλους, παισὶ δὲ καὶ παιδαγωγοῖς καὶ τῷ πλείστῳ ὄχλῳ ῥάβδου κοσμούσης ἡ νουθέτησις ἐγίγνετο. Ταῦτ' οὖν οὕτω τεταγμένως ἤθελεν ἄρχεσθαι τῶν πολιτῶν τὸ d πλῆθος, καὶ μὴ τολμᾶν κρίνειν διὰ θορύβου· μετὰ δὲ ταῦτα, προϊόντος τοῦ χρόνου, ἄρχοντες μὲν τῆς ἀμούσου παρανομίας ποιηταὶ ἐγίγνοντο φύσει μὲν ποιητικοί, ἀγνώμονες δὲ περὶ τὸ δίκαιον τῆς Μούσης καὶ τὸ νόμιμον, βακχεύοντες καὶ μᾶλλον τοῦ δέοντος κατεχόμενοι ὑφ' ἡδονῆς, κεραννύντες

700 a 1 σημῆναι O et fec. A^2 (σ s. v. et να i. r.) || 9 ἦν A et s. v. O^4: om. O || **b** 1 καὶ σχήματα (alt. α s. v.) minorib. litt. A^2 || 2 τούτῳ A Π i. m. O^4 : τοῦτο O || 7 ἄλλῳ O^4 (ωι s. v.): ἄλλο AO et ὅλα τὰ ἀντίγραφα i. m. O^4 || **c** 2 γνόντα A et (τα s. v.) O^3 : γνόν O.

ils mêlèrent thrènes et hymnes, péans et dithyrambes, imitèrent sur la cithare le jeu de la flûte, ramenèrent tout à tout,
e et, sans le vouloir, eurent l'inintelligence de lancer contre la musique cette calomnie, qu'il n'existait pas la moindre orthodoxie musicale, et que le plaisir de l'amateur, que celui-ci fût noble ou manant, décidait avec le plus de justesse[1]. A force de composer de pareilles œuvres, d'y ajouter des proclamations de ce genre, ils inculquèrent aux gens du commun de faux principes musicaux et l'audace de se croire des juges compétents ; en conséquence, les auditoires devinrent loquaces de
701 a muets qu'ils étaient, croyant s'entendre à discerner en musique le beau et le laid, et à une aristocratie musicale se substitua une fâcheuse théâtrocratie[2]. Si encore ç'avait été une démocratie, confinée dans la musique et formée d'hommes libres, il n'y aurait pas eu grand mal à cela ; mais ce qui commença chez nous dans la musique, ce fut l'opinion que tout homme s'entendait à tout, la désobéissance universelle aux lois, et la liberté fut du cortège. Ils se mirent en effet à perdre la crainte en se croyant compétents, et l'assurance engendra l'impudence ; car cesser par effronterie de craindre
b l'opinion de meilleur que soi, c'est là, vraiment, l'impudence vicieuse, née d'une liberté par trop enhardie.

Mégillos. — Tu as tout à fait raison.

L'Athénien. — A la suite de cette liberté vient celle qui refuse de se soumettre aux autorités, puis on se dérobe à la servitude et aux avertissements d'un père, d'une mère, des gens d'âge ; presque au terme de la course, on cherche à ne
c pas obéir aux lois, et au terme même, on perd le souci des serments, des engagements et en général des dieux ; on manifeste ainsi et l'on reproduit la nature primitive des légendaires Titans[3], et l'on revient comme eux à cette condition ancienne où la vie pénible que l'on mène comporte des maux incessants. Mais à quelle fin ce propos encore a-t-il été tenu par nous ?

1. Tout ce passage précise la concession du livre II (658 e-659 c) : la musique doit bien se juger d'après le plaisir, mais non d'après celui du premier venu.

2. Sur la théâtrocratie, cf. la note à 659 b.

3. Ce texte, qui serait la plus ancienne allusion datée à l'hérédité titanique des hommes doit, d'après A.-J. Festugière (*R. E. G.*, 1936, p. 308-309), A. Boulanger (*Mémorial Lagrange*, Paris, 1940,

δὲ θρήνους τε ὕμνοις καὶ παίωνας διθυράμβοις, καὶ αὐλῳδίας
δὴ ταῖς κιθαρῳδίαις μιμούμενοι, καὶ πάντα εἰς πάντα συνά-
γοντες, μουσικῆς ἄκοντες ὑπ᾽ ἀνοίας καταψευδόμενοι ὡς e
ὀρθότητα μὲν οὐκ ἔχοι οὐδ᾽ ἡντινοῦν μουσική, ἡδονῇ δὲ τῇ
τοῦ χαίροντος, εἴτε βελτίων εἴτε χείρων ἂν εἴη τις, κρίνοιτο
ὀρθότατα. Τοιαῦτα δὴ ποιοῦντες ποιήματα, λόγους τε ἐπιλέ-
γοντες τοιούτους, τοῖς πολλοῖς ἐνέθεσαν παρανομίαν εἰς
τὴν μουσικὴν καὶ τόλμαν ὡς ἱκανοῖς οὖσιν κρίνειν· ὅθεν δὴ
τὰ θέατρα ἐξ ἀφώνων φωνήεντ᾽ ἐγένοντο, ὡς ἐπαΐοντα ἐν 701 a
μούσαις τό τε καλὸν καὶ μή, καὶ ἀντὶ ἀριστοκρατίας ἐν αὐτῇ
θεατροκρατία τις πονηρὰ γέγονεν. Εἰ γὰρ δὴ καὶ δημοκρατία
ἐν αὐτῇ τις μόνον ἐγένετο ἐλευθέρων ἀνδρῶν, οὐδὲν ἂν πάνυ
γε δεινὸν ἦν τὸ γεγονός· νῦν δὲ ἦρξε μὲν ἡμῖν ἐκ μουσικῆς
ἡ πάντων εἰς πάντα σοφίας δόξα καὶ παρανομία, συνεφέ-
σπετο δὲ ἐλευθερία. Ἄφοβοι γὰρ ἐγίγνοντο ὡς εἰδότες, ἡ
δὲ ἄδεια ἀναισχυντίαν ἐνέτεκεν· τὸ γὰρ τὴν τοῦ βελτίονος
δόξαν μὴ φοβεῖσθαι διὰ θράσος, τοῦτ᾽ αὐτό ἐστιν σχεδὸν b
ἡ πονηρὰ ἀναισχυντία, διὰ δή τινος ἐλευθερίας λίαν ἀπο-
τετολμημένης.

ΜΕ. Ἀληθέστατα λέγεις.

ΑΘ. Ἐφεξῆς δὴ ταύτῃ τῇ ἐλευθερίᾳ ἡ τοῦ μὴ ἐθέλειν
τοῖς ἄρχουσι δουλεύειν γίγνοιτ᾽ ἄν, καὶ ἑπομένη ταύτῃ φεύ-
γειν πατρὸς καὶ μητρὸς καὶ πρεσβυτέρων δουλείαν καὶ νου-
θέτησιν, καὶ ἐγγὺς τοῦ τέλους οὖσιν νόμων ζητεῖν μὴ ὑπη-
κόοις εἶναι, πρὸς αὐτῷ δὲ ἤδη τῷ τέλει ὅρκων καὶ πίστεων c
καὶ τὸ παράπαν θεῶν μὴ φροντίζειν, τὴν λεγομένην παλαιὰν
Τιτανικὴν φύσιν ἐπιδεικνῦσι καὶ μιμουμένοις, ἐπὶ τὰ αὐτὰ
πάλιν ἐκεῖνα ἀφικομένους, χαλεπὸν αἰῶνα διάγοντας μὴ
λῆξαί ποτε κακῶν. Τίνος δὴ καὶ ταῦθ᾽ ἡμῖν αὖ χάριν
ἐλέχθη ; δεῖν φαίνεται ἔμοιγε οἷόνπερ ἵππον τὸν λόγον

701 a 3 δὴ O et s. v. A²: αν A || 4 αὐτῇ Kᶜ (ἑ eraso): ἑαυτῇ AO || 5 ἡμῖν apogr.: ὑμῖν AO || 8 ἀναισχυντίαν AO: τὴν ἀναισχυντίαν i. m. a³ || **b** 7 νουθέτησιν Kᶜ: νομοθέτησιν AO.

Je crois qu'il me faut à tout instant reprendre en mains le raisonnement, comme un cheval, et au lieu de me laisser emporter par lui, la bouche comme dégagée du mors, et de
d tomber en quelque sorte à bas de mon âne, comme dit le proverbe[1], poser à nouveau la dernière question : à quoi tendait ce discours ?

MÉGILLOS. — Bon.

L'ATHÉNIEN. — Eh bien ! le but était celui-ci.

MÉGILLOS. — Lequel ?

Récapitulation.

L'ATHÉNIEN. — Nous avons dit que le législateur devait se proposer trois choses : la ville qu'il pourvoyait de lois devait être libre, unie, raisonnable[2]. C'était cela, n'est-ce pas ?

MÉGILLOS. — Tout à fait.

e L'ATHÉNIEN. — Dans cette intention, nous avons choisi deux régimes, le plus despotique et le plus libéral, et nous examinons maintenant lequel est le bon : lorsque nous avons pris pour chacun la mesure convenable, chez les Perses du despotisme, chez les Athéniens de la liberté, nous avons constaté qu'alors la prospérité y régnait supérieurement ; mais quand ils se sont portés à l'extrême, les uns de l'esclavage, les autres du contraire, cela n'a réussi ni aux uns ni aux autres[3].

702 a MÉGILLOS. — Rien n'est plus vrai.

L'ATHÉNIEN. — Pour cette même raison, nous avions considéré l'installation de l'armée dorienne, les pentes où s'établit Dardanos et la fondation qu'il fit au bord de la mer, et même les premiers survivants du déluge ; c'est pourquoi encore nous avions auparavant discuté de la musique, de

p. 74) et I. M. Linforth (*The Arts of Orpheus*, Berkeley, 1941, p. 339-345), s'interpréter non d'un péché originel dû à la nature titanique de l'homme (laquelle est proprement le dogme orphique), mais d'un retour à la nature des Titans ; il n'y a peut-être pas ici d'allusion au mythe du démembrement de Dionysos.

1. La correction qui restitue une locution familière et pittoresque n'est pas antérieure au XIVe siècle ; elle se trouve à la fois dans le *Marcianus graecus* 188 (de la main du correcteur) et dans le *Vaticanus graecus* 1 (de la main la plus récente).

2. Cf. 693 b 4.

3. Cf. 693 d-e.

ἑκάστοτε ἀναλαμβάνειν, καὶ μὴ καθάπερ ἀχάλινον κεκτημένον τὸ στόμα, βίᾳ ὑπὸ τοῦ λόγου φερόμενον, κατὰ τὴν παροιμίαν ἀπό τινος ὄνου πεσεῖν, ἀλλ' ἐπανερωτᾶν τὸ [d] νυνδὴ λεχθέν, τὸ τίνος δὴ χάριν ἕνεκα ταῦτα ἐλέχθη ;

ΜΕ. Καλῶς.

ΑΘ. Ταῦτα τοίνυν εἴρηται ἐκείνων ἕνεκα.

ΜΕ. Τίνων ;

ΑΘ. Ἐλέξαμεν ὡς τὸν νομοθέτην δεῖ τριῶν στοχαζόμενον νομοθετεῖν, ὅπως ἡ νομοθετουμένη πόλις ἐλευθέρα τε ἔσται καὶ φίλη ἑαυτῇ καὶ νοῦν ἕξει. Ταῦτ' ἦν· ἦ γάρ ;

ΜΕ. Πάνυ μὲν οὖν.

ΑΘ. Τούτων ἕνεκα δὴ πολιτείας τήν τε δεσποτικωτάτην [e] προελόμενοι καὶ τὴν ἐλευθερικωτάτην, ἐπισκοποῦμεν νυνὶ ποτέρα τούτων ὀρθῶς πολιτεύεται· λαβόντες δὲ αὐτῶν ἑκατέρας μετριότητά τινα, τῶν μὲν τοῦ δεσπόζειν, τῶν δὲ τοῦ ἐλευθεριάσαι, κατείδομεν ὅτι τότε διαφερόντως ἐν αὐταῖς ἐγένετο εὐπραγία, ἐπὶ δὲ τὸ ἄκρον ἀγαγόντων ἑκατέρων, τῶν μὲν δουλείας, τῶν δὲ τοὐναντίου, οὐ συνήνεγκεν οὔτε τοῖς οὔτε τοῖς.

ΜΕ. Ἀληθέστατα λέγεις. [702 a]

ΑΘ. Καὶ μὴν αὐτῶν γ' ἕνεκα καὶ τὸ Δωρικὸν ἐθεασάμεθα κατοικιζόμενον στρατόπεδον καὶ τὰς τοῦ Δαρδάνου ὑπωρείας τε καὶ τὴν ἐπὶ θαλάττῃ κατοίκησιν, καὶ τοὺς πρώτους δὴ τοὺς περιλιπεῖς γενομένους τῆς φθορᾶς, ἔτι δὲ τοὺς ἔμπροσθεν τούτων γενομένους ἡμῖν λόγους περί τε μουσικῆς

c 7 καὶ -d 1 πεσεῖν hab. Suidas (I, 312, 15-16 A.) || **d** 1 τινος A Suid. et (νος e. v., in fine) O || ὄνου K^c et (ὄ e. v., initio) O^5 : νοῦ AO Suid. || πεσεῖν A (εῖ i. r.) et O : καταπεσεῖν Suid. || **e** 2 ἐπισκοποῦμεν AO : ἐπεσκοποῦμεν K^c || 5 τότε AΠ i. m. O^4 et (pr. τ s. v.) O^4 : ποτε O || 6 ἀγαγόντων O et γρ. i. m. A^2 : ἀγαθὸν τῶν (linea subjecta) A γρ. ἀγαθὸν i. m. O^3 || **702 a** 4 θαλάττῃ A^2 (acc. in alt. α et ηι s. v.) et O : θάλατταν A || κατοίκησιν O : κατοίκισιν AK^c et (ι s. v.) O^4 || 5 περιλιπεῖς A et (in sec. ι acc. eras.) O : περιλειπεῖς A^2 (ει e sec. ι).

l'ivresse, et des sujets précédents. Tous ces propos tendaient à considérer quel peut être le meilleur gouvernement d'une cité, et comment un particulier passerait le mieux sa propre
b vie ; quant à savoir si nous avons fait œuvre utile, quelle preuve, Mégillos et Clinias, pourrions-nous en donner à nous-mêmes ?

Clinias. — Je crois, étranger, en entrevoir une. Il semble qu'un heureux hasard a suscité pour nous tous les propos que nous avons tenus ; car en réalité, il se fait que j'en ai besoin maintenant, et c'est une chance, je le répète, que vous vous soyez trouvés là, toi et Mégillos que voici. Je ne vous
c cacherai pas, en effet, ce qui m'arrive ; j'y vois même un heureux présage. La plus grande partie de la Crète se prépare à fonder une colonie et confie aux Cnossiens le soin de l'affaire, que la cité de Cnosse me délègue ainsi qu'à neuf autres ; en même temps, on nous enjoint de promulguer celles des lois du pays qui nous agréent, et d'autres prises ailleurs, sans nous inquiéter de leur exotisme si elles nous paraissent meilleures. Maintenant donc, donnez-moi, donnez-
d vous à vous-mêmes cette satisfaction : faisons un choix de ce que nous avons dit, et construisons une cité idéale comme si nous la fondions dès l'origine ; et ainsi, à la fois, nous examinerons le sujet de notre enquête, et moi, j'appliquerai peut-être cette construction à la cité future.

L'Athénien. — Ce n'est pas là, Clinias, une déclaration de guerre ; si cela ne déplaît pas à Mégillos, tiens notre concours pour acquis aussi entièrement que tu peux le souhaiter et que je puis le fournir.

Clinias. — Bonne parole.

Mégillos. — Et le mien aussi.

e Clinias. — Excellentes paroles. Essayons donc, en théorie d'abord, de fonder notre cité.

καὶ μέθης καὶ τὰ τούτων ἔτι πρότερα. Ταῦτα γὰρ πάντα
εἴρηται τοῦ κατιδεῖν ἕνεκα πῶς ποτ' ἂν πόλις ἄριστα
οἰκοίη, καὶ ἰδίᾳ πῶς ἄν τις βέλτιστα τὸν αὑτοῦ βίον διαγάγοι· b
εἰ δὲ δή τι πεποιήκαμεν προὔργου, τίς ποτ' ἂν ἔλεγχος
γίγνοιτο ἡμῖν πρὸς ἡμᾶς αὐτοὺς λεχθείς, ὦ Μέγιλλέ τε καὶ
Κλεινία ;

ΚΛ. Ἐγώ τινα, ὦ ξένε, μοι δοκῶ κατανοεῖν. Ἔοικεν κατὰ
τύχην τινὰ ἡμῖν τὰ τῶν λόγων τούτων πάντων ὧν διεξήλ-
θομεν γεγονέναι· σχεδὸν γὰρ εἰς χρείαν αὐτῶν ἔγωγ' ἐλήλυθα
τὰ νῦν, καὶ κατά τινα αὖ καιρὸν σύ τε παραγέγονας ἅμα καὶ
Μέγιλλος ὅδε. Οὐ γὰρ ἀποκρύψομαί σφω τὸ νῦν ἐμοὶ c
συμβαῖνον, ἀλλὰ καὶ πρὸς οἰωνόν τινα ποιοῦμαι. Ἡ γὰρ
πλείστη τῆς Κρήτης ἐπιχειρεῖ τινα ἀποικίαν ποιήσασθαι
καὶ προστάττει τοῖς Κνωσίοις ἐπιμεληθῆναι τοῦ πράγματος,
ἡ δὲ τῶν Κνωσίων πόλις ἐμοί τε καὶ ἄλλοις ἐννέα· ἅμα δὲ
καὶ νόμους τῶν τε αὐτόθι, εἴ τινες ἡμᾶς ἀρέσκουσιν, τίθεσθαι
κελεύει, καὶ εἴ τινες ἑτέρωθεν, μηδὲν ὑπολογιζομένους τὸ
ξενικὸν αὐτῶν, ἂν βελτίους φαίνωνται. Νῦν οὖν ἐμοί τε καὶ
ὑμῖν ταύτην δῶμεν χάριν· ἐκ τῶν εἰρημένων ἐκλέξαντες, τῷ d
λόγῳ συστησώμεθα πόλιν, οἷον ἐξ ἀρχῆς κατοικίζοντες,
καὶ ἅμα μὲν ἡμῖν οὗ ζητοῦμεν ἐπίσκεψις γενήσεται, ἅμα
δὲ ἐγὼ τάχ' ἂν χρησαίμην εἰς τὴν μέλλουσαν πόλιν ταύτῃ
τῇ συστάσει.

ΑΘ. Οὐ πόλεμόν γε ἐπαγγέλλεις, ὦ Κλεινία· ἀλλ' εἰ μή τι Μεγίλλῳ πρόσαντες, τά παρ' ἐμοῦ γε ἡγοῦ σοι πάντα κατὰ νοῦν ὑπάρχειν εἰς δύναμιν.

ΚΛ. Εὖ λέγεις.

ΜΕ. Καὶ μὴν καὶ τὰ παρ' ἐμοῦ.

ΚΛ. Κάλλιστ' εἰρήκατον. Ἀτὰρ πειρώμεθα λόγῳ πρῶτον e
κατοικίζειν τὴν πόλιν.

c 1 ἀποκρύψομαί σφω AO || e 1 κάλλιστ'- 2 πόλιν Megillo tribuere vid. AO (paragrapho omissa ad κάλλιστ' εἰρήκατον).

LIVRE IV

704 a *Situation de la nouvelle cité.* L'Athénien. — Voyons, comment faut-il nous représenter la cité à venir [1]? Je ne parle pas de son nom, et ne demande pas pour l'instant quel il est, ni lequel il faudra lui donner plus tard, car, sur ce point, peut-être bien que la fondation même [2] ou quelque lieu, l'appellation d'un fleuve, d'une source ou de divinités locales, associeront à leur propre
b renommée la ville nouvellement établie ; ce que j'ai plutôt en vue à son endroit, en posant ma question, c'est si elle sera au bord de la mer ou à l'intérieur [3].

Clinias. — En fait, étranger, la cité dont nous venons de parler est éloignée de la mer d'environ quatre-vingts stades.

L'Athénien. — Et a-t-elle de ce côté des ports, ou en manque-t-elle absolument ?

Clinias. — Non, elle a de ce côté, étranger, des ports aussi bons que possible.

c L'Athénien. — Ah ! que dis-tu ? Et la région qui l'entoure, a-t-elle toutes les cultures ou manque-t-elle de certaines ?

Clinias. — Elle ne manque d'à peu près aucune.

L'Athénien. — Et y a-t-il dans le voisinage une ville qui soit près d'elle ?

Clinias. — Aucune absolument ; c'est même pour cela

1. Sur le lien des IIIe et IVe livres, cf. *Introduction*, p. xxxi-xxxii.

2. La colonie de Cnosse, ou la « cité des Magnètes » (IX 860 e 6), serait alors dénommée comme l'a été Byrsa, la citadelle de Carthage : on connaît la légende de cette fondation, pour laquelle Didon fit tailler en fines lanières, mises ensuite bout à bout, une peau de bœuf (*bursa*).

3. La première question posée au sujet de la nouvelle ville concerne sa situation par rapport à la mer (cf. Aristote, *Politique*, VIII 6, 1327 a 10 sv.). Platon avait approché des marins au cours de ses

Δ

ΑΘ. Φέρε δή, τίνα δεῖ διανοηθῆναί ποτε τὴν πόλιν 704a
ἔσεσθαι; λέγω δὲ οὔτι τοὔνομα αὐτῆς ἐρωτῶν ὅ τί ποτ᾽ ἔστι τὰ νῦν, οὐδὲ εἰς τὸν ἔπειτα χρόνον ὅ τι δεήσει καλεῖν αὐτήν — τοῦτο μὲν γὰρ τάχ᾽ ἂν ἴσως καὶ ὁ κατοικισμὸς αὐτῆς ἤ τις τόπος, ἢ ποταμοῦ τινος ἢ κρήνης ἢ θεῶν ἐπωνυμία τῶν ἐν τῷ τόπῳ, προσθείη τὴν αὐτῶν φήμην καινῇ γενομένῃ τῇ πόλει — τόδε δὲ περὶ αὐτῆς ἐστιν ὃ βουλόμενος b
μᾶλλον ἐπερωτῶ, πότερον ἐπιθαλαττίδιος ἔσται τις ἢ χερσαία.

ΚΛ. Σχεδόν, ὦ ξένε, ἀπέχει θαλάττης γε ἡ πόλις, ἧς πέρι τὰ νυνδὴ λεχθέντα ἡμῖν, εἴς τινας ὀγδοήκοντα σταδίους.

ΑΘ. Τί δέ; λιμένες ἆρ᾽ εἰσὶν κατὰ ταῦτα αὐτῆς, ἢ τὸ παράπαν ἀλίμενος;

ΚΛ. Εὐλίμενος μὲν οὖν ταύτῃ γε ὡς δυνατόν ἐστιν μάλιστα, ὦ ξένε.

ΑΘ. Παπαί, οἷον λέγεις. Τί δὲ περὶ αὐτὴν ἡ χώρα; c
πότερα πάμφορος ἢ καί τινων ἐπιδεής;

ΚΛ. Σχεδὸν οὐδενὸς ἐπιδεής.

ΑΘ. Γείτων δὲ αὐτῆς πόλις ἆρ᾽ ἔσται τις πλησίον;

ΚΛ. Οὐ πάνυ, διὸ καὶ κατοικίζεται· παλαιὰ γάρ τις

704 b 1 τόδε -705 b 6 κτῆσιν hab. Eusebius, 12, 48, 2-5 (617 b-618 b V.) || 2 ἐπιθαλαττίδιος A Eus. et (δι supra αϊ) O^3 : ἐπιθαλαττιαῖος O ἐπιθαλαττίαιος (αι supra δι) A^c || 7 δὲ A (ut vid.) et O Eus.: δαὶ (αὶ i. r.) A^c (dein λι*μένες) || κατὰ ταῦτα AO : κατ᾽ Eus. || **c** 5 καὶ AO : om. Eus.

qu'on la fonde ; car un exode qui s'est produit jadis en cet endroit a rendu le pays désert depuis un temps infini.

L'Athénien. — Et qu'en est-il des plaines, des montagnes, des forêts ? Comment est-elle pourvue sous chacun de ces rapports ?

Clinias. — Sa configuration rappelle celle de tout le reste de la Crète[1].

d L'Athénien. — Tu veux dire qu'elle est accidentée plutôt qu'unie.

Clinias. — Justement.

L'Athénien. — Alors, son cas n'est pas désespéré pour ce qui est d'acquérir la vertu. Car si elle devait être au bord de la mer, avec de bons ports, et non pas fertile en toute sorte de produits mais dépourvue de plusieurs, il lui faudrait un grand sauveur et des législateurs divins pour qu'elle n'eût pas, avec une telle situation, bien des habitudes aussi mauvaises que raffinées ; mais il y a de l'espoir dans ces quatre-vingts stades. Elle est, sans doute, un peu trop près de la mer, d'autant plus que tu la dis pourvue de bons ports ;
705 a mais enfin, il faut se contenter même de cela. La proximité de la mer, pour un pays, agrémente la vie de tous les jours, mais au fond, c'est un voisinage bien saumâtre et dissolvant ; en l'infectant de commerce et de trafic au détail, en implantant dans les âmes des mœurs instables et malhonnêtes, elle enlève à la cité la confiance amicale en elle-même et dans les autres hommes également[2]. En compensation, il est vrai, elle a sa fertilité universelle, et son aspérité l'empêchera d'avoir à la fois l'universalité et l'abondance des produits ; car si elle avait les deux réunies, les nombreuses exportations que cela permettrait l'infecteraient en retour d'une monnaie d'argent et d'or[3], ce qui est, on peut le dire,

voyages et ne semble pas avoir conservé d'eux le meilleur souvenir (cf. 643 e 1, 705 a 4-7, 707 a 6-b 2).

1. Platon n'a pas indiqué où se trouve la colonie ; comme il a été dit à la fin du l. III (702 c), c'est « la plus grande partie de la Crète » qui se prépare à la fonder et confie aux Cnossiens le soin de l'affaire. De ce dernier texte, H. van Effenterre (*La Crète*..., p. 54) rapproche VI 752 e 5 : les cités crétoises devaient être fédérées en plusieurs ligues dont la principale obéissait à l'influence de Cnossos.

2. Cf. 704 b et la note.

3. Cf. III 679 b et la note.

ἐξοίκησις ἐν τῷ τόπῳ γενομένη τὴν χώραν ταύτην ἔρημον ἀπείργασται χρόνον ἀμήχανον ὅσον.

ΑΘ. Τί δὲ πεδίων τε καὶ ὀρῶν καὶ ὕλης ; πῶς μέρος ἑκάστων ἡμῖν εἴληχεν ;

ΚΛ. Προσέοικε τῇ τῆς ἄλλης Κρήτης φύσει ὅλῃ. d

ΑΘ. Τραχυτέραν αὐτὴν ἢ πεδιεινοτέραν ἂν λέγοις.

ΚΛ. Πάνυ μὲν οὖν.

ΑΘ. Οὐ τοίνυν ἀνίατός γε ἂν εἴη πρὸς ἀρετῆς κτῆσιν.
Εἰ μὲν γὰρ ἐπιθαλαττία τε ἔμελλεν εἶναι καὶ εὐλίμενος καὶ
μὴ πάμφορος ἀλλ' ἐπιδεὴς πολλῶν, μεγάλου τινὸς ἔδει
σωτῆρός τε αὐτῇ καὶ νομοθετῶν θείων τινῶν, εἰ μὴ πολλά
τε ἔμελλεν ἤθη καὶ ποικίλα καὶ φαῦλα ἕξειν τοιαύτη φύσει
γενομένη· νῦν δὲ παραμύθιον ἔχει τὸ τῶν ὀγδοήκοντα σταδίων.
'Εγγύτερον μέντοι τοῦ δέοντος κεῖται τῆς θαλάττης,
σχεδὸν ὅσον εὐλιμενωτέραν αὐτὴν φῄς εἶναι, ὅμως δὲ ἀγα- 705 a
πητὸν καὶ τοῦτο. Πρόσοικος γὰρ θάλαττα χώρᾳ τὸ μὲν
παρ' ἑκάστην ἡμέραν ἡδύ, μάλα γε μὴν ὄντως ἁλμυρὸν καὶ
πικρὸν γειτόνημα· ἐμπορίας γὰρ καὶ χρηματισμοῦ διὰ καπηλείας
ἐμπιμπλᾶσα αὐτήν, ἤθη παλίμβολα καὶ ἄπιστα ταῖς
ψυχαῖς ἐντίκτουσα, αὐτήν τε πρὸς αὐτὴν τὴν πόλιν ἄπιστον
καὶ ἄφιλον ποιεῖ καὶ πρὸς τοὺς ἄλλους ἀνθρώπους ὡσαύτως.
Παραμύθιον δὲ δὴ πρὸς ταῦτα καὶ τὸ πάμφορος εἶναι κέκτηται,
τραχεῖα δὲ οὖσα δῆλον ὡς οὐκ ἂν πολύφορός τε εἴη b
καὶ πάμφορος ἅμα· τοῦτο γὰρ ἔχουσα, πολλὴν ἐξαγωγὴν ἂν
παρεχομένη, νομίσματος ἀργυροῦ καὶ χρυσοῦ πάλιν ἀντεμπίμπλαιτ' ἄν,
οὗ μεῖζον κακὸν ὡς ἔπος εἰπεῖν πόλει ἀνθ'

c 8 δὲ A (ut vid.) et O Eus. : δαὶ (αὶ i. r.) A[c] δ' αὖ (αὖ supra ε) O[4] || 10 ὅλῃ re vera AO cum Eus. || **d** 2 πεδιεινοτέραν AO : πεδινωτέραν Eus. || 4 γε AO : om. Eus. || 7 τε AO : γε Eus. || **705 a** 2 πρόσοικος -b 8 νῦν hab. Stobaeus, IV, 1, 127 (75, 16-76, 10 H.) || θάλαττα χώρᾳ AO Eus. : θαλάττῃ χώρα Stob. || 6 τε AO Stobaei M : περ Stobaei A om. Eus. || **b** 1 δὲ AO Stob. : τε Eus. || πολύφορός τε (τις Stobaei A) εἴη καὶ O Eus. Stob. et (e. v.) A[2] : om. A || 2 πάμφορος O Eus. Stob. et (αμ i. r. ex ολυ) A[c] : πολύφορος A || 3 ἀργυροῦ] ἀργύρου AO Eusebii IO Stob. : ἀργυρίου Eusebii ND.

la pire calamité, à tout prendre, pour une cité qui doit se faire des habitudes de noblesse et de justice, comme nous le disions, si nous nous en souvenons, dans les discussions précédentes[1].

CLINIAS. — Nous nous en souvenons, et sommes d'accord que nous avions raison alors et qu'il en est encore ainsi.

c *Aura-t-elle une marine ?*

L'ATHÉNIEN. — Mais quoi ! Où en est le sol de notre région pour ce qui est du bois des constructions navales ?

CLINIAS. — Il n'y a pas de sapins qui vaillent la peine d'en parler ni de pins maritimes non plus ; le cyprès n'abonde pas ; par contre, on y trouverait en petite quantité le pin terrestre et le platane, dont les constructeurs doivent constamment se servir pour les parties intérieures des bateaux[2].

L'ATHÉNIEN. — Ce caractère encore de la contrée n'est pas un mal.

CLINIAS. — Pourquoi donc ?

L'ATHÉNIEN. — Il est bon qu'une cité ne puisse pas faci-
d lement imiter ses ennemis d'une imitation perverse.

CLINIAS. — Laquelle de mes paroles vises-tu en t'exprimant ainsi ?

L'ATHÉNIEN. — Divin ami, veille sur moi en regardant ce que nous avons dit au début, que les lois crétoises avaient un seul but, et ce but, vous disiez tous deux que c'était la guerre ; sur quoi, j'intervins pour déclarer qu'il fallait louer l'institution de pareilles lois en vue de la vertu, mais que j'approuvais moins que ce fût en vue d'une partie et non de
e la vertu totale[3]. Maintenant donc, prenez, en suivant mon exposé, les intérêts de mon œuvre présente de législateur, si je viens à édicter une loi qui ne tende pas à la vertu ou à une partie de la vertu. Je pose ce principe en effet : seule est bien établie la loi qui, en chaque occasion, comme un
706 a archer, ne vise que celui des objets qu'un beau résultat

1. Cf. III 696 a.

2. Platon s'intéresse aux arbres : sans insister sur le platane du *Phèdre*, il suffit de rappeler la page du *Critias* (111 b-d) sur les méfaits du déboisement en Attique ; et les cyprès de Crète étaient renommés (H. van Effenterre, *o. c.*, pp. 50 et 111-112).

3. Nouveau résumé du l. I (cf. surtout 630 c-631 a).

ἑνὸς ἓν οὐδὲν ἂν γίγνοιτο εἰς γενναίων καὶ δικαίων ἠθῶν κτῆσιν, ὡς ἔφαμεν, εἰ μεμνήμεθα, ἐν τοῖς πρόσθεν λόγοις.

ΚΛ. Ἀλλὰ μεμνήμεθα, καὶ συγχωροῦμεν τότε λέγειν ἡμᾶς ὀρθῶς καὶ τὰ νῦν.

ΑΘ. Τί δὲ δή; ναυπηγησίμης ὕλης ὁ τόπος ἡμῖν τῆς c
χώρας πῶς ἔχει;

ΚΛ. Οὐκ ἔστιν οὔτε τις ἐλάτη λόγου ἀξία οὔτ' αὖ πεύκη, κυπάριττός τε οὐ πολλή· πίτυν τ' αὖ καὶ πλάτανον ὀλίγην ἂν εὕροι τις, οἷς δὴ πρὸς τὰ τῶν ἐντὸς τῶν πλοίων μέρη ἀναγκαῖον τοῖς ναυπηγοῖς χρῆσθαι ἑκάστοτε.

ΑΘ. Καὶ ταῦτα οὐκ ἂν κακῶς ἔχοι τῇ χώρᾳ τῆς φύσεως.

ΚΛ. Τί δή;

ΑΘ. Μιμήσεις πονηρὰς μιμεῖσθαι τοὺς πολεμίους μὴ
ῥᾳδίως δύνασθαί τινα πόλιν ἀγαθόν. d

ΚΛ. Εἰς δὴ τί τῶν εἰρημένων βλέψας εἶπες ὃ λέγεις;

ΑΘ. Ὦ δαιμόνιε, φύλαττέ με εἰς τὸ κατ' ἀρχὰς εἰρημένον ἀποβλέπων, τὸ περὶ τῶν Κρητικῶν νόμων ὡς πρὸς ἕν τι βλέποιεν, καὶ δὴ καὶ τοῦτ' ἐλεγέτην αὐτὸ εἶναι σφὼ τὸ πρὸς τὸν πόλεμον, ἐγὼ δὲ ὑπολαβὼν εἶπον ὡς ὅτι μὲν εἰς ἀρετήν ποι βλέποι τὰ τοιαῦτα νόμιμα κείμενα, καλῶς ἔχοι, τὸ δὲ ὅτι πρὸς μέρος ἀλλ' οὐ πρὸς πᾶσαν σχεδόν, οὐ πάνυ
συνεχώρουν· νῦν οὖν ὑμεῖς μοι τῆς παρούσης νομοθεσίας e
ἀντιφυλάξατε ἑπόμενοι, ἐὰν ἄρα τι μὴ πρὸς ἀρετὴν τεῖνον ἢ πρὸς ἀρετῆς μόριον νομοθετῶ. Τοῦτον γὰρ δὴ τίθεσθαι τὸν νόμον ὀρθῶς ὑποτίθεμαι μόνον, ὃς ἂν δίκην τοξότου
ἑκάστοτε στοχάζηται τούτου ὅτῳ ἂν συνεχῶς τούτων 706 a

b 5 γίγνοιτο AO Stob. : γένοιτο Eus. || 6 ἐν AO : om. Stob. || **c** 1 ναυπηγησίμης O et (γ i. r.) A^c, (αυπη e. v.) A² || **d** 2 εἰς δὴ τί O : εἰς δή τι A et ἁ. i. m. O⁴ || ὃ λέγεις A et s. v. O⁴ : om. O || 5 ἐλεγέτην AO : ἐλέγετον K^c || **e** 4 ὀρθῶς ὑποτίθεμαι μόνον i. m. O³ : om. O || **706 a** 1 τούτων A (ut vid.) et O : τοῦ τῶν A^c του· τῶν Π i. m. O⁴ τῶν i. m. γρ. a³ τούτων τῶν K^c.

accompagne toujours et constamment, quitte à laisser de côté
tous les autres avantages, richesse ou tout autre de ce genre,
s'ils ne répondent pas aux conditions indiquées [1]. Quant à la
mauvaise imitation de l'ennemi dont je parlais, elle a lieu
quand un peuple voisin de la mer est molesté par ses enne-
mis ; ainsi, — je le dirai sans intention de représailles à
votre égard, — Minos un jour soumit les habitants de l'At-
b tique au paiement d'un lourd tribut, puissant qu'il était sur
mer, tandis que les autres n'avaient pas encore, comme
maintenant, de flotte de guerre, ni non plus un pays assez
riche en bois de construction pour équiper facilement des
forces navales ; ils ne purent donc tout de suite imiter ses
matelots en se faisant marins eux-mêmes et repousser alors
les ennemis [2]. En fait, il aurait mieux valu pour eux perdre
encore plusieurs fois sept de leurs enfants que de se trans-
c former, d'hoplites de terre et de pied ferme qu'ils étaient,
en hoplites de marine, et prendre l'habitude de partir
constamment, de se retirer, en toute hâte, au pas de course,
sur leurs vaisseaux, de croire qu'il n'y a aucune honte à
refuser de se faire tuer sur place devant l'attaque de l'ennemi,
à trouver naturelles et tenir toutes prêtes leurs excuses
quand ils perdraient leurs armes et fuiraient de ces fuites
que l'on prétend sans déshonneur. Voilà les expressions qui
se rencontrent ordinairement chez des hoplites de marine, et
d qui méritent non « une infinité de louanges », mais le con-
traire [3] ; car jamais il ne faut laisser prendre à des citoyens
des habitudes perverses, surtout quand ils sont l'élite.
D'ailleurs, Homère lui aussi pourrait enseigner qu'une
pareille pratique est sans honneur. Son Ulysse, en effet,
gourmande Agamemnon quand celui-ci donne l'ordre, alors
que les Achéens étaient pressés au combat par les Troyens,

1. C'est l'échelle des biens du l. II (660 d-661 c).

2. Curieux mélange de mythe et d'histoire, cette phrase associe le souvenir de la thalassocratie crétoise, que nous a conservé également Thucydide (I 4), et le tribut légendaire de sept garçons et de sept filles que, pour avoir tué Androgée, fils de Minos, les Athéniens durent longtemps payer au Minotaure avant d'être délivrés du monstre par Thésée ; cf. *Phédon*, 58 a-b.

3. « Les fuites que l'on prétend sans déshonneur » (c 6-7) et « une infinité de louanges » doivent faire allusion à des poèmes perdus où figuraient ces expressions ; la première pourrait venir d'Archiloque.

ἀεὶ καλόν τι συνέπηται μόνῳ, τὰ δὲ ἄλλα σύμπαντα παραλείπῃ, ἐάντε τις πλοῦτος ἐάντε ἄρα τι τῶν ἄλλων τῶν τοιούτων ὂν τυγχάνῃ ἄνευ τῶν προειρημένων. Τὴν δὲ δὴ μίμησιν ἔλεγον τὴν τῶν πολεμίων τὴν κακὴν τοιάνδε γίγνεσθαι, ὅταν οἰκῇ μέν τις πρὸς θαλάττῃ, λυπῆται δ' ὑπὸ πολεμίων, οἷον — φράσω γὰρ οὔτι μνησικακεῖν βουλόμενος ὑμῖν — Μίνως γάρ δή ποτε τοὺς οἰκοῦντας τὴν Ἀττικὴν
παρεστήσατο εἰς χαλεπήν τινα φορὰν δασμοῦ, δύναμιν b
πολλὴν κατὰ θάλατταν κεκτημένος, οἱ δ' οὔτε πω πλοῖα ἐκέκτηντο, καθάπερ νῦν, πολεμικά, οὔτ' αὖ τὴν χώραν πλήρη ναυπηγησίμων ξύλων ὥστ' εὐμαρῶς ναυτικὴν παρασχέσθαι δύναμιν· οὔκουν οἷοί τ' ἐγένοντο διὰ μιμήσεως ναυτικῆς αὐτοὶ ναῦται γενόμενοι εὐθὺς τότε τοὺς πολεμίους ἀμύνασθαι. Ἔτι γὰρ ἂν πλεονάκις ἑπτὰ ἀπολέσαι παῖδας
αὐτοῖς συνήνεγκεν, πρὶν ἀντὶ πεζῶν ὁπλιτῶν μονίμων ναυτι- c
κοὺς γενομένους ἐθισθῆναι, πυκνὰ ἀποπηδῶντας, δρομικῶς εἰς τὰς ναῦς ταχὺ πάλιν ἀποχωρεῖν, καὶ δοκεῖν μηδὲν αἰσχρὸν ποιεῖν μὴ τολμῶντας ἀποθνῄσκειν μένοντας ἐπιφερομένων πολεμίων, ἀλλ' εἰκυίας αὐτοῖς γίγνεσθαι προφάσεις καὶ σφόδρα ἑτοίμας ὅπλα τε ἀπολλῦσιν καὶ φεύγουσι δή τινας οὐκ αἰσχράς, ὥς φασιν, φυγάς. Ταῦτα γὰρ ἐκ ναυτικῆς ὁπλιτείας ῥήματα φιλεῖ συμβαίνειν, οὐκ ἄξια ἐπαίνων
πολλάκις μυρίων, ἀλλὰ τοὐναντίον· ἔθη γὰρ πονηρὰ οὐδέποτε d
ἐθίζειν δεῖ, καὶ ταῦτα τὸ τῶν πολιτῶν βέλτιστον μέρος. Ἦν δέ που τοῦτό γε καὶ παρ' Ὁμήρου λαβεῖν, ὅτι τὸ ἐπιτήδευμα ἦν τὸ τοιοῦτον οὐ καλόν. Ὀδυσσεὺς γὰρ αὐτῷ λοιδορεῖ τὸν Ἀγαμέμνονα, τῶν Ἀχαιῶν τότε ὑπὸ τῶν Τρώων κατεχομένων τῇ μάχῃ, κελεύοντα τὰς ναῦς εἰς τὴν

a 2 καλόν O : καλῶν A K[c] Π i. m O[4] et γρ. i. m. a[3] ‖ μόνῳ A Π i. m. O[4] et (ι s. v.) O[4] : μόνων A[c] (ν supra ι) et O cum Π i. m. O[4] s. v. (ων comp. supra ωι) μόνον γρ. i. m. a[3] ‖ 3 τις πλοῦτος i. r. et e. v. ἐάν τε ἄρα τι A[2] : om. A ‖ 6 λυπῆται A K[c] et (ῆ s. v.) O[4] : λυπεῖται O ‖ d 4 τὸ s. v. O[4] : om. O.

de tirer les vaisseaux à la mer ; il s'emporte contre lui et lui dit :

e *... Toi qui viens, à l'heure où le combat sévit avec sa huée, conseiller de mettre à l'eau les vaisseaux aux bons gaillards ; pour que les Troyens, qui n'ont que ce désir, voient leurs souhaits exaucés plus complètement encore, et que le gouffre de la mort soit notre lot, à nous. Les Achéens, c'est clair, ne tiendront pas au combat s'ils voient tirer les vaisseaux à la mer :*
707 a *ils chercheront des yeux une issue et quitteront la mêlée; alors, c'est ton conseil qui les aura perdus, avec ce beau discours*[1].

Ainsi donc, il savait, lui aussi, que la proximité de trières à flot ne vaut rien pour des hoplites occupés à combattre : avec de pareilles mœurs, les lions eux-mêmes s'habitueraient à fuir devant des biches. En outre, les forces navales d'une cité, à l'heure du salut, attirent les honneurs vers ce qui n'est pas la fleur des hommes de guerre. Comme la victoire, en effet, est due à l'art du pilote, du maître d'équipage, du
b rameur, et en somme à des gens de toute espèce et peu recommandables, il est impossible de rendre correctement aux individus les honneurs qu'ils méritent. Et pourtant, comment un régime pourrait-il encore être bon sans cette faculté ?

Clinias. — C'est presque impossible. Mais cependant, étranger, nous disons, nous autres Crétois, de la bataille navale soutenue à Salamine par les Grecs contre les barbares, qu'elle a sauvé la Grèce.

L'Athénien. — C'est, en effet, ce que disent aussi la plu-
c part des Grecs et des barbares. Mais nous, mon cher, Mégillos que voici et moi, nous prétendons que les batailles livrées sur la terre ferme à Marathon et à Platées ont, l'une commencé à libérer les Grecs, l'autre achevé cette œuvre, et que celles-ci ont rendu les Grecs meilleurs, tandis que celles-là les ont rendus lâches, si je puis parler en ces termes des batailles qui nous ont tous sauvés en ce temps-là : pour te faire plaisir, en effet, à la bataille navale de Salamine j'ajouterai celle de l'Artémision. Il suffit : c'est par rapport à
d l'excellence du régime que nous examinons maintenant le

1. *Iliade*, 14, 96-102 (trad. Mazon). Aux vv. 98, 100 et 102, le texte de Platon comporte des variantes intéressantes ; cf. J. Labarbe, *L'Homère de Platon*, p. 243-249.

θάλατταν καθέλκειν, ὁ δὲ χαλεπαίνει τε αὐτῷ καὶ λέγει

ὃς κέλεαι πολέμοιο συνεσταότος καὶ ἀυτῆς e
νῆας ἐυσέλμους ἅλαδ' ἕλκειν, ὄφρ' ἔτι μᾶλλον
Τρωσὶ μὲν εὐκτὰ γένηται ἐελδομένοισί περ ἔμπης,
ἡμῖν δ' αἰπὺς ὄλεθρος ἐπιρρέπῃ· οὐ γὰρ Ἀχαιοὶ
σχήσουσιν πολέμου νηῶν ἅλαδ' ἑλκομενάων,
ἀλλ' ἀποπαπτανέουσιν, ἐρωήσουσι δὲ χάρμης·
ἔνθα κε σὴ βουλὴ δηλήσεται, οἷ' ἀγορεύεις. 707 a

Ταῦτ' οὖν ἐγίγνωσκε καὶ ἐκεῖνος, ὅτι κακὸν ἐν θαλάττῃ
τριήρεις ὁπλίταις παρεστῶσαι μαχομένοις· καὶ λέοντες ἂν
ἐλάφους ἐθισθεῖεν φεύγειν τοιούτοις ἔθεσι χρώμενοι. Πρὸς
δὲ τούτοις αἱ διὰ τὰ ναυτικὰ πόλεων δυνάμεις ἅμα σωτηρίᾳ
τιμὰς οὐ τῷ καλλίστῳ τῶν πολεμικῶν ἀποδιδόασιν· διὰ
κυβερνητικῆς γὰρ καὶ πεντηκονταρχίας καὶ ἐρετικῆς καὶ
παντοδαπῶν καὶ οὐ πάνυ σπουδαίων ἀνθρώπων γιγνομένης, b
τὰς τιμὰς ἑκάστοις οὐκ ἂν δύναιτο ὀρθῶς ἀποδιδόναι τις.
Καίτοι πῶς ἂν ἔτι πολιτεία γίγνοιτο ὀρθὴ τούτου στερομένη ;

ΚΛ. Σχεδὸν ἀδύνατον. Ἀλλὰ μήν, ὦ ξένε, τήν γε περὶ
Σαλαμῖνα ναυμαχίαν τῶν Ἑλλήνων πρὸς τοὺς βαρβάρους
γενομένην ἡμεῖς γε οἱ Κρῆτες τὴν Ἑλλάδα φαμὲν σῶσαι.

ΑΘ. Καὶ γὰρ οἱ πολλοὶ τῶν Ἑλλήνων τε καὶ βαρβάρων
λέγουσι ταῦτα. Ἡμεῖς δέ, ὦ φίλε, ἐγώ τε καὶ ὅδε, Μέγιλλος, c
φαμὲν τὴν πεζὴν μάχην τὴν ἐν Μαραθῶνι γενομένην καὶ
ἐν Πλαταιαῖς, τὴν μὲν ἄρξαι τῆς σωτηρίας τοῖς Ἕλλησι,
τὴν δὲ τέλος ἐπιθεῖναι, καὶ τὰς μὲν βελτίους τοὺς Ἕλληνας
ποιῆσαι, τὰς δὲ οὐ βελτίους, ἵν' οὕτως λέγωμεν περὶ τῶν
τότε συσσωσασῶν ἡμᾶς μαχῶν· πρὸς γὰρ τῇ περὶ Σαλαμῖνα
τὴν περὶ τὸ Ἀρτεμίσιόν σοι προσθήσω κατὰ θάλατταν
μάχην. Ἀλλὰ γὰρ ἀποβλέποντες νῦν πρὸς πολιτείας ἀρε- d

e 2 ἐϋσέλμους AO || ἄλαδ' OA^c (et mox e 5) : ἄλλαδ' A || 3 ἐελδομένοισί AO : ἐπικρατέουσί Homeri codd. || 5 πολέμου AO : πόλεμον Hom. || 707 a 1 οἷ' ἀγορεύεις AO : ὄρχαμε λαῶν Hom. || 7 ἐρετικῆς K^c : ἐρετρικῆς AO.

caractère du pays et l'ordonnance des lois, en gens qui n'estiment pas que le plus précieux pour les hommes soit de sauver leur vie et de continuer à exister, sans plus, comme pense la multitude, mais bien de se rendre le meilleur possible et de le rester aussi longtemps qu'ils existent ; cela aussi, je crois, nous l'avons dit précédemment[1].

Clinias. — Et comment !

L'Athénien. — Examinons donc seulement si nous suivons la même route, qui est la meilleure en matière de fondations et de législations.

Clinias. — La meilleure de beaucoup.

e *Origine des colons.* L'Athénien. — Dis-moi donc ce qui vient ensuite : quel sera le peuple que vous installez ? Viendra-t-il de toute la Crète, à volonté, pour la raison que dans chacune des villes la population a dépassé le nombre que le sol suffit à nourrir ? Je ne pense pas, en effet, que vous réunissiez tous ceux des Grecs qui en auraient envie. Pourtant je vois chez vous des gens d'Argos, d'Égine et d'autres régions de la Grèce qui ont immigré dans
708 a votre pays[2]. Mais l'armée de citoyens qui s'offre actuellement à nous, dis-moi où, d'après toi, elle se recrutera ?

Clinias. — Il me semble qu'elle viendra de toute la Crète, et parmi les autres Grecs on accueillera le plus volontiers, je crois, les émigrants du Péloponnèse. Oui, tu le disais à l'instant et tu ne te trompais pas, il y a chez nous des Argiens, et qui forment la population aujourd'hui la plus célèbre de chez nous, celle de Gortyne : c'est une colonie, en effet, de la fameuse Gortyne du Péloponnèse [3].

b L'Athénien. — Alors, la colonisation ne saurait être aussi facile pour les cités, si elle ne se fait pas à la façon des essaims, par une seule race de colons venant d'une seule terre, amis venant de chez des amis, sous la pression créée par l'exiguïté du pays ou la contrainte d'autres inconvénients

1. Cf. I 627 c-d.

2. La fondation se déroulera selon les règles ordinaires en pareil cas ; à l'époque historique, l'exemple le plus célèbre était celui de Thourioi, près de Sybaris, pour laquelle Périclès recruta des colons dans toute la Grèce propre (444 av. J.-C.).

3. La Gortyne crétoise est aujourd'hui la plus connue des deux, à cause du code qu'on y a retrouvé.

τήν, καὶ χώρας φύσιν σκοπούμεθα καὶ νόμων τάξιν, οὐ τὸ
σῴζεσθαί τε καὶ εἶναι μόνον ἀνθρώποις τιμιώτατον ἡγού-
μενοι, καθάπερ οἱ πολλοί, τὸ δ' ὡς βελτίστους γίγνεσθαί τε
καὶ εἶναι τοσοῦτον χρόνον ὅσον ἂν ὦσιν· εἴρηται δ' ἡμῖν
οἶμαι καὶ τοῦτο ἐν τοῖς πρόσθεν.

ΚΛ. Τί μήν ;

ΑΘ. Τοῦτο τοίνυν σκοπώμεθα μόνον, εἰ κατὰ τὴν αὐτὴν
ὁδὸν ἐρχόμεθα βελτίστην οὖσαν πόλεσι κατοικήσεων πέρι
καὶ νομοθεσιῶν.

ΚΛ. Καὶ πολύ γε.

ΑΘ. Λέγε δὴ τοίνυν τὸ τούτοις ἑξῆς· τίς ὁ κατοικιζό- e
μενος ὑμῖν λεὼς ἔσται ; πότερον ἐξ ἁπάσης Κρήτης ὁ ἐθέ-
λων, ὡς ὄχλου τινὸς ἐν ταῖς πόλεσιν ἑκάσταις γεγενημένου
πλείονος ἢ κατὰ τὴν ἐκ τῆς γῆς τροφήν ; οὐ γάρ που τὸν
βουλόμενόν γε Ἑλλήνων συνάγετε. Καίτοι τινὰς ὑμῖν ἔκ τε
Ἄργους ὁρῶ καὶ Αἰγίνης καὶ ἄλλοθεν τῶν Ἑλλήνων εἰς τὴν
χώραν κατῳκισμένους. Τὸ δὲ δὴ παρὸν ἡμῖν λέγε πόθεν 708 a
ἔσεσθαι φῂς στρατόπεδον τῶν πολιτῶν τὰ νῦν ;

ΚΛ. Ἔκ τε Κρήτης συμπάσης ἔοικεν γενήσεσθαι, καὶ
τῶν ἄλλων δὲ Ἑλλήνων μάλιστά μοι φαίνονται τοὺς ἀπὸ
Πελοποννήσου προσδέξασθαι συνοίκους. Καὶ γὰρ ὃ νῦν δὴ
λέγεις, ἀληθὲς φράζεις, ὡς ἐξ Ἄργους εἰσίν, καὶ τό γε
μάλιστ' εὐδοκιμοῦν τὰ νῦν ἐνθάδε γένος, τὸ γορτυνικόν· ἐκ
Γόρτυνος γὰρ τυγχάνει ἀπῳκηκὸς ταύτης τῆς Πελοποννη-
σιακῆς.

ΑΘ. Οὐ τοίνυν εὔκολος ὁμοίως γίγνοιτ' ἂν ὁ κατοικισμὸς b
ταῖς πόλεσιν, ὅταν μὴ τὸν τῶν ἑσμῶν γίγνηται τρόπον, ἓν
γένος ἀπὸ μιᾶς ἰὸν χώρας οἰκίζηται, φίλον παρὰ φίλων,
στενοχωρίᾳ τινὶ πολιορκηθὲν γῆς ἤ τισιν ἄλλοις τοιούτοις
παθήμασιν ἀναγκασθέν. Ἔστιν δ' ὅτε καὶ στάσεσιν βιαζό-

d 9 κατοικήσεων O : κατοικίσεων A Π i. m. O⁴ et (ι supra η) O⁴ || **708 a 3** γενήσεσθαι A et γρ. i. m. O³ : γίγνεσθαι O || **5** προσδέξασθαι AO : προσδέξεσθαι Kᶜ.

de ce genre. Quelquefois aussi, forcée par des guerres civiles, une partie de la cité doit émigrer ailleurs ; il est même arrivé déjà qu'en tel pays une cité tout entière ait pris la fuite, écrasée complètement par une attaque irrésis-
c tible. Toutes ces colonies, à certains égards, donnent moins de peine au fondateur et au législateur ; mais, à d'autres, elles leur en donnent davantage. L'unité d'une race où la langue et les lois sont communes permet une sorte d'amitié, que scelle la participation aux sacrifices et à toutes les cérémonies de ce genre, mais on n'y accepte pas facilement d'autres lois et un régime différent de celui de la métropole, et telle population, qui s'est révoltée contre de mauvaises lois mais cherche encore, par habitude, à vivre selon les coutumes qui l'ont perdue une première fois, donne de la
d tablature au fondateur et législateur et se montre rebelle ; au contraire, le peuple venu de partout qui a conflué en un même lieu acceptera peut-être mieux de se soumettre à des lois nouvelles ; mais que les volontés y conspirent et que, comme dans un attelage de chevaux, chaque souffle, dit-on, concorde avec les autres, voilà qui demande bien du temps et de la peine[1]. Vraiment la législation et les fondations de cités sont éminemment propres à former le courage viril.

Clinias. — C'est probable ; mais explique encore plus clairement ce qui te fait parler ainsi.

Conditions du succès.

e L'Athénien. — Mon bon, en reprenant, pour l'examiner, le sujet des législateurs, je crois que je vais dire en même temps quelque chose d'irrespectueux ; mais s'il y a de l'à-propos à le dire, cela ne fera plus de difficulté. Après tout, pourquoi m'en affecter ? Il en est à peu près ainsi, je pense, pour toutes les choses humaines.

Clinias. — De quoi parles-tu donc ?

709 a L'Athénien. — J'allais dire que jamais aucun homme ne fait aucune loi ; les vicissitudes et les calamités de toute nature, en tombant sur nous de toute manière, décident de

1. La comparaison de l'attelage amène bien l'image des souffles qui se fondent : συμφυσῆσαι est ici intransitif, alors qu'il serait transitif *Banq.* 192 e 1 si on le lisait à cet endroit avec $B^1T^1W^1$, suivis par L. Robin (cf. son édition, p. 35, n. 2) ; mais là il vaudrait mieux adopter la leçon de seconde main des trois mss, συμφῦσαι.

μενον ἀναγκάζοιτ᾽ ἂν ἑτέρωσε ἀποξενοῦσθαι πόλεώς τι μόριον· ἤδη δέ ποτε καὶ συνάπασα πόλις τινῶν ἔφυγεν, ἄρδην κρείττονι κρατηθεῖσα πολέμῳ. Ταῦτ᾽ οὖν πάντ᾽ ἐστὶ c τῇ μὲν ῥᾴω κατοικίζεσθαί τε καὶ νομοθετεῖσθαι, τῇ δὲ χαλεπώτερα. Τὸ μὲν γὰρ ἕν τι εἶναι γένος ὁμόφωνον καὶ ὁμόνομον ἔχει τινὰ φιλίαν, κοινωνὸν ἱερῶν ὂν καὶ τῶν τοιούτων πάντων, νόμους δ᾽ ἑτέρους καὶ πολιτείας ἄλλας τῶν οἴκοθεν οὐκ εὐπετῶς ἀνέχεται, τὸ δ᾽ ἐνίοτε πονηρίᾳ νόμων ἐστασιακὸς καὶ διὰ συνήθειαν ζητοῦν ἔτι χρῆσθαι τοῖς αὐτοῖς ἤθεσιν δι᾽ ἃ καὶ πρότερον ἐφθάρη, χαλεπὸν τῷ κατοικίζοντι καὶ νομοθετοῦντι καὶ δυσπειθὲς γίγνεται· τὸ d δ᾽ αὖ παντοδαπὸν ἐς ταὐτὸ συνερρυηκὸς γένος ὑπακοῦσαι μέν τινων νόμων καινῶν τάχα ἂν ἐθελήσειε μᾶλλον, τὸ δὲ συμπνεῦσαι, καὶ καθάπερ ἵππων ζεῦγος καθ᾽ ἕνα εἰς ταὐτόν, τὸ λεγόμενον, συμφυσῆσαι, χρόνου πολλοῦ καὶ παγχάλεπον. Ἀλλ᾽ ὄντως ἐστὶν νομοθεσία καὶ πόλεων οἰκισμοὶ πάντων τελεώτατον πρὸς ἀρετὴν ἀνδρῶν.

ΚΛ. Εἰκός· ὅπῃ δ᾽ αὖ βλέπων τοῦτ᾽ εἴρηκας, φράζ᾽ ἔτι σαφέστερον.

ΑΘ. Ὠγαθέ, ἔοικα περὶ νομοθετῶν ἐπανιὼν καὶ σκοπῶν e ἅμα ἐρεῖν τι καὶ φαῦλον· ἀλλ᾽ ἐὰν πρὸς καιρόν τινα λέγωμεν, πρᾶγμ᾽ οὐδὲν γίγνοιτ᾽ ἂν ἔτι. Καίτοι τί ποτε δυσχεραίνω ; σχεδὸν γάρ τοι πάντα οὕτως ἔοικ᾽ ἔχειν τὰ ἀνθρώπινα.

ΚΛ. Τοῦ δὴ πέρι λέγεις ;

ΑΘ. Ἔμελλον λέγειν ὡς οὐδείς ποτε ἀνθρώπων οὐδὲν 709 a νομοθετεῖ, τύχαι δὲ καὶ συμφοραὶ παντοῖαι πίπτουσαι παν-

c 2 τε καὶ νομοθετεῖσθαι O et i. m. A[3] (ἐν ἄλλῳ εὗρον) : om. A || **d** 2 ταὐτὸ AO || 6 ὄντως A Π i. m. O[4] et (spir. len. et ντ s. v.) O[4] : ὅμως O et γρ. i. m. a[3] γρ. οὕτως (eadem manu) superscr. i. m. a[3] || **e** 1 ἐπανιὼν A et fec. O[4] : ἐπαινῶν O || **709 a** 1 ὡς -**c** 6 λόγον hab. Stobaeus, I, 6, 17 b (88, 8-26 W.) ; -**c** 10 λέγεις id., IV, 1, 128 (76, 12-77, 15 H.).

toutes nos législations. C'est une guerre qui renverse violemment des régimes et transforme les lois, c'est la pénurie d'une fâcheuse indigence ; bien des innovations aussi ont été dues à des maladies, lorsque des épidémies s'abattaient ou que des intempéries duraient souvent un temps considérable, jusqu'à plusieurs années de suite[1]. En prévision de toutes ces calamités, on s'empressera de dire, comme je viens de le faire, qu'aucun mortel ne porte aucune loi, et que
b toutes les affaires humaines ne sont guère que vicissitudes ; en fait, on peut dire tout cela de l'art du navigateur, du pilote, du médecin, du général avec les apparences de la vérité, mais ajoutons qu'on peut, sur les mêmes sujets, dire avec autant de raison ce que voici.

Clinias. — Quoi donc ?

L'Athénien. — Que c'est un dieu, et avec un dieu la fortune et l'occasion qui gouvernent toutes les affaires humaines sans exception[2] ; qu'il est moins dur de convenir qu'un troi-
c sième élément doit s'y ajouter : le métier ; car, par temps d'orage, qu'avec l'occasion coopère l'art du pilote, je regarderais cela comme beaucoup plus avantageux que le contraire[3]. Ai-je raison ?

Clinias. — Oui.

L'Athénien. — Il en sera de même pour les autres arts, selon les mêmes principes ; et à la législation aussi il faut accorder ce même privilège, qu'au milieu du concours de circonstances qui doit favoriser un pays s'il doit jamais vivre dans le bonheur, le législateur attaché à la vérité doit chaque fois tomber du ciel pour un pareil État.

Clinias. — Tu as tout à fait raison.

1. « Innover » apparaît à Platon comme un mal ; cf. II 656 e 2, IV 715 d 1, V 738 b 8, VI 759 b 1, 772 c 7, VII 797 b 4, *Epin.* 985 c 8 et, pour le précepte proverbial de « ne pas remuer ce qui est bien en place », III 684 e 1 et la note. A la fin de la phrase, A semble vraiment avoir écrit ἀκαιρίας, leçon que Stallbaum et England postulaient pour sauver le τε de a 6.

2. Ce texte devait passer dans les anthologies, et le seul Stobée le cite en trois endroits. Au lieu de regarder les affaires humaines comme pures vicissitudes (b 1), il faut les expliquer par trois principes : 1° un dieu ; 2° la fortune et l'occasion (celle-ci, *kairos*, plus positive que celle-là, *tykhè*) ; 3° le métier.

3. Platon ne traite pas toujours aussi bien l'art du pilote ; l'*Epi-*

τοίως νομοθετοῦσι τὰ πάντα ἡμῖν. Ἢ γὰρ πόλεμός τις βιασάμενος ἀνέτρεψε πολιτείας καὶ μετέβαλε νόμους, ἢ πενίας χαλεπῆς ἀπορία· πολλὰ δὲ καὶ νόσοι ἀναγκάζουσι καινοτομεῖν, λοιμῶν τε ἐμπιπτόντων καὶ χρόνον ἐπὶ πολὺν ἐνιαυτῶν πολλῶν πολλάκις ἀκαιρίας. Ταῦτα δὴ πάντα προϊδών τις ᾄξειεν ἂν εἰπεῖν ὅπερ ἐγὼ νυνδή, τὸ θνητὸν μὲν μηδένα νομοθετεῖν μηδέν, τύχας δ᾽ εἶναι σχεδὸν ἅπαντα b
τἀνθρώπινα πράγματα· τὸ δ᾽ ἔστιν περί τε ναυτιλίαν καὶ κυβερνητικὴν καὶ ἰατρικὴν καὶ στρατηγικὴν πάντα ταῦτ᾽ εἰπόντα δοκεῖν εὖ λέγειν, ἀλλὰ γὰρ ὁμοίως αὖ καὶ τόδε ἔστιν λέγοντα εὖ λέγειν ἐν τοῖς αὐτοῖς τούτοις.

ΚΛ. Τὸ ποῖον ;

ΑΘ. Ὡς θεὸς μὲν πάντα, καὶ μετὰ θεοῦ τύχη καὶ καιρός, τἀνθρώπινα διακυβερνῶσι σύμπαντα. Ἡμερώτερον μὴν τρίτον συγχωρῆσαι τούτοις δεῖν ἕπεσθαι τέχνην· καιρῷ γὰρ c
χειμῶνος συλλαβέσθαι κυβερνητικὴν ἢ μή, μέγα πλεονέκτημα ἔγωγ᾽ ἂν θείην. Ἢ πῶς ;

ΚΛ. Οὕτως.

ΑΘ. Οὐκοῦν καὶ τοῖς ἄλλοις ὡσαύτως κατὰ τὸν αὐτὸν ἂν ἔχοι λόγον, καὶ δὴ καὶ νομοθεσίᾳ ταὐτὸν τοῦτο δοτέον· τῶν ἄλλων συμπιπτόντων ὅσα δεῖ χώρᾳ συντυχεῖν, εἰ μέλλοι ποτὲ εὐδαιμόνως οἰκήσειν, τὸν νομοθέτην ἀληθείας ἐχόμενον τῇ τοιαύτῃ παραπεσεῖν ἑκάστοτε πόλει δεῖν.

ΚΛ. Ἀληθέστατα λέγεις.

a 3 τὰ πάντα AO : ἅπαντα Stob. (bis) || 4 ἀνέτρεψε AO Stob. I : ἀνέστρεψε Stob. IV || μετέβαλε O Stob. et (post α eras.) A || 7 ἀκαιρίας (ut vid.) A : ἀκαιρίᾳ vel ἀκαιρίαι A^c (tert. ι i. r.) et O (sed ι eras.) cum O^4 (ι add.) σκεωρίαι Stob. I (F) σκαιωρίαι Stob. I (P) ἀκκαιρία O^c et Stob. IV || 8 ᾄξειεν AO : ἄρξειεν Stob. (bis) || τὸ θνητὸν AO : θνητόν Stob. (bis) || **b** 1 μὲν AO Stob. I : om. Stob. IV || 2 τε AO Stob. IV : om. Stob. I || 4 ὁμοίως O : ὅμως A Stob. (bis) et (οί p. n., acc. in ὁ) O^c || 7 θεὸς -**c** 1 τέχνην hab. Stobaeus, IV, 18 a, 8 (413, 14-16 H.) || 8 τἀνθρώπινα AO Stob. I et IV 1 : ἀνθρώπινα Stob. IV 18 a || μὴν AO Stob. IV (bis) : μὲν Stob. I || **c** 2 ἢ μή AO Stob. I : om. Stob. IV || 4 οὕτως AO Stob. I : om. Stob. IV || 8 μέλλοι AO : μέλλει Stob. || τὸν AO Stob. : τὸ K^c.

d L'Athénien. — Ainsi donc, celui qui dans chacun des cas susdits possède le métier pourra, sans crainte d'erreur, appeler de ses vœux les chances favorables dont la présence ne requerrait plus que l'art ?

Clinias. — Absolument.

L'Athénien. — Et tous les autres dont nous venons de parler, si on les invite à formuler leurs souhaits, les formuleront, n'est-ce pas ?

Clinias. — Évidemment.

L'Athénien. — Ainsi fera de son côté, je pense, le législateur ?

Clinias. — Je le pense aussi.

L'Athénien. — « Voyons, législateur, lui dirons-nous, que veux-tu, en quelle situation devons-nous te donner la
e cité, pour qu'avec cela tu puisses désormais gouverner toi-même comme il faut ? » Que peut-on dire correctement là-dessus ? Faisons-nous cette réponse au nom du législateur, oui ou non ?

Clinias. — Oui.

Qualités du tyran.

L'Athénien. — Voici la réponse. « Donnez-moi, dira-t-il, un tyran à la tête de la cité ; que le tyran ait jeunesse, mémoire, ouverture d'esprit, courage, magnanimité ; et la qualité dont nous disions précédemment qu'elle devait accompagner toutes les parties
710 a de la vertu, que maintenant encore elle soit du cortège dans l'âme régnante, si les autres biens doivent présenter quelque utilité[1]. »

Clinias. — L'étranger, Mégillos, me semble désigner la tempérance comme cet accessoire indispensable. N'est-ce pas ?

L'Athénien. — Oui, la vulgaire, Clinias, et non pas celle qu'on voudrait surfaire en assimilant par force la tempérance à la sagesse ; celle qui s'épanouit naturellement dès le début chez les enfants et les animaux, de sorte que les uns sont déréglés dans l'usage des plaisirs, les autres réglés ; ce

nomis, par exemple, en récuse les prétentions à la sagesse (976 a).

1. La conjecture τυράννου de Cornarius emporterait l'adhésion si l'absence de l'article τοῦ devant ce mot ne faisait difficulté ; aussi ai-je risqué τυραννούσῃ, qui donne le sens probable (le τυραννουμένῃ d'AO ne peut signifier « tyrannisée » comme *Rép.* VIII 545 c 3, IX 577, et semble répété par erreur du τυραννουμένην d'e 6).

ΑΘ. Οὐκοῦν ὅ γε πρὸς ἕκαστόν τι τῶν εἰρημένων ἔχων d τὴν τέχνην κἂν εὔξασθαί που δύναιτο ὀρθῶς, τί παρὸν αὐτῷ διὰ τύχης, τῆς τέχνης ἂν μόνον ἐπιδέοι ;

ΚΛ. Πάνυ μὲν οὖν.

ΑΘ. Οἵ τε ἄλλοι γε δὴ πάντες οἱ νυνδὴ ῥηθέντες, κελευόμενοι τὴν αὑτῶν εὐχὴν εἰπεῖν, εἴποιεν ἄν. Ἦ γάρ ;

ΚΛ. Τί μήν ;

ΑΘ. Ταὐτὸν δὴ καὶ νομοθέτης οἶμαι δράσειεν.

ΚΛ. Ἔγωγ' οἶμαι.

ΑΘ. « Φέρε δή, νομοθέτα, » πρὸς αὐτὸν φῶμεν, « τί σοι καὶ πῶς πόλιν ἔχουσαν δῶμεν, ὃ λαβὼν ἕξεις ὥστ' ἐκ τῶν e λοιπῶν αὐτὸς τὴν πόλιν ἱκανῶς διοικῆσαι ; » Τί μετὰ τοῦτ' εἰπεῖν ὀρθῶς ἔστιν ; ἆρα τοῦ νομοθέτου φράζομεν τοῦτο, ἦ γάρ ;

ΚΛ. Ναί.

ΑΘ. Τόδε· « Τυραννουμένην μοι δότε τὴν πόλιν, » φήσει· « τύραννος δ' ἔστω νέος καὶ μνήμων καὶ εὐμαθὴς καὶ ἀνδρεῖος καὶ μεγαλοπρεπὴς φύσει· ὃ δὲ καὶ ἐν τοῖς πρόσθεν ἐλέγομεν δεῖν ἕπεσθαι σύμπασιν τοῖς τῆς ἀρετῆς μέρεσι, καὶ νῦν τῇ τυραννούσῃ ψυχῇ τοῦτο συνεπέσθω, ἐὰν 710 a μέλλῃ τῶν ἄλλων ὑπαρχόντων ὄφελος εἶναί τι. »

ΚΛ. Σωφροσύνην μοι δοκεῖ φράζειν, ὦ Μέγιλλε, δεῖν εἶναι τὴν συνεπομένην ὁ ξένος. Ἦ γάρ ;

ΑΘ. Τὴν δημώδη γε, ὦ Κλεινία, καὶ οὐχ ἥν τις σεμνύνων ἂν λέγοι, φρόνησιν προσαναγκάζων εἶναι τὸ σωφρονεῖν, ἀλλ' ὅπερ εὐθὺς παισὶν καὶ θηρίοις, τοῖς μὲν ἀκρατῶς ἔχειν πρὸς τὰς ἡδονάς, σύμφυτον ἐπανθεῖ, τοῖς δὲ ἐγκρατῶς· ὃ

d 2 ὀρθῶς, τί scr. Böckh : ὀρθῶς τι AO et ἀ. i. m. O^4 || παρόν A (ut vid.) et O : παρ' (ex ras.) A^c et ἀ. i. m. O^4 παρεῖναι K^c || 3 αὐτῷ AO : αὑτῷ A^cO^4 et ἀ. i. m. O^4 || ἐπιδέοι AO : ἐπιδέον K^c || 5 νῦν δὴ A et (δὴ s. v.) O^4 : νῦν O || 10 φέρε -**e** 4 γάρ Atheniensi continuat AO || **e** 3 ἆρα AO || φράζομεν A^c (o i. r. ex ω) et O : φράζωμεν AK^c || **710 a** 1 τυραννούσῃ scripsi : τυραννουμένῃ AO τυράννου cj. Cornarius.

b dont nous disions que séparé de tout ce qu'on appelle biens il ne valait pas la peine d'en parler[1]. Vous comprenez, je suppose, ce que je veux dire.

CLINIAS. — Tout à fait.

L'ATHÉNIEN. — Que le tyran ait donc cette qualité en plus des autres, si la cité doit avoir le plus vite et le mieux possible la constitution qui la fera vivre avec le plus de bonheur. Il n'est pas, en effet, et il ne saurait être de moyen plus rapide ni meilleur d'établir un régime.

c CLINIAS. — Mais comment et par quel argument, étranger, arrivera-t-on à se persuader soi-même qu'on a raison de parler de la sorte ?

L'ATHÉNIEN. — On conçoit facilement, Clinias, qu'il est dans la nature des choses qu'il en soit ainsi.

CLINIAS. — Comment t'exprimes-tu ? Si le tyran avait, dis-tu, jeunesse, tempérance, ouverture d'esprit, mémoire, courage, magnanimité ?

L'ATHÉNIEN. — Ajoute bonheur, du seul fait qu'il y aura de son vivant un législateur recommandable et qu'un heureux

d hasard le lui fera rencontrer ; car avec cette circonstance le dieu aura réalisé vraiment tout ce qu'il fait lorsqu'il veut particulièrement la prospérité d'un État. Le degré immédiatement inférieur est qu'il y ait deux chefs comme cela ; en troisième lieu et ensuite proportionnellement, plus les chefs seront nombreux, plus l'œuvre sera difficile, et de même dans l'ordre inverse.

CLINIAS. — C'est d'une tyrannie, semble-t-il, que tu fais sortir la meilleure cité, par la collaboration d'un législateur éminent et d'un tyran raisonnable, et un pareil concours lui ferait le plus vite et le plus aisément atteindre ce résultat ;

e en second lieu, tu places l'oligarchie, ou quel est ton avis ? et en troisième lieu la démocratie.

L'ATHÉNIEN. — Non pas ; mais en premier lieu la tyrannie, en second lieu le régime monarchique, en troisième lieu une sorte de démocratie. Le quatrième régime, l'oligarchie,

1. Au l. III (696 d-e), une certaine tempérance a été présentée comme le complément des autres vertus « cardinales », en particulier de la prudence (*phronèsis*, 710 a 6) ici exigée du tyran-philosophe. Pourtant l'accord intime décrit III 689 a-d comme la plus haute sagesse ressemblait beaucoup à la tempérance de *Rép.* IV 430 e.

καὶ μονούμενον ἔφαμεν τῶν πολλῶν ἀγαθῶν λεγομένων οὐκ b
ἄξιον εἶναι λόγου. Ἔχετε γὰρ ὃ λέγω που.

ΚΛ. Πάνυ μὲν οὖν.

ΑΘ. Ταύτην τοίνυν ἡμῖν ὁ τύραννος τὴν φύσιν ἐχέτω πρὸς ἐκείναις ταῖς φύσεσιν, εἰ μέλλει πόλις ὡς δυνατόν ἐστι τάχιστα καὶ ἄριστα σχήσειν πολιτείαν ἣν λαβοῦσα εὐδαιμονέστατα διάξει. Θάττων γὰρ ταύτης καὶ ἀμείνων πολιτείας διάθεσις οὔτ᾽ ἔστιν οὔτ᾽ ἄν ποτε γένοιτο.

ΚΛ. Πῶς δὴ καὶ τίνι λόγῳ τοῦτο, ὦ ξένε, λέγων ἄν τις c
ὀρθῶς λέγειν αὑτὸν πείθοι;

ΑΘ. Ῥᾴδιόν που τοῦτό γε νοεῖν ἐστ᾽, ὦ Κλεινία, κατὰ φύσιν ὡς ἔστι τοῦθ᾽ οὕτω.

ΚΛ. Πῶς λέγεις; εἰ τύραννος γένοιτο, φῄς, νέος, σώφρων, εὐμαθής, μνήμων, ἀνδρεῖος, μεγαλοπρεπής;

ΑΘ. Εὐτυχής, πρόσθες, μὴ κατ᾽ ἄλλο, ἀλλὰ τὸ γενέσθαι τε ἐπ᾽ αὐτοῦ νομοθέτην ἄξιον ἐπαίνου, καί τινα τύχην εἰς
ταὐτὸν ἀγαγεῖν αὐτῷ· γενομένου γὰρ τούτου, πάντα σχεδὸν d
ἀπείργασται τῷ θεῷ ἅπερ ὅταν βουληθῇ διαφερόντως εὖ πρᾶξαί τινα πόλιν. Δεύτερον δέ, ἐάν ποτέ τινες δύο ἄρχοντες γένωνται τοιοῦτοι, τρίτον δ᾽ αὖ καὶ κατὰ λόγον ὡσαύτως χαλεπώτερον ὅσῳ πλείους, ὅσῳ δ᾽ ἐναντίον, ἐναντίως.

ΚΛ. Ἐκ τυραννίδος ἀρίστην φῄς γενέσθαι πόλιν ἄν, ὡς φαίνῃ, μετὰ νομοθέτου γε ἄκρου καὶ τυράννου κοσμίου, καὶ ῥᾷστά τε καὶ τάχιστ᾽ ἂν μεταβαλεῖν εἰς τοῦτο ἐκ τοῦ τοι-
ούτου, δεύτερον δὲ ἐξ ὀλιγαρχίας — ἢ πῶς λέγεις; — καὶ e
τὸ τρίτον ἐκ δημοκρατίας.

ΑΘ. Οὐδαμῶς, ἀλλ᾽ ἐκ τυραννίδος μὲν πρῶτον, δεύτερον δὲ ἐκ βασιλικῆς πολιτείας, τρίτον δὲ ἔκ τινος δημοκρατίας.

b 2 που AK[c] Π i. m. O[4] et (ου s. v.) O[4] : πω O || **c** 2 πείθοι A : ἂν πείθοι O || 7 εὐτυχής Atheniensi tribuit Ast, praeeunte, ut vid., A[c], qui commate ante et post πρόσθες distinxit : Cliniae continuat AO || **d** 4 γένωνται A (αι i. r.) et O || 8 μετὰ -9 τοιούτου Atheniensi tribuit AO || 9 τοῦ A : του O.

acceptera plus difficilement qu'aucun autre de voir naître un pareil ordre ; car c'est elle qui comporte le plus de maîtres[1]. Or nous disons que cet état de choses prend naissance lorsqu'un vrai législateur survient providentiellement et qu'il lui échoit une force particulière en commun avec les autorités suprêmes
711 a de la cité ; là où celles-ci sont le moins nombreuses et le plus fortes, comme dans la tyrannie, c'est ainsi et alors que le changement a coutume de se produire vite et facilement.

Clinias. — Comment ? Nous ne comprenons pas.

L'Athénien. — Nous l'avons dit pourtant, non pas une fois, je pense, mais plusieurs ; mais peut-être n'avez-vous pas même vu de cité soumise à un tyran.

Clinias. — Et je ne désire pas non plus en voir.

b L'Athénien. — Eh bien ! tu y remarquerais ce que je dis maintenant.

Clinias. — Quoi ?

L'Athénien. — Il ne faut pas de peine ni si longtemps au tyran qui veut modifier les mœurs d'une cité ; il faut qu'il commence à cheminer dans la voie où il veut pousser les citoyens, que ce soient les pratiques de la vertu ou le contraire, en esquissant tout lui-même le premier par sa conduite,
c tantôt distribuant éloges et honneurs, tantôt blâmant, et châtiant la désobéissance à chaque manifestation.

Clinias. — Et comment pensons-nous que les autres citoyens s'accorderont vite à suivre celui qui use ainsi à la fois de persuasion et de contrainte[2] ?

L'Athénien. — Que personne, mes amis, n'essaie de nous persuader qu'une cité puisse jamais changer de lois plus vite et plus facilement que sous la conduite du pouvoir, ni que la chose arrive aujourd'hui ou doive une autre fois arriver autrement[3]. En effet, ce n'est pas là pour nous l'impossible

1. Cf. *Rép.* VIII 551 c sv.

2. Persuasion et contrainte, constamment associées ou opposées, sont les deux moyens d'arriver à ses fins ; cf. II 660 a 5, 661 c 6, 663 e 1-2 ; IV 718 b 2-3, 722 b 6, c 1 (et la note justifiant la conjecture à ce dernier endroit) ; *Rép.* II 365 d 5.

3. Dans cette phrase et les suivantes (711 d-712 a), Platon reprend les termes qui lui ont toujours servi à exprimer son rêve ; cf. *Rép.* V 473 c-d, VI 499 b-c ; *Lettre VII* 326 b, avec de nombreuses récurrences d'un texte à l'autre.

Τὸ δὲ τέταρτον, ὀλιγαρχία, τὴν τοῦ τοιούτου γένεσιν χαλεπώτατα δύναιτ᾽ ἂν προσδέξασθαι· πλεῖστοι γὰρ ἐν αὐτῇ δυνάσται γίγνονται. Λέγομεν δὴ ταῦτα γίγνεσθαι τότε, ὅταν ἀληθὴς μὲν νομοθέτης γένηται φύσει, κοινὴ δὲ αὐτῷ τις συμβῇ ῥώμη πρὸς τοὺς ἐν τῇ πόλει μέγιστον δυναμένους· οὗ δ᾽ ἂν τοῦτο ἀριθμῷ μὲν βραχύτατον, ἰσχυρότατον δέ, 711 a καθάπερ ἐν τυραννίδι, γένηται, ταύτῃ καὶ τότε τάχος καὶ ῥᾳστώνη τῆς μεταβολῆς γίγνεσθαι φιλεῖ.

ΚΛ. Πῶς; οὐ γὰρ μανθάνομεν.

ΑΘ. Καὶ μὴν εἴρηταί γ᾽ ἡμῖν οὐχ ἅπαξ ἀλλ᾽ οἶμαι πολλάκις· ὑμεῖς δὲ τάχα οὐδὲ τεθέασθε τυραννουμένην πόλιν.

ΚΛ. Οὐδέ γε ἐπιθυμητὴς ἔγωγ᾽ εἰμὶ τοῦ θεάματος.

ΑΘ. Καὶ μὴν τοῦτό γ᾽ ἂν ἴδοις ἐν αὐτῇ τὸ νυνδὴ λεγό- b μενον.

ΚΛ. Τὸ ποῖον;

ΑΘ. Οὐδὲν δεῖ πόνων οὐδέ τινος παμπόλλου χρόνου τῷ τυράννῳ μεταβαλεῖν βουληθέντι πόλεως ἤθη, πορεύεσθαι δὲ αὐτὸν δεῖ πρῶτον ταύτῃ ὅπῃπερ ἂν ἐθελήσῃ, ἐάντε πρὸς ἀρετῆς ἐπιτηδεύματα, προτρέπεσθαι τοὺς πολίτας, ἐάντε ἐπὶ τοὐναντίον, αὐτὸν πρῶτον πάντα ὑπογράφοντα τῷ πράττειν, τὰ μὲν ἐπαινοῦντα καὶ τιμῶντα, τὰ δ᾽ αὖ πρὸς c ψόγον ἄγοντα, καὶ τὸν μὴ πειθόμενον ἀτιμάζοντα καθ᾽ ἑκάστας τῶν πράξεων.

ΚΛ. Καὶ πῶς οἰόμεθα ταχὺ συνακολουθήσειν τοὺς ἄλλους πολίτας τῷ τὴν τοιαύτην πειθὼ καὶ ἅμα βίαν εἰληφότι;

ΑΘ. Μηδεὶς ἡμᾶς πειθέτω, ὦ φίλοι, ἄλλῃ θᾶττον καὶ ῥᾷον μεταβάλλειν ἄν ποτε πόλιν τοὺς νόμους ἢ τῇ τῶν δυναστευόντων ἡγεμονίᾳ, μηδὲ νῦν γε ἄλλῃ γίγνεσθαι μηδ᾽ αὖθίς ποτε γενήσεσθαι. Καὶ γὰρ οὖν ἡμῖν οὐ τοῦτ᾽ ἔστιν

e 7 λέγομεν O et (o i. r. ex ω) A^c : λέγωμεν A || 8 κοινὴ O : κοινῇ A || 9 ξυμβῇ ῥώμη A : ῥώμη ξυμβῇ O || **711 a** 2 τυραννίδι O et (δι e. v. suppl. a) A || 4 οὐ e. v. comp. A : om. A || **b** 4 et 6 δεῖ A et (εῖ s. v.) O⁴ : δὴ O || **c** 4 οἰόμεθα A^c (alt. o i. r. ex ω) et O^c (alt. o ex ω) : οἰώμεθα AO et i. m. O⁴ (πανταχοῦ μέγα).

d ni ce qui aurait de la peine à se réaliser. Ce qui est difficile, c'est ceci, qui s'est rarement trouvé dans tout le cours du temps ; mais lorsque la chose se rencontre, elle produit une infinité de biens, ou même la totalité, dans l'État où elle apparaît.

Clinias. — Que veux-tu dire ?

L'Athénien. — Quand un amour divin des pratiques de la tempérance et de la justice naît dans un grand pouvoir, qui règne sous forme de monarchie ou se distingue par la supériorité de la richesse ou de la naissance, ou encore si
e quelqu'un vient à reproduire les qualités de Nestor, dont on dit qu'excellent entre tous par la force de sa parole, il se distinguait plus encore par sa sagesse[1]. Ceci est arrivé, sans doute, du temps de Troie, non du nôtre ; mais enfin, si quelqu'un de tel a paru, ou doit paraître, ou se trouve actuellement parmi nous, il est heureux pour son compte, et heureux sont ceux qui écoutent les paroles qui sortent de cette bouche si sage. De tout pouvoir également on peut dire
712 a la même chose : lorsque l'autorité suprême rejoint dans un homme la sagesse et la tempérance, alors on voit naître le meilleur régime et des lois pareilles, autrement ils ne risquent pas de venir à l'existence. Mettons donc que nous avons ici comme raconté une fable et rendu un oracle en montrant que, s'il est difficile pour une cité d'arriver à de bonnes lois, la chose, une fois réalisé ce que nous disons, serait de loin la plus rapide et la plus facile du monde.

Clinias. — Explique-toi.

b L'Athénien. — Essayons, en les adaptant à ta cité, de modeler, comme de vieux enfants, ces lois par nos propos.

Clinias. — Allons, ne tardons plus.

Prière. L'Athénien. — Appelons le dieu à cette préparation de la cité ; et lui, puisse-t-il nous entendre, et, nous entendant, venir à nous propice et bienveillant pour disposer avec nous la cité et les lois[2].

Clinias. — Oui, qu'il vienne !

1. Cf. *Iliade*, 1, 247-252.

2. Cette épiclèse solennelle (b 4 ; cf. *Timée*, 27 c 6 ; *Critias*, 108 d 4) réunit les éléments essentiels à toute prière : appel au dieu (subjonctif, puis deux optatifs, le second repris par Clinias dans sa réponse d'acquiescement), adjectifs en fonction d'attribut adverbial (cf. *Phèdre*, 257 a 7).

ἀδύνατον οὐδὲ χαλεπῶς ἂν γενόμενον· ἀλλὰ τόδ' ἐστὶ τὸ d
χαλεπὸν γενέσθαι, καὶ ὀλίγον δὴ τὸ γεγονὸς ἐν τῷ πολλῷ
χρόνῳ, ὅταν δὲ συμβῇ, μυρία καὶ πάντ' ἐν πόλει ἀγαθὰ
ἀπεργάζεται ἐν ᾗ ποτ' ἂν ἐγγένηται.

ΚΛ. Τὸ ποῖον δὴ λέγεις ;

ΑΘ. Ὅταν ἔρως θεῖος τῶν σωφρόνων τε καὶ δικαίων ἐπι-
τηδευμάτων ἐγγένηται μεγάλαις τισὶν δυναστείαις, ἢ κατὰ
μοναρχίαν δυναστευούσαις ἢ κατὰ πλούτων ὑπεροχὰς δια-
φερούσαις ἢ γενῶν, ἢ τὴν Νέστορος ἐάν ποτέ τις ἐπανε- e
νέγκῃ φύσιν, ὃν τῇ τοῦ λέγειν ῥώμῃ φασὶ πάντων διενεγ-
κόντα ἀνθρώπων πλέον ἔτι τῷ σωφρονεῖν διαφέρειν. Τοῦτ'
οὖν ἐπὶ μὲν Τροίας, ὥς φασι, γέγονεν, ἐφ' ἡμῶν δὲ οὐδαμῶς,
εἰ δ' οὖν γέγονεν ἢ καὶ γενήσεται τοιοῦτος ἢ νῦν ἡμῶν ἔστιν
τις, μακαρίως μὲν αὐτὸς ζῇ, μακάριοι δὲ οἱ συνήκοοι τῶν
ἐκ τοῦ σωφρονοῦντος στόματος ἰόντων λόγων. Ὡσαύτως δὲ
καὶ συμπάσης δυνάμεως ὁ αὐτὸς πέρι λόγος, ὡς ὅταν εἰς
ταὐτὸν τῷ φρονεῖν τε καὶ σωφρονεῖν ἡ μεγίστη δύναμις ἐν 712 a
ἀνθρώπῳ συμπέσῃ, τότε πολιτείας τῆς ἀρίστης καὶ νόμων
τῶν τοιούτων φύεται γένεσις, ἄλλως δὲ οὐ μή ποτε γένηται.
Ταῦτα μὲν οὖν καθαπερεὶ μῦθός τις λεχθεὶς κεχρησμῳδήσθω
καὶ ἐπιδεδείχθω τῇ μὲν χαλεπὸν ὂν τὸ πόλιν εὔνομον γί-
γνεσθαι, τῇ δ', εἴπερ γένοιτο ὃ λέγομεν, πάντων τάχιστόν
τε καὶ ῥᾷστον μακρῷ.

ΚΛ. Πῶς ;

ΑΘ. Πειρώμεθα προσαρμόττοντες τῇ πόλει σοι, καθάπερ b
παῖδες πρεσβῦται, πλάττειν τῷ λόγῳ τοὺς νόμους.

ΚΛ. Ἴωμεν δὴ καὶ μὴ μέλλωμεν ἔτι.

ΑΘ. Θεὸν δὴ πρὸς τὴν τῆς πόλεως κατασκευὴν ἐπικαλώ-
μεθα· ὁ δὲ ἀκούσειέν τε, καὶ ἀκούσας ἵλεως εὐμενής τε
ἡμῖν ἔλθοι συνδιακοσμήσων τήν τε πόλιν καὶ τοὺς νόμους.

ΚΛ. Ἔλθοι γὰρ οὖν.

712 a 3 φύεται AK[c] Π i. m. O[4] et (ύε s. v.) O[4] : φαίνεται O || **b 2** παῖδες A : παῖδα O || 5 ἀκούσας A : ὑπακούσας O.

c *Le meilleur régime.* L'Athénien. — Mais quel régime avons-nous donc l'intention d'assigner à notre cité ?

Clinias. — Quel sens donnes-tu à ta question ? Exprime-toi plus clairement encore. As-tu en vue une démocratie, une oligarchie, une aristocratie ou une monarchie ? Car tu ne parlerais pas, sans doute, de tyrannie, selon notre opinion tout au moins.

L'Athénien. — Voyons donc, lequel de vous deux se prêterait à répondre le premier et à dire dans quelle catégorie rentre le régime de son pays ?

Mégillos. — N'est-ce pas à moi, comme au plus vieux, de parler le premier ?

d Clinias. — Peut-être.

Mégillos. — A vrai dire, quand j'y pense, étranger, je ne peux pas t'expliquer comme cela quel nom il faut donner au régime de Lacédémone. C'est aussi à une tyrannie, en effet, qu'il me paraît ressembler, car l'institution des éphores y est extrêmement tyrannique ; quelquefois je trouve qu'il a l'air démocratique plus que celui d'aucune cité. D'autre part, à ne pas l'appeler aristocratie il y aurait quelque chose de
e fort étrange ; enfin, elle possède une royauté à vie, la plus ancienne de toutes, à en croire tous les hommes et nous-mêmes[1]. Mais pour moi, quand on m'interroge ainsi à l'improviste, comme maintenant, je ne puis réellement, je le répète, dire auquel de ces régimes elle appartient.

Clinias. — Je crois éprouver, Mégillos, la même impression que toi : je suis extrêmement embarrassé pour assigner au régime de Cnosse l'un de ces noms avec assurance.

L'Athénien. — C'est, excellents amis, que vous appartenez à de vrais régimes, tandis que ceux que nous venons d'énumérer ne sont pas des régimes, mais des groupements poli-
713 a tiques où une partie des citoyens est dominée et asservie, de sorte que chacun reçoit le nom du pouvoir qui y exerce la

1. Ce raccourci témoigne de l'intérêt inépuisable de Platon pour les institutions lacédémoniennes, dont il a esquissé plus haut la genèse (III 691 d-692 a). Aristote y fait allusion dans sa *Politique* (B 6, 1265 b 33-42) ; et, immédiatement après, il cite l'opinion émise 693 d que le meilleur régime est un mélange de despotisme et de démocratie (1266 a 1-4).

ΑΘ. Ἀλλὰ τίνα δή ποτε πολιτείαν ἔχομεν ἐν νῷ τῇ πόλει προστάττειν ; c

ΚΛ. Οἷον δὴ τί λέγεις βουληθείς ; φράζ' ἔτι σαφέστερον. Οἷον δημοκρατίαν τινὰ ἢ ὀλιγαρχίαν ἢ ἀριστοκρατίαν ἢ βασιλικήν ; οὐ γὰρ δὴ τυραννίδα γέ που λέγοις ἄν, ὥς γ' ἡμεῖς ἂν οἰηθείημεν.

ΑΘ. Φέρε δὴ τοίνυν, πότερος ὑμῶν ἀποκρίνασθαι πρότερος ἂν ἐθέλοι, τὴν οἴκοι πολιτείαν εἰπὼν τίς τούτων ἐστίν ;

ΜΕ. Μῶν οὖν τὸν πρεσβύτερον ἐμὲ δικαιότερον εἰπεῖν πρότερον ;

ΚΛ. Ἴσως. d

ΜΕ. Καὶ μὴν συννοῶν γε, ὦ ξένε, τὴν ἐν Λακεδαίμονι πολιτείαν οὐκ ἔχω σοι φράζειν οὕτως ἥντινα προσαγορεύειν αὐτὴν δεῖ. Καὶ γὰρ τυραννίδι δοκεῖ μοι προσεοικέναι — τὸ γὰρ τῶν ἐφόρων θαυμαστὸν ὡς τυραννικὸν ἐν αὐτῇ γέγονε — καί τις ἐνίοτέ μοι φαίνεται πασῶν τῶν πόλεων δημοκρατουμένῃ μάλιστ' ἐοικέναι. Τὸ δ' αὖ μὴ φάναι ἀριστοκρατίαν αὐτὴν εἶναι παντάπασιν ἄτοπον· καὶ μὲν δὴ βασιλεία γε e διὰ βίου τ' ἐστὶν ἐν αὐτῇ καὶ ἀρχαιοτάτη πασῶν καὶ πρὸς πάντων ἀνθρώπων καὶ ἡμῶν αὐτῶν λεγομένη. Ἐγὼ δὲ οὕτω νῦν ἐξαίφνης ἂν ἐρωτηθείς, ὄντως, ὅπερ εἶπον, οὐκ ἔχω διορισάμενος εἰπεῖν τίς τούτων ἐστὶν τῶν πολιτειῶν.

ΚΛ. Ταὐτόν σοι πάθος, ὦ Μέγιλλε, καταφαίνομαι πεπονθέναι· πάνυ γὰρ ἀπορῶ τὴν ἐν Κνωσῷ πολιτείαν τούτων τινὰ διισχυριζόμενος εἰπεῖν.

ΑΘ. Ὄντως γάρ, ὦ ἄριστοι, πολιτειῶν μετέχετε· ἃς δὲ ὠνομάκαμεν νῦν, οὐκ εἰσὶν πολιτεῖαι, πόλεων δὲ οἰκήσεις δεσποζομένων τε καὶ δουλευουσῶν μέρεσιν ἑαυτῶν τισι, τὸ 713 a τοῦ δεσπότου δὲ ἑκάστη προσαγορεύεται κράτος. Χρῆν δ',

c 2 λέγεις AO : λέγειν Kc || 5 οἰηθείημεν AKc et (εἰ s. v.) O4 : οἰήθημεν O οἰηθεῖμεν edd. || **d** 6 δημοκρατουμένῃ cj. Winckelmann : δημοκρατουμένη AO || **e** 4 ἂν ἐρωτηθείς AO : ἀνερωτηθείς cj. Madvig.

domination. Mais si c'est un pouvoir de ce genre qui doit valoir à la cité son titre, il faut prononcer le nom du dieu qui règne en vérité sur les êtres en possession de leur raison[1].

CLINIAS. — Mais quel est ce dieu ?

L'âge de Cronos.

L'ATHÉNIEN. — Ne devons-nous pas recourir encore un peu au mythe, si nous voulons éclairer avec quelque justesse de ton la question actuellement soulevée ?

CLINIAS. — Eh bien ! il faut faire de la sorte.

L'ATHÉNIEN. — Tout à fait. Car les cités dont nous avons
b plus haut exposé la formation ont été encore précédées, et de fort loin, par le règne et le peuplement si prospères que la légende place au temps de Cronos et dont il y a un reflet dans les meilleures de nos organisations actuelles[2].

CLINIAS. — C'est, à mon sens, un devoir impérieux d'en être informés.

L'ATHÉNIEN. — Il semble que oui ; et c'est pourquoi j'ai amené le sujet au milieu de nos entretiens.

CLINIAS. — En quoi tu as fort bien agi ; et en exposant
c méthodiquement le mythe, s'il vient à propos, tu ferais très bien aussi.

L'ATHÉNIEN. — Il n'y a qu'à vous obéir. Nous avons donc reçu une tradition qui représentait l'heureuse vie des gens de ce temps-là comme pourvue de toutes choses en abondance et sans travail[3]. Voici à peu près la raison qu'on en rapporte. Cronos, dit-on, savait, comme nous l'avons exposé, qu'aucun homme ne peut, de par sa nature, régler en maître absolu toutes les affaires humaines sans se gonfler de démesure et d'injustice ; et dans cette pensée il imagina de pré-

1. Le vrai nom de ce régime serait donc celui de théocratie.

2. Sur l'âge de Cronos, voir l'*Introduction*, p. XVII-XIX, et la note à III 678 c. Le mythe du IVe livre des *Lois* est un extrait de celui du *Politique*.

3. Cette phrase rappelle l'humanité patriarcale du livre III (678 e-679 c) et plus encore la cité primitive du livre II de la *République* (372 a-d), où Glaucon voit un « État de pourceaux » (d 4). Cet État naturel, en effet, n'est pas la cité parfaite. Platon a fini par renoncer à croire contemporains, comme il l'avait fait dans le *Critias*, l'ordre non politique de l'âge de Cronos et l'ordre politique du gouvernement de Zeus.

εἴπερ του τοιούτου τὴν πόλιν ἔδει ἐπονομάζεσθαι, τὸ τοῦ ἀληθῶς τῶν τὸν νοῦν ἐχόντων δεσπόζοντος θεοῦ ὄνομα λέγεσθαι.

ΚΛ. Τίς δ' ὁ θεός ;

ΑΘ. Ἆρ' οὖν μύθῳ σμικρά γ' ἔτι προσχρηστέον, εἰ μέλλομεν ἐμμελῶς πως δηλῶσαι τὸ νῦν ἐρωτώμενον ;

ΚΛ. Οὐκοῦν χρὴ ταύτῃ δρᾶν.

ΑΘ. Πάνυ μὲν οὖν. Τῶν γὰρ δὴ πόλεων ὧν ἔμπροσθε τὰς συνοικήσεις διήλθομεν, ἔτι προτέρα τούτων πάμπολυ b λέγεταί τις ἀρχή τε καὶ οἴκησις γεγονέναι ἐπὶ Κρόνου μάλ' εὐδαίμων, ἧς μίμημα ἔχουσά ἐστιν ἥτις τῶν νῦν ἄριστα οἰκεῖται.

ΚΛ. Σφόδρ' ἄν, ὡς ἔοικ', εἴη περὶ αὐτῆς δέον ἀκούειν.

ΑΘ. Ἐμοὶ γοῦν φαίνεται· διὸ καὶ παρήγαγον αὐτὴν εἰς τὸ μέσον τοῖς λόγοις.

ΚΛ. Ὀρθότατά γε δρῶν· καὶ τόν γε ἑξῆς περαίνων ἂν μῦθον, εἴπερ προσήκων ἐστίν, μάλ' ὀρθῶς ἂν ποιοίης. c

ΑΘ. Δραστέον ὡς λέγετε. Φήμην τοίνυν παραδεδέγμεθα τῆς τῶν τότε μακαρίας ζωῆς ὡς ἄφθονά τε καὶ αὐτόματα πάντ' εἶχεν. Ἡ δὲ τούτων αἰτία λέγεται τοιάδε τις. Γιγνώσκων ὁ Κρόνος ἄρα, καθάπερ ἡμεῖς διεληλύθαμεν, ὡς ἀνθρωπεία φύσις οὐδεμία ἱκανὴ τὰ ἀνθρώπινα διοικοῦσα αὐτοκράτωρ πάντα, μὴ οὐχ ὕβρεώς τε καὶ ἀδικίας μεστοῦσθαι, ταῦτ' οὖν διανοούμενος ἐφίστη τότε βασιλέας τε καὶ

713 a 3 του cj. Burnet : τὸ A τὸ τοῦ O || τοῦ AO : p. n. O^4 || 4 ἀληθῶς A et (ω ex ου, ῶς comp. s. v.) O^4 : ἀληθοῦς O || τῶν τὸν A et (ὁ i. r. ex ῶ ?) O^c : τῶν τῶν (ut vid.) O τοῦ τῶν K^c τῶν cj. Ast || 7 γ' ἔτι O : γέ τι A || **b** 3 ἄριστα οἰκεῖται A et γρ. i. m. O^3 (Π superscr. O^4) : ἀριστοκρατεῖται O || **c** 1 εἴπερ AO : ᾗπερ K^c || προσήκων A Π i. m. O^4 (cum καὶ καλῶς) : προσῆκον O || ποιοίης A Π i. m. O^4 (καὶ καλῶς) et O^4 (οί et ης s. v.) cum K^c : ποιήσῃς O || 5 γιγνώσκων -714 a 8 μηχανή hab. Julianus, *Ep. ad Themist.*, 258 a-d Spanh. (334, 4-335, 9 Hertl.) || 6 post ἀνθρωπεία eras. in A (cum uno signo) || οὐδεμία AO : οὐδαμῇ οὐδεμία Jul. || 8 ἐφίστη τότε Jul. : ἐφίστητο AO || τε O : γε A Π i. m. O^4 et (γ s. v.) O^4 om. Jul·

d poser alors à nos cités, pour rois et pour chefs, non pas des hommes mais des êtres d'une race supérieure et plus divine, des démons, ainsi que nous faisons aujourd'hui nous-mêmes pour le petit bétail et tous les animaux apprivoisés qui vont par troupeaux : nous ne préposons pas bœufs à bœufs, chèvres à chèvres, mais nous exerçons sur eux l'autorité de notre race, qui est supérieure à la leur. Ainsi donc, de la même façon, le dieu, dit-on, dans son amour extrême pour les hommes[1], mit à notre tête la race des démons, qui nous était supérieure, et eux, avec grande facilité de leur part et à notre grand avantage, ils prirent soin de nous, et par la paix, le
e sens de l'honneur, la bonne législation et l'abondance de justice qu'ils nous procuraient, préservèrent des révolutions et établirent dans le bonheur l'espèce humaine[2]. Or ce discours prétend, maintenant encore, et en cela il dit vrai, que dans les cités où règne non un dieu mais un mortel, les citoyens ne peuvent se soustraire aux maux et aux peines ; nous devons au contraire, pense-t-il, imiter par tous les moyens la vie légendaire du temps de Cronos et obéir à tout ce qu'il y a en nous de principes immortels pour y conformer notre vie publique et privée, administrer d'après eux nos maisons
714 a et nos cités, donnant à cette dispensation de la raison le nom de loi[3]. Mais si un individu, une oligarchie ou encore une démocratie a l'âme tendue vers les plaisirs, consumée de désirs et avide de se satisfaire, une âme incapable de rien retenir mais en proie à un mal incessant et insatiable, vraie maladie[4], et qu'une autorité de ce genre vienne à régner sur une cité ou un particulier en foulant aux pieds les lois, alors, je le répète, il n'est pas de salut possible. Il nous faut exa-
b miner ce raisonnement, Clinias, pour voir si nous devons lui obéir ou comment faire.

Clinias. — Nous devons, sans aucun doute, lui obéir.

1. La « philanthropie » du dieu est celle dont le Prométhée enchaîné d'Eschyle avait donné l'exemple : φιλανθρώπου τρόπου (11, 28), διὰ τὴν λίαν φιλότητα βροτῶν (123). Le passage a été cité par l'empereur Julien dans sa *Lettre à Thémistius,* avec des leçons intéressantes.

2. Le règne des démons est celui de la première race d'Hésiode (*Travaux,* 109-122).

3. Étymologie à la manière du *Cratyle.* Cf. *Introduction,* p. xxxvi.

4. Cf. *Gorgias,* 493 b.

ἄρχοντας ταῖς πόλεσιν ἡμῶν, οὐκ ἀνθρώπους ἀλλὰ γένους d
θειοτέρου τε καὶ ἀμείνονος, δαίμονας, οἷον νῦν ἡμεῖς δρῶμεν
τοῖς ποιμνίοισι καὶ ὅσων ἥμεροί εἰσιν ἀγέλαι· οὐ βοῦς βοῶν
οὐδὲ αἶγας αἰγῶν ἄρχοντας ποιοῦμεν αὐτοῖσί τινας, ἀλλ'
ἡμεῖς αὐτῶν δεσπόζομεν, ἄμεινον ἐκείνων γένος. Ταὐτὸν δὴ
καὶ ὁ θεὸς ἄρα καὶ φιλάνθρωπος ὤν, τὸ γένος ἄμεινον ἡμῶν
ἐφίστη τὸ τῶν δαιμόνων, ὃ διὰ πολλῆς μὲν αὐτοῖς ῥᾳστώνης,
πολλῆς δ' ἡμῖν, ἐπιμελούμενον ἡμῶν, εἰρήνην τε καὶ αἰδῶ e
καὶ εὐνομίαν καὶ ἀφθονίαν δίκης παρεχόμενον, ἀστασίαστα
καὶ εὐδαίμονα τὰ τῶν ἀνθρώπων ἀπηργάζετο γένη. Λέγει
δὴ καὶ νῦν οὗτος ὁ λόγος, ἀληθείᾳ χρώμενος, ὡς ὅσων ἂν
πόλεων μὴ θεὸς ἀλλά τις ἄρχῃ θνητός, οὐκ ἔστιν κακῶν
αὐτοῖς οὐδὲ πόνων ἀνάφυξις· ἀλλὰ μιμεῖσθαι δεῖν ἡμᾶς
οἴεται πάσῃ μηχανῇ τὸν ἐπὶ τοῦ Κρόνου λεγόμενον βίον,
καὶ ὅσον ἐν ἡμῖν ἀθανασίας ἔνεστι, τούτῳ πειθομένους δη-
μοσίᾳ καὶ ἰδίᾳ τάς τ' οἰκήσεις καὶ τὰς πόλεις διοικεῖν, τὴν 714 a
τοῦ νοῦ διανομὴν ἐπονομάζοντας νόμον. Εἰ δ' ἄνθρωπος εἷς
ἢ ὀλιγαρχία τις, ἢ καὶ δημοκρατία ψυχὴν ἔχουσα ἡδονῶν
καὶ ἐπιθυμιῶν ὀρεγομένην καὶ πληροῦσθαι τούτων δεομένην,
στέγουσαν δὲ οὐδὲν ἀλλ' ἀνηνύτῳ καὶ ἀπλήστῳ κακῷ νοσή-
ματι συνεχομένην, ἄρξει δὴ πόλεως ἤ τινος ἰδιώτου κατα-
πατήσας ὁ τοιοῦτος τοὺς νόμους, ὃ νυνδὴ ἐλέγομεν, οὐκ
ἔστι σωτηρίας μηχανή. Σκοπεῖν δὴ δεῖ τοῦτον τὸν λόγον
ἡμᾶς, ὦ Κλεινία, πότερον αὐτῷ πεισόμεθα ἢ πῶς δράσομεν. b

ΚΛ. Ἀνάγκη δήπου πείθεσθαι.

d 2 τε A et s. v. O4 : om. O Jul. || νῦν i. m. O4 : om. O || 3 ποιμνίοισι A et (σι s. v.) O4 : ποιμνίοις O Jul. || 4 αὐτοῖσι A et (σι s. v.) O4 : αὐτοῖς O Jul. || 6 ἄρα καὶ om. Jul. || 7 ἐφίστη τὸ Jul. : ἐφίστητο AO || **e** 1 πολλῆς AO : διὰ πολλῆς Jul. || 2 εὐνομίαν A et γρ. i. m. O3 : ἐλευθερίαν O et γρ. i. m. A2 om. Jul. (αἰδῶ καὶ δὴ ἀφθονίαν) || 4 ὡς ὅσων ἂν ... ἄρχῃ AO : ὅσων ... ἄρχει Jul. || 5 μὴ θεὸς i. m. O3 : om. O || 6 ἀνάφυξις AO et iterat i. m. O4 : ἀνάψυξις Jul. || **714 a** 2 ἐπονομάζοντας AO : ὀνομάζοντας Jul. || 3 καὶ AO : om. Jul. || 5 στέγουσαν A et i. m. O3 : om. O (στέγουσαν -6 συνεχομένην om. Jul.) || κακῷ AO : κακῶν Kc.

Justice et autorité. L'ATHÉNIEN. — Conçois-tu ceci ? A entendre certains, il y a autant d'espèces de lois que de régimes ; or, nous avons parcouru à l'instant tous les types de régimes dont on parle communément ; et ne crois pas que la présente discussion porte sur un sujet sans gravité ; l'importance en est extrême ; car voici que notre discussion nous a ramenés à chercher de quel côté le juste et l'injuste doivent regarder. Ce n'est pas en effet, dit-
c on, à la guerre ou à la vertu totale que les lois doivent avoir égard[1], mais quel que soit le régime établi, il faut envisager son intérêt, assurer le maintien de son autorité et le préserver d'un renversement, et, pour eux, la définition naturelle du juste est formulée au mieux si l'on dit...

CLINIAS. — Quoi ?

L'ATHÉNIEN. — Qu'il consiste dans l'intérêt du plus fort[2].

CLINIAS. — Exprime-toi encore plus clairement.

L'ATHÉNIEN. — Voici. C'est sans doute, disent-ils, l'autorité du moment qui fait les lois dans la cité ; n'est-ce pas ?

CLINIAS. — Tu dis vrai.

L'ATHÉNIEN. — Mais penses-tu, disent-ils, qu'après sa
d victoire une démocratie, ou n'importe quel autre régime, ou même un tyran, fasse jamais librement des lois en se proposant d'abord un autre but que l'intérêt et la perpétuité de son propre pouvoir ?

CLINIAS. — Le contraire serait impossible.

L'ATHÉNIEN. — Et par suite, si quelqu'un transgresse ces dispositions auxquelles il décerne, lui, l'épithète de « justes », le législateur le punira comme agissant injustement ?

CLINIAS. — C'est au moins vraisemblable.

L'ATHÉNIEN. — Ces lois, par conséquent, auront toujours avec elle la justice, et de toute façon.

CLINIAS. — Ce raisonnement-là, en tout cas, l'affirme.

e L'ATHÉNIEN. — Car c'est là un de nos titres à exercer l'autorité[3].

1. Cf. les discussions du Ier livre.

2. Cf. *Gorgias*, 483 d 5 (Calliclès) ; *Rép.* I 338 c 2-3 (Thrasymaque).

3. Rappel de l'exposé des titres qui, au l. III (690 a-b), amène l'allusion au fr. 169 S. de Pindare sur la loi de nature, reine du monde : quelques lignes plus loin (714 e 7-715 a 1), Platon mettra

ΑΘ. Ἐννοεῖς οὖν ὅτι νόμων εἴδη τινές φασιν εἶναι τοσαῦτα ὅσαπερ πολιτειῶν, πολιτειῶν δὲ ἄρτι διεληλύθαμεν ὅσα λέγουσιν οἱ πολλοί ; μὴ δὴ φαύλου πέρι νομίσῃς εἶναι τὴν νῦν ἀμφισβήτησιν, περὶ δὲ τοῦ μεγίστου· τὸ γὰρ δίκαιον καὶ ἄδικον οἷ χρὴ βλέπειν, πάλιν ἡμῖν ἀμφισβητούμενον ἐλήλυθεν. Οὔτε γὰρ πρὸς τὸν πόλεμον οὔτε πρὸς ἀρετὴν ὅλην βλέπειν δεῖν φασι τοὺς νόμους, ἀλλ' ἥτις ἂν καθε- c
στηκυῖα ᾖ πολιτεία, ταύτῃ ἰδεῖν τὸ συμφέρον, ὅπως ἄρξει τε ἀεὶ καὶ μὴ καταλυθήσεται, καὶ τὸν φύσει ὅρον τοῦ δικαίου λέγεσθαι κάλλισθ' οὕτω.

ΚΛ. Πῶς ;

ΑΘ. Ὅτι τὸ τοῦ κρείττονος συμφέρον ἐστίν.

ΚΛ. Λέγ' ἔτι σαφέστερον.

ΑΘ. Ὧδε. Τίθεταί δήπου, φασίν, τοὺς νόμους ἐν τῇ πόλει ἑκάστοτε τὸ κρατοῦν. Ἦ γάρ ;

ΚΛ. Ἀληθῆ λέγεις.

ΑΘ. Ἆρ' οὖν οἴει, φασίν, ποτὲ δῆμον νικήσαντα, ἤ τινα d
πολιτείαν ἄλλην, ἢ καὶ τύραννον, θήσεσθαι ἑκόντα πρὸς ἄλλο τι πρῶτον νόμους ἢ τὸ συμφέρον ἑαυτῷ τῆς ἀρχῆς τοῦ μένειν ;

ΚΛ. Πῶς γὰρ ἄν ;

ΑΘ. Οὐκοῦν καὶ ὃς ἂν ταῦτα τὰ τεθέντα παραβαίνῃ, κολάσει ὁ θέμενος ὡς ἀδικοῦντα, δίκαια εἶναι ταῦτ' ἐπονομάζων ;

ΚΛ. Ἔοικε γοῦν.

ΑΘ. Ταῦτ' ἄρ' ἀεὶ καὶ οὕτω καὶ ταύτῃ τὸ δίκαιον ἂν ἔχοι.

ΚΛ. Φησὶ γοῦν οὗτος ὁ λόγος.

ΑΘ. Ἔστι γὰρ τοῦτο ἓν ἐκείνων τῶν ἀξιωμάτων ἀρχῆς
πέρι. e

b 3 εἴδη A et (ει s. v.) O⁴ iterat i. m. O³ : ἤδη O || 7 καὶ A : καὶ τὸ O || **c** 1 ἥτις A (sed in ἀλλ' alt. λ i. r. loco duar. litt. : an εἴ τις ?) et (ἥ s. v.) O⁴ : εἴ τις O || 2 ταύτῃ ἰδεῖν cj. Schneider : ταύτῃι δεῖν AO || **d** 2 τύραννον A Π i. m. O⁴ et (ον s. v.) O⁴ : τυραννίδα O || 12 ἀξιωμάτων cj. Schulthess (cf. 690 a 1) : ἀδικημάτων AO.

Clinias. — Quels titres ?

L'Athénien. — Ceux que nous examinions alors, pour voir qui devait commander et à qui. Et il est apparu que les ascendants commandaient aux descendants, à la jeunesse les aînés, les nobles aux roturiers, et il y avait beaucoup d'autres cas, si nous nous en souvenons, qui n'allaient pas sans conflits mutuels ; le nôtre, en particulier, était l'un de ceux-là, et nous disions, je crois, que Pindare, en la ramenant à la loi de nature, justifie la plus extrême violence ; c'étaient
715 a ses expressions.

Clinias. — Oui, c'est ce qui a été dit à ce moment-là.

L'Athénien. — Examine donc à quel parti nous devons livrer la cité. Voici, en effet, ce qui dans certaines s'est produit des milliers de fois.

Clinias. — Quoi donc ?

L'Athénien. — Lorsqu'il y a eu lutte pour le pouvoir, les vainqueurs s'approprient les affaires publiques assez fortement pour ne laisser la moindre parcelle d'autorité ni aux vaincus eux-mêmes ni à leurs descendants, et les deux partis passent leur temps à s'épier, de peur que l'on ne vienne à se révolter
b et à s'emparer du pouvoir, en représailles des torts subis dans le passé[1]. Ce ne sont pas là, nous l'affirmons maintenant, des régimes politiques, et ce ne sont pas davantage des lois bien faites, celles qui ne l'ont pas été dans l'intérêt commun de toute la cité ; ne l'ont-elles été qu'en faveur de quelques-uns, nous appelons ceux-ci partisans et non pas citoyens, et le droit qu'on prétend leur attribuer, une vaine prétention. Si nous disons cela, c'est dans l'intention de ne donner les charges de la cité ni à la richesse, ni à aucun
c avantage de ce genre, force, taille ou naissance ; mais quiconque obéit le mieux aux lois établies et remporte cette victoire-là dans la cité, c'est à celui-là, déclarons-nous, qu'il faut remettre aussi le service des dieux, la première charge à qui arrive le premier, la seconde au concurrent qui se classe

en prose ce qui était probablement l'expression authentique de Pindare ; cf. *Pindare et Platon*, pp. 172 et 174.

1. L'idée qu'un crime en engendre un autre, motif principal de l'*Orestie*, inspire à Platon la haine des guerres civiles : cf. 628 b-c et la note. Un peu plus loin (b 5), une autre interprétation ferait les lois elles-mêmes « partisanes ».

ΚΛ. Ποίων δή ;

ΑΘ. Τῶν ἃ τότε ἐπεσκοποῦμεν, τίνας τίνων ἄρχειν δεῖ. Καὶ ἐφάνη δὴ γονέας μὲν ἐκγόνων, νεωτέρων δὲ πρεσβυτέρους, γενναίους δὲ ἀγεννῶν, καὶ σύχν' ἄττα ἦν ἄλλ', εἰ μεμνήμεθα, καὶ ἐμπόδια ἕτερα ἑτέροισι· καὶ δὴ καὶ ἓν ἦν αὐτῶν τοῦτο, καὶ ἔφαμέν που κατὰ φύσιν τὸν Πίνδαρον ἄγειν δικαιοῦντα τὸ βιαιότατον, ὡς φάναι. 715 a

ΚΛ. Ναί, ταῦτ' ἦν ἃ τότε ἐλέχθη.

ΑΘ. Σκόπει δὴ ποτέροις τισὶν ἡ πόλις ἡμῖν ἐστιν παραδοτέα. Γέγονεν γὰρ δὴ μυριάκις ἤδη τὸ τοιοῦτον ἔν τισι πόλεσιν.

ΚΛ. Τὸ ποῖον ;

ΑΘ. Ἀρχῶν περιμαχήτων γενομένων, οἱ νικήσαντες τά τε πράγματα κατὰ τὴν πόλιν οὕτως ἐσφετέρισαν σφόδρα, ὥστε ἀρχῆς μηδ' ὁτιοῦν μεταδιδόναι τοῖς ἡττηθεῖσιν, μήτε αὐτοῖς μήτε ἐκγόνοις, παραφυλάττοντες δὲ ἀλλήλους ζῶσιν, ὅπως μή ποτέ τις εἰς ἀρχὴν ἀφικόμενος ἐπαναστῇ μεμνη- b
μένος τῶν ἔμπροσθεν γεγονότων κακῶν. Ταύτας δήπου φαμὲν ἡμεῖς νῦν οὔτ' εἶναι πολιτείας, οὔτ' ὀρθοὺς νόμους ὅσοι μὴ συμπάσης τῆς πόλεως ἕνεκα τοῦ κοινοῦ ἐτέθησαν· οἳ δ' ἕνεκά τινων, στασιώτας ἀλλ' οὐ πολίτας τούτους φαμέν, καὶ τὰ τούτων δίκαια ἅ φασιν εἶναι, μάτην εἰρῆσθαι. Λέγεται δὲ τοῦδ' ἕνεκα ταῦθ' ἡμῖν, ὡς ἡμεῖς τῇ σῇ πόλει ἀρχὰς οὔθ' ὅτι πλούσιός ἐστίν τις δώσομεν, οὔθ' ὅτι τῶν τοιούτων ἄλλο οὐδὲν κεκτημένος, ἰσχὺν ἢ μέγεθος ἤ τι c
γένος· ὃς δ' ἂν τοῖς τεθεῖσι νόμοις εὐπειθέστατός τε ᾖ καὶ νικᾷ ταύτην τὴν νίκην ἐν τῇ πόλει, τούτῳ φαμὲν καὶ τὴν τῶν θεῶν ὑπηρεσίαν δοτέον εἶναι τὴν μεγίστην τῷ πρώτῳ, καὶ δευτέραν τῷ τὰ δεύτερα κρατοῦντι, καὶ κατὰ λόγον οὕτω

e 2 ποίων A et (ω ex ο) O² : ποῖον O || 6 ἑτέροισι A et (σι s. v.) O⁴ : ἑτέροις O || **715 b** 1 ἐπαναστῇ O et (ut vid.) A : ἐπανιστῇ (ι ex α?) A^c || 4 post κοινοῦ ras. un. litt. in A || 5 οἳ O : οἱ A εἰ K^c || στασιώτας ... πολίτας AO : στασιωτείας ... πολιτείας K^c || 7 λέγεται-**e** 2 ἀληθέστατα hab. Stobaeus, IV, 2, 32 (167, 6-168, 3 H.) || **c** 2 τε ᾖ A et ἁ. i. m. O⁴ : τ' εἴη O et Stobaei L ᾖ Stobaei S.

le second, et ainsi de suite, proportionnellement, pour les autres postes à départir. Si j'ai appelé serviteurs des lois ceux que l'on nomme aujourd'hui gouvernants, ce n'est pas
d pour le plaisir de forger des termes nouveaux[1] ; c'est qu'à mon avis, de cela dépend plus que de tout le reste le salut de la cité ou sa ruine. Que dans une cité la loi soit assujétie et sans force, et je vois sa perte toute proche ; mais où elle règne sur les chefs et où les chefs se font les esclaves de la loi, c'est le salut que je vois arriver là, et avec lui tous les biens que les dieux accordent aux cités.

Clinias. — Oui, par Zeus, étranger ; tu as la vue perçante de ton âge.

L'Athénien. — C'est qu'en pareille matière tout homme
e dans sa jeunesse y voit le plus trouble, mais sur le tard il y voit le plus clair.

Clinias. — Très vrai.

L'Athénien. — Et maintenant ? Ne devons-nous pas supposer que nos colons sont arrivés, qu'ils sont ici, et leur tenir le discours qui vient à présent ?

Clinias. — Sans doute.

Discours aux colons.

L'Athénien. — Disons-leur donc : « Amis, le dieu qui a dans ses mains, suivant l'antique parole, le commence-
716 a ment, la fin et le milieu de tous les êtres, va droit à son but parmi les révolutions de la nature ; et il ne cesse d'avoir à sa suite la Justice, qui venge les infractions à la loi divine[2] et à

1. Nous savons Platon opposé en principe aux innovations (cf. 709 a et la note) ; mais le vœu d'asservir à la loi les gouvernants découle de la conception exposée dans le *Politique :* à défaut de l'illégalité idéale d'un État où régneraient les philosophes, le seul remède à l'arbitraire est une légalité intangible. Voilà pourquoi Socrate a préféré la mort à une désobéissance (cf. *Criton,* 50 e sv.).

2. Peu de passages ont eu pareille fortune dans la tradition indirecte. Un travail antérieur a essayé de dénombrer et de classer les témoignages païens et chrétiens : « La Tradition indirecte des *Lois* de Platon (livres I-VI) » (in *Mélanges J. Saunier,* Lyon, 1944, p. 27-40), p. 34-35 ; s'il ajoute quelques références à la liste dressée par W. L. Lorimer dans son édition du *De Mundo* attribué à Aristote (Paris, 1933, note critique à 401 b 24-28), il omet deux des citations indiquées là, celles des scolies d'Aratos (338, 27 Maass) et de Suidas, et parmi les textes qui s'arrêtent à 716 a 1, il aurait dû mentionner

τοῖς ἐφεξῆς τὰ μετὰ ταῦθ' ἕκαστα ἀποδοτέον εἶναι. Τοὺς
δ' ἄρχοντας λεγομένους νῦν ὑπηρέτας τοῖς νόμοις ἐκάλεσα
οὔτι καινοτομίας ὀνομάτων ἕνεκα, ἀλλ' ἡγοῦμαι παντὸς d
μᾶλλον εἶναι παρὰ τοῦτο σωτηρίαν τε πόλει καὶ τοὐναντίον.
Ἐν ᾗ μὲν γὰρ ἂν ἀρχόμενος ᾖ καὶ ἄκυρος νόμος, φθορὰν
ὁρῶ τῇ τοιαύτῃ ἑτοίμην οὖσαν· ἐν ᾗ δὲ ἂν δεσπότης τῶν
ἀρχόντων, οἱ δὲ ἄρχοντες δοῦλοι τοῦ νόμου, σωτηρίαν καὶ
πάντα ὅσα θεοὶ πόλεσιν ἔδοσαν ἀγαθὰ γιγνόμενα καθορῶ.

ΚΛ. Ναὶ μὰ Δία, ὦ ξένε· καθ' ἡλικίαν γὰρ ὀξὺ βλέπεις.

ΑΘ. Νέος μὲν γὰρ ὢν πᾶς ἄνθρωπος τὰ τοιαῦτα ἀμβλύτατα
αὐτὸς αὑτοῦ ὁρᾷ, γέρων δὲ ὀξύτατα. e

ΚΛ. Ἀληθέστατα.

ΑΘ. Τί δὴ τὸ μετὰ ταῦτα; ἆρ' οὐχ ἥκοντας μὲν καὶ παρόντας θῶμεν τοὺς ἐποίκους, τὸν δ' ἑξῆς αὐτοῖς διαπεραντέον ἂν εἴη λόγον;

ΚΛ. Πῶς γὰρ οὔ;

ΑΘ. « Ἄνδρες » τοίνυν φῶμεν πρὸς αὐτούς, « ὁ μὲν δὴ
θεός, ὥσπερ καὶ ὁ παλαιὸς λόγος, ἀρχήν τε καὶ τελευτὴν καὶ
μέσα τῶν ὄντων ἁπάντων ἔχων, εὐθείᾳ περαίνει κατὰ φύσιν 716 a
περιπορευόμενος· τῷ δὲ ἀεὶ συνέπεται Δίκη τῶν ἀπολειπο-

c 7 δ' A^c^O Stob. : om. A || d 6 θεοὶ AO : οἱ θεοὶ Stob. || e 7 ὁ-716 a 2 περιπορευόμενος (3 τιμωρός) hab. multi (cf. annotationem), inter quos nominandi propter varias ll. : e 7 ὁ -a 2 περιπορευόμενος = Stobaeus, I, 5, 22 (83, 10-15 W.); Schol. Arati (338, 27-339, 1 M.); -a 3 τιμωρός = Ps.-Aristoteles, *De mundo*, 7 (401 b 24-28); Plutarchus, *De exsilio*, 5 (601 b); Clemens, *Protr.*, 6, 69, 4 (I, 53, 6-10 S.); Cyrillus Alexandrinus, *Adv. Jul.*, 80 d (*PG*, 76, 624 a-b); Philoponus, *De aeternitate mundi*, 6, 18 (179, 2-5 R.); -b 5 ἐποίησεν = Eusebius, 11, 13, 5 (531 a-b V.); Theodoretus, 6, 26 (157, 9-23 R.); Stobaeus, I, 3, 55 a (64, 16-65, 2 W.); Suidas (IV, 142, 34-143, 10 A.) || 8 ὥσπερ AO Stob. : ὡς Eus. Theod. || pr. καὶ om. Ps.- Aristotel. Philop. Stobaei P I 3 || τε AO Stob. : om. Clem. Eus. Theod. Suid. || **716 a** 1 εὐθείᾳ A^c^ (alt. ι e. v.) et O^c^P : εὐθεια A εὐθεῖα O εὐθεῖαν K^c^ Clem. Cyr. Philop. εὐθέα Eus. Stobaei FP I 3 et F I 5 (ubi εὐθέως Stobaei P) || 2 περιπορευόμενος AOP Plut. Clem. Eus. Theod. Stob. Suid. : πορευόμενος Ps.-Aristotel. Schol. Arati.

laquelle, modeste et rangé, celui qui veut le bonheur s'attache pour la suivre, tandis que tel autre, gonflé d'orgueil, exalté par la richesse, les honneurs ou encore la beauté physique associée à la jeunesse et à la folie, enflamme son âme de démesure ; à l'en croire, il n'a besoin ni de maître ni de chef d'aucune sorte, mais se sent même capable de conduire
b autrui ; celui-là reste abandonné de Dieu[1], et à cause de cet abandon, il s'en adjoint d'autres qui lui ressemblent pour bondir désordonnément et tout bouleverser ; beaucoup le prennent pour quelqu'un, mais il ne se passe pas longtemps avant qu'il donne à la Justice une satisfaction d'importance[2] et se ruine de fond en comble avec sa maison et sa cité. En face de cet ordre de choses, que doit faire ou penser l'homme de sens, que doit-il éviter ? »

Clinias. — Ceci, apparemment : être de ceux qui suivront le dieu, voilà à quoi doit penser tout homme.

c L'Athénien. — « Quelle est donc la conduite qui plaît à Dieu et qui lui fait cortège ? Il n'y en a qu'une, un proverbe antique suffit à l'exprimer : au semblable, s'il garde la mesure, le semblable sera un ami, tandis que les êtres démesurés ne le sont ni entre eux ni aux êtres qui ont de la mesure. Or, pour nous, la divinité doit être la mesure de toutes choses, au degré suprême, et beaucoup plus, je pense, que ne l'est, prétend-on, l'homme. Ainsi, pour se rendre cher à un tel être, il faut soi-même, de toutes ses forces et autant qu'on le peut, devenir tel à son tour ; et en vertu de
d ce principe celui d'entre nous qui est tempérant sera l'ami de Dieu, car il lui ressemble, mais l'intempérant ou l'injuste lui sont dissemblables et hostiles, et il en va ainsi du reste selon le même principe. Concevons donc que la suite logique

l'*Epitome* d'Albinos (28, 3 Louis). — L'« antique parole » désigne d'ordinaire un enseignement orphique ; et en effet, le chap. 7 du *De Mundo*, qui se clôt sur la citation des *Lois*, cite un poème orphique (non antérieur au Stoïcisme) sur le thème « Zeus principe, fin et milieu de tous les êtres» (fr. 21 a Kern); cf. A.-J. Festugière, *La Révélation*..., II, p. 510.

1. Cet abandon de Dieu rappelle l'absence de Dieu dans un monde livré au désordre (*Timée*, 53 b 3) ; on a voulu voir dans le réprouvé Alcibiade ; le portrait, en tout cas, ressemble à celui de *Rép*. V 494 c-d, qui lui-même résume le début du *Premier Alcibiade* (104 a-b).

2. « D'importance » (littéralement « non méprisable ») paraît être

μένων τοῦ θείου νόμου τιμωρός, ἧς ὁ μὲν εὐδαιμονήσειν
μέλλων ἐχόμενος συνέπεται ταπεινὸς καὶ κεκοσμημένος, ὁ
δέ τις ἐξαρθεὶς ὑπὸ μεγαλαυχίας, ἢ χρήμασιν ἐπαιρόμενος
ἢ τιμαῖς ἢ καὶ σώματος εὐμορφίᾳ ἅμα νεότητι καὶ ἀνοίᾳ,
φλέγεται τὴν ψυχὴν μεθ' ὕβρεως, ὡς οὔτε ἄρχοντος οὔτε
τινὸς ἡγεμόνος δεόμενος, ἀλλὰ καὶ ἄλλοις ἱκανὸς ὢν ἡγεῖ-
σθαι, καταλείπεται ἔρημος θεοῦ, καταλειφθεὶς δὲ καὶ ἔτι b
ἄλλους τοιούτους προσλαβὼν σκιρτᾷ ταράττων πάντα ἅμα,
καὶ πολλοῖς τισιν ἔδοξεν εἶναί τις, μετὰ δὲ χρόνον οὐ πολὺν
ὑποσχὼν τιμωρίαν οὐ μεμπτὴν τῇ Δίκῃ ἑαυτόν τε καὶ οἶκον
καὶ πόλιν ἄρδην ἀνάστατον ἐποίησεν. Πρὸς ταῦτ' οὖν οὕτω
διατεταγμένα τί χρὴ δρᾶν ἢ διανοεῖσθαι καὶ τί μὴ τὸν
ἔμφρονα ; »

ΚΛ. Δῆλον δὴ τοῦτό γε· ὡς τῶν συνακολουθησόντων
ἐσόμενον τῷ θεῷ δεῖ διανοηθῆναι πάντα ἄνδρα.

ΑΘ. « Τίς οὖν δὴ πρᾶξις φίλη καὶ ἀκόλουθος θεῷ ; μία, c
καὶ ἕνα λόγον ἔχουσα ἀρχαῖον, ὅτι τῷ μὲν ὁμοίῳ τὸ ὅμοιον
ὄντι μετρίῳ φίλον ἂν εἴη, τὰ δ' ἄμετρα οὔτε ἀλλήλοις οὔτε
τοῖς ἐμμέτροις. Ὁ δὴ θεὸς ἡμῖν πάντων χρημάτων μέτρον
ἂν εἴη μάλιστα, καὶ πολὺ μᾶλλον ἤ πού τις, ὥς φασιν,
ἄνθρωπος· τὸν οὖν τῷ τοιούτῳ προσφιλῆ γενησόμενον, εἰς
δύναμιν ὅτι μάλιστα καὶ αὐτὸν τοιοῦτον ἀναγκαῖον γίγνε-
σθαι, καὶ κατὰ τοῦτον δὴ τὸν λόγον ὁ μὲν σώφρων ἡμῶν d
θεῷ φίλος, ὅμοιος γάρ, ὁ δὲ μὴ σώφρων ἀνόμοιός τε καὶ
διάφορος καὶ ⟨ὁ⟩ ἄδικος, καὶ τὰ ἄλλ' οὕτως κατὰ τὸν αὐτὸν

a 4 καὶ κεκοσμημένος O (pr. ο i. r.) cum P Eusebii ON Theod. Stob. et i. m. A[c] : om. A κεκοσμημένος Eusebii I et (ut vid.) D || ὁ AO Eusebii IND Theod. (praeter S[2]) Stob. : εἰ Eusebii O Theodoreti S[2] || 7 φλέγεται AO Eus. Stob. : φλεγόμενος K[c] || ὡς AO Stob. : ὡς δὲ Eus. ὡς δὴ Suid. || 8 τινὸς: αὖ Suid. || **b** 2 ταράττων A et (τα i. r.) O[c] : πράττων O ? || **c** 3 post δ' eras. in A (cum duob. sign.) || 5 ἤ A Π i. m. O[4] : εἴ O || 6 τὸν -**d** 3 διάφορος hab. Clemens, *Strom.*, II, 22, 132, 4 et 133, 1 (II, 186, 10-13 S.) ; Theodoretus, 12, 19 (303, 15-19 R.) || post τὸν eras. in A (cum uno signo) || **d** 2 ὁ δὲ AO Theod. : ὅ τε Clem. || 3 ὁ ἄδικος cj. C. Ritter : ἄδικος AOP.

de ce raisonnement est la règle que voici, la plus belle et la plus vraie, pour moi, de toutes les règles : pour l'homme de bien, sacrifier aux dieux, entrer sans cesse en relations avec eux par des prières, des offrandes et tout l'ensemble du culte divin, c'est le plus beau, le meilleur, le chemin le plus sûr de la béatitude, et de plus cela lui convient souve-
e rainement ; mais pour le méchant, c'est tout l'opposé. C'est qu'impur en son âme est le méchant, pur son contraire, et
717 a il n'est pas dans l'ordre que de mains souillées un homme de bien ni un dieu reçoivent jamais des présents ; vaine est donc la peine que les impies prodiguent à l'égard des dieux[1], mais de la part de tous les hommes pieux une telle peine est des plus opportunes. Voilà donc le but que nous devons viser ; mais les traits pour l'atteindre et, pour ainsi dire, nos machines à lancer les flèches, qu'est-ce qui mérite le mieux d'être porté sous ces noms-là ? Ce sont d'abord, répondons-nous, les honneurs qu'après avoir vénéré les Olympiens et les dieux qui protègent la cité nous rendons aux divinités chtoniennes ; en leur réservant le pair, l'inférieur, la gauche, nous atteindrons au mieux le but que se propose notre piété,
b tandis que les honneurs supérieurs à ceux-là, l'impair et la droite seront pour les dieux que nous avons mentionnés à l'instant[2]. Après ces dieux, les démons auront le culte de l'homme raisonnable, puis, après eux, les héros. Ensuite viendraient les cérémonies particulières des dieux ancestraux, qui se célèbrent selon la loi, et après cela les honneurs que les parents obtiennent de leur vivant ; car c'est justice de leur payer notre dette primordiale et essentielle, de toutes les créances la plus vénérable, et de regarder tout ce que l'on a et possède comme les biens de ceux qui nous ont engendrés

le sens d'οὐ μεμπτήν (cf. *Théét.* 187 c 2) ; mais peut-être l'analogie de Xénophon, *Helléniques*, VI 2, 34, μὴ μέμφεσθαι τὴν δίκην, autoriserait-elle à traduire : « imputable à lui seul ».

1. Réfutation implicite de la troisième impiété dénoncée par le IIe livre de la *République* (365 e) et le Xe livre des *Lois* (888 c), l'idée que la justice divine puisse être séduite par des présents.

2. Aux Olympiens et aux dieux de la cité, θεοὶ πολιοῦχοι, l'impair (...numero Deus impare gaudet) et la droite : b 1-2, la transposition de Plutarque dans *Isis et Osiris* (361 B), qui associe τὰ δεξιὰ καὶ περιττά, suggère de lire τὰ... (ἄνωθεν) καὶ περιττά au lieu de supprimer avec Burnet τὰ περιττά.

λόγον ἔχει. Νοήσωμεν δὴ τούτοις ἑπόμενον εἶναι τὸν
τοιόνδε λόγον, ἁπάντων κάλλιστον καὶ ἀληθέστατον οἶμαι
λόγων, ὡς τῷ μὲν ἀγαθῷ θύειν καὶ προσομιλεῖν ἀεὶ τοῖς
θεοῖς εὐχαῖς καὶ ἀναθήμασιν καὶ συμπάσῃ θεραπείᾳ θεῶν
κάλλιστον καὶ ἄριστον καὶ ἀνυσιμώτατον πρὸς τὸν εὐδαί-
μονα βίον καὶ δὴ καὶ διαφερόντως πρέπον, τῷ δὲ κακῷ e
τούτων τἀναντία πέφυκεν. Ἀκάθαρτος γὰρ τὴν ψυχὴν ὅ γε
κακός, καθαρὸς δὲ ὁ ἐναντίος, παρὰ δὲ μιαροῦ δῶρα οὔτε
ἄνδρ' ἀγαθὸν οὔτε θεὸν ἔστιν ποτὲ τό γε ὀρθὸν δέχεσθαι· 717 a
μάτην οὖν περὶ θεοὺς ὁ πολύς ἐστι πόνος τοῖς ἀνοσίοις,
τοῖσιν δὲ ὁσίοις ἐγκαιρότατος ἅπασιν. Σκοπὸς μὲν οὖν
ἡμῖν οὗτος οὗ δεῖ στοχάζεσθαι· βέλη δὲ αὐτοῦ καὶ οἷον ἡ
τοῖς βέλεσιν ἔφεσις τὰ ποῖ' ἂν λεγόμενα ὀρθότατα φέροιτ'
ἄν ; πρῶτον μέν, φαμέν, τιμὰς τὰς μετ' Ὀλυμπίους τε καὶ
τοὺς τὴν πόλιν ἔχοντας θεοὺς τοῖς χθονίοις ἄν τις θεοῖς
ἄρτια καὶ δεύτερα καὶ ἀριστερὰ νέμων ὀρθότατα τοῦ τῆς
εὐσεβείας σκοποῦ τυγχάνοι, τὰ δὲ τούτων ἄνωθεν καὶ b
περιττὰ καὶ ἀντίφωνα, τοῖς ἔμπροσθεν ῥηθεῖσιν νυνδή.
Μετὰ θεοὺς δὲ τούσδε καὶ τοῖς δαίμοσιν ὅ γε ἔμφρων ὀργιά-
ζοιτ' ἄν, ἥρωσιν δὲ μετὰ τούτους. Ἐπακολουθοῖ δ' αὐτοῖς
ἱδρύματα ἴδια πατρῴων θεῶν κατὰ νόμον ὀργιαζόμενα,
γονέων δὲ μετὰ ταῦτα τιμαὶ ζώντων· ὡς θέμις ὀφείλοντα
ἀποτίνειν τὰ πρῶτά τε καὶ μέγιστα ὀφειλήματα, χρεῶν
πάντων πρεσβύτατα, νομίζειν δέ, ἃ κέκτηται καὶ ἔχει,

d 5 post τοιόν- (ante -δε) eras. in A (cum duob. sign.) || 6 ἀεὶ A[2] ut vid. (ἀ s. v. inter δεῖ et τοῖς) : δεῖ AOP || 7 εὐχαῖς A et ἀ. ἄνευ τοῦ καὶ i. m. O[4] : καὶ εὐχαῖς O || **e** 3 παρὰ -717 **a** 3 εὐκαιρότατος hab. Suidas, III, 392, 20-22 A. || **717 a** 2 θεοὺς AO : θεῶν Suid. || 3 τοῖσιν A : τοῖσι O[4] (σι s. v.) τοῖς O Suid. || ἐγκαιρότατος AO : εὐκαιρότατος Suid. || 4 δεῖ A et (εἶ s. v.) O[4] : δὴ O || 5 ἔφεσις AO : γρ. ἄφεσις i. m. a[3] || φέροιτ' -6 μέν i. m. O[3] : om. O || 8 ἀριστερὰ K[c] : ἀρίστερα O (ut vid.) ἀριστεῖα O[3] (acc. mut., ι ex ρ) et (ex ἀρίστεια) A[c] || **b** 1 τὰ δὲ AO : τοῖς δὲ K[c] || καὶ περιττὰ scripsi (cf. Plut. *Is. Os.* 361 b) : τὰ περιττὰ AO || 4 ἐπακολουθοῖ AO : ἐπακολουθεῖ K[c] || 5 νόμον A et (ο s. v.) O[4] : νόμων O || 6 γονέων -718 **a** 6 βίου hab. Stobaeus, IV, 25, 49 (629, 16-631, 3 H.).

c et nourris, que nous tenons à leur service de tout notre pouvoir : d'abord ceux de la fortune, en second lieu ceux du corps, en troisième lieu ceux de l'âme[1], en leur restituant comme un prêt ce qu'ils ont avancé dès longtemps à notre jeunesse, leurs soins, le travail où ils ont tant peiné, et en rendant à leur grand âge ce dont leur vieillesse a un extrême besoin. Tout le long de la vie il faut avoir et garder pour ses parents un souverain respect dans ses paroles, parce
d qu'aux propos légers et ailés s'attache un très lourd châtiment ; chacun de nos actes, en pareille matière, voit préposée à sa surveillance Némésis, la messagère de Dikè[2] ; il faut donc céder à leur colère, les laisser satisfaire leur cœur, qu'ils agissent ainsi en paroles ou en actes, et comprendre combien il est naturel qu'un père qui se croit lésé par un fils en soit particulièrement courroucé[3]. Après la mort des parents, les funérailles les plus sobres sont les plus belles, sans enchérir
e sur la pompe habituelle, sans rabattre de ce que les aïeux faisaient pour leurs parents ; et on s'acquittera de même des cérémonies anniversaires que l'on célèbre en l'honneur de ceux qui dès lors sont au terme ; mais c'est en ne cessant pas de garder vivante leur mémoire que toujours on les hono-
718 a rera le plus, ainsi qu'en donnant aux morts leur juste part des ressources que la fortune nous accorde. En agissant de la sorte, en vivant selon ces principes, chacun de nous, à chaque occasion, pourra obtenir son salaire de la part des dieux et des êtres qui nous sont supérieurs, et passer dans de douces espérances le meilleur de sa vie. »

Avis généraux du législateur.

Pour toutes les observances qui regardent les descendants, les proches, les amis, les citoyens, toutes celles que les dieux ont établies concernant les hôtes et nos relations avec toutes

1. C'est l'énumération habituelle (cf. par exemple V 728 c-d), mais en ordre inverse d'importance : on termine par les biens supérieurs, ceux de l'âme.

2. Sur le respect des parents, cf. XI 931 a-d ; proférées contre eux, les « paroles ailées » d'Homère entraînent leur poids de châtiment : c'est encore une critique du poète.

3. Sur l'attitude qu'un fils doit observer à l'égard de parents courroucés, cf. les textes parallèles de *Criton*, 51 b-52 a et de la *Lettre VII*, 331 c, avec l'analyse de *Pindare et Platon*, p. 90.

πάντα εἶναι τῶν γεννησάντων καὶ θρεψαμένων πρὸς τὸ c
παρέχειν αὐτὰ εἰς ὑπηρεσίαν ἐκείνοις κατὰ δύναμιν πᾶσαν,
ἀρχόμενον ἀπὸ τῆς οὐσίας, δεύτερα τὰ τοῦ σώματος, τρίτα
τὰ τῆς ψυχῆς, ἀποτίνοντα δανείσματα ἐπιμελείας τε καὶ
ὑπερπονούντων ὠδῖνας παλαιὰς ἐπὶ νέοις δανεισθείσας,
ἀποδιδόντα δὲ παλαιοῖς ἐν τῷ γήρᾳ σφόδρα κεχρημένοις.
Παρὰ δὲ πάντα τὸν βίον ἔχειν τε καὶ ἐσχηκέναι χρὴ πρὸς
αὑτοῦ γονέας εὐφημίαν διαφερόντως, διότι κούφων καὶ
πτηνῶν λόγων βαρυτάτη ζημία — πᾶσι γὰρ ἐπίσκοπος τοῖς d
περὶ τὰ τοιαῦτα ἐτάχθη Δίκης Νέμεσις ἄγγελος — θυμου-
μένοις τε οὖν ὑπείκειν δεῖ καὶ ἀποπιμπλᾶσι τὸν θυμόν,
ἐάντ᾽ ἐν λόγοις ἐάντ᾽ ἐν ἔργοις δρῶσιν τὸ τοιοῦτον, συγγι-
γνώσκοντα ὡς εἰκότως μάλιστα πατὴρ ὑεῖ δοξάζων ἀδι-
κεῖσθαι θυμοῖτ᾽ ἂν διαφερόντως. Τελευτησάντων δὲ γονέων
ταφὴ μὲν ἡ σωφρονεστάτη καλλίστη, μήτε ὑπεραίροντα
τῶν εἰθισμένων ὄγκων μήτ᾽ ἐλλείποντα ὧν οἱ προπάτορες
τοὺς αὐτῶν γεννητὰς ἐτίθεσαν, τάς τε αὖ κατ᾽ ἐνιαυτὸν e
τῶν ἤδη τέλος ἐχόντων ὡσαύτως ἐπιμελείας τὰς κόσμον
φερούσας ἀποδιδόναι· τῷ δὲ μὴ παραλείπειν μνήμην ἐνδε-
λεχῆ παρεχόμενον, τούτῳ μάλιστ᾽ ἀεὶ πρεσβεύειν, δαπάνης 718 a
τε τῆς διδομένης ὑπὸ τύχης τὸ μέτριον τοῖς κεκμηκόσιν
νέμοντα. Ταῦτ᾽ ἂν ποιοῦντες καὶ κατὰ ταῦτα ζῶντες
ἑκάστοτε ἕκαστοι τὴν ἀξίαν ἂν παρὰ θεῶν καὶ ὅσοι κρείτ-
τονες ἡμῶν κομιζοίμεθα, ἐν ἐλπίσιν ἀγαθαῖς διάγοντες τὸ
πλεῖστον τοῦ βίου. »

Ἃ δὲ πρὸς ἐκγόνους καὶ συγγενεῖς καὶ φίλους καὶ πολί-
τας, ὅσα τε ξενικὰ πρὸς θεῶν θεραπεύματα καὶ ὁμιλίας

c 3 τὰ τοῦ AP et (α ex ο) O[c] : τὸ τοῦ O || **d** 3 τε AO : γε Stob. || 8 τῶν εἰθισμένων ὄγκων AO Stobaei M : τὸν εἰθισμένον ὄγκον Stobaei SA || **e** 1 αὐτῶν γεννητὰς edd. : αὐτῶν γεννήτας A ἑαυτῶν γεννήτας O (γεννήτας iterat i. m. O[4]) αὐτογεννήτας Stob. || **718 a** 3 ἂν AO : δ' ἂν Stob. || 4 ἂν AO : om. Stob.

les catégories de personnes, pour ces obligations dont l'accom-
b plissement selon la loi fera le charme et la parure de notre existence, la suite des lois elles-mêmes, tantôt persuadant, tantôt châtiant par la force et la justice les mœurs qui ne céderaient pas à la persuasion[1], rendra, avec la complaisance des dieux, notre cité heureuse et prospère ; quant à ce que doit nécessairement dire un législateur animé des mêmes intentions que moi, sans que la chose s'accorde à être présentée en forme de loi, il me semble bon qu'il en donne un échantillon pour lui-même et pour ceux à qui il s'adressera,
c avant de parcourir tout le reste selon son pouvoir et d'aborder alors la rédaction des lois[2]. Mais sous quelle forme un pareil sujet sera-t-il traité de préférence ? Il n'est guère facile de le dire en raccourci, comme en une seule esquisse ; mais prenons-le par ce biais, si nous pouvons ainsi arriver à un résultat solide.

Clinias. — Dis-nous lequel.

L'Athénien. — Je les voudrais le plus souples qu'il se peut par rapport à la vertu, et le législateur, évidemment, poursuivra ce but tout au cours de son œuvre.

d Clinias. — Sans aucun doute.

L'Athénien. — Or, les considérations que nous avons exposées tout à l'heure m'ont l'air d'être aptes à produire un effet : si leurs recommandations ne trouvent pas une âme complètement fermée, on les écoutera ainsi avec plus d'aménité et de bienveillance ; et quand même leur influence ne serait pas considérable mais légère, si elles doivent rendre l'auditeur[3] plus facile à instruire du fait qu'il sera plus bienveillamment disposé, il faut bien s'en contenter. Ils ne sont pas faciles à trouver, en effet, et ne sont pas légion, ceux qui tendent à la perfection la plus complète et la plus rapide
e possible, et Hésiode voit unanimement louer sa sagesse quand il dit que la route du vice est plane et permet de cheminer sans sueur, car elle est fort courte ; mais « devant

1. Opposition de la persuasion et de la contrainte : cf. 711 c et la note.

2. Première allusion aux préambules ou préludes, qui occuperont la fin du livre IV.

3. Littéralement : « l'auditeur de ce que dit » (le législateur ; cf. c 9). On a inutilement corrigé le texte.

συμπάντων τούτων ἀποτελοῦντα τὸν αὑτοῦ βίον φαιδρυνάμενον κατὰ νόμον κοσμεῖν δεῖ, τῶν νόμων αὐτῶν ἡ διέξοδος, b
τὰ μὲν πείθουσα, τὰ δὲ μὴ ὑπείκοντα πειθοῖ τῶν ἠθῶν βίᾳ καὶ δίκῃ κολάζουσα, τὴν πόλιν ἡμῖν συμβουληθέντων θεῶν μακαρίαν τε καὶ εὐδαίμονα ἀποτελεῖ· ἃ δὲ χρὴ μὲν αὖ καὶ ἀναγκαῖον εἰπεῖν νομοθέτην ὅστις ἅπερ ἐγὼ διανοεῖται, ἐν δὲ σχήματι νόμου ἀναρμοστεῖ λεγόμενα, τούτων πέρι δοκεῖ μοι δεῖγμα προενεγκόντα αὑτῷ τε καὶ ἐκείνοις οἷς νομοθετήσει, τὰ λοιπὰ πάντα εἰς δύναμιν διεξελθόντα, τὸ μετὰ c
τοῦτο ἄρχεσθαι τῆς θέσεως τῶν νόμων. Ἔστιν δὲ δὴ τὰ τοιαῦτα ἐν τίνι μάλιστα σχήματι κείμενα; οὐ πάνυ ῥᾴδιον ἐν ἑνὶ περιλαβόντα εἰπεῖν αὐτὰ οἷόν τινι τύπῳ, ἀλλ᾽ οὑτωσί τινα τρόπον λάβωμεν, ἄν τι δυνώμεθα περὶ αὐτῶν βεβαιώσασθαι.

ΚΛ. Λέγε τὸ ποῖον.

ΑΘ. Βουλοίμην ἂν αὐτοὺς ὡς εὐπειθεστάτους πρὸς ἀρετὴν εἶναι, καὶ δῆλον ὅτι πειράσεται τοῦτο ὁ νομοθέτης ἐν ἁπάσῃ ποιεῖν τῇ νομοθεσίᾳ.

ΚΛ. Πῶς γὰρ οὔ; d

ΑΘ. Τὰ τοίνυν δὴ λεχθέντα ἔδοξέν τί μοι προὔργου δρᾶν εἰς τὸ περὶ ὧν ἂν παραινῇ, μὴ παντάπασιν ὠμῆς ψυχῆς λαβόμενα, ἡμερώτερόν τε ἂν ἀκούειν καὶ εὐμενέστερον· ὥστε εἰ καὶ μὴ μέγα τι, σμικρὸν δέ, τὸν ἀκούοντα ὅπερ φησὶν εὐμενέστερον γιγνόμενον εὐμαθέστερον ἀπεργάσεται, πᾶν ἀγαπητόν. Οὐ γὰρ πολλή τις εὐπέτεια οὐδὲ ἀφθονία τῶν προθυμουμένων ὡς ἀρίστων ὅτι μάλιστα καὶ ὡς τάχιστα γίγνεσθαι, τὸν δὲ Ἡσίοδον οἱ πολλοὶ σοφὸν ἀποφαίνουσι e
λέγοντα ὡς ἡ μὲν ἐπὶ τὴν κακότητα ὁδὸς λεία καὶ ἀνιδιτὶ παρέχει πορεύεσθαι, μάλα βραχεῖα οὖσα, τῆς δὲ ἀρετῆς,

b 7 προενεγκόντα A : προσενεγκόντα O (sed σ p. n.) || d 2 τοίνυν δὴ AO (cf. *Gorg.* 459 a 2) || 4 λαβόμενα γρ. i. m. A²O³ : μᾶλλον δ' A (post μᾶλλον eras. cum duob. sign.) et O λαβόμενα μᾶλλον δ' fec. O⁴ (λαβόμενα add. e. v.) || e 2 ἀνιδιτὶ a (ι ex ει) et i. m. a cum O⁴ (ὶ s. v.) et i. m. O³ : ἀνιδιτεὶ AO.

la vertu », dit-il,

Les dieux immortels ont mis la sueur; long, ardu est le sen-
719 a *tier qui y mène, et âpre tout d'abord; mais atteins seulement la cime, et le voici dès lors aisé à supporter, pour difficile qu'il soit* [1].

CLINIAS. — Et il a l'air de bien s'exprimer.

L'ATHÉNIEN. — Assurément. Mais l'impression que m'a faite le discours précédent, je veux vous la communiquer.

CLINIAS. — Volontiers.

Le législateur et les poètes.

L'ATHÉNIEN. — Engageons donc l'entretien avec le législateur et tenons-lui ce propos : « Dis-nous, législateur, si tu
b savais ce que nous devons faire et dire, n'est-il pas clair que tu pourrais aussi le formuler ? »

CLINIAS. — Nécessairement.

L'ATHÉNIEN. — « Mais un peu auparavant, ne t'avons-nous pas entendu dire que le législateur ne doit pas laisser les poètes faire ce qui leur plaît [2] ? Car ils ne sauraient pas quel dommage ils peuvent faire à la cité par des propos contraires aux lois. »

CLINIAS. — C'est la vérité même.

L'ATHÉNIEN. — Mais si nous prenions la place des poètes pour lui faire cette réponse, nos paroles ne seraient-elles pas raisonnables ?

CLINIAS. — Lesquelles ?

c L'ATHÉNIEN. — Celles que voici : « Il est, législateur, une vieille fable que nous ne cessons de répéter et qui obtient l'agrément universel : lorsque le poète est installé sur le trépied de la Muse, il n'est plus maître de son esprit, mais, à la façon d'une source, il laisse librement couler ce qui afflue, et comme son art est une imitation, il est forcé, quand les personnages qu'il crée sont de sentiments con-

1. Hésiode, *Travaux*, vv. 287-292 (trad. Mazon), cités partiellement *Rép.* II 364 c-d ; et cf. *Protag.* 340 d, *Phèdre* 272 c. C'est à Platon que nous devons (au v. 288) la leçon λεία (λείη), bien préférable à l'ὀλίγη des mss d'Hésiode et introduite par Rzach dans son texte ; mais l'allusion de *Phèdre* 272 c 2-3 met côte à côte ὀλίγην τε καὶ λείαν, ce qui semble prouver que Platon connaissait les deux leçons.

2. Cf. II 656 c.

φησίν,

ἱδρῶτα θεοὶ προπάροιθεν ἔθηκαν
ἀθάνατοι, μακρὸς δὲ καὶ ὄρθιος οἶμος ἐς αὐτήν,
καὶ τρηχὺς τὸ πρῶτον· ἐπὴν δ' εἰς ἄκρον ἵκηαι, 719 a
ῥηιδίη δὴ 'πειτα φέρειν, χαλεπή περ ἐοῦσα.

ΚΛ. Καὶ καλῶς γ' ἔοικεν λέγοντι.

ΑΘ. Πάνυ μὲν οὖν. Ὁ δὲ προάγων λόγος ὅ γέ μοι ἀπείργασται, βούλομαι ὑμῖν εἰς τὸ μέσον αὐτὸ θεῖναι.

ΚΛ. Τίθει δή.

ΑΘ. Λέγωμεν δὴ τῷ νομοθέτῃ διαλεγόμενοι τόδε· « Εἰπὲ
ἡμῖν, ὦ νομοθέτα· εἴπερ ὅ τι χρὴ πράττειν ἡμᾶς καὶ λέγειν b
εἰδείης, ἆρα οὐ δῆλον ὅτι καὶ ἂν εἴποις ; »

ΚΛ. Ἀναγκαῖον.

ΑΘ. « Σμικρῷ μὲν δὴ πρόσθεν ἆρα οὐκ ἠκούσαμέν σου λέγοντος ὡς τὸν νομοθέτην οὐ δεῖ τοῖς ποιηταῖς ἐπιτρέπειν ποιεῖν ὃ ἂν αὐτοῖς ᾖ φίλον ; οὐ γὰρ ἂν εἰδεῖεν τί ποτ' ἐναντίον τοῖς νόμοις ἂν λέγοντες βλάπτοιεν τὴν πόλιν. »

ΚΛ. Ἀληθῆ μέντοι λέγεις.

ΑΘ. Ὑπὲρ δὴ τῶν ποιητῶν εἰ τάδε λέγοιμεν πρὸς αὐτόν, ἆρ' ἂν τὰ λεχθέντα εἴη μέτρια ;

ΚΛ. Ποῖα ;

ΑΘ. Τάδε· « Παλαιὸς μῦθος, ὦ νομοθέτα, ὑπό τε αὐτῶν c
ἡμῶν ἀεὶ λεγόμενός ἐστιν καὶ τοῖς ἄλλοις πᾶσιν συνδεδογμένος, ὅτι ποιητής, ὁπόταν ἐν τῷ τρίποδι τῆς Μούσης καθίζηται, τότε οὐκ ἔμφρων ἐστίν, οἷον δὲ κρήνη τις τὸ ἐπιὸν ῥεῖν ἑτοίμως ἐᾷ, καὶ τῆς τέχνης οὔσης μιμήσεως ἀναγκάζεται, ἐναντίως ἀλλήλοις ἀνθρώπους ποιῶν διατιθεμένους, ἐναντία λέγειν αὑτῷ πολλάκις, οἶδεν δὲ οὔτ' εἰ

719 a 2 ῥηιδίη δή (ηιδίη δ i. r.) A || φέρειν AO : πέλει Hesiodus || **b** 4 μὲν O et s. v. A²: om. A || ἆρα O : ἄρα A || 6 ποιεῖν A Π i. m. O⁴ et s. v. O⁴ : λέγειν O || **c** 1 παλαιός-8 λεγομένων hab. Stobaeus, II, 5, 1 (35, 13-20 W.) || 6 ποιῶν AO : ποιεῖν Stob.

traires, de se contredire souvent lui-même ; et il ignore de
d quel côté, dans ce qu'ils disent, est la vérité. Le législateur, lui, ne peut faire de même dans sa loi, présenter deux avis sur un seul point ; il doit en présenter un seul sur chaque sujet donné. Éclaire cela par l'exemple même que tu apportais tout à l'heure. Alors que parmi les enterrements il y en avait d'excessifs, d'insuffisants et de raisonnables, tu as choisi une catégorie, la moyenne, pour la prescrire, et tu l'as louée sans réserves ; mais moi, si je faisais parler une femme extrêmement riche et qu'elle m'enjoignît de représenter dans ma poésie ses funérailles, je louerais l'enterre-
e ment somptueux ; si mon client était un homme économe et pauvre, ce serait la catégorie parcimonieuse ; tandis qu'un homme d'une fortune raisonnable et lui-même raisonnable préférerait ce qui lui ressemble[1]. Mais toi, tu ne dois pas t'exprimer comme tu l'as fait tout à l'heure quand tu parlais de « raisonnable » ; il te faut expliquer quel est le raisonnable, quelles en sont les limites ; sinon, ne t'imagine pas encore faire d'un pareil discours une loi. »

Clinias. — Tu es tout à fait dans le vrai.

Utilité des préambules.

L'Athénien. — Alors, est-ce que notre préposé aux lois ne doit mettre aucune proclamation de ce genre en tête de ses lois ? Doit-il déclarer tout net ce qu'il faut faire et éviter, et
720 a après y avoir adjoint la menace de la peine, passer à la loi suivante, sans ajouter à ses édits rien d'insinuant ou de persuasif ? C'est comme pour les médecins : l'un a cette manière-ci, l'autre celle-là de nous soigner à chaque occasion. Rappelons-nous donc les deux méthodes pour adresser notre demande au législateur[2], comme des enfants qui demanderaient au médecin de les soigner de la manière la plus

1. Les lois somptuaires de Démétrius de Phalère qui, à la fin du IVe siècle avant J.-C., restreindront le luxe des sépultures (fr. 135 Wehrli) s'inspirent de dispositions anciennes ; cf. la loi de Iulis (Céos) sur les funérailles (ve s. ; Michel, n° 398) et ci-dessus 717 e.

2. Ici commencent l'appel à la médecine savante, celle des gens libres, pour autoriser l'usage des préambules, et le parallèle avec la médecine empirique, celle des esclaves ; cf. IX 857 c-d et le commentaire de l'*Ancienne Médecine* par A.-J. Festugière, p. 29, n. 9.

ταῦτα οὔτ' εἰ θάτερα ἀληθῆ τῶν λεγομένων. Τῷ δὲ νομο-
θέτῃ τοῦτο οὐκ ἔστι ποιεῖν ἐν τῷ νόμῳ, δύο περὶ ἑνός, d
ἀλλὰ ἕνα περὶ ἑνὸς ἀεὶ δεῖ λόγον ἀποφαίνεσθαι. Σκέψαι δ'
ἐξ αὐτῶν τῶν ὑπὸ σοῦ νυνδὴ λεχθέντων. Οὔσης γὰρ ταφῆς
τῆς μὲν ὑπερβεβλημένης, τῆς δὲ ἐλλειπούσης, τῆς δὲ
μετρίας, τὴν μίαν ἑλόμενος σύ, τὴν μέσην, ταύτην προσ-
τάττεις καὶ ἐπῄνεσας ἁπλῶς· ἐγὼ δέ, εἰ μὲν γυνή μοι
διαφέρουσα εἴη πλούτῳ καὶ θάπτειν αὐτὴν διακελεύοιτο ἐν
τῷ ποιήματι, τὸν ὑπερβάλλοντα ἂν τάφον ἐπαινοίην, φει- e
δωλὸς δ' αὖ τις καὶ πένης ἀνὴρ τὸν καταδεᾶ, μέτρον δὲ
οὐσίας κεκτημένος καὶ μέτριος αὐτὸς ὢν τὸν αὐτὸν ἂν
ἐπαινέσαι. Σοὶ δὲ οὐχ οὕτω ῥητέον ὡς νῦν εἶπες μέτριον
εἰπών, ἀλλὰ τί τὸ μέτριον καὶ ὁπόσον ῥητέον, ἢ τὸν τοιοῦ-
τον λόγον μήπω σοι διανοοῦ γίγνεσθαι νόμον. »

ΚΛ. Ἀληθέστατα λέγεις.

ΑΘ. Πότερον οὖν ἡμῖν ὁ τεταγμένος ἐπὶ τοῖς νόμοις
μηδὲν τοιοῦτον προαγορεύῃ ἐν ἀρχῇ τῶν νόμων, ἀλλ' εὐθὺς
ὃ δεῖ ποιεῖν καὶ μὴ φράζῃ τε, καὶ ἐπαπειλήσας τὴν ζημίαν,
ἐπ' ἄλλον τρέπηται νόμον, παραμυθίας δὲ καὶ πειθοῦς τοῖς 720 a
νομοθετουμένοις μηδὲ ἓν προσδιδῷ ; καθάπερ ἰατρὸς δέ τις,
ὁ μὲν οὕτως, ὁ δ' ἐκείνως ἡμᾶς εἴωθεν ἑκάστοτε θεραπεύειν
— ἀναμιμνῃσκώμεθα δὲ τὸν τρόπον ἑκάτερον, ἵνα τοῦ νομο-
θέτου δεώμεθα, καθάπερ ἰατροῦ δέοιντο ἂν παῖδες τὸν
πρᾳότατον αὐτὸν θεραπεύειν τρόπον ἑαυτούς. Οἷον δὴ τί

d 3 οὔσης -**e** 4 ἐπαινέσοι hab. Stobaeus, IV, 55, 20 (1121, 14-1122, 4 H.) || 7 διαφέρουσα AO Stob. : ὑπερφέρουσα K[c] || **e** 4 ἐπαινέσαι cj. **Bekker** : ἐπαινέσοι AO Stob. || μέτριον A[c] (ι s. v.) et O[4] (ν s. v.) : μέτρον A μέτριος O || 9 προαγορεύῃ A (ut vid.) cum O[4] (η intra ει) K[c] et (τὰ ἀντίγραφα ὅλα ὑποτακτικῶς) i. m. O[4] : προαγορεύει O προαγορεύοι **a** (οι i. r.) || 10 φράζῃ OK[c] et (ut vid.) A : φράζει O[4] (ει s. v.) φράζοι a (οι i. r.) || **720 a** 1 τρέπηται OK[c] et (ut vid.) A : τρέπεται O[4] (ε s. v.) τρέποιτο a (οι et ο i. r.) || 3 ὁ μὲν A et (ὁ s. v.) O[4] : μὲν O || 4 ἀναμιμνησκώμεθα AO : ἀναμιμνησκόμεθα O[4] (ο s. v.).

douce[1]. Qu'est-ce que nous voulons dire ? Il y a, je pense, des médecins, comme nous disons, et des aides médecins, que nous appelons, n'est-ce pas ? médecins eux-mêmes.

b Clinias. — Absolument.

L'Athénien. — Ceux-ci peuvent être libres ou esclaves, et alors se former selon les instructions de leur maître, en le regardant faire et d'une manière empirique, non par la science de la nature que les hommes libres ont acquise pour eux-mêmes et qu'ils enseignent à leurs disciples. Veux-tu admettre là deux catégories de gens qu'on appelle médecins ?

Clinias. — Sans doute.

L'Athénien. — Alors, tu te fais aussi les remarques suivantes. Comme il y a dans les villes, parmi les malades, des
c esclaves et des personnes libres, ce sont les esclaves, je pense, que leurs pareils traitent, pour l'ordinaire, dans leurs tournées ou sans quitter les dispensaires ; aucun de ces médecins-là ne donne ni n'accepte d'explication sur les cas individuels des différents serviteurs, mais il ordonne ce que lui suggère l'empirisme, comme s'il était parfaitement informé, avec la suffisance d'un tyran, puis s'en va d'un pas léger vers un autre serviteur malade ; il décharge ainsi son maître du
d souci des malades ; mais le médecin libre, lui, soigne et examine habituellement les maux des gens libres ; il s'en enquiert depuis l'origine, méthodiquement[2], communique ses impressions au malade lui-même et aux amis de celui-ci, et tandis qu'il se renseigne auprès des patients, en même temps, dans la mesure où il le peut, il instruit le sujet lui-même, ne lui prescrit rien sans l'avoir préalablement persuadé, et alors, à l'aide de la persuasion, il adoucit et dispose constamment
e son malade, pour tâcher de l'amener peu à peu à la santé. Est-ce de cette façon-là ou de l'autre que le médecin pratiquera le mieux l'art de guérir, et l'entraîneur, celui d'entraîner ? Sera-ce en procurant l'unique résultat par les deux voies ou par une seule, la moins bonne des deux, qui exaspère le client ?

Clinias. — Bien préférable, étranger, est sans doute la méthode double.

1. Cf. ci-dessus III 684 c et la note.
2. Littéralement : « en se conformant à la nature » (cf. b 4).

λέγομεν ; εἰσίν πού τινες ἰατροί, φαμέν, καί τινες ὑπηρέται τῶν ἰατρῶν, ἰατροὺς δὲ καλοῦμεν δήπου καὶ τούτους.

ΚΛ. Πάνυ μὲν οὖν. b

ΑΘ. Ἐάντε γε ἐλεύθεροι ὦσιν ἐάντε δοῦλοι, κατ' ἐπίταξιν δὲ τῶν δεσποτῶν καὶ θεωρίαν καὶ κατ' ἐμπειρίαν τὴν τέχνην κτῶνται, κατὰ φύσιν δὲ μή, καθάπερ οἱ ἐλεύθεροι αὐτοί τε μεμαθήκασιν οὕτω τούς τε αὑτῶν διδάσκουσι παῖδας. Θείης ἂν ταῦτα δύο γένη τῶν καλουμένων ἰατρῶν ;

ΚΛ. Πῶς γὰρ οὔ ;

ΑΘ. Ἆρ' οὖν καὶ συννοεῖς ὅτι, δούλων καὶ ἐλευθέρων ὄντων τῶν καμνόντων ἐν ταῖς πόλεσι, τοὺς μὲν δούλους c σχεδόν τι οἱ δοῦλοι τὰ πολλὰ ἰατρεύουσιν περιτρέχοντες καὶ ἐν τοῖς ἰατρείοις περιμένοντες, καὶ οὔτε τινὰ λόγον ἑκάστου πέρι νοσήματος ἑκάστου τῶν οἰκετῶν οὐδεὶς τῶν τοιούτων ἰατρῶν δίδωσιν οὐδ' ἀποδέχεται, προστάξας δ' αὐτῷ τὰ δόξαντα ἐξ ἐμπειρίας, ὡς ἀκριβῶς εἰδώς, καθάπερ τύραννος αὐθαδῶς, οἴχεται ἀποπηδήσας πρὸς ἄλλον κάμνοντα οἰκέτην, καὶ ῥᾳστώνην οὕτω τῷ δεσπότῃ παρασκευάζει τῶν καμνόντων τῆς ἐπιμελείας· ὁ δὲ ἐλεύθερος ὡς ἐπὶ τὸ d πλεῖστον τὰ τῶν ἐλευθέρων νοσήματα θεραπεύει τε καὶ ἐπισκοπεῖ, καὶ ταῦτα ἐξετάζων ἀπ' ἀρχῆς καὶ κατὰ φύσιν, τῷ κάμνοντι κοινούμενος αὐτῷ τε καὶ τοῖς φίλοις, ἅμα μὲν αὐτὸς μανθάνει τι παρὰ τῶν νοσούντων, ἅμα δὲ καὶ καθ' ὅσον οἷός τέ ἐστιν διδάσκει τὸν ἀσθενοῦντα αὐτόν, καὶ οὐ πρότερον ἐπέταξεν πρὶν ἄν πῃ συμπείσῃ, τότε δὲ μετὰ πειθοῦς ἡμερούμενον ἀεὶ παρασκευάζων τὸν κάμνοντα, εἰς τὴν ὑγίειαν ἄγων ἀποτελεῖν πειρᾶται ; πότερον οὕτως ἢ e ἐκείνως ἰατρός τε ἰώμενος ἀμείνων καὶ γυμναστὴς γυμνάζων· διχῇ τὴν μίαν ἀποτελῶν δύναμιν, ἢ μοναχῇ καὶ κατὰ τὸ χεῖρον τοῖν δυοῖν καὶ ἀγριώτερον ἀπεργαζόμενος ;

ΚΛ. Πολύ που διαφέρον, ὦ ξένε, τὸ διπλῇ.

d 6 post διδάσκει eras. in A.

L'Athénien. — Alors veux-tu que nous voyions aussi cette méthode double et la simple opérer dans les législations ?

Clinias. — Comment ne le voudrais-je pas ?

Exemple de prélude.

L'Athénien. — Allons, au nom des dieux, quelle loi le législateur fera-t-il tout d'abord ? N'est-il pas naturel qu'il
721 a règle en premier lieu par ses ordonnances le stade initial des naissances dans les cités ?

Clinias. — Assurément.

L'Athénien. — Mais le point de départ des naissances, dans toutes les cités, n'est-il pas la célébration des unions matrimoniales ?

Clinias. — Sans aucun doute.

L'Athénien. — A faire les premières, par conséquent, les lois qui concernent le mariage, on a chance de les faire comme il faut pour que toute la cité aille droit.

Clinias. — Tout à fait.

L'Athénien. — Formulons donc tout d'abord le texte simple, qui pourra dire à peu près ceci :

b On se mariera à partir de trente ans, jusqu'à trente-cinq ans ; sinon, les peines seront l'amende, l'atimie : une amende de telle ou telle gravité, et telle ou telle atimie.

Voilà quel sera à peu près le texte simple en matière de mariage ; et voici la forme double :

On se mariera de trente à trente-cinq ans, dans la pensée que le genre humain tient d'un don naturel une certaine part d'immortalité, dont le désir aussi est inné chez tout
c homme sous tous les rapports. Car l'ambition de s'illustrer et de ne pas rester sans nom après la mort revient à ce désir-là [1]. Or la race humaine a une affinité naturelle avec l'ensemble du temps, qu'elle accompagne et accompagnera à travers la durée [2] ; c'est par là qu'elle est immortelle, en

1. Génération et gloire satisfont, dans une certaine mesure, le désir d'immortalité inhérent à la race humaine ; cf. *Banquet*, 207 d-208 e (*Pindare et Platon*, pp. 43-44, 111-112).

2. Le synchronisme du genre humain à la durée, qu'il escorte et escortera continuellement, suppose la représentation du temps dont témoignent le fr. 52 d'Héraclite sur l'αἰών enfant et de nombreux vers des tragiques : Eschyle, *Agam.*, 107 ; *Eum.*, 286 ; *Prom.*, 981 ; Sophocle, *O. R.*, 1082 ; *O. C.*, 7 ; Euripide, *Héraclides*, 900.

ΑΘ. Βούλει δὴ καὶ θεασώμεθα τὸ διπλοῦν τοῦτο καὶ ἁπλοῦν ἐν ταῖς νομοθεσίαις αὐταῖς γιγνόμενον ;

ΚΛ. Πῶς γὰρ οὐ βούλομαι ;

ΑΘ. Φέρε δὴ πρὸς θεῶν, τίν' ἄρα πρῶτον νόμον θεῖτ' ἂν ὁ νομοθέτης ; ἆρ' οὐ κατὰ φύσιν τὴν περὶ γενέσεως ἀρχὴν
πρώτην πόλεων πέρι κατακοσμήσει ταῖς τάξεσιν ; **721 a**

ΚΛ. Τί μήν ;

ΑΘ. Ἀρχὴ δ' ἐστὶ τῶν γενέσεων πάσαις πόλεσιν ἆρ' οὐχ ἡ τῶν γάμων σύμμειξις καὶ κοινωνία ;

ΚΛ. Πῶς γὰρ οὔ ;

ΑΘ. Γαμικοὶ δὴ νόμοι πρῶτοι κινδυνεύουσιν τιθέμενοι καλῶς ἂν τίθεσθαι πρὸς ὀρθότητα πάσῃ πόλει.

ΚΛ. Παντάπασι μὲν οὖν.

ΑΘ. Λέγωμεν δὴ πρῶτον τὸν ἁπλοῦν, ἔχοι δ' ἂν πως ἴσως ὧδε·

Γαμεῖν δέ, ἐπειδὰν ἐτῶν ᾖ τις τριάκοντα, μέχρι ἐτῶν **b**
πέντε καὶ τριάκοντα, εἰ δὲ μή, ζημιοῦσθαι χρήμασίν τε καὶ ἀτιμίᾳ, χρήμασι μὲν τόσοις καὶ τόσοις, τῇ καὶ τῇ δὲ ἀτιμίᾳ.

Ὁ μὲν ἁπλοῦς ἔστω τις τοιοῦτος περὶ γάμων, ὁ δὲ διπλοῦς ὅδε·

Γαμεῖν δέ, ἐπειδὰν ἐτῶν ᾖ τις τριάκοντα, μέχρι τῶν πέντε καὶ τριάκοντα, διανοηθέντα ὡς ἔστιν ᾗ τὸ ἀνθρώπινον γένος φύσει τινὶ μετείληφεν ἀθανασίας, οὗ καὶ πέφυ-
κεν ἐπιθυμίαν ἴσχειν πᾶς πᾶσαν· τὸ γὰρ γενέσθαι κλεινὸν **c**
καὶ μὴ ἀνώνυμον κεῖσθαι τετελευτηκότα τοῦ τοιούτου ἐστὶν ἐπιθυμία. Γένος οὖν ἀνθρώπων ἐστίν τι συμφυὲς τοῦ παντὸς χρόνου, ὃ διὰ τέλους αὐτῷ συνέπεται καὶ συνέ-

e 9 φέρε -721 d 6 ἑκάστοτε hab. Stobaeus, IV, 2, 33 (168, 5-169, 14 H.) || ἄρα O et (acc. mut.) A^c : ἆρα A om. Stob. || 10 ὁ AO : om. Stob. || **721 b** 1 alt. ἐτῶν AO Stobaei L : τῶν Stobaei SMA || 2 δὲ i. m. A² et O cum Stobaeo : δὴ A et (ἡ ex ἐ) O^c || 3 τῇ καὶ τῇ δὲ O Stobaei L : τῇδε καὶ τῇδε A Stobaei SMA τῇ δὲ καὶ τῇ cj. J. Wackernagel || 6 ἐπειδὰν AO : ἐπεὶ Stob. || ᾖ O et s. v. A^c : om. A.

laissant des enfants de ses enfants[1], et ainsi, grâce à la permanence de son unité toujours identique, en participant par la génération à l'immortalité. De ce privilège, la piété ne permet jamais qu'on se frustre volontairement ; et il s'en frustre de propos délibéré, celui qui néglige d'avoir femme
d et enfants. Ainsi donc, si l'on obéit à la loi, on sera quitte, sans punition ; mais si au contraire on lui désobéit en n'étant pas marié même à l'âge de trente-cinq ans, on paiera chaque année telle ou telle amende, pour qu'on ne voie pas dans le célibat une cause de profit et d'aisance, et l'on sera écarté des honneurs publics dont les jeunes gens honorent à l'occasion leurs aînés.

Après avoir entendu cette loi à côté de l'autre, on peut juger pour tous les cas si les lois doivent ainsi avoir pour le
e moins double longueur, en joignant la persuasion à la menace[2], ou si, se contentant de la menace, elles auront la longueur simple.

Mégillos. — Il est dans le caractère lacédémonien, étranger, de toujours préférer le plus concis ; mais si l'on voulait m'établir juge de ces dispositions, en me demandant comment je voudrais les voir rédiger dans ma cité, je choisirais les
722 a plus longues ; et pour toutes les lois également, si elles se présentaient sous deux formes, comme dans cet exemple, je ferais mon choix de la même manière. Toutefois, il faut aussi, je pense, que Clinias ici présent approuve les dispositions actuelles, puisque c'est actuellement sa ville qui songe à user de ces lois[3].

Clinias. — Tu as bien parlé, Mégillos.

L'Athénien. — Or, consacrer l'entretien à la longueur ou la brièveté des textes, c'est trop de naïveté : car ce sont, j'imagine, les meilleurs et non les plus courts ou les plus
b étendus qui méritent notre estime ; mais des deux sortes de lois que nous venons de dire, la seconde n'est pas seulement

1. C'est à partir de la troisième génération que leur postérité intéresse les anciens ; de là l'expression fréquente « les enfants de ses enfants » sans qu'il soit fait mention des « enfants » ; cf. VI 773 e 7, X 900 a 1, XI 927 b 7 ; *Rép.* II 363 d 4, 366 a 6 ; *Critias* 112 c 4 ; *Lettre VII* 334 d 1 (mais *Lois* III 681 b 5 nomme exceptionnellement les παῖδας).

2. Cf. 711 c et la note.

3. Cf. 704 c et la note.

ψεται, τούτῳ τῷ τρόπῳ ἀθάνατον ὄν, τῷ παῖδας παίδων
καταλειπόμενον, ταὐτὸν καὶ ἓν ὂν ἀεί, γενέσει τῆς ἀθα-
νασίας μετειληφέναι· τούτου δὴ ἀποστερεῖν ἑκόντα ἑαυτὸν
οὐδέποτε ὅσιον, ἐκ προνοίας δὲ ἀποστερεῖ ὃς ἂν παίδων
καὶ γυναικὸς ἀμελῇ. Πειθόμενος μὲν οὖν τῷ νόμῳ ἀζήμιος d
ἀπαλλάττοιτο ἄν, μὴ πειθόμενος δὲ αὖ, μηδὲ γαμῶν ἔτη
τριάκοντα γεγονὼς καὶ πέντε, ζημιούσθω μὲν κατ' ἐνιαυτὸν
τόσῳ καὶ τόσῳ, ἵνα μὴ δοκῇ τὴν μοναυλίαν οἱ κέρδος καὶ
ῥᾳστώνην φέρειν, καὶ μὴ μετεχέτω δὲ τιμῶν ὧν ἂν οἱ
νεώτεροι ἐν τῇ πόλει τοὺς πρεσβυτέρους αὐτῶν τιμῶσιν
ἑκάστοτε.

Τοῦτον δὴ παρ' ἐκεῖνον τὸν νόμον ἀκούσαντα ἔξεστιν
περὶ ἑνὸς ἑκάστου διανοηθῆναι, πότερον αὐτοὺς διπλοῦς
οὕτω δεῖ γίγνεσθαι τῷ μήκει τὸ σμικρότατον, διὰ τὸ πείθειν e
τε ἅμα καὶ ἀπειλεῖν, ἢ τῷ ἀπειλεῖν μόνον χρωμένους ἁπλοῦς
γίγνεσθαι τοῖς μήκεσιν.

ΜΕ. Πρὸς μὲν τοῦ Λακωνικοῦ τρόπου, ὦ ξένε, τὸ τὰ
βραχύτερα ἀεὶ προτιμᾶν· τούτων μὴν τῶν γραμμάτων εἴ
τις κριτὴν ἐμὲ κελεύοι γίγνεσθαι πότερα βουλοίμην ἂν ἐν
τῇ πόλει μοι γεγραμμένα τεθῆναι, τὰ μακρότερ' ἂν ἑλοίμην,
καὶ δὴ καὶ περὶ παντὸς νόμου κατὰ τοῦτο τὸ παράδειγμα, 722 a
εἰ γίγνοιτο ἑκάτερα, ταὐτὸν τοῦτ' ἂν αἱροίμην. Οὐ μὴν ἀλλά
που καὶ Κλεινίᾳ τῷδ' ἀρέσκειν δεῖ τὰ νῦν νομοθετούμενα·
τούτου γὰρ ἡ πόλις ἡ νῦν τοῖς τοιούτοις νόμοις χρῆσθαι
διανοουμένη.

ΚΛ. Καλῶς γ', ὦ Μέγιλλε, εἶπες.

ΑΘ. Τὸ μὲν οὖν περὶ πολλῶν ἢ ὀλίγων γραμμάτων ποιή-
σασθαι τὸν λόγον λίαν εὔηθες — τὰ γὰρ οἶμαι βέλτιστα
ἀλλ' οὐ τὰ βραχύτατα οὐδὲ τὰ μήκη τιμητέον — τὰ δ' ἐν b
τοῖς νυνδὴ νόμοις ῥηθεῖσιν οὐ διπλῷ θάτερα τῶν ἑτέρων

c 5 τῷ A Stobaei SML fec. O[4] et (ὅλα τὰ ἀντίγραφα) i. m. O[4] : τὸ O τὸν Stobaei A || **d** 5 καὶ μὴ O et (καὶ s. v.) A[c] : μὴ A Stob. || 6 αὑτῶν AO : αὐτῶν Stob. || **722 a** 2 αἱροίμην K[c] : ἐροίμην AO || 6 γ' AO[4] : om. O || 8 post τὰ eras. in A (cum duob. sign.).

deux fois supérieure à l'autre en valeur pratique : comme nous l'avons dit à l'instant, les deux types de médecins ont été fort à propos apportés en exemple[1]. A cet égard, aucun des législateurs ne semble encore s'être avisé qu'il y avait deux armes à la portée des législations, la persuasion et la force, autant qu'on pouvait en user avec une foule sans culture, mais qu'ils n'en emploient qu'une : ils ne mêlent pas
c la persuasion à la contrainte lorsqu'ils légifèrent, mais le font avec la seule force, toute pure[2]. Pour moi, bienheureux amis, je vois s'imposer aux lois une troisième condition encore, qui n'est pas réalisée du tout actuellement.

Clinias. — Laquelle veux-tu dire ?

Il faut généraliser la méthode.

L'Athénien. — Notre conversation même d'aujourd'hui, par la faveur d'un dieu, lui a donné corps. Vraiment, en effet, depuis que nous avons commencé à parler des lois, l'aube a fait place à midi ; nous sommes arrivés à cette belle halte sans nous entretenir d'autre chose que de lois, et voilà que
d nous commençons à peine à en formuler ; tout ce que nous avons dit jusqu'ici n'était que préludes aux lois. Quelle est mon intention en m'exprimant ainsi ? Tous les discours, veux-je dire, et tout ce qui donne un rôle à la voix comportent des préludes, et, dirais-je, comme des passes préliminaires, qui constituent une mise en train méthodique utile aux exhibitions qui se préparent. En fait, je pense, ce qu'on appelle les nomes du chant citharédique et tous les airs de musique sont précédés de préludes merveilleusement tra-
e vaillés ; mais pour les vraies lois, celles que nous disons politiques, on n'a jamais encore parlé de prélude et aucun compositeur n'en a produit au jour, comme si la nature n'en comportait pas. Mais nous, l'entretien qui vient d'avoir lieu aujourd'hui nous avertit, me semble-t-il, qu'elle en comporte, et ce qui m'a paru tout à l'heure être des lois qu'on appelle doubles n'est pas double purement et simple-

1. Cf. 720 a-e.

2. L'analogie de *Timée* 48 a 4, δι' ἀνάγκης ἡττωμένης ὑπὸ πειθοῦς ἔμφρονος, et des textes cités à 711 c paraît autoriser la conjecture d'Ast, d'ailleurs paléographiquement vraisemblable, ἀνάγκην (sans article comme πειθοῖ) au lieu de τὴν μάχην des mss.

διάφορα μόνον εἰς ἀρετὴν τῆς χρείας, ἀλλ' ὅπερ ἐρρήθη νυνδή, τὸ τῶν διττῶν ἰατρῶν γένος ὀρθότατα παρετέθη. Πρὸς τοῦτο δὲ οὐδεὶς ἔοικε διανοηθῆναι πώποτε τῶν νομοθετῶν, ὡς ἐξὸν δυοῖν χρῆσθαι πρὸς τὰς νομοθεσίας, πειθοῖ καὶ βίᾳ, καθ' ὅσον οἷόν τε ἐπὶ τὸν ἄπειρον παιδείας ὄχλον, τῷ ἑτέρῳ χρῶνται μόνον· οὐ γὰρ πειθοῖ κεραννύντες ἀνάγκην c νομοθετοῦσιν, ἀλλ' ἀκράτῳ μόνον τῇ βίᾳ. Ἐγὼ δ', ὦ μακάριοι, καὶ τρίτον ἔτι περὶ τοὺς νόμους ὁρῶ γίγνεσθαι δέον, οὐδαμῇ τὰ νῦν γιγνόμενον.

ΚΛ. Τὸ ποῖον δὴ λέγεις ;

ΑΘ. Ἐξ αὐτῶν ὧν νῦν διειλέγμεθα ἡμεῖς κατὰ θεόν τινα γεγονός. Σχεδὸν γὰρ ἐξ ὅσου περὶ τῶν νόμων ἤργμεθα λέγειν, ἐξ ἑωθινοῦ μεσημβρία τε γέγονε καὶ ἐν ταύτῃ παγκάλῃ ἀναπαύλῃ τινὶ γεγόναμεν, οὐδὲν ἀλλ' ἢ περὶ νόμων διαλεγόμενοι, νόμους δὲ ἄρτι μοι δοκοῦμεν λέγειν ἄρχεσθαι, d τὰ δ' ἔμπροσθεν ἦν πάντα ἡμῖν προοίμια νόμων. Τί δὲ ταῦτ' εἴρηκα ; τόδε εἰπεῖν βουληθείς, ὅτι λόγων πάντων καὶ ὅσων φωνὴ κεκοινώνηκεν προοίμιά τέ ἐστιν καὶ σχεδὸν οἷόν τινες ἀνακινήσεις, ἔχουσαί τινα ἔντεχνον ἐπιχείρησιν χρήσιμον πρὸς τὸ μέλλον περαίνεσθαι. Καὶ δή που κιθαρῳδικῆς ᾠδῆς λεγομένων νόμων καὶ πάσης μούσης προοίμια θαυμαστῶς ἐσπουδασμένα πρόκειται· τῶν δὲ ὄντως νόμων e ὄντων, οὓς δὴ πολιτικοὺς εἶναί φαμεν, οὐδεὶς πώποτε οὔτ' εἶπέ τι προοίμιον οὔτε συνθέτης γενόμενος ἐξήνεγκεν εἰς τὸ φῶς, ὡς οὐκ ὄντος φύσει. Ἡμῖν δὲ ἡ νῦν διατριβὴ γεγονυῖα, ὡς ἐμοὶ δοκεῖ, σημαίνει ὡς ὄντος, οἵ τέ γε δὴ διπλοῖ ἔδοξαν νυνδή μοι λεχθέντες νόμοι οὐκ εἶναι ἁπλῶς οὕτω πως διπλοῖ, ἀλλὰ δύο μέν τινε, νόμος τε καὶ προοί-

b 5 τοῦτο O : τούτῳ A Π i. m. O^4 et fec. O^4 (ωι comp. s. v.) || 7 τὸν ἄπειρον ... ὄχλον A Π i. m. O^4 (οὕτως ἡ βίβλος ταὐτοῦ) et (ο ter s. v.) O^4 : τῶν ἀπείρων ... ὄχλων O || c 1 ἀνάγκην cj. Ast (cf. *Tim.* 48 a 4) : τὴν μάχην codd. || d 2 δὲ A et (ὲ s. v.) O^4 : δὴ O || e 5 ἐμοὶ AO : ἔμοιγε (γε s. v.) A^2.

ment ; il y a là deux choses, une loi et un prélude à la loi [1] : l'ordonnance que nous avons appelée tyrannique et comparée
723 a aux ordonnances des médecins à qui nous avons refusé le nom d'hommes libres, c'était la loi pure ; mais ce que nous avions dit auparavant, et que celui-ci a appelé persuasif [2], était bien persuasif en réalité : c'était l'équivalent de l'exorde oratoire. Faire accepter avec sympathie, et grâce à cette sympathie avec plus de docilité la prescription, c'est-à-dire la loi, de celui à qui le législateur l'énonce, voilà le but qui m'est apparu commander tout ce discours que son auteur tenait dans l'intention de persuader ; voilà pourquoi, à mon
b sens, c'est ce nom même de prélude qu'il faut lui donner, et non celui de texte de la loi. Après avoir dit cela, que voudrais-je avoir ajouté ? Ceci : en ce qui regarde à la fois l'ensemble des lois qui ne cessent de se présenter et chacune en particulier, le devoir du législateur est de ne pas les laisser manquer de préambules, grâce à quoi elles gagneront tout ce qu'ont gagné les lois formulées tout à l'heure.

Clinias. — Pour moi du moins, j'enjoindrais à l'homme du métier de ne pas faire autrement ses lois.

c L'Athénien. — Eh bien ! Clinias, tu m'as l'air d'avoir raison sur ce point, quand tu veux que toutes les lois aient des préludes et qu'au début de toute œuvre législative on mette avant le texte proprement dit le préambule qui convient à chaque loi, — car ce qui sera édicté ensuite n'est pas négligeable, et il n'est pas de peu d'importance qu'on en garde ou non une mémoire distincte. Néanmoins, si pour les petites lois, comme on les appelle, aussi bien que pour les grandes, nous prescrivions de faire invariablement des préludes, nous ne serions pas dans le vrai. Car il ne faut pas non plus en faire
d pour tous les chants et tous les discours, — il en convient bien un à chacun, mais il ne faut pas les employer tous absolument ; on s'en remettra pour le détail à l'orateur lui-même, au chanteur et au législateur.

Clinias. — Tu me parais exprimer la vérité même. Allons,

1. Tout le passage (cf. surtout d 7) joue sur le double sens de *nomos*, « loi » et « nome » (cf. III 700 b et la note), et de *prooimion*. Cf. *Introduction*, p. xxxix-xl.

2. « Celui-ci » ne peut être que Mégillos ; il s'est livré (721 e-

μιον τοῦ νόμου· ὃ δὴ τυραννικὸν ἐπίταγμα ἀπεικασθὲν ἐρρήθη τοῖς ἐπιτάγμασιν τοῖς τῶν ἰατρῶν οὓς εἴπομεν ἀνελευθέρους, **723 a** τοῦτ' εἶναι νόμος ἄκρατος, τὸ δὲ πρὸ τούτου ῥηθέν, πειστικὸν λεχθὲν ὑπὸ τοῦδε, ὄντως μὲν εἶναι πειστικόν, προοιμίου μὴν τοῦ περὶ λόγους δύναμιν ἔχειν. Ἵνα γὰρ εὐμενῶς, καὶ διὰ τὴν εὐμένειαν εὐμαθέστερον, τὴν ἐπίταξιν, ὃ δή ἐστιν ὁ νόμος, δέξηται ᾧ τὸν νόμον ὁ νομοθέτης λέγει, τούτου χάριν εἰρῆσθαί μοι κατεφάνη πᾶς ὁ λόγος οὗτος, ὃν πείθων εἶπεν ὁ λέγων· διὸ δὴ κατά γε τὸν ἐμὸν λόγον τοῦτ' αὐτό, προοίμιον, ἀλλ' οὐ λόγος ἂν ὀρθῶς **b** προσαγορεύοιτο εἶναι τοῦ νόμου. Ταῦτ' οὖν εἰπών, τί τὸ μετὰ τοῦτο ἄν μοι βουληθείην εἰρῆσθαι ; τόδε, ὡς τὸν νομοθέτην πρὸ πάντων τε ἀεὶ τῶν νόμων χρεών ἐστιν μὴ ἀμοίρους αὐτοὺς προοιμίων ποιεῖν καὶ καθ' ἕκαστον, ᾗ διοίσουσιν ἑαυτῶν ὅσον νυνδὴ τὼ λεχθέντε διηνεγκάτην.

ΚΛ. Τό γ' ἐμὸν οὐκ ἂν ἄλλως νομοθετεῖν διακελεύοιτο ἡμῖν τὸν τούτων ἐπιστήμονα.

ΑΘ. Καλῶς μὲν τοίνυν, ὦ Κλεινία, δοκεῖς μοι τό γε **c** τοσοῦτον λέγειν, ὅτι πᾶσίν γε νόμοις ἔστιν προοίμια καὶ ὅτι πάσης ἀρχόμενον νομοθεσίας χρὴ προτιθέναι παντὸς τοῦ λόγου τὸ πεφυκὸς προοίμιον ἑκάστοις — οὐ γὰρ σμικρὸν τὸ μετὰ τοῦτό ἐστιν ῥηθησόμενον, οὐδ' ὀλίγον διαφέρον ἢ σαφῶς ἢ μὴ σαφῶς αὐτὰ μνημονεύεσθαι — τὸ μέντοι μεγάλων πέρι λεγομένων νόμων καὶ σμικρῶν εἰ ὁμοίως προοιμιάζεσθαι προστάττοιμεν, οὐκ ἂν ὀρθῶς λέγοιμεν. Οὐδὲ γὰρ ᾄσματος οὐδὲ λόγου παντὸς δεῖ τὸ τοιοῦτον δρᾶν **d** — καίτοι πέφυκέν γε εἶναι πᾶσιν, ἀλλ' οὐ χρηστέον ἅπασιν — αὐτῷ δὲ τῷ τε ῥήτορι καὶ τῷ μελῳδῷ καὶ νομοθέτῃ τὸ τοιοῦτον ἑκάστοτε ἐπιτρεπτέον.

ΚΛ. Ἀληθέστατα δοκεῖς μοι λέγειν. Ἀλλὰ δὴ μηκέτ', ὦ

723 a 6 post νόμον eras. in A (cum duob. sign.) || **b** 4 post ἀεὶ eras. in A (cum uno signo) || **c** 2 post γε eras. in A (cum uno signo) || προοίμια A Π i. m. O⁴ et (α s. v.) O⁴ : προοίμιον O || 6 τὸ A et s. v. O⁴ : τῶν (p. n.) O || **d** 3 καὶ νομοθέτῃ A : καὶ τῷ νομοθέτῃ O.

étranger, ne prolongeons pas davantage nos atermoiements ; revenons à notre propos et, si tu le veux, commençons par ce que tu as dit alors sans prétendre faire un préambule en
e forme. Reprenons donc, comme on dit au jeu, pour un second coup plus heureux, depuis le début, avec l'intention d'exécuter un prélude et non pas, comme tout à l'heure, le premier discours venu ; prenons le début pour un prélude avoué. Sur le culte des dieux et les soins dus aux parents, ce qui a été dit à l'instant peut suffire ; mais essayons de dire la suite, jusqu'à ce que tu trouves tout le prélude suffisamment formulé. Après quoi, alors seulement, tu énuméreras les lois elles-mêmes dans leur texte.

724 a *Transition.* L'Athénien. — Ainsi donc, sur les dieux, sur ceux qui viennent après les dieux, sur les parents vivants et morts, nous avons alors suffisamment préludé, comme nous le prétendons en ce moment ; mais ce qui manque encore à cette préface, voilà ce que tu parais m'inviter maintenant à produire en quelque sorte à la lumière.

Clinias. — Absolument.

L'Athénien. — Eh bien ! ce qui vient ensuite, c'est la façon dont il faut, dans le soin de nos âmes, de nos corps,
b de nos biens, faire alterner effort et détente : cette considération est convenable et de l'intérêt le plus général pour que l'orateur et les auditeurs arrivent autant que possible à parfaire leur éducation, et voilà vraiment ce qu'il nous faut en second lieu formuler ou entendre.

Clinias. — Très juste.

722 a) en faveur des lois « doubles » à un développement presque oratoire, que Clinias (722 a 6) a souligné d'un compliment.

ξένε, διατριβὴν πλείω τῆς μελλήσεως ποιώμεθα, ἐπὶ δὲ τὸν λόγον ἐπανέλθωμεν καὶ ἀπ' ἐκείνων ἀρχώμεθα, εἴ σοι φίλον, ὧν οὐχ ὡς προοιμιαζόμενος εἶπες τότε. Πάλιν οὖν, οἷόν
e φασιν οἱ παίζοντες, ἀμεινόνων ἐξ ἀρχῆς δευτέρων ἐπαναπολήσωμεν, ὡς προοίμιον ἀλλ' οὐ τὸν τυχόντα λόγον περαίνοντες, καθάπερ ἄρτι· λάβωμεν δ' αὐτῶν ἀρχὴν ὁμολογοῦντες προοιμιάζεσθαι. Καὶ τὰ μὲν περὶ θεῶν τιμῆς προγόνων τε θεραπείας, καὶ τὰ νυνδὴ λεχθέντα ἱκανά· τὰ δ' ἑξῆς πειρώμεθα λέγειν, μέχριπερ ἂν σοι πᾶν τὸ προοίμιον ἱκανῶς εἰρῆσθαι δοκῇ. Μετὰ δὲ τοῦτο ἤδη τοὺς νόμους αὐτοὺς διέξει λέγων.

724a ΑΘ. Οὐκοῦν περὶ θεῶν μὲν καὶ τῶν μετὰ θεοὺς καὶ γονέων ζώντων τε πέρι καὶ τελευτησάντων τότε ἱκανῶς προοιμιασάμεθα, ὡς νῦν λέγομεν· τὸ δὲ ἀπολειπόμενον ἔτι τοῦ τοιούτου φαίνῃ μοι σὺ διακελεύεσθαι τὰ νῦν οἷον πρὸς τὸ φῶς ἐπανάγειν.

ΚΛ. Παντάπασι μὲν οὖν.

ΑΘ. Ἀλλὰ μὴν μετά γε τὰ τοιαῦτα, ὡς χρὴ τὰ περὶ τὰς αὑτῶν ψυχὰς καὶ τὰ σώματα καὶ τὰς οὐσίας σπουδῆς τε
b πέρι καὶ ἀνέσεως ἴσχειν, προσῆκόν τ' ἐστὶ καὶ κοινότατον ἀναπεμπαζομένους τόν τε λέγοντα καὶ τοὺς ἀκούοντας παιδείας γίγνεσθαι κατὰ δύναμιν ἐπηβόλους· ταῦτ' οὖν ἡμῖν αὐτὰ μετ' ἐκεῖνα ὄντως ἐστὶν ῥητέα τε καὶ ἀκουστέα.

ΚΛ. Ὀρθότατα λέγεις.

d 7 ἀρχώμεθα A et (ω ex o) O^c : ἀρχόμεθα O et (o ex ω) A^c || **e** 3 αὐτῶν A et (ω ex o) O^c : αὐτὸν O || 7 ἤδη O et s. v. A² : om. A || **724 a** 4 σὺ A et (υ ex ου) O^c : σου O || **b** 2 ἀναπεμπαζομένους A et (υ s. v.) O⁴ : ἀναπεμπαζόμενος O.

LIVRE V

726 a *Primauté de l'âme.* L'Athénien. — Qu'ils écoutent donc tous, ceux qui tout à l'heure m'entendaient parler des dieux et de nos chers ancêtres ; car de tous les trésors que l'on possède, après les dieux, c'est l'âme qui est le plus divin, comme étant ce que nous avons de plus personnel[1]. Pour tout homme, tous ses biens forment deux catégories : les biens supérieurs et préférables sont maîtres, les biens inférieurs et moins excellents sont esclaves ; or, parmi ses biens, on doit toujours préférer ce qui commande à ce qui est asservi. Ainsi donc, quand je dis qu'on doit
727 a honorer l'âme en second lieu après les dieux nos maîtres et ceux qui leur font cortège[2], mon exhortation est correcte. Or aucun de nous, peut-on dire, n'honore correctement son âme ; il le croit seulement ; car c'est, je pense, un bien divin que l'honneur, mais rien de ce qui est mauvais n'est honorable ; et quiconque estime la grandir par des paroles, des dons ou des complaisances, sans la rendre en rien meilleure de moins bonne qu'elle était, celui-là peut croire qu'il l'honore, mais il n'en fait rien. D'abord, à peine arrivé à l'adolescence, tout homme s'estime capable de juger de tout, et il
b s'imagine honorer son âme en la louant, il s'empresse de la laisser faire ce qui lui plaît ; mais notre prétention actuelle est que, ce faisant, il lui nuit au lieu de l'honorer, comme il doit le faire, disons-nous, en second lieu après les dieux. De même quand un homme, à chaque faute qu'il commet, ne s'en estime pas cause, pas plus que de ses maux les plus

1. « Personnel » : c'est même ce qui, pour Platon, constitue la personne ; cf. XII 959 a-c, et *Alcib. I* 130 c, *Phédon* 115 c-d, *Rép.* V 469 d.

2. Cette expression désigne les démons et les héros (cf. IV 717 b 3-4).

E

ΑΘ. Ἀκούοι δὴ πᾶς ὅσπερ νυνδὴ τὰ περὶ θεῶν τε ἤκουε 726 a
καὶ τῶν φίλων προπατόρων· πάντων γὰρ τῶν αὑτοῦ κτημάτων
μετὰ θεοὺς ψυχὴ θειότατον, οἰκειότατον ὄν. Τὰ δ' αὑτοῦ διττὰ
πάντ' ἐστὶ πᾶσιν. Τὰ μὲν οὖν κρείττω καὶ ἀμείνω δεσπόζοντα,
τὰ δὲ ἥττω καὶ χείρω δοῦλα· τῶν οὖν αὑτοῦ τὰ δεσπόζοντα
ἀεὶ προτιμητέον τῶν δουλευόντων. Οὕτω δὴ τὴν αὑτοῦ ψυχὴν
μετὰ θεοὺς ὄντας δεσπότας καὶ τοὺς τούτοις ἑπομένους τιμᾶν 727 a
δεῖν λέγων δευτέραν, ὀρθῶς παρακελεύομαι. Τιμᾷ δ' ὡς ἔπος
εἰπεῖν ἡμῶν οὐδεὶς ὀρθῶς, δοκεῖ δέ· θεῖον γὰρ ἀγαθόν που
τιμή, τῶν δὲ κακῶν οὐδὲν τίμιον, ὁ δ' ἡγούμενος ἤ τισι
λόγοις ἢ δώροις αὐτὴν αὔξειν ἤ τισιν ὑπείξεσιν, μηδὲν
βελτίω δὲ ἐκ χείρονος αὐτὴν ἀπεργαζόμενος, τιμᾶν μὲν
δοκεῖ, δρᾷ δὲ τοῦτο οὐδαμῶς. Αὐτίκα παῖς εὐθὺς γενό-
μενος ἄνθρωπος πᾶς ἡγεῖται πάντα ἱκανὸς εἶναι γιγνώσκειν,
καὶ τιμᾶν οἴεται ἐπαινῶν τὴν αὑτοῦ ψυχήν, καὶ προθυμούμε- b
νος ἐπιτρέπει πράττειν ὅ τι ἂν ἐθέλῃ, τὸ δὲ νῦν λεγόμενόν
ἐστιν ὡς δρῶν ταῦτα βλάπτει καὶ οὐ τιμᾷ· δεῖ δέ, ὥς φαμεν,
μετά γε θεοὺς δευτέραν. Οὐδέ γε ὅταν ἄνθρωπος τῶν αὑτοῦ
ἑκάστοτε ἁμαρτημάτων μὴ ἑαυτὸν αἴτιον ἡγῆται καὶ τῶν
πλείστων κακῶν καὶ μεγίστων, ἀλλὰ ἄλλους, ἑαυτὸν δὲ ἀεὶ

726 a 1 ἀκούοι -731 a 2 δύναμιν hab. Stobaeus, IV, 1, 115 (60, 9-67, 14 H.) || ὅσπερ νῦν δὴ AO : ὥσπερ νῦν Stob. || 2 αὑτοῦ AO : ἐν τῷ βίῳ Stob. || 4 πάντ' ἐστὶ πᾶσιν AO Jamblichus, *Protr.*, 5 (29, 17 P.) : παρὰ πᾶσι Stob. || 5 αὑτοῦ AO : δύο Stob. || **727 b** 1 προθυμούμενος O Stob. et (μου et ος s. v.) A[2] : προθυμεν A || 5 ἡγῆται a et (ῆ s. v.) O[4] : ἥγηται A ἡγεῖται O Stob.

nombreux et les plus graves, mais se décharge sur d'autres, en se tenant lui-même chaque fois pour hors de cause, honore-t-il alors son âme ? Il le croit, semble-t-il, mais il en
c est bien loin ; en réalité, il lui nuit. Ce n'est pas non plus quand il sacrifie aux plaisirs contre l'avis et la recommandation du législateur qu'alors il l'honore d'aucune manière : il la déshonore au contraire en l'infectant de mal et de remords. Et quand au contraire il n'endure pas de résister aux épreuves recommandées, craintes, souffrances ou douleurs, mais se montre lâche, alors non plus il ne l'honore pas par cette lâcheté ; car toute cette conduite la rend indigne d'honneur. Il ne l'honore pas davantage quand il regarde sans conditions
d la vie comme un bien ; alors aussi il la déshonore : lorsque l'âme tient pour un mal tout ce qui se passe chez Hadès, il lui cède, au lieu de lui résister pour l'instruire et lui démontrer qu'elle ne sait pas même si au contraire la société des dieux de là-bas n'est pas pour nous le plus grand de tous les biens[1]. Et encore, préférer la beauté à la vertu, ce n'est là rien d'autre que déshonneur réel et total de l'âme. Car ce raisonnement fait le corps plus honorable que l'âme, en quoi
e il ment : rien de terrestre, en effet, n'est plus honorable que les Olympiens, et celui qui à l'occasion de l'âme professe une opinion différente ignore quel merveilleux trésor est ce qu'il néglige. Ne disons pas non plus, quand on brûle d'acquérir des richesses d'une façon malhonnête ou qu'on ne souffre
728 a pas d'en acquérir ainsi, qu'alors, comme on le croit, on honore par des dons sa propre âme[2] ; non, il s'en faut du tout ; car ce qui en fait l'honneur et la beauté, on le vend pour un peu d'or ; tout l'or, en effet, qui se trouve sur la terre ou sous la terre n'entre pas en balance avec la vertu. Bref, pour tout résumer d'un mot, si le législateur classe dans ses listes certaines choses comme honteuses et mauvaises, d'autres, au contraire, comme bonnes et belles, quiconque

1. La société des dieux et des héros était pour Socrate le bien suprême de l'au-delà ; cf. *Apol.* 41 a-c, *Phédon* 111 b.

2. Exemple unique de μὲν οὖν intensif dans un exposé continu ; à vrai dire, le passage, comme tout le Ve livre, pourrait être transposé en dialogue par questions et réponses, et le parallélisme de 727 b 7-c 1 précise la nuance subjective d'ἄρα 728 a 1. Cf. *Études sur quelques particules de liaison chez Platon*, p. 113 et n. 1.

ἀναίτιον ἐξαιρῇ, τιμῶν τὴν αὑτοῦ ψυχήν, ὡς δὴ δοκεῖ, ὁ δὲ
πολλοῦ δεῖ δρᾶν τοῦτο· βλάπτει γάρ. Οὐδ' ὁπόταν ἡδοναῖς c
παρὰ λόγον τὸν τοῦ νομοθέτου καὶ ἔπαινον χαρίζηται, τότε
οὐδαμῶς τιμᾷ, ἀτιμάζει δὲ κακῶν καὶ μεταμελείας ἐμπιμπλὰς
αὐτήν. Οὐδέ γε ὁπόταν αὖ τἀναντία τοὺς ἐπαινουμένους
πόνους καὶ φόβους καὶ ἀλγηδόνας καὶ λύπας μὴ διαπονῇ
καρτερῶν ἀλλὰ ὑπείκῃ, τότε οὐ τιμᾷ ὑπείκων· ἄτιμον γὰρ
αὐτὴν ἀπεργάζεται δρῶν τὰ τοιαῦτα σύμπαντα. Οὐδ' ὁπόταν
ἡγῆται τὸ ζῆν πάντως ἀγαθὸν εἶναι, τιμᾷ, ἀτιμάζει δ' αὐτὴν d
καὶ τότε· τὰ γὰρ ἐν Ἅιδου πράγματα πάντα κακὰ ἡγουμένης
τῆς ψυχῆς εἶναι, ὑπείκει καὶ οὐκ ἀντιτείνει διδάσκων τε καὶ
ἐλέγχων ὡς οὐκ οἶδεν οὐδ' εἰ τἀναντία πέφυκεν μέγιστα
εἶναι πάντων ἀγαθῶν ἡμῖν τὰ περὶ τοὺς θεοὺς τοὺς ἐκεῖ.
Οὐδὲ μὴν πρὸ ἀρετῆς ὁπόταν αὖ προτιμᾷ τις κάλλος, τοῦτ'
ἔστιν οὐχ ἕτερον ἢ ἡ τῆς ψυχῆς ὄντως καὶ πάντως ἀτιμία.
Ψυχῆς γὰρ σῶμα ἐντιμότερον οὗτος ὁ λόγος φησὶν εἶναι,
ψευδόμενος· οὐδὲν γὰρ γηγενὲς Ὀλυμπίων ἐντιμότερον, ἀλλ' e
ὁ περὶ ψυχῆς ἄλλως δοξάζων ἀγνοεῖ ὡς θαυμαστοῦ τούτου
κτήματος ἀμελεῖ. Οὐδέ γε ὁπόταν χρήματά τις ἐρᾷ κτᾶσθαι
μὴ καλῶς, ἢ μὴ δυσχερῶς φέρῃ κτώμενος, δώροις ἄρα τιμᾷ 728 a
τότε τὴν αὑτοῦ ψυχήν — παντὸς μὲν οὖν λείπει — τὸ γὰρ
αὐτῆς τίμιον ἅμα καὶ καλὸν ἀποδίδοται σμικροῦ χρυσίου·
πᾶς γὰρ ὅ τ' ἐπὶ γῆς καὶ ὑπὸ γῆς χρυσὸς ἀρετῆς οὐκ
ἀντάξιος. Ὡς δὲ εἰπεῖν συλλήβδην, ὃς ἅπερ ἂν νομοθέτης

b 7 ἐξαιρῇ Stob. : ἐξαίρῃ A et (ηι s. v.) O^4 ἐξαίρει O || **c** 6 ὑπείκων AO : ἀτιμάζων Stob. || **d** 1 ἡγῆται O^4 (ῇ s. v.) et i. m. a : ἥγηται A ἡγεῖται O Stob. || τὸ ζῆν πάντως AO : ζῆν τοῦτο Stob. || 2 ἡγουμένης AO : ἡγούμενος Π i. m. O^4 P Stob. || 3 ὑπείκει καὶ AO : ὑπείκει τε καὶ Stob. || **e** 3 οὐδέ -728 a 5 ἀντάξιος hab. Stobaeus, III, 1, 201 (152, 16-153, 3 H.) || ἐρᾷ AO Stobaei III : om. Stobaei IV || **728 a** 2 αὑτοῦ A : ἑαυτοῦ O αὐτοῦ Stob. (bis) || παντὸς O Stob. (bis) et (ὀ i. r.) A^c : πάντως (ut vid.) A || λείπει AO K^c et (bis) Stob. : λυπεῖ O^4 (υ s. v.) || 3 σμικροῦ χρυσίου O Stobaei III A : σμικροῦ χρυσοῦ A cum O^4 (ῦ s. v.) P et Stobaei III M^d τοῦ χρυσοῦ Stobaei IV || 5 ὡς δὲ AO : οὐδ' ὡς Stob. || ὃς ἅπερ ἂν AO : ὅσαπερ ἂν O^c ὅσαπερ Stob.

ne consent pas à éviter les unes de tous ses moyens, à pra-
tiquer les autres de toutes ses forces, cet homme-là, quel
b qu'il soit, ne se doute pas que par ces agissements il traite
son âme, ce qu'il a de plus divin, de la manière la plus
déshonorante et la plus ignominieuse. Car on parle de la
justice due à la malfaisance, mais personne, peut-on dire, ne
compte avec le plus grave de la peine: le plus grave, c'est de
se rendre semblable à ceux qui sont des hommes pervers, et,
vu cette ressemblance, de fuir les gens de bien, les bons entre-
tiens, d'en être coupé, pour se coller aux autres, en les pour-
suivant, dans les relations sociales; lorsqu'on s'est attaché
c à de telles gens, il est fatal que l'on fasse et éprouve ce que
ces gens-là ont pour nature de se faire et de se dire entre
eux[1]. Or ce résultat n'est pas justice faite, car ce sont de
belles choses que le juste et la justice ; c'est un châtiment, un
effet qui suit l'injustice ; et l'avoir subi comme y échapper,
c'est la misère ; ou bien on manque la cure ; ou bien, pour
que beaucoup d'autres soient sauvés, on périt[2]. Notre honneur,
à tout prendre, c'est de suivre le meilleur et de faire que le
moins bon, s'il est susceptible de s'améliorer, atteigne ce but
même aussi complètement que possible.

L'honneur est supérieur à la richesse.

L'homme n'a donc rien en lui qui soit
plus propre que l'âme à éviter le mal,
d dépister et saisir ce qu'il y a de meilleur
au monde, et, après s'en être saisi, vivre
en cette compagnie le reste de ses jours ; aussi a-t-elle été
classée seconde en dignité, et le troisième rang, n'importe
qui le reconnaîtra, appartient dans l'ordre naturel à l'honneur
du corps. Ici encore il faut examiner les honneurs, voir
parmi eux les vrais et ceux qui sont falsifiés ; et c'est l'affaire
du législateur. Or, voici l'avertissement qu'il me paraît
donner sur ce qui les distingue : honorable est le corps non
parce qu'il est beau, ou fort, ou rapide, ou grand, ou même

1. La compagnie des méchants est le premier et le plus grave châtiment de l'injustice : elle amène à leur ressembler, alors qu'au contraire la ressemblance avec Dieu est la fin et le bonheur de l'homme. Cf. *Pindare et Platon*, p. 136-137.

2. Le chiasme fait expliquer dans l'ordre inverse les deux misères de l'injuste : subit-il le châtiment, il est mis à mort pour servir d'exemple ; y échappe-t-il, il ne trouve pas la guérison. Cf. *Gorgias*

αἰσχρὰ εἶναι καὶ κακὰ διαριθμούμενος τάττῃ καὶ τοὐναντίον
ἀγαθὰ καὶ καλά, τῶν μὲν ἀπέχεσθαι μὴ ἐθέλῃ πάσῃ μηχανῇ,
τὰ δὲ ἐπιτηδεύειν σύμπασαν κατὰ δύναμιν, οὐκ οἶδεν ἐν
τούτοις πᾶσιν πᾶς ἄνθρωπος ψυχὴν θειότατον ὂν ἀτιμότατα b
καὶ κακοσχημονέστατα διατιθείς. Τὴν γὰρ λεγομένην δίκην
τῆς κακουργίας τὴν μεγίστην οὐδεὶς ὡς ἔπος εἰπεῖν λογίζεται, ἔστιν δ' ἡ μεγίστη τὸ ὁμοιοῦσθαι τοῖς οὖσιν κακοῖς
ἀνδράσιν, ὁμοιούμενον δὲ τοὺς μὲν ἀγαθοὺς φεύγειν ἄνδρας
καὶ λόγους καὶ ἀποσχίζεσθαι, τοῖς δὲ προσκολλᾶσθαι διώκοντα κατὰ τὰς συνουσίας· προσπεφυκότα δὲ τοῖς τοιούτοις
ἀνάγκη ποιεῖν καὶ πάσχειν ἃ πεφύκασιν ἀλλήλους οἱ τοι- c
οῦτοι ποιεῖν καὶ λέγειν. Τοῦτο οὖν δὴ τὸ πάθος δίκη μὲν
οὐκ ἔστιν — καλὸν γὰρ τό γε δίκαιον καὶ ἡ δίκη — τιμωρία
δέ, ἀδικίας ἀκόλουθος πάθη, ἧς ὅ τε τυχὼν καὶ μὴ τυγχάνων ἄθλιος, ὁ μὲν οὐκ ἰατρευόμενος, ὁ δέ, ἵνα ἕτεροι πολλοὶ
σῴζωνται, ἀπολλύμενος. Τιμὴ δ' ἐστὶν ἡμῖν, ὡς τὸ ὅλον
εἰπεῖν, τοῖς μὲν ἀμείνοσιν ἕπεσθαι, τὰ δὲ χείρονα, γενέσθαι
δὲ βελτίω δυνατά, τοῦτ' αὐτὸ ὡς ἄριστα ἀποτελεῖν.

Ψυχῆς οὖν ἀνθρώπῳ κτῆμα οὐκ ἔστιν εὐφυέστερον εἰς
τὸ φυγεῖν μὲν τὸ κακόν, ἰχνεῦσαι δὲ καὶ ἑλεῖν τὸ πάντων d
ἄριστον, καὶ ἑλόντα αὖ κοινῇ συνοικεῖν τὸν ἐπίλοιπον βίον·
διὸ δεύτερον ἐτάχθη τιμῇ, τὸ δὲ τρίτον — πᾶς ἂν τοῦτό γε
νοήσειεν — τὴν τοῦ σώματος εἶναι κατὰ φύσιν τιμήν· τὰς δ'
αὖ τιμὰς δεῖ σκοπεῖν, καὶ τούτων τίνες ἀληθεῖς καὶ ὅσαι
κίβδηλοι, τοῦτο δὲ νομοθέτου. Μηνύειν δή μοι φαίνεται
τάσδε καὶ τοιάσδε τινὰς αὐτὰς εἶναι, τίμιον εἶναι σῶμα οὐ
τὸ καλὸν οὐδὲ ἰσχυρὸν οὐδὲ τάχος ἔχον οὐδὲ μέγα, οὐδέ

b 4 οὖσιν A Stob.: om. O || 6 alt. καὶ AO: καὶ τῶν μὲν Stob. || **c** 2 καὶ O Stob. et s. v. A[c] : om. A || 4 πάθη AO Stob. : πάθει (ει supra η) A[2] || 8 δὲ A et s. v. O[4] : om. O Stob. || **d** 3 τιμῇ O : τιμή A et fec. O[c] om. Stob. || 6 μοι AO : om. Stob. || 7 τίμιον -729 c 5 βίου hab. Stobaeus, III, 1, 202 (153, 6-155, 2) || 8 ἰσχυρόν AO Stobaei III A : τὸ ἰσχυρόν Stobaei III M[d] et IV || τάχος AO Stobaei III M[d] : τὸ τάχος Stobaei III A et IV.

e sain, — encore que beaucoup puissent le penser, — ni non plus d'ailleurs pour les qualités opposées ; mais ceux qui atteignent la juste mesure en toutes ces manières d'être sont les plus équilibrés et en même temps les plus sûrs de beaucoup ; car si dans le premier cas l'âme devient vaine et effrontée, dans le second elle devient basse et mesquine [1]. Il en est de même pour la possession des richesses et des biens, et elle rentre dans le même rythme d'évaluation : l'excès y
729 a engendre inimitiés et séditions pour les cités ou les individus ; le défaut, pour l'ordinaire, les asservit [2].

Devoirs envers la jeunesse.

Qu'on n'aille donc pas s'attacher aux richesses à cause des enfants, afin de les laisser le plus riches possible : ni pour eux ni pour la cité ce n'est le meilleur. Une fortune qui ne leur attire pas de flatteurs, tout en ne les privant pas du nécessaire, voilà pour les jeunes la plus musicale et la plus excellente de toutes : accordée harmonieusement à toutes les circonstances de notre vie, elle la préserve de la douleur [3]. Aux enfants, c'est un
b grand respect de soi-même, non de l'or, qu'il faut léguer. A notre idée, c'est en corrigeant les impudences de la jeunesse que nous lui léguerons cette vertu ; mais ce qui la produit chez les jeunes, ce n'est pas notre admonestation actuelle, quand nous leur disons pour les admonester que la jeunesse doit respecter tout le monde. Le législateur avisé invitera plutôt les hommes mûrs à respecter les jeunes [4], à éviter par dessus tout qu'un des jeunes les voie et les entende faire ou
c dire quelque chose de honteux, car là où les vieillards agissent sans vergogne, les jeunes aussi, fatalement, manqueront le plus de pudeur : ce qui importe à l'éducation des jeunes gens aussi bien qu'à la nôtre, ce n'est pas qu'on donne des

525 b-c, où Socrate distingue entre les condamnés guérissables et les incurables, et Proclus *in Remp.* II 184, 19-28 Kroll.

1. L'équilibre est une forme de la mesure chère aux Grecs et à Platon ; il a une importance particulière dans le tempérament : *Rép.* VI 503 c-d, *Théét.* 144 a-b, *Polit.* 306 c-308 b, *Epin.* 989 b-c.

2. Cf. *Rép.* II 373 d.

3. L'image de l'harmonie, appliquée jadis à l'âme (*Phédon*), à l'accord avec soi-même (*Lachès*), l'est maintenant à la fortune.

4. Platon complète les préceptes de l'éducation ancienne (cf. Aristophane, *Nuées*, 993 : céder sa place aux personnes âgées) et inspirera Juvénal (*Sat. XIV*, 47) : *Maxima debetur puero reverentia...*

γε τὸ ὑγιεινόν — καίτοι πολλοῖς ἂν τοῦτό γε δοκοῖ — καὶ μὴν e
οὐδὲ τὰ τούτων γ' ἐναντία, τὰ δ' ἐν τῷ μέσῳ ἁπάσης ταύτης
τῆς ἕξεως ἐφαπτόμενα σωφρονέστατα ἅμα τε ἀσφαλέστατα
εἶναι μακρῷ· τὰ μὲν γὰρ χαύνους τὰς ψυχὰς καὶ θρασείας
ποιεῖ, τὰ δὲ ταπεινάς τε καὶ ἀνελευθέρους. Ὡς δ' αὔτως
ἡ τῶν χρημάτων καὶ κτημάτων κτῆσις, καὶ τιμήσεως κατὰ
τὸν αὐτὸν ῥυθμὸν ἔχει· τὰ μὲν ὑπέρογκα γὰρ ἑκάστων
τούτων ἔχθρας καὶ στάσεις ἀπεργάζεται ταῖς πόλεσιν καὶ 729 a
ἰδίᾳ, τὰ δ' ἐλλείποντα δουλείας ὡς τὸ πολύ. Μὴ δή τις
φιλοχρημονείτω παίδων γ' ἕνεκα, ἵνα ὅτι πλουσιωτάτους
καταλίπῃ· οὔτε γὰρ ἐκείνοις οὔτε αὖ τῇ πόλει ἄμεινον. Ἡ
γὰρ τῶν νέων ἀκολάκευτος οὐσία, τῶν δ' ἀναγκαίων μὴ
ἐνδεής, αὕτη πασῶν μουσικωτάτη τε καὶ ἀρίστη· συμφω-
νοῦσα γὰρ ἡμῖν καὶ συναρμόττουσα εἰς ἅπαντα ἄλυπον τὸν
βίον ἀπεργάζεται. Παισὶν δὲ αἰδῶ χρὴ πολλήν, οὐ χρυσὸν b
καταλείπειν. Οἰόμεθα δὲ ἐπιπλήττοντες τοῖς νέοις ἀναι-
σχυντοῦσιν τοῦτο καταλείψειν· τὸ δ' ἔστιν οὐκ ἐκ τοῦ νῦν
παρακελεύματος τοῖς νέοις γιγνόμενον, ὃ παρακελεύονται
λέγοντες ὡς δεῖ πάντα αἰσχύνεσθαι τὸν νέον. Ὁ δὲ ἔμφρων
νομοθέτης τοῖς πρεσβυτέροις ἂν μᾶλλον παρακελεύοιτο
αἰσχύνεσθαι τοὺς νέους, καὶ πάντων μάλιστα εὐλαβεῖσθαι
μή ποτέ τις αὐτὸν ἴδῃ τῶν νέων ἢ καὶ ἐπακούσῃ δρῶντα ἢ
λέγοντά τι τῶν αἰσχρῶν, ὡς ὅπου ἀναισχυντοῦσι γέροντες, c
ἀνάγκη καὶ νέους ἐνταῦθα εἶναι ἀναιδεστάτους· παιδεία γὰρ
νέων διαφέρουσά ἐστιν ἅμα καὶ ἑαυτῶν οὐ τὸ νουθετεῖν, ἀλλ'

e 1 pr. γε A et s. v. O^4 : om. O Stob. (bis) || 3 τε AO Stobaei III M^d et IV : ἅμα τε καὶ fort. Stobaei III A τε ἅμα καὶ P || 5 τε A Stob. (bis) et s. v. O^4 : om. O || 6 καὶ κτημάτων AO : om. Stob. (bis) || τιμήσεως AΠ i. m. O^4 P et (ς s. v.) O^4 : τιμήσεων O Stob. (bis) || **729 a** 1 ταῖς AO Stobaei III : ἐν ταῖς Stobaei IV || 3 φιλοχρημονείτω AO : φιλοχρηματείτω Stob. (bis) || ἵνα AO : om. Stob. (bis) || 4 καταλίπῃ AO : καταλείπει Stob. (bis) || ἐκείνοις AO Stobaei III : καλὸν Stobaei IV || **b** 4 παρακελεύματος AO Stobaei III M^d : παρακελεύσματος A^3 (σ s. v.) Stobaei III A et IV || **c** 3 ἑαυτῶν οὐ τὸ Stobaei III : αὐτῶν οὐ τὸ A et (οὐ τὸ i. r.) O αὐτὸ Stobaei IV.

avis, mais que tous les avertissements donnés à d'autres soient, manifestement, la règle de notre propre vie. Pour la parenté, ceux à qui nous lient les dieux de la famille et qui ont le même sang dans les veines, quiconque les honore et les révère peut raisonnablement escompter la bienveillance des dieux de la naissance pour la procréation de ses propres enfants. Quant

Parents et amis.

d aux amis et camarades, on gagnera leurs bonnes grâces dans les relations courantes en attachant aux services qu'ils nous rendent plus d'importance et de poids qu'ils ne leur en attachent, et en accordant à nos propres bons offices à l'endroit de nos amis moins d'estime que ne leur en accordent eux-mêmes nos amis et nos camarades[1].

La cité.

Envers la cité et les concitoyens, le meilleur de beaucoup est celui qui, plutôt qu'aux luttes olympiques et à toutes celles de la guerre et de la paix, choisira de vaincre dans le glorieux service des lois nationales,
e avec la réputation de les avoir servies pendant sa vie mieux que tous les hommes du monde.

Les étrangers.

A l'égard des étrangers, il faut se mettre dans l'esprit que les contrats faits avec eux ont une sainteté particulière ; car toutes les fautes commises par les étrangers et contre eux ont, plus que celles qui se commettent entre citoyens, une dépendance étroite avec un dieu vengeur. Isolé qu'il est, en effet, sans compagnons ni parents, l'étranger inspire plus de pitié aux hommes et aux dieux ; dès lors, celui qui peut davantage le venger met plus d'empressement à le secourir, et celui qui le peut éminemment, en toute occasion, c'est le démon ou dieu des étrangers, qui fait partie
730 a de l'escorte de Zeus Xénios. Il faut donc à l'homme tant soit peu prudent une grande vigilance pour ne commettre aucune faute à l'égard des étrangers au cours de sa vie et dans sa route vers le terme de celle-ci. Or, parmi les fautes qui concernent les étrangers ou les compatriotes, la plus grande, pour tout homme, est celle qui atteint les suppliants ; car le dieu dont le témoignage appuyait la demande du suppliant pour lui obtenir des garanties, ce dieu-là devient gardien spécial de la victime, de sorte qu'il ne souffrira jamais sans vengeance, celui qui a eu cette souffrance en partage.

1. Le « magnanime » d'Aristote oubliera trop les bienfaits reçus.

ἅπερ ἂν ἄλλον νουθετῶν εἴποι τις, φαίνεσθαι ταῦτα αὐτὸν
δρῶντα διὰ βίου. Συγγένειαν δὲ καὶ ὁμογνίων θεῶν κοινω-
νίαν πᾶσαν ταὐτοῦ φύσιν αἵματος ἔχουσαν τιμῶν τις καὶ
σεβόμενος, εὔνους ἂν γενεθλίους θεοὺς εἰς παίδων αὑτοῦ
σπορὰν ἴσχοι κατὰ λόγον. Καὶ μὴν τό γε φίλων καὶ ἑταίρων
πρὸς τὰς ἐν βίῳ ὁμιλίας εὐμενεῖς ἄν τις κτῷτο, μείζους μὲν d
καὶ σεμνοτέρας τὰς ἐκείνων ὑπηρεσίας εἰς αὑτὸν ἡγούμενος
ἢ 'κεῖνοι, ἐλάττους δ' αὖ τὰς αὑτοῦ διανοούμενος εἰς τοὺς
φίλους χάριτας αὐτῶν τῶν φίλων τε καὶ ἑταίρων. Εἰς μὴν
πόλιν καὶ πολίτας μακρῷ ἄριστος ὅστις πρὸ τοῦ Ὀλυμ-
πίασιν καὶ ἁπάντων ἀγώνων πολεμικῶν τε καὶ εἰρηνικῶν
νικᾶν δέξαιτ' ἂν δόξῃ ὑπηρεσίας τῶν οἴκοι νόμων, ὡς
ὑπηρετηκὼς πάντων κάλλιστ' ἀνθρώπων αὐτοῖς ἐν τῷ βίῳ. e
Πρὸς δ' αὖ τοὺς ξένους διανοητέον ὡς ἁγιώτατα συμβόλαια
ὄντα· σχεδὸν γὰρ πάντ' ἐστὶ τὰ τῶν ξένων καὶ εἰς τοὺς
ξένους ἁμαρτήματα παρὰ τὰ τῶν πολιτῶν εἰς θεὸν ἀνηρτη-
μένα τιμωρὸν μᾶλλον. Ἔρημος γὰρ ὢν ὁ ξένος ἑταίρων τε
καὶ συγγενῶν ἐλεεινότερος ἀνθρώποις καὶ θεοῖς· ὁ δυνά-
μενος οὖν τιμωρεῖν μᾶλλον βοηθεῖ προθυμότερον, δύναται
δὲ διαφερόντως ὁ ξένιος ἑκάστων δαίμων καὶ θεὸς τῷ ξενίῳ 730 a
συνεπόμενοι Διί. Πολλῆς οὖν εὐλαβείας, ᾧ καὶ σμικρὸν
προμηθείας ἔνι, μηδὲν ἁμάρτημα περὶ ξένους ἁμαρτόντα ἐν
τῷ βίῳ πρὸς τὸ τέλος αὑτοῦ πορευθῆναι. Ξενικῶν δ' αὖ
καὶ ἐπιχωρίων ἁμαρτημάτων τὸ περὶ τοὺς ἱκέτας μέγιστον
γίγνεται ἁμάρτημα ἑκάστοις· μεθ' οὗ γὰρ ἱκετεύσας μάρ-
τυρος ὁ ἱκέτης θεοῦ ἔτυχεν ὁμολογιῶν, φύλαξ διαφέρων
οὗτος τοῦ παθόντος γίγνεται, ὥστ' οὐκ ἂν ποτε ἀτιμώρητος
πάθοι ὁ τυχὼν ὧν ἔπαθε.

c 5 δὲ καὶ AO : τε Stob. || 6 πᾶσαν A Stob. : ἅπασαν O et fec. A[c] || 7 γενεθλίους Stob. : γενέσθαι οὓς AO γενέσθαι P || 8 τό γε AO : om. Stob. || **d** 1 εὐμενεῖς AO : om. Stob. || 4 τε AO : om. Stob. || μὴν AO : γε μὴν Stob. || **e** 1 κάλλιστ' AO : μάλιστ' Stob. || 3 πάντ' A Stob. et (ων p. n.) O[c] : πάντων O || 4 τὰ s. v. A[2]O[4] : om. AO Stob. || **730 a** 2 Διί A (ιί i. r.) et O : δή Stob. || 7 ἔτυχεν AO Stob. (sed antea in A eras. cum duob. sign.).

b Ainsi donc les rapports avec les parents, avec soi-même et ses biens, avec la cité, les amis et la parenté, les relations avec les étrangers et les compatriotes, tout cela a été passé en revue [1] ; ce qu'il faut être soi-même pour mener la plus belle vie, voilà ce que maintenant nous devons examiner comme la suite logique : tous les moyens que non plus la loi mais l'éloge et le blâme éducatifs ont de rendre les individus plus dociles et mieux disposés à l'égard des lois futures, c'est ce qu'il nous faut exposer après le reste.

Idéal personnel.

c La vérité vient en tête de tous les biens pour les dieux, de tous les biens pour les hommes ; puisse y avoir part dès le début celui qui veut arriver à la félicité et au bonheur [2], afin de vivre le plus longtemps possible selon la vérité. Cet homme-là est sûr ; mais il n'est pas sûr, celui qui aime à mentir volontairement ; quant à celui qui aime cela sans le vouloir, c'est un fou : aucune des deux espèces n'est enviable. Car il n'a jamais d'amis, celui qui n'est pas sûr ou pas avisé, et quand le progrès du temps le fait connaître, il se ménage pour la dure vieillesse un isolement complet à la
d fin de sa vie, de sorte que vivants ou non, compagnons et enfants laisseront à peu près aussi totalement sa vie dans la solitude. Il mérite déjà qu'on l'honore, celui qui n'est coupable d'aucun crime, mais celui qui ne laisse pas non plus les criminels commettre des crimes est digne d'honneur plus de deux fois autant que le précédent : car celui-ci ne vaut qu'un homme, mais celui-là en vaut plusieurs autres, lui qui signale aux magistrats l'injustice d'autrui. Et celui qui aide les magistrats, dans la mesure de ses forces, à réprimer le désordre, qu'on le proclame le grand homme, l'homme accompli de la cité, vainqueur pour la vertu [3]. Cette même
e louange doit s'appliquer aussi à la tempérance, à la sagesse

1. Résumé de la fin du l. IV (depuis 717 b) et du début du l. V.

2. C'est sur cette phrase, citée textuellement, que s'achève le chap. 7 (et dernier) du traité pseudo-aristotélicien *De Mundo* ; l'auteur l'a rattachée au τιμωρός de 716 a 3, comme s'il avait confondu deux propositions dont le début est presque identique ; en fait, les mss du *De Mundo* remplacent γενήσεσθαι par l'εὐδαιμονήσειν d'a 3, que Bücheler a eu le mérite d'écarter.

3. La formule est celle de la proclamation des vainqueurs aux jeux ; cf. Pindare, *Pythique I*, 32-33 : κάρυξ ἀνέειπέ νιν ἀγγέλλων Ἱέρωνος ὑπὲρ καλλινίκου ἅρμασι.

Τὰ μὲν οὖν περὶ γονέας τε καὶ ἑαυτὸν καὶ τὰ ἑαυτοῦ b
περὶ πόλιν τε καὶ φίλους καὶ συγγένειαν ξενικά τε καὶ ἐπιχώρια διεληλύθαμεν σχεδὸν ὁμιλήματα, τὸ δὲ ποῖός τις ὢν αὐτὸς ἂν κάλλιστα διαγάγοι τὸν βίον, ἑπόμενον τούτῳ διεξελθεῖν· ὅσα μὴ νόμος, ἀλλ' ἔπαινος παιδεύων καὶ ψόγος ἑκάστους εὐηνίους μᾶλλον καὶ εὐμενεῖς τοῖς τεθήσεσθαι μέλλουσιν νόμοις ἀπεργάζεται, ταῦτ' ἐστὶν μετὰ τοῦτο ἡμῖν ῥητέον. Ἀλήθεια δὴ πάντων μὲν ἀγαθῶν θεοῖς ἡγεῖται, c
πάντων δὲ ἀνθρώποις· ἧς ὁ γενήσεσθαι μέλλων μακάριός τε καὶ εὐδαίμων ἐξ ἀρχῆς εὐθὺς μέτοχος εἴη, ἵνα ὡς πλεῖστον χρόνον ἀληθὴς ὢν διαβιοῖ. Πιστὸς γάρ· ὁ δὲ ἄπιστος ᾧ φίλον ψεῦδος ἑκούσιον, ὅτῳ δὲ ἀκούσιον, ἄνους. Ὧν οὐδέτερον ζηλωτόν. Ἄφιλος γὰρ δὴ πᾶς ὅ γε ἄπιστος καὶ ἀμαθής, χρόνου δὲ προϊόντος γνωσθείς, εἰς τὸ χαλεπὸν γῆρας ἐρημίαν αὑτῷ πᾶσαν κατεσκευάσατο ἐπὶ τέλει τοῦ βίου, ὥστε ζώντων καὶ μὴ ἑταίρων καὶ παίδων σχεδὸν ὁμοίως ὀρφανὸν αὑτῷ d
γενέσθαι τὸν βίον. Τίμιος μὲν δὴ καὶ ὁ μηδὲν ἀδικῶν, ὁ δὲ μηδ' ἐπιτρέπων τοῖς ἀδικοῦσιν ἀδικεῖν πλέον ἢ διπλασίας τιμῆς ἄξιος ἐκείνου· ὁ μὲν γὰρ ἑνός, ὁ δὲ πολλῶν ἀντάξιος ἑτέρων, μηνύων τὴν τῶν ἄλλων τοῖς ἄρχουσιν ἀδικίαν. Ὁ δὲ καὶ συγκολάζων εἰς δύναμιν τοῖς ἄρχουσιν, ὁ μέγας ἀνὴρ ἐν πόλει καὶ τέλειος οὗτος ἀναγορευέσθω, νικηφόρος ἀρετῇ.
Τὸν αὐτὸν δὴ τοῦτον ἔπαινον καὶ περὶ σωφροσύνης χρὴ λέ- e

b 4 διαγάγοι A Stob. et (άγ s. v.) O[4] : διάγοι O || 5 ὅσα cj. **Ast** : ὅσ' ἂν A et (o ex ω) O[c] ὡς ἂν O ὅσον Stob. ὃς ἂν οὖν K[c] || 6 εὐηνίους AO : εὐνοικοὺς K[c] || καὶ εὐμενεῖς AO : om. Stob. || **c** 1 ῥητέον AO Stob. : ῥητέα K[c] || ἀλήθεια -6 ἀμαθής hab. Stobaeus, III, 11, 26 (434, 15-435, 4 H.) ; -732 b 4 ποιούμενον id., III, 1, 202 (155, 3-159, 3 H.) || 2 ἧς -6 ἀμαθής hab. Clemens, *Strom.*, II, 4, 18, 1 (121, 26-122, 3 S.) || ὁ -4 διαβιοῖ hab. Theodoretus, 1, 117 (32, 22-33, 1 R.) || 3 ὡς AO : ὡς ὅτι Stobaei III 1 et IV ὅτι Stobaei III 11 || 4 διαβιοῖ AO Stob. (ter) : διαβιῴη Clem. διαβιῷ Theod. || **d** 2 τίμιος -**e** 3 μεταδιδόναι hab. Julianus, *Misopogon*, 353 d-354 a Spanh. (456, 14-457, 1 Hertl.) ; -**d** 7 ἀρετῇ Stobaeus, III, 9, 52 (364, 1-7 H.) || 7 ἀρετῇ AOP Stob. (ter) : ἀρετῆς Jul. (cf. Max. Tyr., 34, 9, p. 401, 4 Hobein) || **e** 1 χρὴ A Stob. (bis) et s. v. O[4] : δεῖ O.

et à tous les autres biens dont la possession permet non seulement de les avoir pour soi mais encore d'en faire part à d'autres. Celui qui partage sera honoré comme le meilleur ; à qui ne le peut, mais le voudrait, on laissera le second rang ; quant à l'égoïste[1], à celui qui n'a jamais de son plein gré l'amitié de partager ses biens avec un autre, on le blâmera
731 a personnellement, mais on ne dépréciera pas pour cela le bien possédé à cause de son possesseur, et on s'efforcera de l'acquérir. Que tout le monde, chez nous, ait l'émulation de la vertu sans jalousie. Car ainsi on grandit les cités, en rivalisant soi-même avec les autres sans les paralyser par des calomnies ; mais l'envieux qui croit ne pouvoir l'emporter qu'en calomniant autrui met lui-même moins d'effort à atteindre la véritable vertu, et il réduit au découragement ses émules par les critiques injustes dont ils se voient l'objet ; et ainsi
b c'est toute la cité dont il diminue l'entraînement dans ce concours de vertu et dont il affaiblit pour sa part la bonne réputation. Il faut donc que tout homme joigne à l'irascibilité la douceur la plus grande possible. Pour les fautes d'autrui qui présentent un danger et peu ou point du tout de chances de guérison, on ne peut s'y soustraire qu'en en triomphant par une lutte défensive et en les châtiant inflexiblement, ce qu'aucune âme ne peut faire sans une colère généreuse.
c Quant à celles de tous les coupables que l'on peut espérer guérir, il faut savoir d'abord qu'aucun homme injuste ne fait le mal de propos délibéré[2] ; personne, en effet, ne saurait d'aucune manière accueillir de gaîté de cœur aucun des maux les plus grands, surtout dans ce qu'il a de plus précieux ; or l'âme, nous l'avons dit, est vraiment pour tout homme le bien le plus précieux[3] ; donc personne, dans ce qu'il a de plus précieux, ne prendra jamais délibérément le mal le plus

1. Littéralement : « envieux » ; car pour Platon l'envie consiste d'abord à ne pas vouloir faire part de ses biens à d'autres, et c'est pourquoi elle ne peut exister en Dieu (*Pindare et Platon*, p. 118 et 136).

2. Une des doctrines fondamentales du socratisme et du platonisme (cf. v. g. *Protag.* 345 d, *Gorg.* 509 e, *Lois* IX 860 d), où l'on a vu à tort la négation de la liberté. Aristote, qui paraît rejeter la thèse, finit par y revenir équivalemment, dans sa théorie du syllogisme pratique, aux VIe et VIIe livres de l'*Ethique à Nicomaque*.

3. Cf. 726 a, 728 c.

γειν καὶ περὶ φρονήσεως, καὶ ὅσα ἄλλα ἀγαθά τις κέκτηται δυνατὰ μὴ μόνον αὐτὸν ἔχειν ἀλλὰ καὶ ἄλλοις μεταδιδόναι· καὶ τὸν μὲν μεταδιδόντα ὡς ἀκρότατον χρὴ τιμᾶν, τὸν δ᾽ αὖ μὴ δυνάμενον, ἐθέλοντα δέ, ἐᾶν δεύτερον, τὸν δὲ φθονοῦντα καὶ ἑκόντα μηδενὶ κοινωνὸν διὰ φιλίας γιγνόμενον ἀγαθῶν τινων αὐτὸν μὲν ψέγειν, τὸ δὲ κτῆμα μηδὲν μᾶλλον διὰ τὸν 731 a κεκτημένον ἀτιμάζειν, ἀλλὰ κτᾶσθαι κατὰ δύναμιν. Φιλονικείτω δὲ ἡμῖν πᾶς πρὸς ἀρετὴν ἀφθόνως. Ὁ μὲν γὰρ τοιοῦτος τὰς πόλεις αὔξει, ἁμιλλώμενος μὲν αὐτός, τοὺς ἄλλους δὲ οὐ κολούων διαβολαῖς· ὁ δὲ φθονερός, τῇ τῶν ἄλλων διαβολῇ δεῖν οἰόμενος ὑπερέχειν, αὐτός τε ἧττον συντείνει πρὸς ἀρετὴν τὴν ἀληθῆ, τούς τε ἀνθαμιλλωμένους εἰς ἀθυμίαν καθίστησι τῷ ἀδίκως ψέγεσθαι, καὶ διὰ ταῦτα ἀγύμναστον τὴν πόλιν ὅλην εἰς ἅμιλλαν ἀρετῆς ποιῶν, b σμικροτέραν αὐτὴν πρὸς εὐδοξίαν τὸ ἑαυτοῦ μέρος ἀπεργάζεται. Θυμοειδῆ μὲν δὴ χρὴ πάντα ἄνδρα εἶναι, πρᾷον δὲ ὡς ὅτι μάλιστα. Τὰ γὰρ τῶν ἄλλων χαλεπὰ καὶ δυσίατα ἢ καὶ τὸ παράπαν ἀνίατα ἀδικήματα οὐκ ἔστιν ἄλλως ἐκφυγεῖν ἢ μαχόμενον καὶ ἀμυνόμενον νικῶντα καὶ τῷ μηδὲν ἀνιέναι κολάζοντα, τοῦτο δὲ ἄνευ θυμοῦ γενναίου ψυχὴ πᾶσα ἀδύνατος δρᾶν. Τὰ δ᾽ αὖ τῶν ὅσοι ἀδικοῦσιν μέν, ἰατὰ c δέ, γιγνώσκειν χρὴ πρῶτον μὲν ὅτι πᾶς ὁ ἄδικος οὐχ ἑκὼν ἄδικος· τῶν γὰρ μεγίστων κακῶν οὐδεὶς οὐδαμοῦ οὐδὲν ἑκὼν κεκτῇτο ἄν ποτε, πολὺ δὲ ἥκιστα ἐν τοῖς τῶν ἑαυτοῦ τιμιωτάτοις. Ψυχὴ δ᾽, ὡς εἴπομεν, ἀληθείᾳ γέ ἐστιν πᾶσιν τιμιώτατον· ἐν οὖν τῷ τιμιωτάτῳ τὸ μέγιστον κακὸν οὐδεὶς

e 3 δυνατὰ AO Stobaei III : καλὰ Stobaei IV || 4 χρὴ A Stob. (bis) et (μα p. n.) O[c] : χρῆμα O || **731 a** 1 μηδὲν A Stob. et (ν s. v.) O[4] : μηδὲ O || 5 κολούων A Stobaei A et (ο et ου s. v.) O[4] : κωλύων OP cum Stobaei M[d] || 7 ἀνθαμιλλωμένους A (sed post ω eras. cum duob. sign.) et O (ω ex ο) cum P : ἀνταμιλλωμένους Stob. || **c** 1 αὖ τῶν edd. : αὐτῶν AO (hic deficit Stobaei M[d]A) || 4 κεκτῇτο A[2] (ι s. v.) : κέκτητο AO || ἑαυτοῦ O et (ἑ s. v.) A[2] : αὐτοῦ A || 5 πᾶσι s. v. O[3] : om. O || 6 τιμιώτα⟨τον· ἐν οὖν τῷ τιμιωτά⟩τῳ inclusa in calce A[2] : om. A.

grand[1], ni ne vivra sa vie durant en cette compagnie. Mais le
d criminel mérite toute compassion, au même titre que n'importe quel homme atteint d'un mal ; et nous pouvons avoir pitié de celui qui a un mal guérissable, retenir et adoucir notre colère, au lieu de répandre constamment notre humeur noire, comme une femme acariâtre ; mais contre celui qui se livre au désordre sans contrôle ni espoir d'amendement, il faut déchaîner notre colère ; aussi disons-nous qu'il convient nécessairement que l'homme de bien soit irascible ou bénin selon les occasions[2].

L'égoïsme.

Le plus grand de tous les maux est inné dans l'âme de la plupart des hommes et chacun se le pardonne sans chercher aucun moyen d'y
e échapper ; c'est ce qu'on entend quand on dit que tout homme est naturellement ami de soi-même et qu'il est dans l'ordre que l'on doive être ainsi. C'est en réalité pour chacun, en chaque circonstance, la cause de toutes les fautes, du fait de l'amour excessif de soi-même. Car celui qui aime s'aveugle sur ce qu'il aime, au point de mal juger du juste,
732 a du bon et du beau, dans l'idée qu'il doit toujours préférer son intérêt au vrai ; car ce n'est ni soi-même ni ses biens qu'on doit chérir si l'on veut être un grand homme : c'est le juste, que l'action juste soit la sienne ou plutôt celle d'un autre. En vertu de cette même erreur, tous se sont habitués à prendre pour de la sagesse leur ignorance foncière ; en sorte que, sans rien savoir ou presque, nous croyons savoir toutes choses, et faute de laisser les autres faire ce que nous
b ignorons, nous échouons nécessairement à le faire nous-mêmes. Aussi tout homme doit-il fuir l'amour excessif de soi-même et rechercher toujours un meilleur que soi, sans prétexter jamais la honte qu'il éprouve à cette occasion.

1. C'est le seul exemple platonicien de syllogisme qui appartienne à un exposé continu (*Études sur quelques particules de liaison chez Platon*, p. 14); pour y ajouter, avec F. Solmsen, IX 860 d 5-8, il faut corriger le texte (cf. E. de Strycker, *Revue Néoscolastique de Philosophie*, XXXIV, 1932, p. 222-223). On voit combien la forme du dialogue est essentielle à la dialectique platonicienne.

2. Reprise, sans formule de récurrence et avec substitution de « l'homme de bien » à « tout homme », de 731 b 2-3.

ἑκὼν μή ποτε λάβῃ καὶ ζῇ διὰ βίου κεκτημένος αὐτό. Ἀλλὰ
ἐλεεινὸς μὲν πάντως ὅ γε ἄδικος καὶ ὁ τὰ κακὰ ἔχων, ἐλεεῖν d
δὲ τὸν μὲν ἰάσιμα ἔχοντα ἐγχωρεῖ καὶ ἀνείργοντα τὸν θυμὸν
πραΰνειν καὶ μὴ ἀκραχολοῦντα γυναικείως πικραινόμενον
διατελεῖν, τῷ δ᾽ ἀκράτως καὶ ἀπαραμυθήτως πλημμελεῖ καὶ
κακῷ ἐφιέναι δεῖ τὴν ὀργήν· διὸ δὴ θυμοειδῆ πρέπειν καὶ
πρᾷόν φαμεν ἑκάστοτε εἶναι δεῖν τὸν ἀγαθόν.

Πάντων δὲ μέγιστον κακῶν ἀνθρώποις τοῖς πολλοῖς ἔμ-
φυτον ἐν ταῖς ψυχαῖς ἐστιν, οὗ πᾶς αὑτῷ συγγνώμην ἔχων
ἀποφυγὴν οὐδεμίαν μηχανᾶται· τοῦτο δ᾽ ἔστιν ὃ λέγουσιν e
ὡς φίλος αὑτῷ πᾶς ἄνθρωπος φύσει τέ ἐστιν καὶ ὀρθῶς
ἔχει τὸ δεῖν εἶναι τοιοῦτον. Τὸ δὲ ἀληθείᾳ γε πάντων
ἁμαρτημάτων διὰ τὴν σφόδρα ἑαυτοῦ φιλίαν αἴτιον ἑκάστῳ
γίγνεται ἑκάστοτε. Τυφλοῦται γὰρ περὶ τὸ φιλούμενον ὁ
φιλῶν, ὥστε τὰ δίκαια καὶ τὰ ἀγαθὰ καὶ τὰ καλὰ κακῶς
κρίνει, τὸ αὑτοῦ πρὸ τοῦ ἀληθοῦς ἀεὶ τιμᾶν δεῖν ἡγούμενος· 732 a
οὔτε γὰρ ἑαυτὸν οὔτε τὰ ἑαυτοῦ χρὴ τόν γε μέγαν ἄνδρα
ἐσόμενον στέργειν, ἀλλὰ τὰ δίκαια, ἐάντε παρ᾽ αὑτῷ ἐάντε
παρ᾽ ἄλλῳ μᾶλλον πραττόμενα τυγχάνῃ. Ἐκ ταὐτοῦ δὲ
ἁμαρτήματος τούτου καὶ τὸ τὴν ἀμαθίαν τὴν παρ᾽ αὑτῷ
δοκεῖν σοφίαν εἶναι γέγονε πᾶσιν· ὅθεν οὐκ εἰδότες ὡς ἔπος
εἰπεῖν οὐδέν, οἰόμεθα τὰ πάντα εἰδέναι, οὐκ ἐπιτρέποντες δὲ
ἄλλοις ἃ μὴ ἐπιστάμεθα πράττειν, ἀναγκαζόμεθα ἁμαρτάνειν b
αὐτοὶ πράττοντες. Διὸ πάντα ἄνθρωπον χρὴ φεύγειν τὸ
σφόδρα φιλεῖν αὑτόν, τὸν δ᾽ ἑαυτοῦ βελτίω διώκειν ἀεί,
μηδεμίαν αἰσχύνην ἐπὶ τῷ τοιούτῳ πρόσθεν ποιούμενον.

d 4 πλημμελεῖ A (εῖ i. r.) et OK[c] : πλημμελεῖν O[4] (ν add.) || 7 πάν-των-732 **b** 4 ποιούμενον hab. Stobaeus, III, 23, 18 (600, 6-601, 7 H.) || κακῶν A Π i. m. O[4] Stobaei III 23 et 1 M[d] : κακὸν O Stobaei III 1 A || **e** 2 ante φύσει add. ὃ K[c] || τέ AO Stobaei III 23 : δέ Stob. III 1 || **732 a** 2 γε AO Stobaei III 1 : om. Stobaei III 23 || 3 ἐάν⟨τε παρ᾽ αὑτῷ ἐάν⟩τε inclusa e. v. A[2] : om. A || 6 γέγονε AO : γεγονέναι Stob. (bis) || **b** 3 τὸν AO : τὸ Stob. (bis) || ἀεὶ Stobaei III 1 : δεῖ AOP Stobaei III 23 || 4 πρόσθεν ποιούμενον AO Stobaei III 23 : προσποούμενον Stobaei III 1.

Egalité d'humeur. Il est des préceptes moins graves que ceux-là et souvent redits, mais non moins utiles que les précédents ; nous devons nous en ressouvenir et en parler. Lors d'un reflux, il doit toujours se produire en sens opposé un afflux ; or, la réminiscence est un afflux qui se produit quand la pensée a un vide [1] ; ainsi il faut répri-
c mer les ris et les pleurs intempestifs, chacun doit donner cette consigne aux autres et, dissimulant entièrement tout excès dans la joie ou dans la souffrance, tâcher de faire bon visage, soit que dans la prospérité le destin de chacun soit stable ou que dans les vicissitudes nos destins se heurtent à certaines entreprises comme à des hauteurs à pic ; il faut toujours espérer que, par les bienfaits qu'elle accorde, la divinité atténuera le poids des peines qui fondent sur nous,
d qu'elle changera pour l'améliorer notre situation présente, et qu'en ce qui concerne les biens, ils iront au contraire toujours en augmentant par une heureuse fortune. C'est dans ces espérances que chacun doit vivre, ainsi que dans le ressouvenir de toutes ces vérités, sans rien épargner pour les rappeler sans cesse, dans ses jeux et ses travaux, à autrui et à soi-même clairement.

La vertu et le bonheur. Maintenant donc, à propos des pratiques auxquelles il faut se livrer, à propos aussi des individus et de la perfection
e que chacun doit acquérir, nous avons exposé à peu près ce qui relève des dieux ; mais nous n'avons pas parlé maintenant de l'humain ; il le faut pourtant : c'est à des hommes que nous nous adressons, et non à des dieux. Or, la nature humaine consiste principalement en plaisirs, en douleurs et en désirs, auxquels fatalement tout être est à la lettre comme suspendu et accroché par ses préoccupations les plus profondes. Il faut donc recommander la vie la plus belle, non seulement parce que, extérieurement, elle l'emporte en noble
733 a réputation, mais encore parce que, si l'on consent à y goûter au lieu de s'en détourner dans sa jeunesse, elle l'emporte aussi en ce que nous cherchons tous : plus de jouissance et moins de souffrance tout le long de notre vie. Qu'il en sera

1. Cette phrase constitue une sorte de parenthèse, où la définition de la réminiscence rappelle *Philèbe* 34 b-c plus que le *Phédon*.

Ἃ δὲ σμικρότερα μὲν τούτων καὶ λεγόμενα πολλάκις ἐστίν,
χρήσιμα δὲ τούτων οὐχ ἧττον, χρὴ λέγειν ἑαυτὸν ἀναμιμνῄ-
σκοντα. Ὥσπερ γάρ τινος ἀπορρέοντος ἀεὶ δεῖ τοὐναντίον
ἐπιρρεῖν· ἀνάμνησις δ' ἐστὶν ἐπιρροὴ φρονήσεως ἀπολει-
πούσης· διὸ δὴ γελώτων τε εἴργεσθαι χρὴ τῶν ἐξαισίων c
καὶ δακρύων, παραγγέλλειν δὲ παντὶ πάντ' ἄνδρα, καὶ ὅλην
περιχάρειαν πᾶσαν ἀποκρυπτόμενον καὶ περιωδυνίαν εὐσχη-
μονεῖν πειρᾶσθαι, κατά τε εὐπραγίας ἱσταμένου τοῦ δαίμονος
ἑκάστου, καὶ κατὰ τύχας οἷον πρὸς ὑψηλὰ καὶ ἀνάντη δαι-
μόνων ἀνθισταμένων τισὶν πράξεσιν, ἐλπίζειν δ' ἀεὶ τοῖς
γε ἀγαθοῖσι τὸν θεὸν ἃ δωρεῖται πόνων μὲν ἐπιπιπτόντων
ἀντὶ μειζόνων ἐλάττους ποιήσειν τῶν τ' αὖ νῦν παρόντων d
ἐπὶ τὸ βέλτιον μεταβολάς, περὶ δὲ τὰ ἀγαθὰ τὰ ἐναντία
τούτων ἀεὶ πάντ' αὐτοῖς παραγενήσεσθαι μετ' ἀγαθῆς τύχης.
Ταύταις δὴ ταῖς ἐλπίσιν ἕκαστον χρὴ ζῆν καὶ ταῖς ὑπομνή-
σεσι πάντων τῶν τοιούτων, μηδὲν φειδόμενον, ἀλλ' ἀεὶ κατά
τε παιδιὰς καὶ σπουδὰς ἀναμιμνῄσκοντα ἕτερόν τε καὶ
ἑαυτὸν σαφῶς.

Νῦν οὖν δὴ περὶ μὲν ἐπιτηδευμάτων, οἷα χρὴ ἐπιτηδεύειν,
καὶ περὶ αὐτοῦ ἑκάστου, ποῖόν τινα χρεὼν εἶναι, λέλεκται e
σχεδὸν ὅσα θεῖά ἐστι, τὰ δὲ ἀνθρώπινα νῦν ἡμῖν οὐκ
εἴρηται, δεῖ δέ· ἀνθρώποις γὰρ διαλεγόμεθα ἀλλ' οὐ θεοῖς.
Ἔστιν δὴ φύσει ἀνθρώπειον μάλιστα ἡδοναὶ καὶ λῦπαι καὶ
ἐπιθυμίαι, ἐξ ὧν ἀνάγκη τὸ θνητὸν πᾶν ζῷον ἀτεχνῶς οἷον
ἐξηρτῆσθαί τε καὶ ἐκκρεμάμενον εἶναι σπουδαῖς ταῖς μεγί-
σταις· δεῖ δὴ τὸν κάλλιστον βίον ἐπαινεῖν, μὴ μόνον ὅτι τῷ
σχήματι κρατεῖ πρὸς εὐδοξίαν, ἀλλὰ καὶ ὥς, ἄν τις ἐθέλῃ 733 a
γεύεσθαι καὶ μὴ νέος ὢν φυγὰς ἀπ' αὐτοῦ γένηται, κρατεῖ
καὶ τούτῳ ὃ πάντες ζητοῦμεν, τῷ χαίρειν πλείω, ἐλάττω
δὲ λυπεῖσθαι παρὰ τὸν βίον ἅπαντα. Ὡς δὲ ἔσται τοῦτο

b 8 ἀπολειπούσης A Π i. m. O⁴ et (ει s. v.) O⁴ : ἀπολιπούσης O et (ι supra ει) A² || **d** 1 τῶν O : τὸν A.

ainsi, pourvu qu'on en goûte correctement, la chose va
paraître à l'instant des plus claires. Mais en quoi consiste
cette rectitude du goût ? C'est ce qu'il faut à présent exa-
miner à la lumière de l'argument ; il faut, en comparant une
vie à l'autre, la plus agréable et la plus pénible, examiner si
dans tel cas chacune est naturellement conforme à notre
constitution, ou si dans tel autre, à l'inverse, elle contrarie
la nature. Nous voulons avoir du plaisir, nous ne choisissons
b ni ne voulons la douleur ; quant à l'état neutre, nous ne le
voulons pas à la place du plaisir, mais nous le voulons en
échange de la douleur ; et nous voulons moins de douleur
avec plus de plaisir, nous ne voulons pas moins de plaisir
avec plus de douleur ; mais un état où l'un et l'autre seraient
égaux, pouvons-nous le vouloir ? c'est ce que nous ne saurions
établir nettement. Par le nombre, la grandeur, la densité,
l'égalité, tout cela et tout ce qui s'oppose à tout cela sous le
rapport du vouloir influe ou n'influe pas sur chacun de nos
c choix. Les choses étant ainsi disposées nécessairement, quand
une vie contient en grand nombre chacun de ces éléments,
avec force et intensité, et que domine l'élément plaisir, nous
la voulons ; si c'est le contraire, nous ne la voulons pas ; et,
inversement, quand chacun des éléments s'y trouve en petit
nombre, faiblement et sans passion, mais que dominent les
éléments douloureux, nous ne la voulons pas, tandis que si
c'est le contraire, nous la voulons. Pour une vie où règne
l'équilibre, il faut raisonner comme précédemment : nous
voulons la vie d'équilibre dans l'idée qu'elle nous apporte
d plus de satisfaction que l'autre, nous ne la voulons pas dans
la mesure où ce qui nous est odieux y paraît l'emporter[1]. Il
faut donc nous mettre dans l'esprit que toutes nos vies sont
liées à ces oppositions, et il nous faut bien examiner quelles
vies notre nature désire ; mais si par hasard nous prétendons
avoir quelque désir en dehors de ces limites, c'est une igno-
rance ou une inexpérience de la vie réelle qui nous fait
parler.

Quelles et combien sont donc les vies à propos desquelles
il faut, par un choix préalable, considérer l'objet de désir, le
voulu, et l'objet de répulsion, le non voulu, pour en faire
e notre loi et, par le choix de ce qui est attrayant et agréable

1. On a voulu voir dans tout ce passage (732 d 8-734 e 2) un

σαφές, ἂν γεύηταί τις ὀρθῶς, ἑτοίμως καὶ σφόδρα φανή-
σεται. Ἡ δὲ ὀρθότης τίς; τοῦτο ἤδη παρὰ τοῦ λόγου χρὴ
λαμβάνοντα σκοπεῖν· εἴτε οὕτως ἡμῖν κατὰ φύσιν πέφυκεν
εἴτε ἄλλως παρὰ φύσιν, βίον χρὴ παρὰ βίον ἡδίω καὶ
λυπηρότερον ὧδε σκοπεῖν. Ἡδονὴν βουλόμεθα ἡμῖν εἶναι,
λύπην δὲ οὔθ᾽ αἱρούμεθα οὔτε βουλόμεθα, τὸ δὲ μηδέτερον b
ἀντὶ μὲν ἡδονῆς οὐ βουλόμεθα, λύπης δὲ ἀλλάττεσθαι
βουλόμεθα· λύπην δ᾽ ἐλάττω μετὰ μείζονος ἡδονῆς βουλό-
μεθα, ἡδονὴν δ᾽ ἐλάττω μετὰ μείζονος λύπης οὐ βουλόμεθα,
ἴσα δὲ ἀντὶ ἴσων ἑκάτερα τούτων οὐχ ὡς βουλόμεθα ἔχοιμεν
ἂν διασαφεῖν. Ταῦτα δὲ πάντα ἐστὶν πλήθει καὶ μεγέθει
καὶ σφοδρότησιν ἰσότησίν τε, καὶ ὅσα ἐναντία ἐστὶν πᾶσι
τοῖς τοιούτοις πρὸς βούλησιν, διαφέροντά τε καὶ μηδὲν
διαφέροντα πρὸς αἵρεσιν ἑκάστων. Οὕτω δὴ τούτων ἐξ c
ἀνάγκης διακεκοσμημένων, ἐν ᾧ μὲν βίῳ ἔνεστι πολλὰ ἑκά-
τερα καὶ μεγάλα καὶ σφοδρά, ὑπερβάλλει δὲ τὰ τῶν ἡδονῶν,
βουλόμεθα, ἐν ᾧ δὲ τὰ ἐναντία, οὐ βουλόμεθα· καὶ αὖ ἐν
ᾧ ὀλίγα ἑκάτερα καὶ σμικρὰ καὶ ἠρεμαῖα, ὑπερβάλλει δὲ τὰ
λυπηρά, οὐ βουλόμεθα, ἐν ᾧ δὲ τἀναντία, βουλόμεθα. Ἐν
ᾧ δ᾽ αὖ βίῳ ἰσορροπεῖ, καθάπερ ἐν τοῖς πρόσθεν δεῖ δια-
νοεῖσθαι· τὸν ἰσόρροπον βίον ὡς τῶν μὲν ὑπερβαλλόντων
τῷ φίλῳ ἡμῖν βουλόμεθα, τῶν δ᾽ αὖ τοῖς ἐχθροῖς οὐ βουλό- d
μεθα. Πάντας δὴ δεῖ διανοεῖσθαι τοὺς βίους ἡμῶν ὡς ἐν
τούτοις ἐνδεδεμένοι πεφύκασιν, καὶ δεῖ διανοεῖσθαι ποίους
φύσει βουλόμεθα· εἰ δέ τι παρὰ ταῦτα ἄρα φαμὲν βού-
λεσθαι, διά τινα ἄγνοιαν καὶ ἀπειρίαν τῶν ὄντων βίων αὐτὰ
λέγομεν.

Τίνες δὴ καὶ πόσοι εἰσὶ βίοι, ὧν πέρι δεῖ προελόμενον
τὸ βουλητόν τε καὶ ἑκούσιον ἀβούλητόν τε καὶ ἀκούσιον
ἰδόντα εἰς νόμον ἑαυτῷ ταξάμενον, τὸ φίλον ἅμα καὶ ἡδὺ e
καὶ ἄριστόν τε καὶ κάλλιστον ἑλόμενον, ζῆν ὡς οἷόν τ᾽ ἐστὶν

733 a 5 γεύηταί A et (υ i. r. ex ν) O[c] : γένηταί O || 6 τίς A (ίς i. r.) et s. v. O[3] : om. O || **c** 4 ante ᾧ eras. in A (cum uno signo) || **d** 7 ὧν πέρι O et (ι s. v.) A[c] : ὧνπερ A.

pour nous et en même temps le meilleur et le plus beau, vivre dans toute la félicité accessible à l'homme ? Disons que la vie de tempérance est une vie, la vie de sagesse une autre, une autre encore la vie courageuse, et classons la vie de santé comme une vie ; et à ces quatre vies opposons-en quatre autres, celles de l'insensé, du lâche, du débauché, du malade. Là-dessus, celui qui s'y connaît en fait de vie tempérante représentera celle-ci comme bénigne à tous égards, avec des
734 a douleurs tranquilles, des plaisirs tranquilles aussi, des désirs souples et des amours sans fureur ; la vie intempérante, au contraire, comme emportée à tous égards, avec des douleurs violentes, des plaisirs violents aussi, des désirs intenses et harcelants et des amours aussi furieux qu'ils peuvent l'être : dans la vie tempérante, les plaisirs l'emportent sur les souffrances ; dans celle du débauché, les douleurs l'emportent sur les plaisirs en grandeur, en nombre et en fréquence. Il
b s'ensuit que l'une des vies nous est plus agréable, l'autre fatalement plus douloureuse selon la nature, et celui qui veut vivre agréablement n'a plus la liberté de vivre de gaîté de cœur dans la débauche, mais il appert d'ores et déjà que si nous nous exprimons en ce moment avec rectitude, tout débauché, nécessairement, est tel contre son gré ; car c'est toujours ou par ignorance, ou faute de contrôle de soi-même, ou pour ces deux motifs que les hommes, tous tant qu'ils sont, vivent sans tempérance. Il faut raisonner de même à propos de la vie de maladie ou de santé : ces vies ont des plaisirs et des douleurs, mais dans la santé les plaisirs l'emportent sur
c les douleurs ; dans la maladie, les douleurs sur les plaisirs. Or, notre intention dans le choix des vies n'est pas de faire prédominer la douleur, et la vie où elle est dominée est celle que nous jugeons plus agréable. En somme, pourrions-nous dire, à comparer la tempérante et la débauchée, la sage et l'insensée, celle du courage à celle de la lâcheté, les premières ont chacun des deux éléments en moindre quantité, plus faiblement et plus rarement ; chacune d'elles domine son antagoniste sous le rapport des plaisirs, tandis que l'autre la domine sous le rapport de la douleur, et ainsi le courageux
d triomphe du lâche, l'homme de sens de l'insensé, en sorte

hédonisme inconciliable avec l'interprétation authentique du livre II (G. Müller, *Der Aufbau der Bücher II und VII...* Diss. Könisberg,

ἄνθρωπον μακαριώτατα; λέγωμεν δὴ σώφρονα βίον ἕνα εἶναι καὶ φρόνιμον ἕνα καὶ ἕνα τὸν ἀνδρεῖον, καὶ τὸν ὑγιεινὸν βίον ἕνα ταξώμεθα· καὶ τούτοις οὖσιν τέτταρσιν ἐναντίους ἄλλους τέτταρας, ἄφρονα, δειλόν, ἀκόλαστον, νοσώδη. Σώφρονα μὲν οὖν βίον ὁ γιγνώσκων θήσει πρᾷον ἐπὶ πάντα,
734 a καὶ ἠρεμαίας μὲν λύπας, ἠρεμαίας δὲ ἡδονάς, μαλακὰς δὲ ἐπιθυμίας καὶ ἔρωτας οὐκ ἐμμανεῖς παρεχόμενον, ἀκόλαστον δέ, ὀξὺν ἐπὶ πάντα, καὶ σφοδρὰς μὲν λύπας, σφοδρὰς δὲ ἡδονάς, συντόνους δὲ καὶ οἰστρώδεις ἐπιθυμίας τε καὶ ἔρωτας ὡς οἷόν τε ἐμμανεστάτους παρεχόμενον, ὑπερβαλλούσας δὲ ἐν μὲν τῷ σώφρονι βίῳ τὰς ἡδονὰς τῶν ἀχθηδόνων, ἐν δὲ τῷ ἀκολάστῳ τὰς λύπας τῶν ἡδονῶν μεγέθει καὶ πλήθει καὶ πυκνότησιν. Ὅθεν ὁ μὲν ἡδίων ἡμῖν τῶν βίων, ὁ δὲ
b λυπηρότερος ἐξ ἀνάγκης συμβαίνει κατὰ φύσιν γίγνεσθαι, καὶ τόν γε βουλόμενον ἡδέως ζῆν οὐκέτι παρείκει ἑκόντα γε ἀκολάστως ζῆν, ἀλλ' ἤδη δῆλον ὡς, εἰ τὸ νῦν λεγόμενον ὀρθόν, πᾶς ἐξ ἀνάγκης ἄκων ἐστὶν ἀκόλαστος· ἢ γὰρ δι' ἀμαθίαν ἢ δι' ἀκράτειαν ἢ δι' ἀμφότερα, τοῦ σωφρονεῖν ἐνδεὴς ὢν ζῇ ὁ πᾶς ἀνθρώπινος ὄχλος. Ταὐτὰ δὲ περὶ νοσώδους τε καὶ ὑγιεινοῦ βίου διανοητέον, ὡς ἔχουσι μὲν ἡδονὰς καὶ λύπας, ὑπερβάλλουσι δὲ ἡδοναὶ μὲν λύπας ἐν ὑγιείᾳ, λῦπαι δὲ ἡδονὰς ἐν νόσοις. Ἡμῖν δὲ ἡ βούλησις τῆς αἱρέ-
c σεως τῶν βίων οὐχ ἵνα τὸ λυπηρὸν ὑπερβάλλῃ· ὅπου δ' ὑπερβάλλεται, τοῦτον τὸν βίον ἡδίω κεκρίκαμεν. Ὁ δὴ σώφρων τοῦ ἀκολάστου καὶ ὁ φρόνιμος τοῦ ἄφρονος, φαῖμεν ἄν, καὶ ὁ τῆς ἀνδρείας τοῦ τῆς δειλίας ἐλάττονα καὶ σμικρότερα καὶ μανότερα ἔχων ἀμφότερα, τῇ τῶν ἡδονῶν ἑκάτερος ἑκάτερον ὑπερβάλλων, τῇ τῆς λύπης ἐκείνων ὑπερβαλλόντων
d αὐτούς, ὁ μὲν ἀνδρεῖος τὸν δειλόν, ὁ δὲ φρόνιμος τὸν ἄφρονα νικῶσιν, ὥστε ἡδίους εἶναι τοὺς βίους τῶν βίων, σώφρονα

e 7 ὁ γιγνώσκων A et (ὁ s. v.) O[4] : συγγιγνώσκων O (συγ p. n.) || **734 a** 2 καὶ O : τε καὶ A || 3 σφοδρὰς δὲ AO || 4 δὲ O : τε A et (τ s. v.) O[2] || **c** 6 μανότερα O : μανώτερα A et (ω ex ο) O[2] || 7 ἑκάτερον ὑπερβάλλων AO : ἑκατέρου ὑπερβολῇ K[c].

qu'une vie est plus agréable qu'une autre, la vie tempérante ou courageuse ou sensée ou saine plus que la vie lâche ou insensée ou débauchée ou maladive ; bref, la vie qui s'attache à la vertu selon le corps ou même selon l'âme est plus agréable que celle qui s'attache à la perversité et elle la dépasse largement sous les autres rapports, beauté, rectitude, vertu, réputation, si bien qu'elle assure à qui la possède
e une vie plus heureuse, du tout au tout, que la vie contraire.

Transition.

Sur ce, arrêtons à ce point de l'entretien notre exposé du prélude des lois ; et après le prélude, il faut sans doute que vienne un air, ou plutôt, à dire vrai, il faut esquisser un code civique[1]. De même que, pour un tissu ou tout autre objet tressé, on ne peut faire avec la même matière la trame et la chaîne : il faut, en effet, que la chaîne l'emporte en qualité, par sa
735 a force et une certaine fermeté inhérente à sa manière, tandis que la trame est plus molle et présente une souplesse raisonnable[2] ; ainsi donc, c'est un peu de cette façon que doivent se départager, respectivement et proportionnellement, les futurs magistrats de la cité et ceux qui ont subi l'épreuve d'une formation restreinte. Car il y a deux tâches politiques, la remise des charges à leurs titulaires et les lois que l'on distribue aux diverses charges.

Épurations nécessaires.

Mais avant tout cela il faut faire les considérations que voici. Quiconque a
b pris en main quelque troupeau, berger, bouvier, éleveur de chevaux ou tout autre de ce genre, n'entreprendra jamais de le soigner sans l'avoir d'abord épuré

1935, pp. 42-48) ; en réalité, toutes les propositions énoncées ici ne sont que des variations sur le thème de la mesure ; cf. 728 e et la note. Que la vertu fasse le bonheur de la vie, cette conclusion n'a rien qui jure avec les considérations de 661 d sv.

1. Toute la section 734 e-756 e a été analysée par U. de Wilamowitz-Möllendorff (*Hermes*, XLV, 1910, p. 398-406), qui en a montré l'ordonnance et a proposé des conjectures dont notre apparat cite les principales. Air et prélude : cf. IV 722 d-e et la note.

2. C'est toute la tâche du « royal tisserand » telle que la décrit la fin du *Politique* (308 d-309 c) : associer les contraires, lier et entre-

καὶ ἀνδρεῖον καὶ φρόνιμον καὶ ὑγιεινὸν δειλοῦ καὶ ἄφρονος
καὶ ἀκολάστου καὶ νοσώδους, καὶ συλλήβδην τὸν ἀρετῆς
ἐχόμενον κατὰ σῶμα ἢ καὶ κατὰ ψυχὴν τοῦ τῆς μοχθηρίας
ἐχομένου βίου ἡδίω τε εἶναι καὶ τοῖς ἄλλοις ὑπερέχειν ἐκ
περιττοῦ κάλλει καὶ ὀρθότητι καὶ ἀρετῇ καὶ εὐδοξίᾳ, ὥστε
τὸν ἔχοντα αὐτὸν ζῆν εὐδαιμονέστερον ἀπεργάζεσθαι τοῦ e
ἐναντίου τῷ παντὶ καὶ ὅλῳ.

Καὶ τὸ μὲν προοίμιον τῶν νόμων ἐνταυθοῖ λεχθὲν τῶν
λόγων τέλος ἐχέτω, μετὰ δὲ τὸ προοίμιον ἀναγκαῖόν που
νόμον ἕπεσθαι, μᾶλλον δὲ τό γε ἀληθὲς νόμους πολιτείας
ὑπογράφειν. Καθάπερ οὖν δή τινα συνυφὴν ἢ καὶ πλέγμ᾽
ἄλλ᾽ ὁτιοῦν, οὐκ ἐκ τῶν αὐτῶν οἷόν τ᾽ ἐστὶν τήν τε ἐφυφὴν
καὶ τὸν στήμονα ἀπεργάζεσθαι, διαφέρειν δ᾽ ἀναγκαῖον τὸ
τῶν στημόνων πρὸς ἀρετὴν γένος — ἰσχυρόν τε γάρ καί
τινα βεβαιότητα ἐν τοῖς τρόποις εἰληφός, τὸ δὲ μαλακώ- 735 a
τερον καὶ ἐπιεικείᾳ τινὶ δικαίᾳ χρώμενον — ὅθεν δὴ τοὺς
τὰς ἀρχὰς ἐν ταῖς πόλεσιν ἄρξοντας δεῖ διακρίνεσθαί τινα
τρόπον ταύτῃ καὶ τοὺς σμικρᾷ παιδείᾳ βασανισθέντας
ἑκάστοτε κατὰ λόγον. Ἔστὸν γὰρ δὴ δύο πολιτείας εἴδη,
τὸ μὲν ἀρχῶν καταστάσεις ἑκάστοις, τὸ δὲ νόμοι ταῖς
ἀρχαῖς ἀποδοθέντες.

Τὸ δὲ πρὸ τούτων ἁπάντων δεῖ διανοεῖσθαι τὰ τοιάδε.
Πᾶσαν ἀγέλην ποιμὴν καὶ βουκόλος τροφεύς τε ἵππων καὶ b
ὅσα ἄλλα τοιαῦτα παραλαβών, οὐκ ἄλλως μή ποτε ἐπιχει-
ρήσῃ θεραπεύειν ἢ πρῶτον μὲν τὸν ἑκάστῃ προσήκοντα

d 5 καὶ A et comp. s. v. O⁴ : om. O || **e** 5 νόμους secl. cj. Wilamowitz || 6 ὑπογράφειν (ειν i. r.) AO : ὑπογραφήν cj. Wilamowitz || καθάπερ -736 c 4 προσαγώμεθα hab. Stobaeus, IV, 2, 34 (169, 16-171, 27 H.) || ἢ A (ante ἢ eras. cum uno signo) et O : om. Stob. || **735 a** 1 τρόποις A et (ρ s. v.) O^c : τόποις O || 3 τὰς O : μεγάλας A Stob. et in calce O^3 (Π superscr. O^4) || 5 κατὰ AO : καὶ κατὰ Stob. || 6 καταστάσεις AO Stob. : κατάστασις (ι supra ει) A^2O^4 || **b** 2 ἐπιχειρήσῃ a (ῃ ex ει ?) et O^4 (ῃ s. v.) cum Stob. : ἐπιχειρήσει A (ut vid.) et O.

par l'espèce d'épuration qui convient à chaque groupement : séparant le sain et ce qui ne l'est pas, les bonnes races et les mauvaises, il renverra celles-ci à d'autres troupeaux et soignera le reste, en considérant quel vain et insatiable labeur imposeraient un corps et des âmes dont le naturel et la
c mauvaise éducation, après les avoir eux-mêmes gâtés, ruinent en outre ce qu'il y a de sain et d'intact dans les mœurs et les corps de tout le troupeau, le mal passant d'une tête du cheptel à l'autre si on n'y pratique une sélection en l'épurant. Le traitement des autres animaux est un moindre souci et ils ne méritent qu'à titre d'exemple de venir dans notre propos ; mais celui des hommes est la grande préoccupation du législateur, s'il veut rechercher et expliquer ce qui convient en chaque cas pour cette épuration et pour toutes
d les autres mesures à prendre. Pour commencer par les épurations d'une cité, voici la méthode à suivre : il y a bien des façons de la rendre nette, dont les unes sont plus faciles, les autres plus malaisées ; les malaisées, qui sont aussi les meilleures, un législateur qui serait en même temps tyran pourrait les appliquer [1] ; au contraire, un législateur qui sans être tyran établirait une constitution et des lois nouvelles, procédât-il à la plus douce des épurations, devrait être bien content si seulement il la réussissait. Or l'épuration la meilleure est
e douloureuse, comme toutes les médications vraiment efficaces : c'est celle qui n'opère la correction que par la sentence pénale et n'a, comme pénalité dernière, que la mort ou l'exil ; car ce sont les plus grands criminels, les incurables, le pire fléau de la cité, qu'elle écarte pour l'ordinaire [2]. Quant à la plus douce de nos deux épurations, la voici : tous ceux que leur indigence rend prêts à suivre leurs chefs pour marcher en armes, eux qui n'ont rien, contre les biens de ceux qui possèdent, on les traite comme un mal intérieur
736 a de la cité, et pour s'en débarrasser sous un prétexte hono-

croiser les tendances opposées de la chaîne, qui représente les gouvernants, et de la trame, où se retrouvent les gouvernés.

1. Platon n'a pas renoncé à son idéal de roi-philosophe, auquel il revient malgré les difficultés qu'il a lui-même exposées ; cf. IV 715 d et la note. Quant aux épurations de la cité, l'essentiel a été dit *Polit.* 293 d ; cf. *Rép.* VI 492 e, 501 a, VII 541 a.

2. Sur les criminels incurables, cf. 728 c et la note.

καθαρμὸν καθήρῃ τῇ συνοικήσει· διαλέξας δὲ τά τε ὑγιῆ καὶ τὰ μὴ καὶ τὰ γενναῖα καὶ ἀγεννῆ, τὰ μὲν ἀποπέμψει πρὸς ἄλλας τινὰς ἀγέλας, τὰ δὲ θεραπεύσει, διανοούμενος ὡς μάταιος ἂν ὁ πόνος εἴη καὶ ἀνήνυτος περί τε σῶμα καὶ ψυχάς, ἃς φύσις καὶ πονηρὰ τροφὴ διεφθαρκυῖα προσα- c
πόλλυσιν τὸ τῶν ὑγιῶν καὶ ἀκηράτων ἠθῶν τε καὶ σωμάτων γένος ἐν ἑκάστοις τῶν κτημάτων, ἄν τις τὰ ὑπάρχοντα μὴ διακαθαίρηται. Τὰ μὲν δὴ τῶν ἄλλων ζῴων ἐλάττων τε σπουδὴ καὶ παραδείγματος ἕνεκα μόνον ἄξια παραθέσθαι τῷ λόγῳ, τὰ δὲ τῶν ἀνθρώπων σπουδῆς τῆς μεγίστης τῷ τε νομοθέτῃ διερευνᾶσθαι καὶ φράζειν τὸ προσῆκον ἑκάστοις καθαρμοῦ τε πέρι καὶ συμπασῶν τῶν ἄλλων πράξεων. Αὐτίκα γὰρ τὸ περὶ καθαρμοὺς πόλεως ὧδ' ἔχον ἂν εἴη· d
πολλῶν οὐσῶν τῶν διακαθάρσεων αἱ μὲν ῥᾴους εἰσίν, αἱ δὲ χαλεπώτεραι, καὶ τὰς μὲν τύραννος μὲν ὢν καὶ νομοθέτης ὁ αὐτός, ὅσαι χαλεπαί τ' εἰσὶν καὶ ἄρισται, δύναιτ' ἂν καθῆραι, νομοθέτης δὲ ἄνευ τυραννίδος καθιστὰς πολιτείαν καινὴν καὶ νόμους, εἰ καὶ τὸν πρᾳότατον τῶν καθαρμῶν καθήρειεν, ἀγαπώντως ἂν καὶ τὸ τοιοῦτον δράσειεν. Ἔστι δ' ὁ μὲν ἄριστος ἀλγεινός, καθάπερ ὅσα τῶν φαρμάκων τοιουτότροπα, ὁ τῇ δίκῃ μετὰ τιμωρίας εἰς τὸ κολάζειν e
ἄγων, θάνατον ἢ φυγὴν τῇ τιμωρίᾳ τὸ τέλος ἐπιτιθείς· τοὺς γὰρ μέγιστα ἐξημαρτηκότας, ἀνιάτους δὲ ὄντας, μεγίστην δὲ οὖσαν βλάβην πόλεως, ἀπαλλάττειν εἴωθεν. Ὁ δὲ πρᾳότερός ἐστι τῶν καθαρμῶν ὁ τοιόσδε ἡμῖν· ὅσοι διὰ τὴν τῆς τροφῆς ἀπορίαν τοῖς ἡγεμόσιν ἐπὶ τὰ τῶν ἐχόντων μὴ ἔχοντες ἑτοίμους αὐτοὺς ἐνδείκνυνται παρεσκευακότες ἕπεσθαι, τούτοις ὡς νοσήματι πόλεως ἐμπεφυκότι, δι' 736 a

b 4 καθήρῃ Stob. : καθάρῃ AO || 5 ἀποπέμψει AO Stob. || 6 θεραπεύσει A Stob. et (ει s. v.) O[4] : θεραπεύσῃ (sic) O || **c** 6 τε A et (τ s. v.) O : γε Stob. || **d** 1 καθαρμοὺς AO : καθαρμοῦ Stob. || 4 τ' εἰσὶν AO : εἰσι Stob. || 7 ἀγαπώντως A Stob. et γρ. i. m. O[3] : ἀγαπητῶς O et γρ. i. m. A[2] || **e** 4 δὲ οὖσαν βλάβην AO : βλάβην οὖσαν Stob. || 6 τῆς O Stob. et s. v. A[2] : om. A.

rable, on procède, comme l'on dit, à une colonisation, forme de déportation la plus bienveillante possible [1]. Tout législateur doit donc au début procéder plus ou moins ainsi, mais notre cas à nous est encore plus spécial [2] : ce n'est pas une colonie ou un choix par épuration que nous devons imaginer à présent ; mais comme si des eaux affluaient ensemble
b dans un seul étang, les unes venant de plusieurs sources, les autres de torrents, il nous faut veiller avec attention à recevoir la plus pure possible l'eau qui afflue, et pour cela tantôt amener le flot, tantôt le canaliser et le dériver. Il y a, semble-t-il, peine et danger en toute entreprise politique. Sans doute ; mais puisqu'il s'agit actuellement de théorie et non de pratique, mettons que notre rassemblement est achevé et que l'épuration en a été réalisée à souhait : ceux
c qui, étant mauvais, essaient de pénétrer dans notre cité actuelle pour en devenir citoyens, quand nous les aurons discriminés par tous moyens possibles de persuasion et longueur suffisante de temps, nous leur en interdirons l'accès ; les bons, au contraire, nous les attirerons avec toute la bienveillance et toute la faveur possibles.

Partage des terres. Ne nous dissimulons pas que nous avons la chance, — cette chance qui, nous l'avons dit, a favorisé la migration des Héraclides [3], — d'avoir échappé aux querelles redoutables et périlleuses que suscitent la propriété foncière, l'abolition des dettes, les partages : quand elle se voit contrainte de légiférer à ce sujet,
d une cité ancienne ne peut ni laisser les choses en l'état ni non plus y toucher de quelque manière [4] : il ne lui reste, pour ainsi dire, que la ressource des souhaits et d'un changement léger et précautionneux, qui répartisse les progrès

1. La Grèce du ve siècle n'avait peur ni des déportations ni des transferts de population ; cf. l'introduction d'A. Diès à la *République*, p. LXXXVIII.

2. Avec la conjecture de C. Ritter, ingénieuse mais sans doute inutile, on traduirait : « plus facile » ou « moins pénible ». Il s'agit ici d'une épuration par anticipation, qui n'est pas le cas ordinaire.

3. Cf. 685 d et les notes.

4. Cf. 684 d-e et les notes.

εὐφημίας ἀπαλλαγήν, ὄνομα ἀποικίαν τιθέμενος, εὐμενῶς
ὅτι μάλιστα ἐξεπέμψατο. Παντὶ μὲν οὖν νομοθετοῦντι
τοῦτο ἁμῶς γέ πως κατ' ἀρχὰς δραστέον, ἡμῖν μὴν ἔτι
τούτων ἀτοπώτερα τὰ περὶ ταῦτ' ἐστὶ συμβεβηκότα νῦν·
οὔτε γὰρ ἀποικίαν οὔτ' ἐκλογήν τινα καθάρσεως δεῖ μηχα-
νᾶσθαι πρὸς τὸ παρόν, οἷον δέ τινων συρρεόντων ἐκ πολλῶν
τὰ μὲν πηγῶν τὰ δὲ χειμάρρων εἰς μίαν λίμνην, ἀναγκαῖον b
προσέχοντας τὸν νοῦν φυλάττειν ὅπως ὅτι καθαρώτατον
ἔσται τὸ συρρέον ὕδωρ, τὰ μὲν ἐξαντλοῦντας, τὰ δ' ἀποχε-
τεύοντας καὶ παρατρέποντας. Πόνος δ', ὡς ἔοικεν, καὶ
κίνδυνός ἐστιν ἐν πάσῃ κατασκευῇ πολιτικῇ. Τὰ δ' ἐπείπερ
λόγῳ γ' ἐστὶν τὰ νῦν ἀλλ' οὐκ ἔργῳ πραττόμενα, πεπε-
ράνθω τε ἡμῖν ἡ συλλογὴ καὶ κατὰ νοῦν ἡ καθαρότης
αὐτῆς ἔστω συμβεβηκυῖα· τοὺς γὰρ κακοὺς τῶν ἐπιχει-
ρούντων εἰς τὴν νῦν πόλιν ὡς πολιτευσομένους συνιέναι c
πειθοῖ πάσῃ καὶ ἱκανῷ χρόνῳ διαβασανίσαντες, διακωλύ-
σωμεν ἀφικνεῖσθαι, τοὺς δ' ἀγαθοὺς εἰς δύναμιν εὐμενεῖς
ἵλεῴ τε προσαγώμεθα.

Τόδε δὲ μὴ λανθανέτω γιγνόμενον ἡμᾶς εὐτύχημα, ὅτι
καθάπερ εἴπομεν τὴν τῶν Ἡρακλειδῶν ἀποικίαν εὐτυχεῖν,
ὡς γῆς καὶ χρεῶν ἀποκοπῆς καὶ νομῆς πέρι δεινὴν καὶ
ἐπικίνδυνον ἔριν ἐξέφυγεν, ἣν νομοθετεῖσθαι ἀναγκασθείσῃ
πόλει τῶν ἀρχαίων οὔτε ἐᾶν οἷόν τε ἀκίνητον οὔτ' αὖ κινεῖν d
δυνατόν ἐστί τινα τρόπον, εὐχὴ δὲ μόνον ὡς ἔπος εἰπεῖν
λείπεται, καὶ σμικρὰ μετάβασις εὐλαβὴς ἐν πολλῷ χρόνῳ
σμικρὸν μεταβιβάζουσιν, ἥδε· τῶν κινούντων ἀεὶ κεκτη-

736 a 2 εὐφημίας ἀπαλλαγήν AO Stob. : εὐφημίαν ἀπαλλαγῆς K[c] || 5 ἀτοπώτερα AO Stob. : ἀχοπώτερα cj. C. Ritter || **b** 5 τὰ δ' O Stob. : τάδ' A τόδ' (ο supra α) A[2] ἀλλ' K[c] ἀ. τὸ τὰ δ' ὠβέλισται i. m. O[4] || ἐπείπερ AO : ἐπειδήπερ Stob. || 6 γε AO : τε Stob. || **c** 1 πολιτευσομένους A et (pr. σ s. v., ου ex ο) O[4] : πολιτευόμενος (ut vid.) O || **d** 1 ante οὔτ' add. οὐδὲν K[c] || 4 ἥδε, τῶν scr. Bekker : ἡ δὲ τῶν AO.

sur un long espace de temps, comme celui-ci : qu'il y ait des
novateurs pourvus eux-mêmes de terres considérables,
pourvus aussi de débiteurs nombreux, et disposés, dans un
esprit de conciliation, à communiquer une part de leurs
biens aux plus misérables, tantôt remettant (des dettes),
e tantôt distribuant (des terres), de toute façon attachés à la
modération et persuadés que l'appauvrissement consiste
moins dans une diminution de richesse que dans un accrois-
sement de convoitise [1]. C'est là le principe essentiel du salut
d'une cité, et là-dessus, comme sur une base sûre, peut édi-
fier quiconque plus tard édifiera un ordre politique accordé
à de pareilles conjonctures ; mais si le fondement est rui-
737 a neux, la vie politique ne saurait ensuite être facile pour
aucune cité. A ce danger-là nous prétendons échapper ; tou-
tefois, il vaut mieux avoir dit comment, si en fait nous n'y
avions pas échappé, nous pouvions bien nous y soustraire.
Disons donc que c'était par un désintéressement soucieux de
justice ; hormis ce moyen, il n'est pas d'autre issue ni large
ni étroite ; et mettons que nous avons placé là comme un
étai de la cité [2]. Il faut en effet, de toutes les manières, s'ar-
b ranger pour que les biens ne suscitent pas de griefs entre
leurs détenteurs ; sinon, quiconque a tant soit peu de sens
refusera auparavant d'aller plus loin dans les réformes aussi
longtemps qu'il reste entre les bénéficiaires de celles-ci
d'antiques sujets de querelle ; mais pour ceux à qui un dieu a
donné, comme à nous en ce moment, de fonder une nou-
velle cité où il n'existe pas encore de haines réciproques, se
transformer eux-mêmes en fauteurs de haine à l'occasion du
partage de la terre et des habitations serait joindre au comble
de la malice une folie inhumaine [3].

c Quel pourra donc être le mode correct de partage ? Tout

1. La phrase de Platon a inspiré Aristote (*Politique*, B 7, 5, 1266 b 29 : « ce sont les désirs qu'il faut égaliser plutôt que les fortunes ») ; Clément d'Alexandrie et Stobée la citent, et Plutarque y fait allusion.

2. La métaphore de l'étai reste dans la même ligne que celle de la « base » (736 e 5), reprise par Plutarque dans une page toute platonicienne du *De Amore fraterno* (XII, 484 B) sur la communauté des biens entre frères.

3. Les « haines réciproques » n'existaient pas dans la société primitive du IIIe livre, où les hommes « s'aimaient et se regardaient

μένων μὲν αὐτῶν γῆν ἄφθονον ὑπάρχειν, κεκτημένων δὲ
καὶ ὀφειλέτας αὐτοῖς πολλοὺς ἐθελόντων τε τούτων πῃ τοῖς
ἀπορουμένοις δι' ἐπιείκειαν κοινωνεῖν, τὰ μὲν ἀφιέντας,
τὰ δὲ νεμομένους, ἁμῇ γέ πῃ τῆς μετριότητος ἐχομένους e
καὶ πενίαν ἡγουμένους εἶναι μὴ τὸ τὴν οὐσίαν ἐλάττω
ποιεῖν ἀλλὰ τὸ τὴν ἀπληστίαν πλείω. Σωτηρίας τε γὰρ
ἀρχὴ μεγίστη πόλεως αὕτη γίγνεται, καὶ ἐπὶ ταύτης οἷον
κρηπῖδος μονίμου ἐποικοδομεῖν δυνατὸν ὅντινα ἂν ὕστερον
ἐποικοδομῇ τις κόσμον πολιτικὸν προσήκοντα τῇ τοιαύτῃ
καταστάσει· ταύτης δὲ σαθρᾶς οὔσης τῆς μεταβάσεως,
οὐκ εὔπορος ἡ μετὰ ταῦτα πολιτικὴ πρᾶξις οὐδεμιᾷ γίγνοιτ' 737 a
ἂν πόλει. Ἣν ἡμεῖς μέν, ὥς φαμεν, ἐκφεύγομεν· ὅμως δὲ
εἰρῆσθαί γε ὀρθότερον, εἰ καὶ μὴ ἐξεφεύγομεν, ὅπῃ ποτ'
ἂν ἐποιούμεθα αὐτῆς τὴν φυγήν. Εἰρήσθω δή νυν ὅτι διὰ
τοῦ μὴ φιλοχρηματεῖν μετὰ δίκης, ἄλλη δ' οὐκ ἔστιν οὔτ'
εὐρεῖα οὔτε στενὴ τῆς τοιαύτης μηχανῆς διαφυγή· καὶ
τοῦτο μὲν οἷον ἔρμα πόλεως ἡμῖν κείσθω τὰ νῦν. Ἀνεγκλή-
τους γὰρ δεῖ τὰς οὐσίας πρὸς ἀλλήλους κατασκευάζεσθαι b
ἁμῶς γέ πως, ἢ μὴ προϊέναι πρότερον εἰς τοὔμπροσθεν
ἑκόντα εἶναι τῆς ἄλλης κατασκευῆς οἷς ᾖ παλαιὰ ἐγκλή-
ματα πρὸς ἀλλήλους, [καὶ] ὅσοις νοῦ καὶ σμικρὸν μετῇ· οἷς
δέ, ὡς ἡμῖν νῦν, θεὸς ἔδωκε καινήν τε πόλιν οἰκίζειν καὶ
μή τινας ἔχθρας εἶναί πω πρὸς ἀλλήλους, τούτους ἔχθρας
αὑτοῖς αἰτίους γενέσθαι διὰ τὴν διανομὴν τῆς γῆς τε καὶ
οἰκήσεων οὐκ ἀνθρώπινος ἂν εἴη μετὰ κάκης πάσης ἀμαθία.
Τίς οὖν δὴ τρόπος ἂν εἴη τῆς ὀρθῆς διανομῆς; πρῶτον c

d 5 μὲν A et comp. s. v. O^4 : om. O || ὑπάρχειν AO : ὑπάρχει K^c || post δὲ ras. trium litt. in O || **e** 6 τις s. v. O^4 : om. O || 7 ante μεταβάσεως eras. in A (cum duob. sign.) || **737 a** 1 οὐδεμιᾷ cj. Bekker: οὐδὲ μία AO || 7 ἡμῖν A et (ἡ et ῖν i. r.) O^3 : λιμὴν O (ut vid.) et γρ. i. m. O^3 || **b** 1 δεῖ cj. Oxon. : δὴ A et s. v. O^4 om. O || 2 ἢ A et s. v. O^4 : εἰ O || 3 ᾖ edd. : ἢ AO || 4 καὶ secl. cj. Stallbaum || 5 καινήν O et γρ. i. m. a^2 : κοινήν A Π i. m. O^4 et (οι s. v.) O^4 || 7 αἰτίους A et (ου s. v.) O^4 : αἰτίας O || **c** 1 εἴη A O^4 : ᾖ O (ut vid.).

d'abord, il faut régler quel doit être le chiffre total de la population ; ensuite on s'accordera sur la répartition des citoyens, le nombre et la nature des classes entre lesquelles on les divisera ; et parmi ces classes on distribuera la terre et les habitations avec le plus d'égalité possible [1]. Le nombre suffisant des habitants ne peut être choisi correctement qu'en
d fonction du territoire et des cités voisines : le territoire devra suffire à la nourriture d'un certain nombre d'hommes tempérants, et il ne le faut pas plus grand, mais la population sera assez nombreuse pour pouvoir repousser les voisins qui lui feraient du tort et secourir, sans trop d'impuissance, des voisins à qui on voudrait en faire. Cela, quand nous aurons vu le pays et ses voisinages, nous le déterminerons dans la pratique, avec raisons à l'appui ; mais actuellement contentons-nous d'un projet et d'une esquisse pour arriver au bout de notre législation, et passons à celle-ci [2].

e *Le nombre idéal.* Il y aura, si l'on veut un nombre convenable, cinq mille quarante propriétaires terriens, capables de défendre leur part ; la terre et les habitations seront divisées en autant de parcelles, un homme et un lot formant la paire. Que le chiffre total soit d'abord divisé en deux, puis en trois ; aussi bien, il se laisse diviser par quatre, par cinq, et ainsi jusqu'à dix sans discontinuité [3]. En fait de nombres, tout homme qui légifère doit s'être dit
738 a quel chiffre et de quelle sorte peut être le plus utile à toutes les cités. Choisissons donc celui qui possède en lui-même le plus grand nombre de diviseurs et les plus rapprochés. La série complète du nombre supporte à toutes fins toutes les divisions ; mais le chiffre de cinq mille quarante, soit en vue de la guerre, soit pour toutes les occupations de la paix,

avec bienveillance dans leur isolement » (678 e ; cf. 678 c et les notes ; *Critias* 110 a-d, 111 e, 112 c : l'Attique ancienne).

1. L'égalité sera géométrique (cf. *Gorgias* 508 a), c'est-à-dire fondée sur la proportion, non sur le nombre comme l'égalité arithmétique par laquelle Solon avait voulu remplacer la première dans l'État, et qui convient seulement à la famille. Cf. VI 757 a-758 a.

2. L'« esquisse » d'un code civique a été annoncée dès 734 e 5-6, mais des « considérations » préliminaires l'ont retardée (735 a 8).

3. Le chiffre de 5040 est celui qui admet le plus grand nombre

μὲν τὸν αὐτῶν ὄγκον τοῦ ἀριθμοῦ δεῖ τάξασθαι, πόσον εἶναι χρεών· μετὰ δὲ τοῦτο τὴν διανομὴν τῶν πολιτῶν, καθ' ὁπόσα μέρη πλήθει καὶ ὁπηλίκα διαιρετέον αὐτούς, ἀνομολογητέον· ἐπὶ δὲ ταῦτα τήν τε γῆν καὶ τὰς οἰκήσεις ὅτι μάλιστα ἴσας ἐπινεμητέον. Ὄγκος δὴ πλήθους ἱκανὸς οὐκ ἄλλως ὀρθῶς γίγνοιτ' ἂν λεχθεὶς ἢ πρὸς τὴν γῆν καὶ πρὸς τὰς τῶν πλησιοχώρων πόλεις· γῆ μὲν ὁπόση πόσους d
σώφρονας ὄντας ἱκανὴ τρέφειν, πλείονος δὲ οὐδὲν προσδεῖ, πλήθους δέ, ὁπόσοι τοὺς προσχώρους ἀδικοῦντάς τε αὐτοὺς ἀμύνασθαι δυνατοὶ καὶ γείτοσιν ἑαυτῶν ἀδικουμένοις βοηθῆσαι μὴ παντάπασιν ἀπόρως δύναιντ' ἄν. Ταῦτα δέ, ἰδόντες τὴν χώραν καὶ τοὺς γείτονας, δριούμεθα ἔργῳ καὶ λόγοις· νῦν δὲ σχήματος ἕνεκα καὶ ὑπογραφῆς, ἵνα περαίνηται, πρὸς τὴν νομοθεσίαν ὁ λόγος ἴτω.

Πεντάκις μὲν χίλιοι ἔστωσαν καὶ τετταράκοντα, ἀριθμοῦ e
τινος ἕνεκα προσήκοντος, γεωμόροι τε καὶ ἀμυνοῦντες τῇ νομῇ· γῆ δὲ καὶ οἰκήσεις ὡσαύτως τὰ αὐτὰ μέρη διανεμηθήτων, γενόμενα ἀνὴρ καὶ κλῆρος συννομή. Δύο μὲν δὴ μέρη τοῦ παντὸς ἀριθμοῦ τὸ πρῶτον νεμηθήτω, μετὰ δὲ ταῦτα τρία τὸν αὐτόν· πέφυκε γὰρ καὶ τέτταρα καὶ πέντε καὶ μέχρι τῶν δέκα ἐφεξῆς. Δεῖ δὴ περὶ ἀριθμῶν τό γε τοσοῦτον πάντα ἄνδρα νομοθετοῦντα νενοηκέναι, τίς ἀριθ- 738 a
μὸς καὶ ποῖος πάσαις πόλεσιν χρησιμώτατος ἂν εἴη. Λέγωμεν δὴ τὸν πλείστας καὶ ἐφεξῆς μάλιστα διανομὰς ἐν αὐτῷ κεκτημένον. Ὁ μὲν δὴ πᾶς εἰς πάντα πάσας τομὰς εἴληχεν· ὁ δὲ τῶν τετταράκοντα καὶ πεντακισχιλίων εἴς τε πόλεμον καὶ ὅσα κατ' εἰρήνην πρὸς ἅπαντα τὰ συμβόλαια καὶ κοινω-

c 2 αὑτῶν scr. Böckh : αὑτῶν (ω ex ο) A[c] αὑτὸν O et (ut vid.) A || 4 αὐτούς cj. Hermann : αὐτοῖς O αὐτοῖ; A || 5 ἐπὶ A et (ὶ s. v.) O[2] : ἐπεὶ O || **d** 1 γῆ O : γῇ A || **e** 3 διανεμηθήτων AO (= 3 dual.) || 4 ξυννομὴ A : ξὺν νομῇ O || **738 a** 1 τίς A Π i. m. O[4] et (καὶ p. n.) O[4] : καὶ τίς O || 2 λέγωμεν A Π i. m. O[4] et (ω comp. s. v.) O[4] : λέγομεν O.

tous les contrats et toutes les relations, en matière d'impôts et de distributions, n'admet pas plus de cinquante-neuf divi-
b seurs, qui se suivent de un à dix.

La part des dieux. Ces dispositions doivent être élaborées à coup sûr, même dans le loisir, par ceux à qui la loi enjoint de les élaborer ; il n'est pas d'autre voie en effet ; mais un fondateur de cité doit au moins les avoir énoncées pour les raisons que voici. Que l'on fasse une ville foncièrement nouvelle ou que l'on en réforme une ancienne qui aurait dégénéré, personne, en ce qui concerne les dieux, les sanctuaires à fonder par chaque peuple en sa cité, les noms de dieux ou de démons à leur donner, personne n'entreprendra, s'il a du sens, de toucher à ce que Delphes,
c Dodone, Ammon ou un autre des anciens oracles aura suggéré à certains de quelque façon que ce soit, par visions ou par message divinement inspiré ; à la suite de ces suggestions, on a institué des sacrifices mêlés à des rites, soit nationaux et d'origine locale, soit encore importés d'Étrurie, de Chypre ou de tout autre pays ; on a, sur la foi de communications de ce genre, consacré des oracles, des statues, des autels, des chapelles, et on a réservé à chaque sanctuaire une enceinte
d sacrée ; à aucune de ces fondations le législateur ne doit toucher le moins du monde ; à chaque groupe il assignera un dieu, un démon ou encore un héros ; dans la répartition des terres, il commencera par attacher à ceux-ci des terrains de choix et toute la dotation appropriée ; ainsi, des réunions de chacun des quartiers, qui auront lieu aux époques prévues, donneront des facilités pour tous les besoins ; les gens s'y congratuleront parmi les sacrifices, ils feront connaissance et, ce qui est le plus grand bien pour une cité, se familiariseront
e les uns avec les autres dans une intimité réciproque. Là où ce n'est pas la clarté qui règne dans les relations mutuelles, mais l'obscurité, ni pour l'honneur ni pour les charges ni pour la justice on ne saurait arriver comme il faut à l'appréciation convenable ; il faut donc que dans toutes les cités tout homme mette un zèle spécial à ne jamais se montrer lui-même faux à qui que ce soit, mais simple et vrai en toute

de diviseurs : « pas plus de 59 », est-il dit plus loin avec modestie (738 a 7).

νήματα, εἰσφορῶν τε πέρι καὶ διανομῶν, οὐ πλείους μιᾶς
δεουσῶν ἑξήκοντα δύναιτ᾽ ἂν τέμνεσθαι τομῶν, συνεχεῖς δὲ
ἀπὸ μιᾶς μέχρι τῶν δέκα. b

Ταῦτα μὲν οὖν δὴ καὶ κατὰ σχολὴν δεῖ βεβαίως λαβεῖν,
οἷς ἂν ὁ νόμος προστάττῃ λαμβάνειν· ἔχει γὰρ οὖν οὐκ
ἄλλως ἢ ταύτῃ, δεῖ δὲ αὐτὰ ῥηθῆναι τῶνδε ἕνεκα κατοικί-
ζοντι πόλιν. Οὔτ᾽ ἂν καινὴν ἐξ ἀρχῆς τις ποιῇ οὔτ᾽ ἂν
παλαιὰν διεφθαρμένην ἐπισκευάζηται, περὶ θεῶν γε καὶ
ἱερῶν, ἅττα τε ἐν τῇ πόλει ἑκάστοις ἱδρῦσθαι δεῖ καὶ ὧντι-
νων ἐπονομάζεσθαι θεῶν ἢ δαιμόνων, οὐδεὶς ἐπιχειρήσει
κινεῖν νοῦν ἔχων ὅσα ἐκ Δελφῶν ἢ Δωδώνης ἢ παρ᾽ Ἄμμω- c
νος ἤ τινες ἔπεισαν παλαιοὶ λόγοι ὁπῃδή τινας πείσαντες,
φασμάτων γενομένων ἢ ἐπιπνοίας λεχθείσης θεῶν, πεί-
σαντες δὲ θυσίας τελεταῖς συμμείκτους κατεστήσαντο
εἴτε αὐτόθεν ἐπιχωρίους εἴτ᾽ οὖν Τυρρηνικὰς εἴτε Κυπρίας
εἴτε ἄλλοθεν ὁθενοῦν, καθιέρωσαν δὲ τοῖς τοιούτοις λόγοις
φήμας τε καὶ ἀγάλματα καὶ βωμοὺς καὶ ναούς, τεμένη τε
τούτων ἑκάστοις ἐτεμένισαν· τούτων νομοθέτῃ τὸ σμικρό-
τατον ἁπάντων οὐδὲν κινητέον, τοῖς δὲ μέρεσιν ἑκάστοις d
θεὸν ἢ δαίμονα ἢ καί τινα ἥρωα ἀποδοτέον, ἐν δὲ τῇ τῆς
γῆς διανομῇ πρώτοις ἐξαίρετα τεμένη τε καὶ πάντα τὰ
προσήκοντα ἀποδοτέον, ὅπως ἂν σύλλογοι ἑκάστων τῶν
μερῶν κατὰ χρόνους γιγνόμενοι τοὺς προσταχθέντας εἴς
τε τὰς χρείας ἑκάστας εὐμάρειαν παρασκευάζωσι καὶ φιλο-
φρονῶνταί τε ἀλλήλους μετὰ θυσιῶν καὶ οἰκειῶνται καὶ
γνωρίζωσιν, οὗ μεῖζον οὐδὲν πόλει ἀγαθὸν ἢ γνωρίμους e
αὐτοὺς αὑτοῖς εἶναι. Ὅπου γὰρ μὴ φῶς ἀλλήλοις ἐστὶν
ἀλλήλων ἐν τοῖς τρόποις ἀλλὰ σκότος, οὔτ᾽ ἂν τιμῆς τῆς
ἀξίας οὔτ᾽ ἀρχῶν οὔτε δίκης ποτέ τις ἂν τῆς προσηκούσης
ὀρθῶς τυγχάνοι· δεῖ δὴ πάντα ἄνδρα ἓν πρὸς ἓν τοῦτο
σπεύδειν ἐν πάσαις πόλεσιν, ὅπως μήτε αὐτὸς κίβδηλός

b 6 γε A : τε O || **d** 3 πρώτοις A et (οι s. v.) O[4] : πρώταις O.

circonstance, et à ne pas non plus se laisser abuser par la fausseté d'autrui [1].

La cité idéale et les deux autres.

739 a Le déplacement que je vais faire dans l'établissement des lois, analogue à celui du pion retiré de la ligne sacrée [2], n'est pas habituel et provoquera peut-être, au premier abord, l'étonnement de l'auditeur ; pourtant, la réflexion et l'expérience démontreront qu'une cité a chance de se fonder sur un plan inférieur au plan idéal. Peut-être refusera-t-on d'accepter un pareil État parce qu'on n'est pas habitué à un législateur qui ne soit pas tyran ; en fait, cependant, on peut très correctement présenter la première constitution, puis la seconde, puis la troisième, et donner ensuite le choix au
b responsable de chaque fondation. Faisons ainsi actuellement nous-mêmes, en désignant parmi les constitutions la première en excellence, la seconde et la troisième ; et laissons le choix pour l'instant à Clinias, et par la suite à quiconque voudrait se livrer à une sélection de ce genre en réservant à sa guise ce qu'il veut garder de sa propre patrie.

En premier lieu viennent donc la cité, la constitution et
c les lois idéales, où se réalise le plus possible, dans toute la cité, le vieux proverbe ; il dit, ce proverbe, que les biens des amis sont vraiment en commun [3]. Ainsi donc, que cette situation existe maintenant quelque part ou qu'elle doive exister un jour, — communauté des femmes, communauté des enfants, communauté de toutes choses, — si par tous les moyens tout ce que l'on prétend avoir en propre a été partout retranché de la vie, si l'on est arrivé dans la mesure du possible à rendre commun, d'une manière ou de l'autre, même ce qui par nature est personnel, comme les yeux, les oreilles, les mains, de façon qu'on ait l'air de voir, d'entendre, d'agir en commun ; à faire que tous autant que possible louent
d et blâment d'une seule voix, aient les mêmes sujets de joie ou d'affliction ; enfin, à établir toutes ces lois qui font l'unité de la cité aussi grande qu'elle se peut, nul ne fixera, pour

1. La naïveté et la crédulité n'étaient de mise que dans une société primitive (cf. III 679 c et la note).

2. Image tirée du trictrac ou du jeu de dames ; cf. IV 723 e 1.

3. Platon aime à citer ce proverbe pythagoricien ; cf. *Rép.* IV 424 a 1, V 449 c 5.

ποτε φανεῖται ὁτῳοῦν, ἁπλοῦς δὲ καὶ ἀληθὴς ἀεί, μήτε ἄλλος τοιοῦτος ὢν αὐτὸν διαπατήσει.

739 a Ἡ δὴ τὸ μετὰ τοῦτο φορά, καθάπερ πεττῶν ἀφ' ἱεροῦ, τῆς τῶν νόμων κατασκευῆς, ἀήθης οὖσα, τάχ' ἂν θαυμάσαι τὸν ἀκούοντα τὸ πρῶτον ποιήσειεν· οὐ μὴν ἀλλ' ἀναλογιζομένῳ καὶ πειρωμένῳ φανεῖται δευτέρως ἂν πόλις οἰκεῖσθαι πρὸς τὸ βέλτιστον. Τάχα δ' οὐκ ἄν τις προσδέξαιτο αὐτὴν διὰ τὸ μὴ σύνηθες νομοθέτῃ μὴ τυραννοῦντι· τὸ δ' ἔστιν ὀρθότατον εἰπεῖν μὲν τὴν ἀρίστην πολιτείαν καὶ δευτέραν καὶ τρίτην, δοῦναι δὲ εἰπόντα αἵρεσιν ἑκάστῳ τῷ τῆς συνοικήσεως **b** κυρίῳ. Ποιῶμεν δὴ κατὰ τοῦτον τὸν λόγον καὶ τὰ νῦν ἡμεῖς, εἰπόντες ἀρετῇ πρώτην πολιτείαν καὶ δευτέραν καὶ τρίτην· τὴν δὲ αἵρεσιν Κλεινίᾳ τε ἀποδιδῶμεν τὰ νῦν καὶ εἴ τις ἄλλος ἀεί ποτε ἐθελήσειεν ἐπὶ τὴν τῶν τοιούτων ἐκλογὴν ἐλθὼν κατὰ τὸν ἑαυτοῦ τρόπον ἀπονείμασθαι τὸ φίλον αὑτῷ τῆς αὑτοῦ πατρίδος.

Πρώτη μὲν τοίνυν πόλις τέ ἐστιν καὶ πολιτεία καὶ νόμοι ἄριστοι, ὅπου τὸ πάλαι λεγόμενον ἂν γίγνηται κατὰ πᾶσαν **c** τὴν πόλιν ὅτι μάλιστα· λέγεται δὲ ὡς ὄντως ἐστὶ κοινὰ τὰ φίλων. Τοῦτ' οὖν εἴτε που νῦν ἔστιν εἴτ' ἔσται ποτέ — κοινὰς μὲν γυναῖκας, κοινοὺς δὲ εἶναι παῖδας, κοινὰ δὲ χρήματα σύμπαντα — καὶ πάσῃ μηχανῇ τὸ λεγόμενον ἴδιον πανταχόθεν ἐκ τοῦ βίου ἅπαν ἐξῄρηται, μεμηχάνηται δ' εἰς τὸ δυνατὸν καὶ τὰ φύσει ἴδια κοινὰ ἁμῇ γέ πῃ γεγονέναι, οἷον ὄμματα καὶ ὦτα καὶ χεῖρας κοινὰ μὲν ὁρᾶν δοκεῖν καὶ ἀκούειν καὶ πράττειν, ἐπαινεῖν τ' αὖ καὶ ψέγειν **d** καθ' ἓν ὅτι μάλιστα σύμπαντας ἐπὶ τοῖς αὐτοῖς χαίροντας καὶ λυπουμένους, καὶ κατὰ δύναμιν οἵτινες νόμοι μίαν ὅτι

e 8 διαπατήσει AO : διαπατήσῃ O^4 (ῃ s. v.) || **739 a** 1 τὸ A^cO : om. A || 7 ὀρθότατον AO : ὀρθότατα (α s. v.) O^3 || **b** 2 ποιῶμεν O (ῶ p. n.) : ποιοῦμεν A et (οῦ s. v.) O^4 || 5 ἀεί ποτε cj. Burnet : ἄν εἴποτε A ἀνδήποτε O || **c** 1 γίγνηται AO : addubitat J. Wackernagel || 4 ante εἶναι eras. in A (cum uno signo).

leur donner la palme de l'excellence, aucune autre règle plus juste ni meilleure. Dans une pareille cité, que des dieux ou des enfants des dieux l'habitent à plusieurs, les habitants vivent dans la joie selon ces principes ; aussi ne faut-il pas
e regarder ailleurs pour trouver une constitution modèle, mais nous attacher à celle-là et chercher de tout notre pouvoir celle qui lui ressemble le plus possible. La cité que nous avons ébauchée maintenant sera, si elle se réalise en quelque façon, la plus proche de l'immortalité et la seconde pour la valeur [1] ; quant à la troisième, s'il plaît à Dieu, nous en traiterons plus tard. Enfin, pour le moment, comment définirons-nous la seconde cité, et comment peut-elle avoir pris cette forme ?

Le partage du sol.

Que nos colons se partagent d'abord le sol et les maisons, et qu'ils n'exploitent
740 a pas en commun, puisqu'un pareil régime dépasse notoirement des citoyens nés, formés et élevés comme les nôtres ; mais du moins, qu'ils s'inspirent dans leur partage des idées que voici : il faut, doivent-ils penser, que le bénéficiaire d'un lot déterminé le regarde comme la propriété commune de la cité tout entière ; et puisque le territoire est sa patrie, il doit en prendre soin plus que des enfants ne feraient d'une mère, d'autant plus qu'étant déesse, elle règne naturellement sur des gens qui sont mortels ; et on aura les mêmes sentiments à l'égard des dieux et aussi des démons nationaux.

Stabilité du chiffre de la population.

b Pour que cet ordre subsiste indéfiniment, il faut se dire er outre que le nombre des foyers maintenant délimités par nous doit toujours rester le même, sans s'accroître ni non plus diminuer. Voici donc comment assurer ce résultat dans n'importe quelle cité : le bénéficiaire d'un lot donné ne laissera jamais pour ce domaine qu'un seul héritier parmi ses enfants, celui qu'il préférera, pour lui succéder et hono-

1. La conjecture d'O. Apelt, paléographiquement vraisemblable, donne un sens excellent à la phrase, qui était difficile à interpréter avec la leçon des meilleurs mss. Les *Lois* s'opposent à la *République* comme le possible à l'idéal et recourent souvent au δεύτερος πλοῦς. D'après P. Friedländer (*Platon*, II, p. 625, n. 4), la troisième cité

μάλιστα πόλιν ἀπεργάζονται, τούτων ὑπερβολῇ πρὸς ἀρετὴν
οὐδείς ποτε ὅρον ἄλλον θέμενος ὀρθότερον οὐδὲ βελτίω
θήσεται. Ἡ μὲν δὴ τοιαύτη πόλις, εἴτε που θεοὶ ἢ παῖδες
θεῶν αὐτὴν οἰκοῦσι πλείους ἑνός, οὕτω διαζῶντες εὐφραι-
νόμενοι κατοικοῦσι· διὸ δὴ παράδειγμά γε πολιτείας οὐκ e
ἄλλῃ χρὴ σκοπεῖν, ἀλλ' ἐχομένους ταύτης τὴν ὅτι μάλιστα
τοιαύτην ζητεῖν κατὰ δύναμιν. Ἣν δὲ νῦν ἡμεῖς ἐπικεχει-
ρήκαμεν, εἴη τε ἂν γενομένη πως ἀθανασίας ἐγγύτατα καὶ
τιμία δευτέρως· τρίτην δὲ μετὰ ταῦτα, ἐὰν θεὸς ἐθέλῃ,
διαπερανούμεθα. Νῦν δ' οὖν ταύτην τίνα λέγομεν καὶ πῶς
γενομένην ἂν τοιαύτην;

Νειμάσθων μὲν δὴ πρῶτον γῆν τε καὶ οἰκίας, καὶ μὴ
κοινῇ γεωργούντων, ἐπειδὴ τὸ τοιοῦτον μεῖζον ἢ κατὰ τὴν 740 a
νῦν γένεσιν καὶ τροφὴν καὶ παίδευσιν εἴρηται· νεμέσθων δ'
οὖν τοιᾷδε διανοίᾳ πως, ὡς ἄρα δεῖ τὸν λαχόντα τὴν λῆξιν
ταύτην νομίζειν μὲν κοινὴν αὐτὴν τῆς πόλεως συμπάσης,
πατρίδος δὲ οὔσης τῆς χώρας θεραπεύειν αὐτὴν δεῖ μει-
ζόνως ἢ μητέρα παῖδας, τῷ καὶ δέσποιναν θεὸν αὐτὴν οὖσαν
θνητῶν ὄντων γεγονέναι, ταὐτὰ δ' ἔχειν διανοήματα καὶ
περὶ τοὺς ἐγχωρίους θεούς τε ἅμα καὶ δαίμονας.

Ὅπως δ' ἂν ταῦτα εἰς τὸν ἀεὶ χρόνον οὕτως ἔχοντα b
ὑπάρχῃ, τάδε προσδιανοητέον, ὅσαι εἰσὶ τὰ νῦν ἡμῖν ἑστίαι
διανεμηθεῖσαι τὸν ἀριθμόν, ταύτας δεῖν ἀεὶ τοσαύτας εἶναι
καὶ μήτε τι πλείους γίγνεσθαι μήτε τί ποτε ἐλάττους. Ὧδ'
οὖν ἂν τὸ τοιοῦτον βεβαίως γίγνοιτο περὶ πᾶσαν πόλιν· ὁ
λαχὼν τὸν κλῆρον καταλειπέτω ἀεὶ ταύτης τῆς οἰκήσεως ἕνα
μόνον κληρονόμον τῶν ἑαυτοῦ παίδων, ὃν ἂν αὐτῷ μάλιστα ᾖ

d 7 διαζῶντες A Π i. m. O[4] et γρ. i. m. O[3] : διασῴζοντες O (ι add. O[4]) || **e** 4 πως A : πῶς O et fec. A[c] || 5 τιμία cj. Apelt : ἡ μία AO ἡ μὲν K[c] || 6 λέγομεν O et (o i. r. ex ω) A[c] : λέγωμεν A || **740 a** 3 δεῖ A : δὴ O || 6 τῷ A et (ῷ ex ὀ) O[4] : τὸ O || θεὸν AK[c] : θεῶν O || **b** 2 ἑστίαι O et (αι s. v.) A[2] : ἑστί A || 5 πᾶσαν A et (τὴν p. n.) O[c] : πᾶσαν τὴν O || 7 ᾖ A : εἴη O.

rer les dieux de la famille et de la cité, ceux qui vivent
c encore et ceux qui sont déjà morts à cette date[1] ; quant aux autres enfants, pour ceux qui en ont plus d'un, on mariera les filles selon la loi qui sera édictée, on distribuera les garçons à ceux des citoyens qui manquent de postérité pour qu'ils en fassent leurs fils ; on suivra, autant que possible, les sympathies ; si dans certains cas la sympathie fait défaut, ou que les enfants[2] mâles ou femelles soient trop nombreux dans une famille, ou qu'au contraire le nombre en soit insuf-
d fisant par suite d'infécondité, à toutes ces difficultés pourvoira l'autorité que nous aurons établie comme la plus haute et la plus auguste : elle examinera le parti à prendre en cas d'excès ou de déficience, afin que dans la mesure du possible les cinq mille quarante feux, et pas davantage, ne cessent de se maintenir. Les moyens sont nombreux : on peut restreindre les naissances quand la génération se répand abondante ; on peut, à l'inverse, encourager et promouvoir une forte natalité ; en agissant par des honneurs, des disgrâces, des avertissements, ceux surtout que les vieillards dans leurs
e discours donnent aux jeunes gens, tout cela est à même de procurer l'effet dont nous parlons. Finalement, si l'on arrive au comble de l'embarras pour ajuster les foyers au chiffre de cinq mille quarante et qu'il se produise un afflux excessif de citoyens par suite des sympathies nées de la cohabitation, dans cette extrémité on dispose de l'antique expédient que nous avons plusieurs fois mentionné[3], l'envoi de colonies, amis quittant des amis, en aussi grand nombre qu'il paraîtra nécessaire. Si, au contraire, il survient jamais une vague
741 a qui apporte un déluge de maladies, ou le fléau des guerres, et que la population subisse des pertes qui la ramènent bien au-dessous du nombre fixé, il ne faut pas admettre de gaîté

d'e 5 (cf. b 1) a ce rang à partir de la vérité ; elle se réalisera non plus λόγῳ, comme celles de la *République* et des *Lois*, mais ἔργῳ, sur le sol de Crète ou ailleurs.

1. Les dieux familiaux qui vivent encore sont les parents, ceux qui sont déjà morts sont les ancêtres ; cf. IV 717 b 5-6. Le θεραπευτὴν θεῶν rappelle la θεραπείᾳ θεῶν de 716 d 7.

2. « Enfants », littéralement « nés par surcroît » ; cf. P. Mazon *ap.* M. Holleaux, *Études d'épigraphie... grecque*, III, 1942, p. 403.

3. Cf. 736 a et la note.

φίλον, διάδοχον καὶ θεραπευτὴν θεῶν καὶ γένους καὶ πόλεως
τῶν τε ζώντων καὶ ὅσους ἂν ἤδη τέλος εἰς τὸν τότε χρόνον c
ἔχῃ· τοὺς δὲ ἄλλους παῖδας, οἷς ἂν πλείους ἑνὸς γίγνωνται, θηλείας τε ἐκδόσθαι κατὰ νόμον τὸν ἐπιταχθησόμενον, ἄρρενάς τε, οἷς ἂν τῆς γενέσεως ἐλλείπῃ τῶν πολιτῶν, τούτοις ὑεῖς διανέμειν, κατὰ χάριν μὲν μάλιστα, ἐὰν δέ τισιν ἐλλείπωσιν χάριτες, ἢ πλείους ἐπίγονοι γίγνωνται θήλεις ἤ τινες ἄρρενες ἑκάστων, ἢ καὶ τοὐναντίον ὅταν
ἐλάττους ὦσιν, παίδων ἀφορίας γενομένης, πάντων τούτων d
ἀρχὴν ἣν ἂν θώμεθα μεγίστην καὶ τιμιωτάτην, αὕτη σκεψαμένη τί χρὴ χρῆσθαι τοῖς περιγενομένοις ἢ τοῖς ἐλλείπουσι, ποριζέτω μηχανὴν ὅτι μάλιστα ὅπως αἱ πεντακισχίλιαι καὶ τετταράκοντα οἰκήσεις ἀεὶ μόνον ἔσονται. Μηχαναὶ δ' εἰσὶν πολλαί· καὶ γὰρ ἐπισχέσεις γενέσεως οἷς ἂν εὔρους ᾖ γένεσις, καὶ τοὐναντίον ἐπιμέλειαι καὶ σπουδαὶ πλήθους γεννημάτων εἰσίν· τιμαῖς τε καὶ ἀτιμίαις καὶ νουθετήσεσι
πρεσβυτῶν περὶ νέους διὰ λόγων νουθετητικῶν ἀπαντῶσαι, e
δύνανται ποιεῖν ὃ λέγομεν. Καὶ δὴ καὶ τό γε τέλος, ἂν πᾶσα ἀπορία περὶ τὴν ἀνίσωσιν τῶν πεντακισχιλίων καὶ τετταράκοντα οἴκων γίγνηται, ἐπίχυσις δὲ ὑπερβάλλουσα ἡμῖν πολιτῶν διὰ φιλοφροσύνην τὴν τῶν συνοικούντων ἀλλήλοις συμβαίνῃ καὶ ἀπορῶμεν, τὸ παλαιόν που ὑπάρχει μηχάνημα ὃ πολλάκις εἴπομεν, ἐκπομπὴ ἀποικιῶν, φίλη γιγνομένη παρὰ φίλων, ὧν ἂν ἐπιτήδειον εἶναι δοκῇ. Ἐάν τ' αὖ καὶ τοὐναντίον ἐπέλθῃ ποτὲ κῦμα κατακλυσμὸν φέρον
νόσων, ἢ πολέμων φθορά, ἐλάττους δὲ πολὺ τοῦ τεταγμένου 741 a
ἀριθμοῦ δι' ὀρφανίας γένωνται, ἑκόντας μὲν οὐ δεῖ πολίτας

d 2 ἀρχὴν O et (ν addito, ut vid.) A^c : ἀρχὴ A || 3 περιγενομένοις AO : περιγιγνομένοις K^c || 6 οἷς O et s. v. A^c : om. A || ᾖ A^c et ἁ. i. m. O^4 : εἴη O et fort. A (ante ᾖ eras. cum uno signo) || 8 εἰσίν· AO || **e 1** νουθετητικῶν A et ἁ. s. v. O^4 (τη s. v.) : νουθετικῶν O || ἀπαντῶσαι δύνανται A (ῶ i. r.) et O || 4 γίγνηται A et (η s. v.) O^4 : γίγνεται O || 6 συμβαίνῃ A et (ῃι s. v.) O^4 : συμβαίνει O || 9 τ' A et s. v. O^4 : δ' O.

de cœur des citoyens formés par une éducation bâtarde ; mais la nécessité, dit-on, ne souffre pas que Dieu même la contraigne[1].

Exhortation. Prêtons donc au discours que nous tenons en ce moment l'exhortation suivante : « Hommes excellents entre tous, ne cessez pas de suivre la nature en honorant la conformité, l'égalité, l'identité, l'accord, soit dans le nombre, soit en toute propriété
b apte à produire le beau et le bien ; maintenant, en particulier, commencez par garder tout le long de votre vie le nombre que nous avons dit ; ensuite, ne faites pas injure au montant et aux dimensions de votre avoir tel que vous l'avez reçu au début pour votre part convenable, en vous achetant et vous vendant les uns aux autres ; vous n'auriez pour alliés ni le sort qui a fait le partage et qui est un dieu[2], ni le législateur ; car en ce moment toute désobéissance se heurte d'abord à la loi ; celle-ci avait averti de ne pas prendre part
c à la distribution sans s'être d'abord engagé à reconnaître que la terre était consacrée à tous les dieux, et ensuite à accepter que prêtres et prêtresses ayant fait des prières au moment du premier sacrifice, puis du deuxième et jusqu'à trois fois, quiconque achèterait ou vendrait habitation ou terrain attribués par le sort subît les peines proportionnées à pareils délits ; on tracera, on déposera dans les temples, inscrit sur le cyprès, un mémorial rédigé pour le temps à venir[3] ; en outre, on remettra la charge de faire exécuter ces arrêts à
d celle des autorités qui semblera douée de la vue la plus pénétrante, afin que les transgressions qui se commettraient là-contre n'échappent jamais aux magistrats et que le délinquant soit puni à la fois par la loi et par la divinité. Combien la prescription actuelle profite à toutes les cités qui s'y con-

1. Cf. VII 818 d 8-e 1 et *Protag.* 345 d 5 ; ce dernier endroit cite le vers de Simonide passé en proverbe, et qui fait partie du scolie adressé au Thessalien Scopas.

2. Je traduis κλῆρος, leçon de la première main de O, qui est aussi celle de A après grattage ; il semble que le copiste ait d'abord écrit κλῆρον, ce qui est la leçon de A^2O^4 ; mais le nominatif, qui personnifie et même divinise le sort, est certainement la *difficilior lectio*.

3. Les « tablettes de cyprès qui sont un mémorial » ont choqué l'auteur du *Sublime* (4, 6) ; mais tout le style du passage est poétique.

παρεμβάλλειν νόθῃ παιδείᾳ πεπαιδευμένους, ἀνάγκην δὲ οὐδὲ θεὸς εἶναι λέγεται δυνατὸς βιάζεσθαι.

Ταῦτ᾽ οὖν δὴ τὸν νῦν λεγόμενον λόγον ἡμῖν φῶμεν παραινεῖν λέγοντα· Ὦ πάντων ἀνδρῶν ἄριστοι, τὴν ὁμοιότητα καὶ ἰσότητα καὶ τὸ ταὐτὸν καὶ ὁμολογούμενον τιμῶντες κατὰ φύσιν μὴ ἀνίετε κατά τε ἀριθμὸν καὶ πᾶσαν δύναμιν τὴν τῶν καλῶν κἀγαθῶν πραγμάτων· καὶ δὴ καὶ νῦν τὸν **b** ἀριθμὸν μὲν πρῶτον διὰ βίου παντὸς φυλάξατε τὸν εἰρημένον, εἶτα τὸ τῆς οὐσίας ὕψος τε καὶ μέγεθος, ὃ τὸ πρῶτον ἐνείμασθε μέτριον ὄν, μὴ ἀτιμάσητε τῷ τε ὠνεῖσθαι καὶ τῷ πωλεῖν πρὸς ἀλλήλους — οὔτε γὰρ ὁ νείμας κλῆρος ὢν θεὸς ὑμῖν σύμμαχος οὔτε ὁ νομοθέτης — νῦν γὰρ δὴ πρῶτον τῷ ἀπειθοῦντι νόμος προστάττει, προειπὼν ἐπὶ τούτοις κληροῦσθαι τὸν ἐθέλοντα ἢ μὴ κληροῦσθαι, ὡς πρῶτον μὲν τῆς **c** γῆς ἱερᾶς οὔσης τῶν πάντων θεῶν, εἶτα ἱερέων τε καὶ ἱερειῶν εὐχὰς ποιησομένων ἐπὶ τοῖς πρώτοις θύμασι καὶ δευτέροις καὶ μέχρι τριῶν, τὸν πριάμενον ἢ ἀποδόμενον ὧν ἔλαχεν οἰκοπέδων ἢ γηπέδων τὰ ἐπὶ τούτοις πρέποντα πάσχειν πάθη· γράψαντες δὲ ἐν τοῖς ἱεροῖς θήσουσι κυπαριττίνας μνήμας εἰς τὸν ἔπειτα χρόνον καταγεγραμμένας, πρὸς τούτοις δ᾽ ἔτι φυλακτήρια τούτων, ὅπως ἂν γίγνηται, καταστήσουσιν ἐν ταύτῃ τῶν ἀρχῶν ἥτις ἂν ὀξύτατον ὁρᾶν **d** δοκῇ, ἵνα αἱ παρὰ ταῦτα ἑκάστοτε παραγωγαὶ γιγνόμεναι μὴ λανθάνωσιν αὐτούς, ἀλλὰ κολάζωσι τὸν ἀπειθοῦντα ἅμα νόμῳ καὶ τῷ θεῷ. Ὅσον γὰρ δὴ τὸ νῦν ἐπιταττόμενον ἀγαθὸν ὂν τυγχάνει πάσαις ταῖς πειθομέναις πόλεσι, τὴν ἐπο-

741 a 3 παρεμβάλλειν O : ὑπερβάλλειν A et ἀ. s. v. O^4 || **b** 2 τὸν εἰρημένον A Π i. m. O^4 et (ο bis s. v.) O^4 : τῶν εἰρημένων O || 5 κλῆρος A (ς i. r.) et O : κλῆρον (ν s. v.) A^2O^4 κλήρους K^c || **c** 3 εὐχὰς O : εὐχαῖς A et (αῖς comp. s. v.) O^4 || 4 τὸν πριάμενον ἢ ἀποδόμενον A Π i. m. O^4 et (ο ter s. v.) O^4 cum K^c : τῶν πριαμένων ἢ ἀποδομένων O || **d** 3 κολάζωσι A (ο i. r.) : κολάζωσιν (ω ex ου et s. v.) O^4 κολάζουσιν O || 4 τὸ O et s. v. A^c : om. A.

forment, s'il s'y ajoute l'économie correspondante, c'est ce que, selon l'antique proverbe, nul ne saura jamais tant qu'il sera parmi les méchants, mais seulement quand l'expérience et l'habitude du bien l'auront instruit ; il n'y a guère
e de trafic, en effet, dans un pareil système, et celui-ci entraîne l'inutilité et l'interdiction pour tous de se livrer à aucun des négoces indignes d'un homme libre, dans la mesure où les occupations répréhensibles qu'on appelle métiers de vilains pervertissent un caractère libre ; il n'admettra d'aucune manière pareil moyen de s'enrichir. »

Ni or ni argent.

742 a En outre, une loi fait suite à toutes ces prescriptions : il ne sera permis à aucun citoyen de posséder tant soit peu d'or ou d'argent, mais seulement de la monnaie pour les échanges quotidiens, tels qu'on est presque obligé d'en faire avec les artisans et tous ceux dont on a besoin, pour payer le salaire de pareils services aux mercenaires, esclaves ou étrangers. A ces fins, disons-nous, les citoyens doivent avoir une monnaie qui ait cours entre eux, mais chez les autres peuples elle sera sans valeur ; quant à la monnaie commune à toute la Grèce, s'il faut pour des expéditions et des voyages dans les autres pays, comme des ambassades ou encore la nécessité d'un
b message officiel [1], envoyer quelqu'un au dehors, toutes ces occasions obligent la cité à posséder de la monnaie grecque. S'il arrive qu'un particulier doive faire un voyage, qu'il le fasse, avec la permission des magistrats, mais s'il revient avec un supplément d'argent étranger, qu'il le remette à l'État contre l'équivalent en monnaie du pays ; s'il est pris à le garder pour soi, l'argent sera confisqué, le complice qui ne dénoncerait pas le porteur partagera la malédiction et l'infamie dont celui-ci sera frappé et en outre son amende, qui
c ne sera pas inférieure à la somme rapportée en monnaie étrangère. Lorsqu'on se mariera ou qu'on mariera une fille, on ne donnera ni n'acceptera absolument aucune dot de n'importe quelle valeur ; on ne déposera pas d'argent chez quelqu'un en qui l'on n'a pas confiance, on ne prêtera pas à intérêt, attendu qu'il sera permis à l'emprunteur de ne

1. Le livre XII (950 d 8) ajoutera les « théories ».

μένην κατασκευὴν προσλαβόν, κατὰ τὴν παλαιὰν παροιμίαν οὐδεὶς εἴσεταί ποτε κακὸς ὤν, ἀλλ' ἔμπειρός τε καὶ ἐπιεικὴς ἔθεσι γενόμενος· χρηματισμὸς γὰρ οὔτ' ἔνεστιν σφόδρα ἐν e τῇ τοιαύτῃ κατασκευῇ, συνέπεταί τε αὐτῇ μηδὲ δεῖν μηδ' ἐξεῖναι χρηματίζεσθαι τῶν ἀνελευθέρων χρηματισμῶν μηδενὶ μηδένα, καθ' ὅσον ἐπονείδιστος λεγομένη βαναυσία ἦθος ἀποτρέπει ἐλεύθερον, μηδὲ τὸ παράπαν ἀξιοῦν ἐκ τῶν τοιούτων συλλέγειν χρήματα.

Πρὸς τούτοις δ' ἔτι νόμος ἕπεται πᾶσι τούτοις, μηδ' ἐξεῖναι χρυσὸν μηδὲ ἄργυρον κεκτῆσθαι μηδένα μηδενὶ 742 a ἰδιώτῃ, νόμισμα δὲ ἕνεκα ἀλλαγῆς τῆς καθ' ἡμέραν, ἣν δημιουργοῖς τε ἀλλάττεσθαι σχεδὸν ἀναγκαῖον, καὶ πᾶσιν ὁπόσων χρεία τῶν τοιούτων μισθοὺς μισθωτοῖς, δούλοις καὶ ἐποίκοις, ἀποτίνειν. Ὧν ἕνεκά φαμεν τὸ νόμισμα κτητέον αὐτοῖς μὲν ἔντιμον, τοῖς δὲ ἄλλοις ἀνθρώποις ἀδόκιμον· κοινὸν δὲ Ἑλληνικὸν νόμισμα ἕνεκά τε στρατειῶν καὶ ἀποδημιῶν εἰς τοὺς ἄλλους ἀνθρώπους, οἷον πρεσβειῶν ἤ καί τινος ἀναγκαίας ἄλλης τῇ πόλει κηρυκείας, ἐκπέμπειν τινὰ b ἂν δέῃ, τούτων χάριν ἀνάγκη ἑκάστοτε κεκτῆσθαι τῇ πόλει νόμισμα Ἑλληνικόν. Ἰδιώτῃ δὲ ἂν ἄρα ποτὲ ἀνάγκη τις γίγνηται ἀποδημεῖν, παρέμενος μὲν τοὺς ἄρχοντας ἀποδημείτω, νόμισμα δὲ ἄν ποθεν ἔχων ξενικὸν οἴκαδε ἀφίκηται περιγενόμενον, τῇ πόλει αὐτὸ καταβαλλέτω πρὸς λόγον ἀπολαμβάνων τὸ ἐπιχώριον· ἰδιούμενος δὲ ἄν τις φαίνηται, δημόσιόν τε γιγνέσθω καὶ ὁ συνειδὼς καὶ μὴ φράζων ἀρᾷ καὶ ὀνείδει μετὰ τοῦ ἀγαγόντος ἔνοχος ἔστω, καὶ ζημίᾳ πρὸς τούτοις μὴ ἐλάττονι τοῦ ξενικοῦ κομισθέντος νομίσματος. c Γαμοῦντα δὲ καὶ ἐκδιδόντα μήτ' οὖν διδόναι μήτε δέχεσθαι προῖκα τὸ παράπαν μηδ' ἡντινοῦν, μηδὲ νόμισμα παρακατατίθεσθαι ὅτῳ μή τις πιστεύει, μηδὲ δανείζειν ἐπὶ τόκῳ, ὡς ἐξὸν μὴ ἀποδιδόναι τὸ παράπαν τῷ δανεισαμένῳ

742 c 4 ante τις eras. in A (cum duob. sign.).

rendre absolument rien, ni intérêt ni capital[1] ; que ce soient là pour une cité les meilleures habitudes à avoir, on en jugera
d comme il faut en examinant chaque fois la question par rapport à l'intention première. Or l'intention du politique avisé n'est pas, d'après nous, celle que devrait avoir au jugement du vulgaire le bon législateur : rendre la cité qu'il veut servir par ses lois la plus grande possible, la plus riche possible, en possession d'objets d'or et d'argent et d'un empire aussi étendu que possible sur terre et sur mer ; on ajouterait, je pense, qu'une législation correcte doit vouloir la cité à la fois la meilleure et la plus heureuse qu'il se peut.
e De ces vœux, les uns sont réalisables, les autres ne le sont pas ; en conséquence, les conditions réalisables seront voulues par le législateur ; quant aux conditions irréalisables, il ne les voudra pas d'une volonté vaine et ne s'en occupera pas. Être en même temps heureux et bon est, en effet, une vraie nécessité, et cela, il le voudra ; mais très riche en même temps que bon, c'est impossible, du moins à ceux que la foule compte parmi les riches ; pour elle, ce sont les possesseurs privilégiés de biens d'un très grand prix ; or c'est là justement ceux qu'on ne peut avoir à moins d'être pervers. S'il en est
743 a ainsi, je n'accorderai jamais à l'opinion que le riche devienne vraiment heureux s'il n'est bon en même temps ; or, qu'étant bon supérieurement on soit de même riche à un degré supérieur, c'est impossible[2]. « Et pourquoi ? » dira-t-on peut-être. Parce que, dirons-nous, le gain qui se fait à la fois par la justice et par l'injustice est plus du double de celui qui se fait seulement par la justice, et les dépenses, pour qui ne veut en faire ni d'honnêtes ni de malhonnêtes, sont deux fois moindres que pour celui dont l'honnêteté n'accepte de dépenser qu'à des fins honnêtes ; si donc l'un a doubles
b recettes et ne dépense que la moitié, celui qui tient la con-

1. Sur les dépôts, cf. L. Gernet, *Introduction*, p. CLXXVI, n. 2. Du texte des *Lois*, il faut rapprocher peut-être Démocrite, fr. 265 D., et sûrement Lysias, XXXII (*Contre Diogiton*), 5, où παρακαταθήκη a le sens que W. Schubart (*Philologische Wochenschrift*, 1932, c. 1077-1084) déclare seulement hellénistique pour παρακατατίθεσθαι : « confier un dépôt qui doit être ensuite remis à une tierce personne », *fidei committere*.

2. Cf. 742 e 6 ; 743 b 5, c 3.

μήτε τόκον μήτε κεφάλαιον· ταῦτα δ' ὅτι βέλτιστ' ἐστὶν
πόλει ἐπιτηδεύματα ἐπιτηδεύειν, ὧδε ἄν τις σκοπῶν ὀρθῶς
ἂν αὐτὰ διακρίνοι, ἐπαναφέρων εἰς τὴν ἀρχὴν ἀεὶ καὶ τὴν d
βούλησιν. Ἔστιν δὴ τοῦ νοῦν ἔχοντος πολιτικοῦ βούλησις,
φαμέν, οὐχ ἥνπερ ἂν οἱ πολλοὶ φαῖεν δεῖν βούλεσθαι τὸν
ἀγαθὸν νομοθέτην, ὡς μεγίστην τε εἶναι τὴν πόλιν ᾗ νοῶν
εὖ νομοθετοῖ καὶ ὅτι μάλιστα πλουσίαν, κεκτημένην δ' αὖ
χρύσεια καὶ ἀργύρεια, καὶ κατὰ γῆν καὶ κατὰ θάλατταν
ἄρχουσαν ὅτι πλείστων· προσθεῖεν δ' ἂν καὶ ὡς ἀρίστην
δεῖν βούλεσθαι τὴν πόλιν εἶναι καὶ ὡς εὐδαιμονεστάτην
τόν γε ὀρθῶς νομοθετοῦντα. Τούτων δὲ τὰ μὲν δυνατά e
ἐστιν γίγνεσθαι, τὰ δ' οὐ δυνατά· τὰ μὲν οὖν δυνατὰ βού-
λοιτ' ἂν ὁ διακοσμῶν, τὰ δὲ μὴ δυνατὰ οὔτ' ἂν βούλοιτο
ματαίας βουλήσεις οὔτ' ἂν ἐπιχειροῖ. Σχεδὸν μὲν γὰρ
εὐδαίμονας ἅμα καὶ ἀγαθοὺς ἀνάγκη γίγνεσθαι — τοῦτο μὲν
οὖν βούλοιτ' ἂν — πλουσίους δ' αὖ σφόδρα καὶ ἀγαθοὺς
ἀδύνατον, οὕς γε δὴ πλουσίους οἱ πολλοὶ καταλέγουσι·
λέγουσιν δὲ τοὺς κεκτημένους ἐν ὀλίγοις τῶν ἀνθρώπων
πλείστου νομίσματος ἄξια κτήματα, ἃ καὶ κακός τις κεκτῇτ'
ἄν. Εἰ δ' ἔστιν τοῦτο οὕτως ἔχον, οὐκ ἂν ἔγωγε αὐτοῖς 743a
ποτε συγχωροίην τὸν πλούσιον εὐδαίμονα τῇ ἀληθείᾳ γί-
γνεσθαι μὴ καὶ ἀγαθὸν ὄντα· ἀγαθὸν δὲ ὄντα διαφόρως καὶ
πλούσιον εἶναι διαφερόντως ἀδύνατον. « Τί δή ; » φαίη τις
ἂν ἴσως. Ὅτι, φαῖμεν ἄν, ἥ τε ἐκ δικαίου καὶ ἀδίκου κτῆσις
πλέον ἢ διπλασία ἐστὶν τῆς ἐκ τοῦ δικαίου μόνον, τά τε
ἀναλώματα μήτε καλῶς μήτε αἰσχρῶς ἐθέλοντα ἀναλίσκεσθαι
τῶν καλῶν καὶ εἰς καλὰ ἐθελόντων δαπανᾶσθαι διπλασίῳ
ἐλάττονα· οὔκουν ποτὲ ἂν τῶν ἐκ διπλασίων μὲν κτημάτων b

d 3 βούλεσθαι A et (ευ p. n.) O^c : βουλεύεσθαι O || 6 χρύσεια καὶ ἀργύρεια A (ει bis, ut vid., ex ι, sed null. acc. eras.) et O || **e** 1 νομοθετοῦντα A et (μο s. v.) O^4 : νουθετοῦντα O (pr. υ p. n.) || 2 ante ἐστιν eras. in A (cum duob. sign.) || **743 a** 3 alt. ἀγαθὸν -4 ἀδύνατον hab. Origenes, *C. Cels.*, 6, 16 (II, 86, 16-17 K.) ; Stobaeus, IV, 31 c, 79 (760, 4-5 H.) || διαφόρως AO Orig. Stob. : διαφερόντως cj. Marc. gr. 184 || **b** 1 κτημάτων A et (κτ s. v.) O^4 : χρημάτων O.

duite opposée ne pourra jamais s'enrichir davantage. Or, de
ces deux hommes, l'un est bon, l'autre n'est pas pervers
quand il est économe, mais d'autres fois il atteint le comble de
la perversité; quant à être bon, nous venons de le dire, il ne le
pourra jamais [1]. C'est que, à gagner justement et injustement
sans dépenser ni justement ni injustement, on devient riche
quand en outre on est économe ; mais l'homme totalement
perverti, qui le plus souvent vit dans la débauche, est tout à fait
c pauvre ; tandis qu'à faire les dépenses honnêtes et à ne gagner
que par les moyens justes on ne saurait facilement acquérir
une fortune supérieure ni non plus s'appauvrir beaucoup. En
somme, notre conclusion est légitime : les richards ne sont pas
bons; et s'ils ne sont pas bons, ils ne sont pas davantage heureux.

Notre plan de législation se proposait un but, celui de
procurer aux citoyens le plus de bonheur et autant d'amitié
mutuelle qu'il était possible ; or, jamais ils ne pourraient
être amis tant qu'il y aurait entre eux beaucoup de procès,
beaucoup aussi de passe-droits, mais bien là où il n'y en
d aurait que d'aussi peu graves que possible et d'aussi peu
fréquents. Nous disons donc qu'il ne faut ni or ni argent
dans la cité, ni non plus beaucoup de ce commerce qu'entretiennent les métiers, l'usure ou un honteux élevage [2], mais
seulement ce que l'agriculture donne ou produit, et encore
dans la mesure où un tel trafic n'obligerait pas à négliger
ce pour quoi l'argent est fait ; je veux dire l'âme et le corps,
qui sans la gymnastique et le reste de l'éducation ne vaudront
jamais la peine d'en parler. C'est pourquoi, du soin des
e richesses, nous avons dit plus d'une fois qu'il faut l'honorer
en dernier lieu ; car sur trois objets en tout que poursuivent
les soins de tout homme, le troisième et dernier est le souci
des richesses si cette sollicitude est légitime, celui du corps
tient le milieu, le premier est celui de l'âme. Dans le cas
présent, en particulier, si la constitution que nous sommes

1. La formule de récurrence porte sur ἀγαθός et équivaut à un *c. q. f. d.* géométrique ; l'idée, deux fois déjà exprimée (742 e 6, 743 a 3), qu'une grande vertu s'accorde mal avec une grande richesse, reviendra sous forme de conclusion 743 c 3.

2. Le commentaire de C. Ritter a ici deux pages sur les animaux de luxe, mais il s'agit probablement du métier des *pornoboskoi* ; cf. Wilamowitz, *Platon*, II², p. 400.

ἡμίσεων δὲ ἀναλωμάτων ὁ τὰ ἐναντία τούτων πράττων
γένοιτ' ἂν πλουσιώτερος. Ἔστιν δὲ ὁ μὲν ἀγαθὸς τούτων,
ὁ δὲ οὐ κακὸς ὅταν ᾖ φειδωλός, τοτὲ δέ ποτε καὶ πάγκακος,
ἀγαθὸς δέ, ὅπερ εἴρηται τὰ νῦν, οὐδέποτε. Ὁ μὲν γὰρ δι-
καίως καὶ ἀδίκως λαμβάνων καὶ μήτε δικαίως μήτε ἀδίκως
ἀναλίσκων πλούσιος, ὅταν καὶ φειδωλὸς ᾖ, ὁ δὲ πάγκακος,
ὡς τὰ πολλὰ ὢν ἄσωτος, μάλα πένης· ὁ δὲ ἀναλίσκων τε
εἰς τὰ καλὰ καὶ κτώμενος ἐκ τῶν δικαίων μόνον οὔτ' ἂν c
διαφέρων πλούτῳ ῥᾳδίως ἄν ποτε γένοιτο οὐδ' αὖ σφόδρα
πένης. Ὥστε ὁ λόγος ἡμῖν ὀρθός, ὡς οὐκ εἰσὶν οἱ παμ-
πλούσιοι ἀγαθοί· εἰ δὲ μὴ ἀγαθοί, οὐδὲ εὐδαίμονες.

Ἡμῖν δὲ ἡ τῶν νόμων ὑπόθεσις ἐνταῦθα ἔβλεπεν, ὅπως
ὡς εὐδαιμονέστατοι ἔσονται καὶ ὅτι μάλιστα ἀλλήλοις φίλοι·
εἶεν δὲ οὐκ ἄν ποτε πολῖται φίλοι, ὅπου πολλαὶ μὲν δίκαι
ἐν ἀλλήλοις εἶεν, πολλαὶ δὲ ἀδικίαι, ἀλλ' ὅπου ὡς ὅτι d
σμικρόταται καὶ ὀλίγισται. Λέγομεν δὴ μήτε χρυσὸν δεῖν
μήτε ἄργυρον ἐν τῇ πόλει, μήτε αὖ χρηματισμὸν πολὺν διὰ
βαναυσίας καὶ τόκων μηδὲ βοσκημάτων αἰσχρῶν, ἀλλ' ὅσα
γεωργία δίδωσι καὶ φέρει, καὶ τούτων ὁπόσα μὴ χρηματιζό-
μενον ἀναγκάσειεν ἀμελεῖν ὧν ἕνεκα πέφυκε τὰ χρήματα·
ταῦτα δ' ἐστὶ ψυχὴ καὶ σῶμα, ἃ χωρὶς γυμναστικῆς καὶ
τῆς ἄλλης παιδείας οὐκ ἄν ποτε γένοιτο ἄξια λόγου. Διὸ e
δὴ χρημάτων ἐπιμέλειαν οὐχ ἅπαξ εἰρήκαμεν ὡς χρὴ τελευ-
ταῖον τιμᾶν· ὄντων γὰρ τριῶν τῶν ἁπάντων περὶ ἃ πᾶς
ἄνθρωπος σπουδάζει, τελευταῖον καὶ τρίτον ἐστὶν ἡ τῶν
χρημάτων ὀρθῶς σπουδαζομένη σπουδή, σώματος δὲ πέρι
μέση, πρώτη δὲ ἡ τῆς ψυχῆς. Καὶ δὴ καὶ νῦν ἣν διεξερχό-
μεθα πολιτείαν, εἰ μὲν τὰς τιμὰς οὕτω τάττεται, ὀρθῶς

b 4 οὐ κακὸς AO : οὐκ ἀγαθὸς Π° i. m. O⁴ || πάγκακος OK^c : πάγκαλος A et (λ s. v.) O⁴ || c 1 ἐκ A : ἀπὸ O || 5 ἡμῖν -744 a 3 τιθέμενος hab. Stobaeus, IV, 1, 129 (77, 17-78, 16 H.) || d 2 χρυσὸν A et (εἶναι p. n.) O⁴ : εἶναι χρυσὸν O Stob. || 6 ἀναγκάσειεν A Stob. et (εν s. v.) O⁴ : ἀναγκάσει O || ὧν A Stob. et (ν ex σ) O^c : ὡς O.

en train de décrire classe ainsi les valeurs, elle est d'une bonne économie ; mais si l'une des lois qui y sont édictées
744 a accorde visiblement dans la cité un rang plus honorable à la santé qu'à la tempérance, ou à la richesse qu'à la santé ou à la vie tempérante, on reconnaîtra à n'en pas douter que son classement est défectueux [1]. Voici donc les questions que le législateur doit souvent se poser à lui-même : « Quelle est mon intention » ? Et « si cela va à mon propos ou si au contraire je manque le but » ? Et ainsi peut-être bien qu'il achèverait lui-même son œuvre de législation et en déchargerait autrui, mais autrement jamais il ne déchargera personne.

Quatre classes censitaires.

Que le bénéficiaire d'un lot le possède, répétons-nous, aux conditions que nous
b avons dites [2]. Sans doute, ce serait une belle chose que tous les membres de la colonie vinssent avec tous biens égaux d'autre part ; mais puisque c'est impossible et que l'un arrivera avec plus d'argent, l'autre avec moins, il faut, pour bien des raisons et en particulier à cause de l'égalité de chances qu'offre la cité, que les cens soient inégaux, pour que dans les charges, les impositions, les distributions, on apprécie la valeur individuelle non seulement d'après le mérite personnel ou celui des ancêtres, d'après la force physique ou la beauté, mais encore d'après l'usage
c de la richesse ou la pauvreté, et que, recevant les honneurs et les charges le plus également possible en vertu de l'inégalité proportionnelle, on n'ait aucun sujet de dissentiment [3]. Pour ces raisons, il faut d'après l'étendue de la fortune distinguer quatre classes censitaires, première, seconde, troisième et quatrième, ou autres désignations de cet ordre, soit que les citoyens restent dans la même classe, soit que par l'enrichissement ou l'appauvrissement ils passent dans la
d classe qui revient à chacun d'entre eux.

1. Cf. II 661 d-e et le début du livre V.

2. Cette phrase rejoint l'exhortation de 741 a-e, par-dessus les proscriptions relatives à la richesse.

3. L'« inégalité proportionnelle » sera expliquée plus loin (VI 757 a-b), à propos des deux égalités, arithmétique et géométrique. Cf. ci-dessus 737 c et la note.

νενομοθέτηται· εἰ δέ τις τῶν προσταττομένων αὐτόθι νόμων
σωφροσύνης ἔμπροσθεν ὑγίειαν ἐν τῇ πόλει φανεῖται ποιῶν 744 a
τιμίαν, ἢ πλοῦτον ὑγιείας καὶ τοῦ σωφρονεῖν, οὐκ ὀρθῶς
ἀναφανεῖται τιθέμενος. Τοῦτ' οὖν δὴ πολλάκις ἐπισημαί-
νεσθαι χρὴ τὸν νομοθέτην — Τί τε βούλομαι; καὶ Εἴ μοι
συμβαίνει τοῦτο ἢ καὶ ἀποτυγχάνω τοῦ σκοποῦ; — καὶ οὕτω
τάχ' ἂν ἴσως ἐκ τῆς νομοθεσίας αὐτός τε ἐκβαίνοι καὶ τοὺς
ἄλλους ἀπαλλάττοι, κατ' ἄλλον δὲ τρόπον οὐδ' ἂν ἕνα ποτέ.

Ὁ δὴ λαχὼν κεκτήσθω, φαμέν, τὸν κλῆρον ἐπὶ τούτοις
οἷς εἰρήκαμεν. Ἦν μὲν δὴ καλὸν καὶ τἆλλα ἴσα πάντ' b
ἔχοντα ἕνα ἕκαστον ἐλθεῖν εἰς τὴν ἀποικίαν· ἐπειδὴ δὲ οὐ
δυνατόν, ἀλλ' ὁ μέν τις πλείω κεκτημένος ἀφίξεται χρή-
ματα, ὁ δ' ἐλάττονα, δεῖ δὴ πολλῶν ἕνεκα, τῶν τε κατὰ
πόλιν καιρῶν ἰσότητος ἕνεκα, τιμήματα ἄνισα γενέσθαι, ἵνα
ἀρχαί τε καὶ εἰσφοραὶ καὶ διανομαὶ τὴν τῆς ἀξίας ἑκάστοις
τιμὴν μὴ κατ' ἀρετὴν μόνον τήν τε προγόνων καὶ τὴν
αὐτοῦ, μηδὲ κατὰ σωμάτων ἰσχῦς καὶ εὐμορφίας, ἀλλὰ καὶ
κατὰ πλούτου χρῆσιν καὶ πενίαν, τὰς τιμάς τε καὶ ἀρχὰς c
ὡς ἰσαίτατα τῷ ἀνίσῳ συμμέτρῳ δὲ ἀπολαμβάνοντες μὴ
διαφέρωνται. Τούτων χάριν τέτταρα μεγέθει τῆς οὐσίας
τιμήματα ποιεῖσθαι χρεών, πρώτους καὶ δευτέρους καὶ
τρίτους καὶ τετάρτους, ἤ τισιν ἄλλοις προσαγορευομένους
ὀνόμασιν, ὅταν τε μένωσιν ἐν τῷ αὐτῷ τιμήματι καὶ ὅταν
πλουσιώτεροι ἐκ πενήτων καὶ ἐκ πλουσίων πένητες γιγνό-
μενοι μεταβαίνωσιν εἰς τὸ προσῆκον ἕκαστοι ἑαυτοῖσιν d
τίμημα.

e 8 νενομοθέτηται A et (νενο et η s. v.) O⁴ : νομοθετεῖται O et Stobaei SM νομοθετεῖτε Stobaei A || προσταττομένων A et Stobaei SM : προταττομένων (οτ s. v.) O⁴ πραττομένων O et Stobaei A || **744 a** 3 τοῦτ' οὖν A et (οὖν comp. ex ο) O^c : τοῦτο O || 8 μηδὲ O : μήτε A et (τ supra δ) O⁴ || **c** 1 πενίαν A et (ν supra σ sed p. n.) O⁴ : πενίας O || 3 μεγέθει A : μεγέθη O || 5 καὶ O et s. v. A^c : om. A || προσαγορευομένους O⁴ (alt. υ ex ι): προσαγορευομένοις AO || 7 πλουσιώτεροι O : πλουσιώτατοι A et (ατ s. v.) O⁴ || **d** 1 ἑαυτοῖσιν A : ἑαυτοῖς O.

En conséquence de ces raisonnements, j'établirais le projet
de loi que voici. Il faut sans doute, disons-nous, que dans
une cité qui doit échapper au pire fléau, dont le juste nom
serait plutôt dissension que faction, ne règne chez certains
des citoyens ni la dure pauvreté, ni non plus la richesse,
puisque l'une et l'autre engendrent ces maux[1] ; le législateur
doit donc indiquer maintenant une limite dans les deux sens.
Assignons donc pour limite à la pauvreté la valeur du lot
e initial, qui doit subsister et qu'aucun magistrat ne laissera
jamais diminuer pour personne, ni non plus, en vertu des
mêmes principes, aucun citoyen parmi ceux qui se piquent
de vertu. En le prenant pour unité, le législateur permettra
d'en acquérir le double, le triple et jusqu'au quadruple ;
mais si quelqu'un acquiert plus que cette mesure, par suite
d'une trouvaille, d'un don ou de bonnes affaires ou pour
745 a toute autre chance de ce genre qui lui aurait valu cet excédent
par rapport à la quotité permise, s'il distribue ce surplus à
la cité et aux dieux qui la gardent, il aura bon renom et
évitera l'amende ; mais si quelqu'un enfreint cette loi, on
pourra librement le dénoncer moyennant la moitié du surplus,
et le coupable paiera en outre une amende du même
taux sur ses biens légitimes ; l'autre moitié du surplus sera
pour les dieux[2]. Toutes les acquisitions des citoyens en plus
du lot seront inscrites dans un registre public sur lequel
veilleront des magistrats désignés par la loi, pour que tous
b les procès en matière de finances soient faciles et vraiment
clairs.

Répartition du territoire.

Ensuite, le fondateur de la cité doit d'abord l'avoir établie le plus possible au centre du pays, après avoir choisi un endroit pourvu également des autres avantages désirables, qui se conçoivent et s'énumèrent sans peine ; après quoi, il

1. Pour la cinquième fois revient l'idée que l'or et l'argent font le malheur des cités ; cf. II 679 b 5-8, IV 705 b 3-6, V 742 e 6-7, 743 d 2, 744 d 3-6 ; la dernière proscription, avec la formule la mieux frappée, se lira au l. VII (801 b 5-7). Il faudrait ajouter la condamnation *a contrario* du l. III, 698 a 1-3.

2. On a pu légitimement augmenter le rendement du lot initial jusqu'à en quadrupler la valeur de base (744 e 5), non pas annexer d'autres lots. Au delà de cet accroissement, l'excédent doit aller tout

Τόδε δ᾽ ἐπὶ τούτοις αὖ νόμου σχῆμα ἔγωγε ἂν τιθείην ὡς ἑπόμενον. Δεῖ γὰρ ἐν πόλει που, φαμέν, τῇ τοῦ μεγίστου νοσήματος οὐ μεθεξούσῃ, ὃ διάστασιν ἢ στάσιν ὀρθότερον ἂν εἴη κεκλῆσθαι, μήτε πενίαν τὴν χαλεπὴν ἐνεῖναι παρά τισιν τῶν πολιτῶν μήτε αὖ πλοῦτον, ὡς ἀμφοτέρων τικτόντων ταῦτα ἀμφότερα· νῦν οὖν ὅρον δεῖ τούτων ἑκατέρου τὸν νομοθέτην φράζειν. Ἔστω δὴ πενίας μὲν ὅρος ἡ τοῦ κλήρου τιμή, ὃν δεῖ μένειν καὶ ὃν ἄρχων οὐδεὶς οὐδενί ποτε e περιόψεται ἐλάττω γιγνόμενον, τῶν τε ἄλλων κατὰ ταὐτὰ οὐδεὶς ὅστις φιλότιμος ἐπ᾽ ἀρετῇ. Μέτρον δὲ αὐτὸν θέμενος ὁ νομοθέτης διπλάσιον ἐάσει τούτου κτᾶσθαι καὶ τριπλάσιον καὶ μέχρι τετραπλασίου· πλείονα δ᾽ ἄν τις κτᾶται τούτων, εὑρὼν ἢ δοθέντων ποθὲν ἢ χρηματισάμενος, ἤ τινι τύχῃ τοιαύτῃ κτησάμενος ἄλλῃ τὰ περιγιγνόμενα τοῦ μέτρου, τῇ 745 a πόλει ἂν αὐτὰ καὶ τοῖς τὴν πόλιν ἔχουσιν θεοῖς ἀπονέμων εὐδόκιμός τε καὶ ἀζήμιος ἂν εἴη· ἐὰν δέ τις ἀπειθῇ τούτῳ τῷ νόμῳ, φανεῖ μὲν ὁ βουλόμενος ἐπὶ τοῖς ἡμίσεσιν, ὁ δὲ ὀφλὼν ἄλλο τοσοῦτον μέρος ἀποτείσει τῆς αὑτοῦ κτήσεως, τὰ δ᾽ ἡμίσεα τῶν θεῶν. Ἡ δὲ κτῆσις χωρὶς τοῦ κλήρου πάντων πᾶσα ἐν τῷ φανερῷ γεγράφθω παρὰ φύλαξιν ἄρχουσιν οἷς ἂν ὁ νόμος προστάξῃ, ὅπως ἂν αἱ δίκαι περὶ πάντων, ὅσαι εἰς χρήματα, ῥᾴδιαί τε ὦσι καὶ σφόδρα b σαφεῖς.

Τὸ δὴ μετὰ τοῦτο πρῶτον μὲν τὴν πόλιν ἱδρῦσθαι δεῖ τῆς χώρας ὅτι μάλιστα ἐν μέσῳ, καὶ τἆλλα ὅσα πρόσφορα πόλει τῶν ὑπαρχόντων ἔχοντα τόπον ἐκλεξάμενον, ἃ νοῆσαί τε καὶ εἰπεῖν οὐδὲν χαλεπόν· μετὰ δὲ ταῦτα μέρη δώδεκα

d 4 δεῖ -8 ἀμφότερα hab. Stobaeus, IV, 1, 130 (78, 18-22 H.) || 5 νοσήματος OK[c] Stob. : νομίσματος A et γρ. i. m. O[3] || μεθεξούσῃ A γρ. i. m. O[3] et (ηι s. v.) O[4] cum K[c] : μεθέξουσιν O μετεχούσῃ Stob. || ὃ AO : ἢ Stob. || 7 ἀμφοτέρων apogr. : ἀμφότερα AO Stob. || 8 δεῖ A : δὴ O || **e** 1 δεῖ O : δὴ A || 3 αὐτὸν A : αὐτῶν O || **745 a** 2 θεοῖς -c 4 δὲ O et in calce A[3] : om. A.

distinguera douze parties, en réservant d'abord pour Hestia, Zeus et Athéna une enceinte qu'il nommera acropole et
c entourera d'une clôture, et à partir de laquelle il divisera en douze parts la cité elle-même et tout le territoire[1]. Les douze parts seront égales du fait qu'elle seront moins étendues si la terre est bonne, plus si elle l'est moins. On fera cinq mille quarante lots, mais on les coupera chacun en deux et on accouplera deux fractions, en sorte que chaque lot ait une partie rapprochée et une autre éloignée du centre : une partie attenante à la ville constituera un seul lot avec une autre
d située à la frontière, la seconde en partant de la ville avec la seconde en partant des frontières, et ainsi de suite. Il faut aussi assurer dans les demi-sections la proportion de terre médiocre ou bonne dont nous parlions à l'instant, en utilisant les différences d'étendue pour atteindre l'égalité. On divisera aussi la population en douze sections en faisant des biens excédentaires douze parts aussi égales que possible après les avoir tous recensés ; et après cela, assignant douze lots à
e douze dieux, on nommera et consacrera le lot échu à chacun, et on l'appellera « tribu[2] ». On distinguera aussi les douze secteurs de la ville de la même façon qu'on divisait le reste du territoire ; et chacun possèdera deux habitations, l'une près du centre et l'autre aux extrémités. Ainsi s'achèvera la fondation.

Idéal et réalité. Mais il faut, par tous les moyens, nous mettre dans l'esprit une chose : tout ces que nous avons dit ne pourra jamais rencontrer des conditions telles que tout se trouve ainsi réuni à la lettre : des hommes

entier à la cité et aux dieux *polioukhoi* (le mot ne se trouve qu'au l. XI, 921 c 2) ; faute de quoi, la moitié du surplus échoit au dénonciateur, l'autre moitié aux dieux (sans préjudice d'une amende égale à l'une de ces moitiés).

1. Hestia, gardienne du foyer, « reste seule à la maison des dieux » lorsque ceux-ci partent en procession autour de l'empyrée (*Phèdre* 246 e-247 a) ; cf. la note de L. Robin dans son édition de 1933, p. 37, n. 1. Les indications sur l'acropole et sur les divisions de la cité demanderaient des éclaircissements.

2. « Le lot échu » traduit τὸ λαχὸν μέρος (cf. A. Debrunner, *Museum Helveticum*, I, 1944, p. 36-37) ; la « tribu » est donc pour Platon le douzième de population échu à chacun des dieux.

διελέσθαι, θέμενον Ἑστίας πρῶτον καὶ Διὸς καὶ Ἀθηνᾶς ἱερόν, ἀκρόπολιν ὀνομάζοντα, κύκλον περιβάλλοντα, ἀφ' οὗ τὰ δώδεκα μέρη τέμνειν τήν τε πόλιν αὐτὴν καὶ πᾶσαν c τὴν χώραν. Ἴσα δὲ δεῖ γίγνεσθαι τὰ δώδεκα μέρη τῷ τὰ μὲν ἀγαθῆς γῆς εἶναι σμικρά, τὰ δὲ χείρονος μείζω. Κλήρους δὲ διελεῖν τετταράκοντα καὶ πεντακισχιλίους, τούτων τε αὖ δίχα τεμεῖν ἕκαστον καὶ συγκληρῶσαι δύο τμήματα, τοῦ τε ἐγγὺς καὶ τοῦ πόρρω μετέχοντα ἑκάτερον· τὸ πρὸς τῇ πόλει μέρος τῷ πρὸς τοῖς ἐσχάτοις εἷς κλῆρος, καὶ τὸ δεύτερον ἀπὸ πόλεως τῷ ἀπ' ἐσχάτων δευτέρῳ, καὶ τἆλλα d οὕτως πάντα. Μηχανᾶσθαι δὲ καὶ ἐν τοῖς δίχα τμήμασι τὸ νυνδὴ λεγόμενον φαυλότητός τε καὶ ἀρετῆς χώρας, ἐπανισουμένους τῷ πλήθει τε καὶ ὀλιγότητι τῆς διανομῆς. Νείμασθαι δὲ δὴ καὶ τοὺς ἄνδρας δώδεκα μέρη, τὴν τῆς ἄλλης οὐσίας εἰς ἴσα ὅτι μάλιστα τὰ δώδεκα μέρη συνταξάμενον, ἀπογραφῆς πάντων γενομένης· καὶ δὴ καὶ μετὰ τοῦτο δώδεκα θεοῖς δώδεκα κλήρους θέντας, ἐπονομάσαι καὶ καθιερῶσαι τὸ λαχὸν μέρος ἑκάστῳ τῷ θεῷ, καὶ φυλὴν αὐτὴν e ἐπονομάσαι. Τέμνειν δ' αὖ καὶ τὰ δώδεκα τῆς πόλεως τμήματα τὸν αὐτὸν τρόπον ὅνπερ καὶ τὴν ἄλλην χώραν διένεμον· καὶ δύο νέμεσθαι ἕκαστον οἰκήσεις, τήν τε ἐγγὺς τοῦ μέσου καὶ τὴν τῶν ἐσχάτων. Καὶ τὴν μὲν κατοίκησιν οὕτω τέλος ἔχειν.

Ἐννοεῖν δὲ ἡμᾶς τὸ τοιόνδε ἐστὶν χρεὼν ἐκ παντὸς τρόπου, ὡς τὰ νῦν εἰρημένα πάντα οὐκ ἄν ποτε εἰς τοιούτους καιροὺς συμπέσοι, ὥστε συμβῆναι κατὰ λόγον οὕτω σύμ-

c 1 μέρη A³ et (η s. v.) O⁴ : μέρει O || 2 τῷ O : τὸ A³ || 5 τεμεῖν O (sed post μ eras.) : τέμνειν A et ἀ. comp. s. v. O⁴ || **d** 4 πλήθει O : πάθει A || 5 δὴ A : δεῖ O || 6 μέρη A (sed η refect., ex ι ?) et O³ (ε ex ο, η ex ι, α p. n.) : μόρια O || 7 καὶ μετὰ A et O⁴ (καὶ comp. s. v. et, cum Π, i. m.) : τὸ μετὰ O (sed post τὸ ras. un. litt.) || 8 δώδεκα κλήρους θέντας A et (κα e. v., λή i. r., ου ex ο) O^c : δώδεκα προσθέντας O || **e** 2 τὰ δώδεκα τῆς πόλεως τμήματα A et i. m. O⁴ : τὰ τῆς πόλεως τὰ δώδεκα τμήματα O (sed alt. τὰ eras.) || 5 κατοίκησιν AO.

746 a qui, sans être importunés d'une pareille cohabitation, acceptent pour toute leur vie de se contenter d'un avoir fixe et limité, du nombre d'enfants que nous avons assignés à chacun, et supportent d'être privés d'objets d'or et des autres luxes que le législateur ajoutera sûrement à la liste des prohibitions pour les raisons énoncées tout à l'heure ; de plus, pour la campagne et pour la ville, la situation centrale ou un cercle complet de propriétés, ainsi qu'il l'a dit presque comme s'il parlait en rêve ou comme s'il modelait dans la cire une cité et des citoyens [1]. Un pareil projet, en un certain sens, n'est
b pas mal imaginé, mais il faut se remémorer les considérations que voici. De nouveau, je le vois, le législateur nous tient ce langage : « Dans ces propos, mes amis, ne croyez pas qu'il m'échappe, à moi non plus, que l'exposé actuel présente d'une certaine façon la vérité. Mais chaque fois qu'il s'agit d'un plan pour l'avenir, voici ce que je crois le plus juste : celui qui propose le modèle que doit reproduire l'entreprise n'y omettra rien de ce qu'il y a de plus beau et de plus vrai ;
c mais celui qui se voit dans l'impossibilité d'atteindre un des aspects de cet idéal le laissera de côté sans essayer de le réaliser ; celle des autres hypothèses qui sera la plus proche parente du parfait exemplaire, il s'ingéniera à en faire une réalité [2] ; quant au législateur, il le laissera aller au bout de ses intentions, après quoi, alors seulement, il examinera en commun avec lui ce qui est expédient dans le plan tracé et ce qui dans la législation a été proposé de trop ardu ; car être logique avec soi-même, voilà, je pense, à quoi doit
d arriver de toute manière le moindre artisan qui prétend à tant soit peu de valeur. »

Importance des mathématiques.

Maintenant, après notre décision de faire la division en douze parties, voici exactement ce qu'il faut tâcher de considérer : de quelle façon claire les douze parties, contenant un très

1. Image fréquente du modelage, qui a déjà été appliquée à la législation (IV 712 b 2) et qui reviendra au l. VII (800 b 6-8, 801 d 6-7) avec la précision du « moule » et de l'« empreinte » (cf. *Théét.* 191 c 9, *Tim.* 50 c 2).

2. Toujours le « second best », le δεύτερος πλοῦς ; cf. ci-dessus 739 e et la note.

παντα γενόμενα, ἄνδρας τε οἳ μὴ δυσχερανοῦσι τὴν τοιαύτην 746 a
συνοικίαν, ἀλλ' ὑπομενοῦσιν χρήματά τε ἔχοντες τακτὰ καὶ
μέτρια διὰ βίου παντὸς καὶ παίδων γενέσεις ἃς εἰρήκαμεν
ἑκάστοις, καὶ χρυσοῦ στερόμενοι καὶ ἑτέρων ὧν δῆλος ὁ
νομοθέτης προστάξων ἐστὶν ἐκ τούτων τῶν νῦν εἰρημένων,
ἔτι δὲ χώρας τε καὶ ἄστεος, ὡς εἴρηκεν, μεσότητάς τε καὶ
ἐν κύκλῳ οἰκήσεις πάντῃ, σχεδὸν οἷον ὀνείρατα λέγων, ἢ
πλάττων καθάπερ ἐκ κηροῦ τινα πόλιν καὶ πολίτας. Ἔχει
δὴ τὰ τοιαῦτα οὐ κακῶς τινα τρόπον εἰρημένα, χρὴ δ' ἐπ- b
αναλαμβάνειν πρὸς αὐτὸν τὰ τοιάδε. Πάλιν ἄρα ἡμῖν ὁ
νομοθετῶν φράζει τόδε· « Ἐν τούτοις τοῖς λόγοις, ὦ φίλοι,
μηδ' αὐτὸν δοκεῖτέ με λεληθέναι τὸ νῦν λεγόμενον ὡς
ἀληθῆ διεξέρχεταί τινα τρόπον. Ἀλλὰ γὰρ ἐν ἑκάστοις τῶν
μελλόντων ἔσεσθαι δικαιότατον οἶμαι τόδε εἶναι, τὸν τὸ
παράδειγμα δεικνύντα οἷον δεῖ τὸ ἐπιχειρούμενον γίγνεσθαι,
μηδὲν ἀπολείπειν τῶν καλλίστων τε καὶ ἀληθεστάτων, ᾧ δὲ
ἀδύνατόν τι συμβαίνει τούτων γίγνεσθαι, τοῦτο μὲν αὐτὸ c
ἐκκλίνειν καὶ μὴ πράττειν, ὅ τι δὲ τούτου τῶν λοιπῶν
ἐγγύτατά ἐστιν καὶ συγγενέστατον ἔφυ τῶν προσηκόντων
πράττειν, τοῦτ' αὐτὸ διαμηχανᾶσθαι ὅπως ἂν γίγνηται, τὸν
νομοθέτην δ' ἐᾶσαι τέλος ἐπιθεῖναι τῇ βουλήσει, γενομένου
δὲ τούτου, τότ' ἤδη κοινῇ μετ' ἐκείνου σκοπεῖν ὅ τί τε συμ-
φέρει τῶν εἰρημένων καὶ τί πρόσαντες εἴρηται τῆς νομοθε-
σίας· τὸ γὰρ ὁμολογούμενον αὐτὸ αὑτῷ δεῖ που πανταχῇ
ἀπεργάζεσθαι καὶ τὸν τοῦ φαυλοτάτου δημιουργὸν ἄξιον d
ἐσόμενον λόγου. »

Νῦν δὴ τοῦτ' αὐτὸ προθυμητέον ἰδεῖν μετὰ τὴν δόξαν τῆς τῶν δώδεκα μερῶν διανομῆς, τὸ τίνα τρόπον δῆλον δὴ τὰ δώδεκα μέρη, τῶν ἐντὸς αὐτοῦ πλείστας ἔχοντα διανομάς,

746 a 6 εἴρηκεν AO : εἰρήκαμεν (αμεν s. v.) O[4] || 8 ἔχει δὴ O cum A[3] i. m. et (ει s. v.) a : ἔχε δὴ A[2] (acc. et spir. supra σ, ε ex σ, acc. supra η, ε i. m.) σχεδη A || **b** 1 δ' ἐπαναλαμβάνειν O : δὲ πάντα λαμβάνειν A || 6 τόδε O : τόνδε A et (ν s. v.) O[4] || **c** 6 ἐκείνου A[c] (σ eraso, ut vid.) et (σ p. n.) O[c] : ἐκείνους AO.

grand nombre de subdivisions, soit immédiates, soit engen-
drées par ces immédiates, jusqu'au chiffre de cinq mille qua-
rante, — alors naissent les phratries, les dèmes, les bourgs[1],
puis les ordres militaires de bataille et de marche, et encore
e les monnaies, les poids et mesures pour les liquides et les
solides, — comment tout cela doit être réglé par la loi de
manière à s'accorder et à s'harmoniser. En outre, il ne faut
pas, dans la crainte de ce qui pourrait sembler étroite
minutie, avoir peur d'enjoindre aux citoyens qu'aucun des
ustensiles en leur possession ne devra s'écarter des dimensions
747 a fixées ; on estimera, en principe, universellement utiles les
subdivisions et la complexité des nombres, toutes les variétés
qu'ils offrent en eux-mêmes et les figures qu'ils forment dans
les plans et les volumes, ainsi que dans les sons et les mou-
vements, ceux qui vont en ligne droite vers le haut ou le
bas, et ceux de la révolution circulaire[2] ; eu égard à tout cela,
le législateur doit prescrire aux citoyens de faire leur possible
pour ne pas s'exclure de cette organisation. En effet, pour
b la vie familiale comme pour la vie publique et toutes les
activités, aucune branche de l'instruction des enfants ne
présente autant d'avantages que la science des nombres : le
principal est d'éveiller un esprit naturellement assoupi et
sans curiosité et de lui donner ouverture, mémoire, sagacité,
le faisant progresser jusqu'à se dépasser lui-même grâce à
une méthode divine[3]. Qu'à ces disciplines on ajoute des lois et
des pratiques destinées à supprimer la mesquinerie et la
c cupidité dans les esprits qui doivent s'en rendre maîtres large-
ment et utilement, et alors toutes seront belles et honnêtes ;
sinon, c'est la rouerie professionnelle au lieu de la science
qu'on aura développée sans s'en douter : tels on peut voir
maintenant les Égyptiens, les Phéniciens et beaucoup d'autres

1. « Les Doriens revendiquent la tragédie et la comédie... et certains invoquent les étymologies : en effet, disent-ils, une bourgade s'appelle chez eux *comè*, et chez les Athéniens *dème* » (Aristote, *Poétique*, ch. III, 1448 a 35).

2. Cette classification (géométrie plane, géométrie dans l'espace, harmonique, cinématique) reviendra dans l'*Epinomis* (990 c-991 b) sous une forme plus technique et plus détaillée ; la révolution circulaire est celle de la sphère des Fixes, qui dans l'*Epinomis* et chez Aristote (*Physique*, IV 14, 223 b 12-32) mesurera le temps.

3. Pour les qualités requises du futur philosophe et l'ordre dans

καὶ τὰ τούτοις συνεπόμενα καὶ ἐκ τούτων γεννώμενα, μέχρι
τῶν τετταράκοντά τε καὶ πεντακισχιλίων — ὅθεν φρατρίας
καὶ δήμους καὶ κώμας, καὶ πρός γε τὰς πολεμικὰς τάξεις τε
καὶ ἀγωγάς, καὶ ἔτι νομίσματα καὶ μέτρα ξηρά τε καὶ ὑγρὰ e
καὶ σταθμά — πάντα ταῦτα ἔμμετρά τε καὶ ἀλλήλοις σύμ-
φωνα δεῖ τόν γε νόμον τάττειν. Πρὸς δὲ τούτοις οὐδ᾽
ἐκεῖνα φοβητέα, δείσαντα τὴν δόξασαν ἂν γίγνεσθαι σμι-
κρολογίαν, ἄν τις προστάττῃ πάντα ὁπόσ᾽ ἂν σκεύη κτῶνται,
μηδὲν ἄμετρον αὐτῶν ἐᾶν εἶναι, καὶ κοινῷ λόγῳ νομίσαντα
πρὸς πάντα εἶναι χρησίμους τὰς τῶν ἀριθμῶν διανομὰς καὶ 747 a
ποικίλσεις, ὅσα τε αὐτοὶ ἐν ἑαυτοῖς ποικίλλονται καὶ ὅσα
ἐν μήκεσι καὶ ἐν βάθεσι ποικίλματα, καὶ δὴ καὶ ἐν φθόγγοις
καὶ κινήσεσι ταῖς τε κατὰ τὴν εὐθυπορίαν τῆς ἄνω καὶ κάτω
φορᾶς καὶ τῆς κύκλῳ περιφορᾶς· πρὸς γὰρ ταῦτα πάντα
δεῖ βλέψαντα τόν γε νομοθέτην προστάττειν τοῖς πολίταις
πᾶσιν εἰς δύναμιν τούτων μὴ ἀπολείπεσθαι τῆς συντάξεως.
Πρός τε γὰρ οἰκονομίαν καὶ πρὸς πολιτείαν καὶ πρὸς τὰς b
τέχνας πάσας ἓν οὐδὲν οὕτω δύναμιν ἔχει παίδειον μάθημα
μεγάλην, ὡς ἡ περὶ τοὺς ἀριθμοὺς διατριβή· τὸ δὲ μέγιστον,
ὅτι τὸν νυστάζοντα καὶ ἀμαθῆ φύσει ἐγείρει καὶ εὐμαθῆ καὶ
μνήμονα καὶ ἀγχίνουν ἀπεργάζεται, παρὰ τὴν αὑτοῦ φύσιν
ἐπιδιδόντα θείᾳ τέχνῃ. Ταῦτα δὴ πάντα, ἐὰν μὲν ἄλλοις
νόμοις τε καὶ ἐπιτηδεύμασιν ἀφαιρῆταί τις τὴν ἀνελευθερίαν
καὶ φιλοχρηματίαν ἐκ τῶν ψυχῶν τῶν μελλόντων αὐτὰ
ἱκανῶς τε καὶ ὀνησίμως κτήσεσθαι, καλὰ τὰ παιδεύματα καὶ c
προσήκοντα γίγνοιτ᾽ ἄν· εἰ δὲ μή, τὴν καλουμένην ἄν τις
πανουργίαν ἀντὶ σοφίας ἀπεργασάμενος λάθοι, καθάπερ
Αἰγυπτίους καὶ Φοίνικας καὶ πολλὰ ἕτερα ἀπειργασμένα

e 1 ἀγωγὰς AO : ἀγῶνας fec. A³ (acc. supra ω, ν ex γ) || 3 νόμον AO : νομοθέτην (θέτην s. v.) O⁴ || 6 καὶ -747 b 6 τέχνῃ hab. Stobaeus, I, coroll., 7 (20, 18-21, 5 W.) || **747 a** 3 μήκεσι AO : μήκεσι παρέχονται Stob. || βάθεσι AO : πλάτεσι καὶ βάθεσι Stob. || 4 καὶ κινήσεσι AO : om. Stob. || 5 καὶ... περιφορᾶς AO : om. Stob. || **b** 2 ἔχει παίδειον AO : παρέχει παιδείας Stob.

peuples formés par la mesquinerie de leurs autres habitudes et de leur avarice, soit qu'un mauvais législateur ait pu leur advenir et produire ce résultat, soit qu'un fâcheux destin ait
d fondu sur eux ou encore une influence naturelle du même genre.

Influence du sol. Et en effet, Mégillos et Clinias, ne tombons pas non plus, à propos des sites, dans l'erreur de croire qu'il n'y en ait pas de plus aptes que d'autres à faire des hommes meilleurs ou moins bons ; nos lois ne doivent pas aller là-contre : certains endroits, sous l'action, je pense, de vents de toute sorte ou de vagues de chaleur, sont inhospitaliers ou favorables, d'autres le sont en raison des eaux, d'autres encore par suite de la nourriture tirée du sol, qui non seulement fournit au corps une ali-
e mentation ou meilleure ou moins saine mais n'est pas moins en mesure de produire dans les âmes tous les effets du même genre ; seulement, parmi les sites, ceux-là se distinguent particulièrement qui reçoivent le souffle divin et possèdent des terres réservées aux démons, lesquels accueillent avec faveur ou défaveur les colons qui se succèdent. A ces circonstances le législateur avisé donnera toute l'attention dont un homme est capable, pour s'efforcer d'y adapter ses lois. C'est ce que tu dois faire toi aussi, Clinias : te vouer en premier lieu à cette tâche si tu veux coloniser un pays.

CLINIAS. — C'est fort bien dit, étranger d'Athènes, et je dois faire comme cela.

lequel Platon les énumère, cf. surtout *Rép.* VI 503 c 2 (*Pindare et Platon,* p. 157-158). La « méthode divine » est celle des mathématiques ; cf. *Epin.* 990 d 5 (θεῖον).

γένη νῦν ἔστιν ἰδεῖν ὑπὸ τῆς τῶν ἄλλων ἐπιτηδευμάτων καὶ κτημάτων ἀνελευθερίας, εἴτε τις νομοθέτης αὐτοῖς φαῦλος ἂν γενόμενος ἐξηργάσατο τὰ τοιαῦτα εἴτε χαλεπὴ τύχη προσπεσοῦσα εἴτε καὶ φύσις ἄλλη τις τοιαύτη. d

Καὶ γάρ, ὦ Μέγιλλέ τε καὶ Κλεινία, μηδὲ τοῦθ' ἡμᾶς λανθανέτω περὶ τόπων ὡς οὐκ εἰσὶν ἄλλοι τινὲς διαφέροντες ἄλλων τόπων πρὸς τὸ γεννᾶν ἀνθρώπους ἀμείνους καὶ χείρους, οἷς οὐκ ἐναντία νομοθετητέον· οἱ μέν γέ που διὰ πνεύματα παντοῖα καὶ δι' εἱλήσεις ἀλλόκοτοί τέ εἰσιν καὶ ἐναίσιοι αὐτῶν, οἱ δὲ δι' ὕδατα, οἱ δὲ καὶ δι' αὐτὴν τὴν ἐκ τῆς γῆς τροφήν, ἀναδιδοῦσαν οὐ μόνον τοῖς σώμασιν ἀμείνω καὶ χείρω, ταῖς δὲ ψυχαῖς οὐχ ἧττον δυναμένην e πάντα τὰ τοιαῦτα ἐμποιεῖν, τούτων δ' αὖ πάντων μέγιστον διαφέροιεν ἂν τόποι χώρας ἐν οἷς θεία τις ἐπίπνοια καὶ δαιμόνων λήξεις εἶεν, τοὺς ἀεὶ κατοικιζομένους ἵλεῳ δεχόμενοι καὶ τοὐναντίον. Οἷς ὅ γε νοῦν ἔχων νομοθέτης, ἐπισκεψάμενος ὡς ἄνθρωπον οἷόν τ' ἐστὶν σκοπεῖν τὰ τοιαῦτα, οὕτως πειρῷτ' ἂν τιθέναι τοὺς νόμους. Ὃ δὴ καὶ σοὶ ποιητέον, ὦ Κλεινία· πρῶτον τρεπτέον ἐπὶ τὰ τοιαῦτα μέλλοντί γε κατοικίζειν χώραν.

ΚΛ. Ἀλλ', ὦ ξένε Ἀθηναῖε, λέγεις τε παγκάλως ἐμοί τε οὕτως ποιητέον.

c 7 ἐξηργάσατο A : ἐξειργάσατο A^c (ει ex η) et O || 8 καὶ γάρ -**e** 2 ἐμποιεῖν hab. Stobaeus, I, 47, 5 (301, 14-22 W.); μηδὲ -**e** 2 ἐμποιεῖν hab. Galenus, IV, 806 K.; 4 οἱ -6 αὐτῶν hab. Phrynichus, *Praep. Soph.*, 23, 17-18 de B. || **d** 6 δι' εἱλήσεις edd.: δι' εἰλήσεις scr. Ruhnken *ad Tim.*, p. 97, διειλήσεις AO Phryn. Stob. || 7 ἐναίσιοι AO Phryn. Stob. : ἀναίσιοι O^4 (ἀ s. v.) ἀπαίσιοι Gal. || alt. καὶ AO : om. Gal. Stob. || δι' αὐτὴν Stob. : διὰ ταύτην AO διὰ Gal. || **e** 4 τοὺς O^4 (υ ex ι): τοῖς AO || 7 οὕτως AO.

LIVRE VI

751 a *L'élection des magistrats.* L'Athénien. — Allons ! après tout cet entretien, ce serait le moment d'établir des magistrats dans ta cité.

Clinias. — Oui, c'est bien cela.

L'Athénien. — Il y a là deux temps dans l'organisation d'un régime : on commence par établir des charges et des gens pour les occuper, on en fixe le nombre et le mode d'établissement ; ensuite, il faut distribuer les lois aux diffé-
b rentes charges, en précisant celles qui conviendront à chacune, leur nombre et leur nature. Mais attendons un peu avant de procéder à ce choix, et faisons une observation qui vient au sujet.

Clinias. — Laquelle veux-tu dire ?

L'Athénien. — Celle-ci. N'importe qui, je suppose, s'en rend compte : c'est une grande œuvre que la tâche du législateur, mais si une cité bien équipée plaçait des lois bien faites entre les mains de magistrats incapables, non seulement elle ne retirerait aucun profit de ces bonnes lois et
c celles-ci prêteraient grandement à rire, mais il pourrait bien s'ensuivre pour les cités les pires dommages et les pires outrages.

Clinias. — Évidemment.

L'Athénien. — Eh bien ! représentons-nous, mon cher, que ce danger menace actuellement ta constitution et ta cité. Tu vois que pour accéder correctement aux charges officielles, le candidat doit d'abord, lui et sa famille, avoir fait suffisamment ses preuves depuis son enfance jusqu'à l'élection ; ensuite, les futurs électeurs doivent avoir été les premiers[1]

1. « Les premiers » traduit la conjecture πρώτους, qui permet de garder le τε de c 9 en le rattachant à celui de d 1 ; l'infinitif γίγνε-

Ϛ

ΑΘ. Ἀλλὰ μὴν μετά γε πάντα τὰ νῦν εἰρημένα σχεδὸν 751 a
ἂν ἀρχῶν εἶέν σοι καταστάσεις τῇ πόλει.

ΚΛ. Ἔχει γὰρ οὖν οὕτω.

ΑΘ. Δύο εἴδη ταῦτα περὶ πολιτείας κόσμον γιγνόμενα
τυγχάνει, πρῶτον μὲν καταστάσεις ἀρχῶν τε καὶ ἀρξόντων,
ὅσας τε αὐτὰς εἶναι δεῖ καὶ τρόπον ὅντινα καθισταμένας·
ἔπειτα οὕτω δὴ τοὺς νόμους ταῖς ἀρχαῖς ἑκάσταις ἀπο-
δοτέον, οὕστινάς τε αὖ καὶ ὅσους καὶ οἵους προσῆκον ἂν b
ἑκάσταις εἴη. Σμικρὸν δὲ ἐπισχόντες πρὸ τῆς αἱρέσεως,
εἴπωμεν προσήκοντά τινα λόγον περὶ αὐτῆς ῥηθῆναι.

ΚΛ. Τίνα δὴ τοῦτον ;

ΑΘ. Τόνδε. Παντί που δῆλον τὸ τοιοῦτον, ὅτι μεγάλου
τῆς νομοθεσίας ὄντος ἔργου, τοῦ πόλιν εὖ παρεσκευασμένην
ἀρχὰς ἀνεπιτηδείους ἐπιστῆσαι τοῖς εὖ κειμένοις νόμοις,
οὐ μόνον οὐδὲν πλέον εὖ τεθέντων, οὐδ' ὅτι γέλως ἂν
πάμπολυς συμβαίνοι, σχεδὸν δὲ βλάβαι καὶ λῶβαι πολὺ c
μέγισται ταῖς πόλεσι γίγνοιντ' ἂν ἐξ αὐτῶν.

ΚΛ. Πῶς γὰρ οὔ ;

ΑΘ. Τοῦτο τοίνυν νοήσωμέν σοι περὶ τῆς νῦν, ὦ φίλε,
πολιτείας τε καὶ πόλεως συμβαῖνον. Ὁρᾷς γὰρ ὅτι πρῶτον
μὲν δεῖ τοὺς ὀρθῶς ἰόντας ἐπὶ τὰς τῶν ἀρχῶν δυνάμεις
βάσανον ἱκανὴν αὐτούς τε καὶ γένος ἑκάστων ἐκ παίδων
μέχρι τῆς αἱρέσεως εἶναι δεδωκότας, ἔπειτα αὖ τοὺς μέλ-
λοντας αἱρήσεσθαι τεθράφθαι τε ἐν ἤθεσι νόμων εὖ πεπαι-

751 a 4 γιγνόμενα O⁴ (α s. v.) : γιγνόμενον AO || **c** 8 αὖ τοὺς O⁴ : αὐτοὺς AO.

d nourris et élevés comme il faut dans la pratique des lois et devenir, par leur répulsion et leur approbation, capables de retenir et de rejeter à propos ceux qui méritent l'un ou l'autre sort[1] ; mais ici, comment des gens nouvellement réunis qui s'ignorent entre eux, et de plus sans formation, pourraient-ils bien élire sans erreur les magistrats ?

Clinias. — C'est à peu près impossible.

L'Athénien. — Pourtant, comme on dit, la bataille n'admet aucune excuse ; or, en l'espèce, voilà la tâche qui nous incombe, à toi et à moi, puisque nous nous sommes engagés,
e toi envers la nation crétoise à te dévouer avec neuf autres
752 a à fonder maintenant la cité, et moi, de mon côté, à t'aider suivant le modèle que nous traçons en ce moment. En tout cas, ma foi, puisque je raconte une fable, je ne la laisserais pas volontiers sans tête[2] ; car à se promener ainsi en tous lieux elle paraîtrait informe.

Clinias. — C'est bien parler, étranger.

L'Athénien. — Je ne m'en contente pas et veux selon mon pouvoir agir de même.

Clinias. — Absolument ; faisons ce que nous disons.

L'Athénien. — Ainsi en sera-t-il, si Dieu le veut et que
b nous arrivions à vaincre suffisamment la vieillesse.

Clinias. — Il le voudra, probablement.

L'Athénien. — C'est probable, en effet. Suivons donc son inspiration, et saisissons encore le point que voici.

Clinias. — Lequel ?

L'Athénien. — Avec quel courage et quelle hardiesse notre cité, dans les circonstances présentes, aura été fondée.

Clinias. — Qu'as-tu en vue, et pour quelle raison précise viens-tu de dire cela ?

L'Athénien. — Je pense à notre légèreté de légiférer pour des hommes non avertis, sans craindre qu'ils puissent refuser d'accueillir les lois maintenant édictées. Il est pourtant assez

σθαι (d 2) est ainsi coordonné au τεθράφθαι de c 9. Pour la fonction attributive donnée à πρώτους, cf. ci-après 752 e 1.

1. Peut-être l'ὀρθῶς de d 2 porte-t-il sur les participes qui le précèdent ; on traduirait alors : « par leur répulsion et leur approbation bien placées » ; cf. ci-dessus II 653 c et la note.

2. Cf. *Gorg.* 505 d 1-3, *Phil.* 66 d 1, *Tim.* 69 b 1-2.

δευμένους πρώτους δυσχεραίνοντάς τε καὶ ἀποδεχομένους d
ὀρθῶς κρίνειν καὶ ἀποκρίνειν δυνατοὺς γίγνεσθαι τοὺς ἀξίους ἑκατέρων· ταῦτα δὲ οἱ νεωστὶ συνεληλυθότες ὄντες τε ἀλλήλων ἀγνῶτες, ἔτι δ' ἀπαίδευτοι, πῶς ἄν ποτε δύναιντο ἀμέμπτως τὰς ἀρχὰς αἱρεῖσθαι ;

ΚΛ. Σχεδὸν οὐκ ἄν ποτε.

ΑΘ. Ἀλλὰ γὰρ ἀγῶνα προφάσεις φασὶν οὐ πάνυ δέχεσθαι· καὶ δὴ καὶ σοὶ τοῦτο νῦν καὶ ἐμοὶ ποιητέον, ἐπείπερ σὺ μὲν
δὴ τὴν πόλιν ὑπέστης τῷ Κρητῶν ἔθνει προθύμως κατοι- e
κιεῖν δέκατος αὐτός, ὡς φῄς, τὰ νῦν, ἐγὼ δ' αὖ σοὶ συλλή- 752 a
ψεσθαι κατὰ τὴν παροῦσαν ἡμῖν τὰ νῦν μυθολογίαν. Οὔκουν δήπου λέγων γε ἂν μῦθον ἀκέφαλον ἑκὼν καταλίποιμι· πλανώμενος γὰρ ἂν ἁπάντῃ τοιοῦτος ὢν ἄμορφος φαίνοιτο.

ΚΛ. Ἄριστ' εἴρηκας, ὦ ξένε.

ΑΘ. Οὐ μόνον γε, ἀλλὰ καὶ δράσω κατὰ δύναμιν οὕτω.

ΚΛ. Πάνυ μὲν οὖν ποιῶμεν ᾗπερ καὶ λέγομεν.

ΑΘ. Ἔσται ταῦτ', ἂν θεὸς ἐθέλῃ καὶ γήρως ἐπικρατῶμεν τό γε τοσοῦτον.

ΚΛ. Ἀλλ' εἰκὸς ἐθέλειν. b

ΑΘ. Εἰκὸς γὰρ οὖν. Ἑπόμενοι δὲ αὐτῷ λάβωμεν καὶ τόδε.

ΚΛ. Τὸ ποῖον ;

ΑΘ. Ὡς ἀνδρείως καὶ παρακεκινδυνευμένως ἐν τῷ νῦν ἡ πόλις ἡμῖν ἔσται κατῳκισμένη.

ΚΛ. Περὶ τί βλέπων καὶ ποῖ μάλιστα αὐτὸ εἴρηκας τὰ νῦν ;

ΑΘ. Ὡς εὐκόλως καὶ ἀφόβως ἀπείροις ἀνδράσι νομοθετοῦμεν, ὅπως δέξονταί ποτε τοὺς νῦν τεθέντας νόμους.

d 1 πρώτους scripsi : πρὸς τοὺς AO || 3 ἑκατέρων AO : ἑκατέρου K^c || 5 αἱρεῖσθαι A (post αἱ spatium, cum uno signo) et O (ἱ i. r.) || 7 φασὶν schol. T ad *Crat.* 421 d : om. AO || **752 a** 3 καταλίποιμι AO et ἁ. i. m. O^4 : καταλείποιμι a (ει ex ι) || 4 γὰρ O^3 (e. v.) : om. AO et ἁ. i. m. O^4 || ἂν AO : ἀν A^c (acc. eraso) et ἁ. i. m. O^4 || ἁπάντῃ AO et ἁ. i. m. O^4.

clair, Clinias, pour tout homme, je crois, et même pour le
c moins avisé, qu'ils auront de la peine à en accepter aucune
de but en blanc ; il faudrait que nous puissions vivre assez pour voir prendre part à l'élection de tous les magistrats de la cité ceux qui dès l'enfance auront goûté à nos lois, suffisamment grandi dans leur pratique et acquis la familiarité avec elles [1] ; alors, oui, si notre vœu se réalisait et que, grâce à quelque heureux expédient, la chose se fît suivant les règles, il y aurait, je crois, toute garantie que, même après la période intermédiaire, la ville ainsi tenue en lisières pût se maintenir.

d Clinias. — C'est au moins vraisemblable.

L'Athénien. — Voyons donc si, à ces fins, nous ne pourrions pas découvrir un moyen suffisant dans le genre de celui-ci. Je l'affirme, Clinias, les habitants de Cnosse, entre tous les Crétois, ne doivent pas se borner à des relations de pure forme avec le pays que vous êtes en train de coloniser, mais travailler vigoureusement, selon leur pouvoir, à établir les premières charges le plus sûrement et le mieux possible.
Pour les autres, en fait, vous aurez moins de peine ; mais
e vous devez absolument commencer, en y mettant tous vos
soins, par élire les gardiens des lois.

Clinias. — Quel moyen raisonnable pouvons-nous donc trouver dans ce but ?

L'Athénien. — Celui-ci. Fils de Crète, je le déclare, les Cnossiens, en vertu de leur précellence sur vos nombreuses cités, doivent s'associer aux nouveaux arrivants de cette fondation pour choisir dans les deux groupes réunis un corps de trente-sept citoyens, dix-neuf parmi les colons, les autres
753 a dans la population de Cnosse ; les Cnossiens donneront ces
hommes à ta cité et te feront toi-même, Clinias, citoyen de cette colonie et l'un des dix-huit fondateurs, en vous persuadant ou en vous forçant par une sage contrainte [2].

1. Cf. ci-dessus 751 d et la note ; *Pindare et Platon*, p. 155-156. Le goût des lois (γευσάμενοι s'oppose à l'ἀπείροις de b 9) fait partie de l'éducation de l'instinct qui doit donner à la cité de bons électeurs et de sages magistrats ; comme c'était l'habitude à Athènes depuis Solon, les lois se présentent sous la forme de consignes ou d'instructions aux fonctionnaires de l'État (cf. 751 a 7 = 735 a 6).

2. Ainsi, dix-huit Cnossiens, dont sera Clinias, prendront part à

Δῆλον δὲ τό γε τοσοῦτον, ὦ Κλεινία, παντὶ σχεδὸν καὶ τῷ
μὴ πάνυ σοφῷ, τὸ μὴ ῥᾳδίως γε αὐτοὺς μηδένας προσδέ- c
ξεσθαι κατ᾽ ἀρχάς, εἰ δὲ μείναιμέν πως τοσοῦτον χρόνον
ἕως οἱ γευσάμενοι παῖδες τῶν νόμων καὶ συντραφέντες
ἱκανῶς συνήθεις τε αὐτοῖς γενόμενοι τῶν ἀρχαιρεσιῶν τῇ
πόλει πάσῃ κοινωνήσειαν· γενομένου γε μὴν οὗ λέγομεν,
εἴπερ τινὶ τρόπῳ καὶ μηχανῇ γίγνοιτο ὀρθῶς, πολλὴν ἔγωγε
ἀσφάλειαν οἶμαι καὶ μετὰ τὸν τότε παρόντα χρόνον ἂν
γενέσθαι τοῦ μεῖναι τὴν παιδαγωγηθεῖσαν οὕτω πόλιν.

ΚΛ. Ἔχει γοῦν λόγον. d

ΑΘ. Ἴδωμεν τοίνυν πρὸς τοῦτο εἴ πῄ τινα πόρον ἱκανὸν
πορίζοιμεν ἂν κατὰ τάδε. Φημὶ γάρ, ὦ Κλεινία, Κνωσίους
χρῆναι τῶν ἄλλων διαφερόντως Κρητῶν μὴ μόνον ἀφοσιώ-
σασθαι περὶ τῆς χώρας ἣν νῦν κατοικίζετε, συντόνως δ᾽
ἐπιμεληθῆναι τὰς πρώτας ἀρχὰς εἰς δύναμιν ὅπως ἂν
στῶσιν ὡς ἀσφαλέστατα καὶ ἄριστα. Τὰς μὲν οὖν ἄλλας
καὶ βραχύτερον ἔργον, νομοφύλακας δ᾽ ὑμῖν πρώτους αἱρεῖ- e
σθαι ἀναγκαιότατον ἁπάσῃ σπουδῇ.

ΚΛ. Τίνα οὖν ἐπὶ τούτῳ πόρον καὶ λόγον ἀνευρίσκομεν ;

ΑΘ. Τόνδε. Φημί, ὦ παῖδες Κρητῶν, χρῆναι Κνωσίους,
διὰ τὸ πρεσβεύειν τῶν πολλῶν πόλεων, κοινῇ μετὰ τῶν
ἀφικομένων εἰς τὴν συνοίκησιν ταύτην ἐξ αὐτῶν τε καὶ
ἐκείνων αἱρεῖσθαι τριάκοντα μὲν καὶ ἑπτὰ τοὺς πάντας,
ἐννέα δὲ καὶ δέκα ἐκ τῶν ἐποικησάντων, τοὺς δὲ ἄλλους
ἐξ αὐτῆς Κνωσοῦ· τούτους δ᾽ οἱ Κνώσιοι τῇ πόλει σοι 753 a
δόντων, καὶ αὐτόν σε πολίτην εἶναι ταύτης τῆς ἀποικίας
καὶ ἕνα τῶν ὀκτωκαίδεκα, πείσαντες ἢ τῇ μετρίᾳ δυνάμει
βιασάμενοι.

c 1 προσδέξεσθαι K^{c} : προσδέξασθαι AO || 7 χρόνον ἂν O^{4} (ὃν p. n.) : χρόνον ὃν ἂν AO || 8 πόλιν A cum O^{4} (ο s. v.) et Π i. m. O^{4} : πάλιν A^{c} (ά supra ό) et O || **d** 5 ἣν AO : ᾗ A^{c} (ν eraso) O^{c} (ν p. n.) || κατοικίζετε O^{4} (alt. ε s. v.) : κατοικίζεται AO || 7 στῶσιν AO : ἱστῶσιν cj. Hermann || **e** 1 δ᾽ ὑμῖν cj. England : ανμιν A ἂν ἡμῖν A^{c} (acc. add. et ἡ s. v.) et O δ᾽ ἂν ἡμῖν K^{c} δ᾽ ἡμῖν cj. Hermann.

Clinias. — Mais pourquoi, étranger, ne devenez-vous pas vous aussi, Mégillos et toi, membres de notre État ?

L'Athénien. — Athènes a sa fierté, Clinias ; Sparte aussi a la sienne, et toutes deux sont loin[1] ; mais pour toi, tout s'arrange, et de même pour les autres fondateurs, à qui
b s'applique ce qui est dit de toi en ce moment. Tenons donc pour exposée la manière dont tout se passerait le plus équitablement dans nos conditions actuelles ; mais, avec le progrès du temps, si le régime a subsisté, l'élection de nos gens aura lieu de la façon suivante. Qu'à l'élection des magistrats participent tous ceux qui portent les armes comme cavaliers ou hoplites, ou qui ont pris part à la guerre dans la force de leur âge ; on fera l'élection dans le sanctuaire que la cité
c jugera le plus vénérable, et chacun apportera à l'autel du dieu, écrit sur une tablette, le nom de son candidat, avec celui du père, la tribu, le dème dont il est démote, et il inscrira à côté son propre nom, de la même manière[2]. Si quelqu'un ne trouve pas à son gré le nom inscrit sur une des tablettes, il pourra librement enlever celle-ci et la placer sur l'agora ; il n'aura pas moins de trente jours pour le faire. Les premières tablettes qui seront venues en tête, jusqu'à trois cents, seront exposées par les magistrats aux
d regards de toute la cité ; les citoyens choisiront de même à nouveau parmi elles les candidats de leurs préférences, et les cent premiers noms ainsi retenus seront de nouveau montrés à tous. Une troisième fois, chacun élira son candidat parmi les cent, en passant à travers les victimes[3] ; les trente-sept noms qui auront obtenu le plus de suffrages seront soumis à l'examen et proclamés par les magistrats.

Mais quels sont, Clinias et Mégillos, ceux qui organiseront
e dans notre cité tous ces règlements à propos des charges et

la fondation ; le nombre initial (dix Cnossiens, dont Clinias : III 702 c 5, VI 752 e 1) se trouverait élargi.

1. Sur la fierté d'Athènes et le sentiment que Platon en a, cf. ci-dessus I 642 b-d ; *Lettre VII*, 334 a-b ; celle de Sparte, sans limites après les victoires de Lysandre, avait été diminuée par les défaites que lui avait infligées Epaminondas, mais devait rester grande.

2. Suffrages placés sur un autel : Plutarque, *Thémistocle*, 17, 1 ; *Périclès*, 32, 2. C'était une forme solennelle de vote.

3. Le troisième vote reçoit la sanction archaïque des entrailles ; cf. Démosthène, XXIII (*Contre Aristocrate*), 68.

ΚΛ. Τί δῆτα οὐ καὶ σύ τε καὶ ὁ Μέγιλλος, ὦ ξένε, ἐκοινωνησάτην ἡμῖν τῆς πολιτείας ;

ΑΘ. Μέγα μέν, ὦ Κλεινία, φρονοῦσιν αἱ Ἀθῆναι, μέγα δὲ καὶ ἡ Σπάρτη, καὶ μακρὰν ἀποικοῦσιν ἑκάτεραι· σοὶ δὲ κατὰ πάντα ἐμμελῶς ἔχει καὶ τοῖς ἄλλοις οἰκισταῖς κατὰ ταὐτά, ὥσπερ τὰ περὶ σοῦ νῦν λεγόμενα. Ὡς μὲν οὖν γένοιτ' b
ἂν ἐπιεικέστατα ἐκ τῶν ὑπαρχόντων ἡμῖν τὰ νῦν, εἰρήσθω, προελθόντος δὲ χρόνου καὶ μεινάσης τῆς πολιτείας, αἵρεσις αὐτῶν ἔστω τοιάδε τις· Πάντες μὲν κοινωνούντων τῆς τῶν ἀρχόντων αἱρέσεως ὁπόσοιπερ ἂν ὅπλα ἱππικὰ ἢ πεζικὰ τιθῶνται καὶ πολέμου κεκοινωνήκωσιν ἐν ταῖς σφετέραις αὐτῶν τῆς ἡλικίας δυνάμεσιν· ποιεῖσθαι δὲ τὴν αἵρεσιν ἐν ἱερῷ ὅπερ ἂν ἡ πόλις ἡγῆται τιμιώτατον, φέρειν δ' ἐπὶ τὸν c
τοῦ θεοῦ βωμὸν ἕκαστον εἰς πινάκιον γράψαντα τοὔνομα πατρόθεν καὶ φυλῆς καὶ δήμου ὁπόθεν ἂν δημοτεύηται, παρεγγράφειν δὲ καὶ τὸ αὑτοῦ κατὰ ταὐτὰ οὕτως ὄνομα. Τῷ βουλομένῳ δ' ἐξέστω τῶν πινακίων ὅτιπερ ἂν φαίνηται μὴ κατὰ νοῦν αὐτῷ γεγραμμένον ἀνελόντα εἰς ἀγορὰν θεῖναι μὴ ἔλαττον τριάκοντα ἡμερῶν. Τὰ δὲ τῶν πινακίων κριθέντα ἐν πρώτοις μέχρι τριακοσίων δεῖξαι τοὺς ἄρχοντας ἰδεῖν πάσῃ τῇ πόλει, τὴν δὲ πόλιν ὡσαύτως ἐκ τούτων φέρειν d
πάλιν ὃν ἂν ἕκαστος βούληται, τοὺς δὲ τὸ δεύτερον ἐξ αὐτῶν προκριθέντας ἑκατὸν δεῖξαι πάλιν ἅπασιν. Τὸ δὲ τρίτον φερέτω μὲν ἐκ τῶν ἑκατὸν ὁ βουληθεὶς ὃν ἂν βούληται, διὰ τομίων πορευόμενος· ἑπτὰ δὲ καὶ τριάκοντα, οἷς ἂν πλεῖσται γένωνται ψῆφοι, κρίναντες ἀποφηνάντων ἄρχοντας.

Τίνες οὖν, ὦ Κλεινία καὶ Μέγιλλε, πάντα ἡμῖν ταῦτ' ἐν τῇ πόλει καταστήσουσι τῶν ἀρχῶν τε πέρι καὶ δοκιμασιῶν e
αὐτῶν ; ἆρα ἐννοοῦμεν ὡς ταῖς πρῶτον οὕτω καταζευγνυ-

753 b 1 λεγόμενα AO : λέγομεν K^c || οὖν A^2 (ὀ supra pr. ν) et O^2 (ὀ i. r. ex ν) : νῦν AO || 6 κεκοινωνήκωσιν A (ut vid.) : κεκοινωνήκασιν A^c (α i. r.) et O || **c** 3 δημοτεύηται A (alt. η i. r.) cum O et iterat i. m. O^4 || 6 αὐτῷ AO || **d** 5 τομίων AO : τῶν αὐτῶν K^c.

de l'épreuve des candidats ? Ne nous vient-il pas à l'esprit que, dans les cités que l'on attelle ainsi pour la première fois, il doit nécessairement y avoir des gens pour cela, mais qu'il ne saurait y en avoir avant qu'aucune charge ait été instituée ? Il en faut pourtant d'une manière ou de l'autre, et encore non des hommes médiocres, mais le plus possible éminents. Un de nos proverbes dit en effet que le commencement est la moitié de toute action [1], et tous les beaux commencements recueillent des éloges unanimes ; en réalité, à ce qu'il me semble, il y a là plus de la moitié, et un beau
754 a commencement n'a jamais reçu assez d'éloges.

Clinias. — Tu as pleinement raison.

L'Athénien. — Puisque nous reconnaissons ce point, ne le passons pas sous silence, et ne manquons pas de nous éclairer nous-mêmes sur la façon de le réaliser. Pour moi, je ne suis tout à fait sûr que d'une observation, qu'il est, dans la circonstance, nécessaire et avantageux de formuler.

Clinias. — Laquelle donc ?

L'Athénien. — Je prétends que cette cité que nous sommes sur le point de fonder n'a, pour ainsi dire, ni père ni mère en dehors de la cité qui la fonde ; or je n'ignore
b pas qu'un peu beaucoup des fondations ont eu et auront plus d'une fois des difficultés avec leurs fondatrices [2]. Mais actuellement c'est comme l'enfant : même s'il doit un jour avoir quelque différend avec ses parents, du moins, dans le dénuement actuel de l'enfance, il les chérit et en est chéri ; il se réfugie à chaque instant auprès de sa famille, car c'est en ses proches seulement qu'il trouve des alliés. Voilà la situation qui, selon moi, est faite aujourd'hui
c aux Cnossiens, grâce à leur mission, par rapport à la nouvelle cité, et à celle-ci par rapport à Cnosse.

Les gardiens des lois.

Je dis donc, comme je l'ai dit tout à l'heure, — vérité deux fois exprimée ne saurait nuire, — que les Cnossiens doivent veiller en commun à tout cela, en ne s'adjoignant

1. Ce proverbe (*Dimidium facti, qui modo coepit, habet*) peut être rapproché de celui d'Hésiode : « La moitié vaut mieux que le tout » ; cf. III 690 e et la note.

2. Ainsi Thourioi (cf. IV 708 a et la note) n'avait pas tardé à secouer la tutelle d'Athènes, sa principale métropole.

μέναις πόλεσιν ἀνάγκη μὲν εἶναί τινας, οἵτινες δὲ εἶεν ἂν πρὸ πασῶν τῶν ἀρχῶν γεγονότες, οὐκ ἔστιν· δεῖ μὴν ἁμῶς γέ πως, καὶ ταῦτα οὐ φαύλους ἀλλ' ὅτι μάλιστα ἄκρους. Ἀρχὴ γὰρ λέγεται μὲν ἥμισυ παντὸς ἐν ταῖς παροιμίαις ἔργου, καὶ τό γε καλῶς ἄρξασθαι πάντες ἐγκωμιάζομεν ἑκάστοτε· τὸ δ' ἔστιν τε, ὡς ἐμοὶ φαίνεται, πλέον ἢ τὸ ἥμισυ, καὶ οὐδεὶς αὐτὸ καλῶς γενόμενον ἐγκεκωμίακεν 754 a ἱκανῶς.

ΚΛ. Ὀρθότατα λέγεις.

ΑΘ. Μὴ τοίνυν γιγνώσκοντές γε παρῶμεν αὐτὸ ἄρρητον, μηδὲν διασαφήσαντες ἡμῖν αὐτοῖς τίνα ἔσται τρόπον. Ἐγὼ μὲν οὖν οὐδαμῶς εὐπορῶ πλήν γε ἑνὸς εἰπεῖν πρὸς τὸ παρὸν ἀναγκαίου καὶ συμφέροντος λόγου.

ΚΛ. Τίνος δή;

ΑΘ. Φημὶ ταύτῃ τῇ πόλει, ἣν οἰκίζειν μέλλομεν, οἷον πατέρα καὶ μητέρα οὐκ εἶναι πλὴν τὴν κατοικίζουσαν αὐτὴν πόλιν, οὐκ ἀγνοῶν ὅτι πολλαὶ τῶν κατοικισθεισῶν b διάφοροι ταῖς κατοικησάσαις πολλάκις ἔνιαι γεγόνασίν τε καὶ ἔσονται. Νῦν μὴν ἐν τῷ παρόντι, καθάπερ παῖς, εἰ καί ποτε μέλλει διάφορος εἶναι τοῖς γεννήσασιν, ἔν γε τῇ παρούσῃ παιδείας ἀπορίᾳ στέργει τε καὶ στέργεται ὑπὸ τῶν γεννησάντων, καὶ φεύγων ἀεὶ πρὸς τοὺς οἰκείους, ἀναγκαίους μόνους εὑρίσκει συμμάχους· ἃ δὴ νῦν φημι Κνωσίοις διὰ τὴν ἐπιμέλειαν πρὸς τὴν νέαν πόλιν καὶ τῇ νέᾳ πρὸς Κνωσὸν ὑπάρχειν ἑτοίμως γεγονότα. c

Λέγω δή, καθάπερ εἶπον νυνδή, — δὶς γὰρ τό γε καλὸν ῥηθὲν οὐδὲν βλάπτει — Κνωσίους δεῖν ἐπιμεληθῆναι πάντων τούτων κοινῇ, προσελομένους τῶν εἰς τὴν ἀποικίαν ἀφικομέ-

e 4 πρὸ cj. Cornarius : πρὸς AO || 754 a 4 γε Π i. m. O⁴ : om. A (i. r.) τε O (sed p. n.) || b 1 κατοικισθεισῶν O⁴ (εισῶν s. v.) et i. m. a : κατοικισθέντων A[c] (add. θ et s. v. acc. et ντ) et O κατοικισεων (sine acc.) A || 2 κατοικησάσαις A[2] (κη s. v.) et O : κατοισάσαις A κατοικισάσαις K[c] || ἔνιαι secl. cj. Wilamowitz || 5 παιδείας AO (cf. 808 e 2 et 864 d 5) || c 2 δή ά. s. v. O[4] : γε O et (i. r.) A.

pas moins de cent des nouveaux colons, choisis autant que possible d'après l'âge et le mérite ; et que parmi les Cnossiens eux-mêmes cent autres soient désignés. Une fois arrivés dans la nouvelle cité, tous, je le déclare, veilleront ensemble à ce
d que les magistrats soient établis selon les lois, et, une fois établis, subissent l'examen[1] ; après quoi les Cnossiens vivront à Cnosse, et la nouvelle cité tâchera de se conserver elle-même et de prospérer. Quant à ceux qui feront partie du corps des trente-sept, ils seront élus par nous maintenant, et dans tous les temps à venir, avec les attributions que voici. Tout d'abord ils seront les gardiens des lois ; ils le seront ensuite des documents où chacun aura dû consigner pour les magistrats le montant de sa fortune, à l'exception de quatre mines
e pour la plus haute classe censitaire, de trois pour la seconde, de deux pour la troisième, d'une pour la quatrième. Si quelqu'un est pris à posséder plus de biens qu'il n'en déclarait, tout cet avoir sera confisqué, et en outre le premier venu pourra lui intenter une action qui ne sera ni belle ni honorable, mais infamante, s'il est convaincu de mépriser les lois par intérêt. Qu'on l'accuse donc librement de cupidité, et que l'action se poursuive devant les gardiens des lois
755 a en personne ; si le défendant est condamné, il n'aura point de part aux deniers de l'État, et lorsque la cité fera une distribution, il en sera exclu, réduit à son lot ; sa condamnation restera inscrite, sa vie durant, à un endroit où n'importe qui pourra la lire. On n'exercera pas plus de vingt ans la charge de gardien des lois, et on n'y sera pas élu avant cinquante ans ; si l'on y est nommé à soixante, on ne l'exercera que pendant dix ans, et ainsi proportionnellement[2] : si la vie d'un homme se prolonge et qu'il dépasse soixante-dix
b ans, qu'il ne songe plus à exercer pareille charge au milieu de ces magistrats.

Les gardiens des lois auront donc les trois fonctions sus-

1. Dans la constitution athénienne, l'examen (*dokimasia*) du magistrat désigné ne porte pas sur ses aptitudes professionnelles ; on s'inquiète de savoir s'il remplit les conditions exigées pour l'exercice de la magistrature (cf. Aristote, *Const. d'Ath.*, ch. LV) et l'on s'enquiert de sa vie privée.

2. Il semble difficile dans cette phrase de conserver le texte des mss : England y taille largement. Notre conjecture οὕτως (pour ὅπως)

νων, τοὺς πρεσβυτάτους τε καὶ ἀρίστους εἰς δύναμιν ἑλο-
μένους, μὴ ἔλαττον ἑκατὸν ἀνδρῶν· καὶ αὐτῶν Κνωσίων
ἔστωσαν ἑκατὸν ἕτεροι. Τούτους δὲ ἐλθόντας φημὶ δεῖν εἰς
τὴν καινὴν πόλιν συνεπιμεληθῆναι ὅπως αἵ τε ἀρχαὶ καταστ-
ῶσιν κατὰ νόμους, καταστᾶσαί τε δοκιμασθῶσι· γενομένων d
δὲ τούτων, τὴν μὲν Κνωσὸν τοὺς Κνωσίους οἰκεῖν, τὴν δὲ
νέαν πόλιν αὐτὴν αὑτὴν πειρᾶσθαι σῴζειν τε καὶ εὐτυχεῖν.
Οἱ δὲ δὴ γενόμενοι τῶν ἑπτὰ καὶ τριάκοντα νῦν τε καὶ εἰς
τὸν ἔπειτα σύμπαντα χρόνον ἐπὶ τοῖσδε ἡμῖν ᾑρήσθωσαν·
πρῶτον μὲν φύλακες ἔστωσαν τῶν νόμων, ἔπειτα τῶν
γραμμάτων ὧν ἂν ἕκαστος ἀπογράψῃ τοῖς ἄρχουσι τὸ
πλῆθος τῆς αὑτῶν οὐσίας, πλὴν ὁ μὲν μέγιστον τίμημα
ἔχων τεττάρων μνῶν, ὁ δὲ τὸ δεύτερον τριῶν, ὁ δὲ τρίτος e
δυοῖν μναῖν, μνᾶς δὲ ὁ τέταρτος. Ἐὰν δέ τις ἕτερον φαί-
νηταί τι παρὰ τὰ γεγραμμένα κεκτημένος, δημόσιον μὲν
ἔστω τὸ τοιοῦτον ἅπαν, πρὸς τούτῳ δὲ δίκην ὑπεχέτω τῷ
βουλομένῳ μετιέναι μὴ καλὴν μηδ' εὐώνυμον ἀλλ' αἰσχράν,
ἐὰν ἁλίσκηται διὰ τὸ κέρδος τῶν νόμων καταφρονῶν.
Αἰσχροκερδείας οὖν αὐτὸν γραψάμενος ὁ βουληθεὶς ἐπεξίτω
τῇ δίκῃ ἐν αὐτοῖς τοῖς νομοφύλαξιν· ἐὰν δ' ὁ φεύγων ὄφλῃ,
τῶν κοινῶν κτημάτων μὴ μετεχέτω, διανομὴ δὲ ὅταν τῇ 755 a
πόλει γίγνηταί τις, ἄμοιρος ἔστω πλήν γε τοῦ κλήρου,
γεγράφθω δὲ ὠφληκώς, ἕως ἂν ζῇ, ὅπου πᾶς ὁ βουλόμενος
αὐτὰ ἀναγνώσεται. Μὴ πλέον δὲ εἴκοσιν ἐτῶν νομοφύλαξ
ἀρχέτω, φερέσθω δ' εἰς τὴν ἀρχὴν μὴ ἔλαττον ἢ πεντή-
κοντα γεγονὼς ἐτῶν· ἑξηκοντούτης δὲ ἐνεχθεὶς δέκα μόνον
ἀρχέτω ἔτη, καὶ κατὰ τοῦτον τὸν λόγον οὕτως· ἂν τις πλέον
ὑπὲρ τὰ ἑβδομήκοντα ζῇ, μηκέτι ἐν τούτοις τοῖς ἄρχουσι b
τὴν τηλικαύτην ἀρχὴν ὡς ἄρξων διανοηθήτω.

Τὰ μὲν οὖν περὶ τῶν νομοφυλάκων ταῦτα εἰρήσθω προσ-

e 2 δυεῖν AO || 8 ὄφλῃ i. m. a (καὶ ὄφλῃ καὶ ὀφλῇ) et O⁴ (acut. add.): ὀφλῇ AO || **755 a** 3 ἕως ἂν A et fec. O⁴ (ως s. v.) : ἐὰν O || 7 οὕτως scripsi : ὅπως AO || **b** 1 ὑπὲρ τὰ cj. Wilamowitz : ὑπερβὰς AO.

dites, et à mesure que les lois se développeront, chacune assignera à ces hommes une nouvelle mission qui s'ajoutera aux précédentes ; mais maintenant la suite veut que nous parlions de l'élection aux autres charges.

Les charges militaires.

Car il faut, après cela, élire des stratèges, et, comme pour les assister à la
c guerre, des hipparques, des phylarques et des « ordonnateurs des rangs » de l'infanterie prise dans les tribus, auxquels conviendrait particulièrement ce nom-là, et qu'en fait la plupart des gens appellent taxiarques [1]. Pour ces postes, que les gardiens des lois proposent des stratèges parmi les citoyens mêmes, et que le choix sur la liste proposée soit fait par tous ceux qui ont pris part à la guerre dans leurs belles années ou qui arrivent à l'âge d'y prendre part. Et si quelqu'un trouve qu'un de ceux qui n'ont pas été
d proposés est préférable à un de ceux qui l'ont été, qu'il désigne le candidat à remplacer et celui qu'il veut lui substituer, et que, en appuyant son choix d'un serment, il fasse en faveur du second sa contre-proposition ; et que celui des deux que le vote aura préféré soit admis à l'éligibilité. Les trois candidats qui obtiendront le plus de suffrages pour la charge de stratège et de commissaire à la guerre subiront le même examen que les gardiens des lois ; les stratèges élus proposeront pour les seconder douze taxiarques, un par
e tribu ; les contre-propositions qui se faisaient pour les stratèges se feront de même également pour les taxiarques, ainsi que le vote et l'examen. En attendant l'élection d'un conseil et de prytanes, cette assemblée sera provisoirement convoquée par les gardiens des lois au lieu le plus sacré possible et

peut alléguer en sa faveur l'analogie de 745 d 1-2. Celle de Wilamowitz (*Hermes*, XLV, 1910, p. 401, n. 1), ὑπὲρ τὰ, épargne à ὑπερβὰς une construction qui serait sans exemple.

1. « Ordonnateur des rangs » est une sorte d'explication étymologique comme Platon les aime ; en même temps, le mot *kosmètès* évoque le titre du magistrat chargé à Athènes de « garder l'ordre » parmi les éphèbes. Au début du ve siècle, dix généraux commandaient en chef l'armée et la flotte. Quand la fondation de la ligue de Délos absorba l'activité des stratèges, on leur substitua dix taxiarques pour commander l'infanterie ; la cavalerie eut finalement à sa tête deux hipparques et dix phylarques.

τάγματα τρία, προϊόντων δὲ εἰς τοὔμπροσθε τῶν νόμων
ἕκαστος προστάξει τούτοις τοῖς ἀνδράσιν ὧντινων αὐτοὺς
δεῖ πρὸς τοῖς νῦν εἰρημένοις προσεπιμελεῖσθαι· νῦν δ᾽ ἑξῆς
ἄλλων ἀρχῶν αἱρέσεως πέρι λέγοιμεν ἄν.

Δεῖ γὰρ δὴ τὰ μετὰ ταῦτα στρατηγοὺς αἱρεῖσθαι, καὶ
τούτοις εἰς τὸν πόλεμον οἷόν τινας ὑπηρεσίας ἱππάρχους c
καὶ φυλάρχους καὶ τῶν πεζῶν φυλῶν κοσμητὰς τῶν
τάξεων, οἷς πρέπον ἂν εἴη τοῦτ᾽ αὐτὸ τοὔνομα μάλιστα,
οἷον καὶ οἱ πολλοὶ ταξιάρχους αὐτοὺς ἐπονομάζουσι.
Τούτων δὴ στρατηγοὺς μὲν ἐξ αὐτῆς τῆς πόλεως ταύτης
οἱ νομοφύλακες προβαλλέσθων, αἱρείσθων δ᾽ ἐκ τῶν προ-
βληθέντων πάντες οἱ τοῦ πολέμου κοινωνοὶ γενόμενοί τε
ἐν ταῖς ἡλικίαις καὶ γιγνόμενοι ἑκάστοτε. Ἐὰν δέ τις
ἄρα δοκῇ τινι τῶν μὴ προβεβλημένων ἀμείνων εἶναι τῶν d
προβληθέντων τινός, ἐπονομάσας ἀνθ᾽ ὅτου ὅντινα προ-
βάλλεται, τοῦτ᾽ αὐτὸ ὀμνὺς ἀντιπροβαλλέσθω τὸν ἕτερον·
ὁπότερος δ᾽ ἂν δόξῃ διαχειροτονούμενος, εἰς τὴν αἵρεσιν
ἐγκρινέσθω. Τρεῖς δέ, οἷς ἂν ἡ πλείστη χειροτονία
γίγνηται τούτους εἶναι στρατηγούς τε καὶ ἐπιμελητὰς
τῶν κατὰ πόλεμον, δοκιμασθέντων καθάπερ οἱ νομοφύ-
λακες· ταξιάρχους δὲ αὐτοῖσι προβάλλεσθαι μὲν τοὺς αἱρε-
θέντας στρατηγοὺς δώδεκα, ἑκάστῃ φυλῇ ταξίαρχον, τὴν e
δ᾽ ἀντιπροβολὴν εἶναι καθάπερ τῶν στρατηγῶν ἐγίγνετο τὴν
αὐτὴν καὶ περὶ τῶν ταξιάρχων, καὶ τὴν ἐπιχειροτονίαν καὶ
τὴν κρίσιν. Τὸν δὲ σύλλογον τοῦτον ἐν τῷ παρόντι, πρὶν
πρυτάνεις τε καὶ βουλὴν ᾑρῆσθαι, τοὺς νομοφύλακας συλλέ-

c 1 τινας A et (νας s. v.) O[4] : τι O || ὑπηρεσίας AO : ὑπηρέτας A[2] (ἑτ s. v.) cum O[4] (έτας s. v.) et Π i. m. O[4] || 4 αὐτοὺς A[c] (pr. υ ex σ, ου supra ο) et O : ἀστὸς vel ἀστοὺς (ut vid.) A || **d** 2 ὅτου A (ου i. r.) et O (υ ex ι ut vid.) || 8 ταξιάρχους -**e** 1 ταξίαρχον hab. Eusebius, 12, 47 (616 d V.) || αὐτοῖσι edd. : αὐτοῖσι AO Eusebii ON αὐτοῖς Eusebii I || **e** 1 ἑκάστῃ φυλῇ Eus. : ἑκάστη φυλακὴ AO || 3 ταξιάρχων scr. Schanz : ταξιαρχῶν AO.

le mieux fait pour y installer, d'un côté les hoplites, de
l'autre les cavaliers, enfin, tout ce qui après eux appartient
à l'armée ; tous voteront pour les stratèges et les hipparques ;
756 a pour les taxiarques, seulement ceux qui portent le bouclier ;
des phylarques à adjoindre aux hipparques seront élus par
toute la cavalerie ; quant aux chefs de l'infanterie légère, des
archers ou de quelque autre corps, les stratèges s'en pour-
voiront eux-mêmes. Il nous reste à parler de l'établissement
des hipparques. La proposition en sera faite par ceux qui
proposaient déjà les stratèges, l'élection et les contre-propo-
sitions se feront comme pour ceux-ci[1] ; la cavalerie votera
b pour eux en présence et sous les yeux des fantassins, et les
deux qui obtiendront le plus de suffrages seront à la tête de
tous les cavaliers. Les votes seront sujets à contestation
jusqu'à deux reprises ; mais si une troisième fois quelqu'un
présente des objections, la décision finale dépendra de ceux
à qui il appartenait chaque fois de compter les votes[2].

Le conseil. Le conseil comprendra trente douzaines
de membres, — trois cent soixante est
un nombre qui se prête bien aux subdivisions[3] ; — on en
c formera quatre sections de quatre-vingt-dix membres cha-
cune, et dans chacune des classes censitaires on élira quatre-
vingt-dix bouleutes. D'abord, pour la plus haute classe, tous
seront obligés de voter, faute de quoi le contrevenant paiera
l'amende fixée ; le vote achevé, on consignera les noms des
élus, et le jour suivant on élira les représentants de la
seconde classe suivant la même procédure que la veille ; le
troisième jour, pour la troisième classe, votera qui voudra,
mais le vote sera obligatoire pour les citoyens des trois pre-
d mières classes, tandis que dans la quatrième et dernière on
sera tenu quitte d'amende si l'on ne veut pas voter[4]. Le qua-

1. La « contre-proposition » d'e 6 fait pendant à celle de 755 e 2, et la correction d'Ast, ἀντι ⟨προ⟩βολὴν, a rallié les suffrages. On peut se demander pourtant si la reprise ne justifierait pas une forme abrégée du mot : un verbe composé est souvent repris par le simple.

2. C'est-à-dire, sans doute, des magistrats qui président la réunion.

3. Cf. V 738 a pour le nombre 5040.

4. L'exemption des classes pauvres rappelle le système d'alternance

ξαντας εἰς χωρίον ὡς ἱερώτατόν τε καὶ ἱκανώτατον καθίσαι,
χωρὶς μὲν τοὺς ὁπλίτας, χωρὶς δὲ τοὺς ἱππέας, τρίτον
δ᾽ ἐφεξῆς τούτοις πᾶν ὅσον ἐμπολέμιον· χειροτονούντων
δὲ στρατηγοὺς μὲν καὶ ἱππάρχους πάντες, ταξιάρχους
δὲ οἱ τὴν ἀσπίδα τιθέμενοι, φυλάρχους δὲ αὖ τούτοις 756 a
πᾶν τὸ ἱππικὸν αἱρείσθω, ψιλῶν δὲ ἢ τοξοτῶν ἤ τινος
ἄλλου τῶν ἐμπολεμίων ἡγεμόνας οἱ στρατηγοὶ ἑαυτοῖς
καθιστάντων. Ἱππάρχων δὴ κατάστασις ἂν ἡμῖν ἔτι λοιπὴ
γίγνοιτο. Τούτους οὖν προβαλλέσθων μὲν οἵπερ καὶ τοὺς
στρατηγοὺς προυβάλλοντο, τὴν δὲ αἵρεσιν καὶ τὴν ἀντι-
⟨προ⟩βολὴν τούτων τὴν αὐτὴν γίγνεσθαι καθάπερ ἡ τῶν
στρατηγῶν ἐγίγνετο, χειροτονείτω δὲ τὸ ἱππικὸν αὐτοὺς
ἐναντίον ὁρώντων τῶν πεζῶν, δύο δὲ οἷς ἂν πλείστη b
χειροτονία γίγνηται, τούτους ἡγεμόνας εἶναι πάντων τῶν
ἱππευόντων. Τὰς δὲ ἀμφισβητήσεις τῶν χειροτονιῶν μέχρι
δυοῖν εἶναι· τὸ δὲ τρίτον ἐὰν ἀμφισβητῇ τις, διαψηφί-
ζεσθαι τούτους οἷσπερ τῆς χειροτονίας μέτρον ἑκάστοις
ἕκαστον ἦν.

Βουλὴν δὲ εἶναι μὲν τριάκοντα δωδεκάδας — ἑξήκοντα
δὲ καὶ τριακόσιοι γίγνοιντο ἂν πρέποντες ταῖς διανομαῖς —
μέρη δὲ διανείμαντας τέτταρα κατὰ ἐνενήκοντα τὸν ἀριθμὸν c
τούτων, ἐξ ἑκάστου τῶν τιμημάτων φέρειν ἐνενήκοντα
βουλευτάς. Πρῶτον μὲν ἐκ τῶν μεγίστων τιμημάτων ἅπαν-
τας φέρειν ἐξ ἀνάγκης, ἢ ζημιοῦσθαι τὸν μὴ πειθόμενον
τῇ δοξάσῃ ζημίᾳ· ἐπειδὰν δ᾽ ἐνεχθῶσι, τούτους μὲν κατα-
σημήνασθαι, τῇ δὲ ὑστεραίᾳ φέρειν ἐκ τῶν δευτέρων τιμη-
μάτων κατὰ ταὐτὰ καθάπερ τῇ πρόσθεν, τρίτῃ δ᾽ ἐκ τῶν
τρίτων τιμημάτων φέρειν μὲν τὸν βουλόμενον, ἐπάναγκες
δὲ εἶναι τοῖς τῶν τριῶν τιμημάτων, τὸ δὲ τέταρτόν τε καὶ

756 a 6 ἀντιπροβολὴν cj. Ast (cf. 755 e 2) : ἀντιβολὴν AO || **b** 2 et 5 τούτους K[c] : τούτοις A (ις i. r. b 2) et O || 6 ἕκαστον A et (ut vid.) O : ἑκάστων (ω ex ο) O[2] || 8 γίγνοιντο edd. (cf. 801 e 3) : γίγνοιτο AO || **c** 6 post δευτέρων eras. in A (cum quinque signis, quorum tria in fine v., duo initio sequentis).

trième jour, tous voteront pour la quatrième et dernière classe, sans que soient passibles d'amende ceux qui, appartenant à la quatrième ou à la troisième classe, refuseraient de voter ; mais celui de la seconde ou de la première qui ne voterait pas sera taxé, celui de la seconde classe au triple de
e l'amende initiale, celui de la première au quadruple. Le cinquième jour, les noms qui avaient été consignés seront exposés par les magistrats à la vue de tous les citoyens, et tous voteront encore sur cette liste, sous peine de payer l'amende initiale ; on retiendra pour chacune des classes cent quatre-vingts noms, dont on gardera la moitié par tirage au sort ; et après examen ceux-là seront bouleutes pour l'année[1].

Les deux égalités. Un pareil régime d'élections semble tenir le milieu entre la monarchie et la démocratie, et c'est toujours entre ces deux formes que la constitution doit se tenir ; en effet, des esclaves et leurs
757 a maîtres ne sauraient jamais devenir amis, ni des coquins et des honnêtes gens, même si leurs noms paraissent avec des droits égaux[2] : car pour ceux qui n'ont pas les mêmes titres, l'égalité peut devenir inégalité, si elle manque la mesure[3] ; l'une et l'autre cause font, en effet, que les divisions infestent les régimes. Un vieux dicton et qui dit vrai, d'après lequel égalité engendre amitié, a sans doute beaucoup de raison et d'harmonie[4] ; mais quelle peut bien être l'égalité capable de cet effet, voilà qui n'est pas fort clair et cette incertitude
b nous embarrasse fort. Il y a en effet deux égalités, qui portent le même nom mais en pratique s'opposent presque, sous bien des rapports ; l'une, toute cité et tout législateur

des quatre sections béotiennes, dont trois gardent leur temps pour leurs affaires privées. Toute la procédure des *Lois* pour l'élection des bouleutes est résumée par Aristote, *Polit.*, II 6, 1266 a 14-20.

1. Le principe des magistratures annuelles est emprunté, lui aussi, à la constitution athénienne.

2. L'adage « amicitia pares aut invenit aut facit » exclut-il toute amitié entre maîtres et esclaves ? Avec les mœurs de l'antiquité, c'est vraisemblable ; cf. 776 c-778 a et L. Gernet, *Introduction*, p. CXXVIII.

3. Sur la mesure dans les *Lois*, cf. ci-dessus III 691 e et la note.

4. Le dicton a une saveur pythagoricienne, relevée par l'emploi d'une discrète métaphore musicale (ἐμμελῶς).

σμικρότατον ἐλεύθερον ἀφεῖσθαι τῆς ζημίας, ὃς ἂν αὐτῶν
μὴ βούληται φέρειν. Τετάρτῃ δὲ φέρειν μὲν ἐκ τοῦ τετάρ-
του καὶ σμικροτάτου τιμήματος ἅπαντας, ἀζήμιον δ᾽ εἶναι
τὸν ἐκ τοῦ τετάρτου καὶ τρίτου τιμήματος, ἐὰν ἐνεγκεῖν
μὴ βούληται· τὸν δ᾽ ἐκ τοῦ δευτέρου καὶ πρώτου μὴ φέροντα
ζημιοῦσθαι, τὸν μὲν ἐκ τοῦ δευτέρου τριπλασίᾳ τῆς πρώτης
ζημίας, τὸν δ᾽ ἐκ τοῦ πρώτου τετραπλασίᾳ. Πέμπτῃ δὲ e
ἡμέρᾳ τὰ κατασημανθέντα ὀνόματα ἐξενεγκεῖν μὲν τοὺς
ἄρχοντας ἰδεῖν πᾶσι τοῖς πολίταις, φέρειν δ᾽ ἐκ τούτων αὖ
πάντα ἄνδρα ἢ ζημιοῦσθαι τῇ πρώτῃ ζημίᾳ· ὀγδοήκοντα δὲ
καὶ ἑκατὸν ἐκλέξαντας ἀφ᾽ ἑκάστων τῶν τιμημάτων, τοὺς
ἡμίσεις τούτων ἀποκληρώσαντας δοκιμάσαι, τούτους δ᾽
εἶναι τὸν ἐνιαυτὸν βουλευτάς.

Ἡ μὲν αἵρεσις οὕτω γιγνομένη μέσον ἂν ἔχοι μοναρχικῆς
καὶ δημοκρατικῆς πολιτείας, ἧς ἀεὶ δεῖ μεσεύειν τὴν πολι-
τείαν· δοῦλοι γὰρ ἂν καὶ δεσπόται οὐκ ἄν ποτε γένοιντο 757 a
φίλοι, οὐδὲ ἐν ἴσαις τιμαῖς διαγορευόμενοι φαῦλοι καὶ
σπουδαῖοι — τοῖς γὰρ ἀνίσοις τὰ ἴσα ἄνισα γίγνοιτ᾽ ἄν, εἰ
μὴ τυγχάνοι τοῦ μέτρου — διὰ γὰρ ἀμφότερα ταῦτα στάσεων
αἱ πολιτεῖαι πληροῦνται. Παλαιὸς γὰρ λόγος ἀληθὴς ὤν,
ὡς ἰσότης φιλότητα ἀπεργάζεται, μάλα μὲν ὀρθῶς εἴρηται
καὶ ἐμμελῶς· ἥτις δ᾽ ἐστί ποτε ἰσότης ἡ τοῦτο αὐτὸ δυνα-
μένη, διὰ τὸ μὴ σφόδρα σαφὴς εἶναι σφόδρα ἡμᾶς διατα-
ράττει. Δυοῖν γὰρ ἰσοτήτοιν οὔσαιν, ὁμωνύμοιν μέν, ἔργῳ b

e 5 ἐκλέξαντας O[5] (α s. v.) : ἐκλέξαντες AO || 9 μεσεύειν O[4] (alt. σ ut vid. p. n.) et i. m. O[4] : μεσσεύειν AO || πολιτείαν AO : πόλιν comp. i. m. O[4] || **757 a** 1 δοῦλοι -3 σπουδαῖοι hab. Photius (II, 258-259 N.); Suidas (IV, 705, 9-10 A.); -758 a 4 πόλιν, Stobaeus, IV, 2, 36 (173, 7-174, 26 H.) || γὰρ ἂν καὶ δεσπόται AO Stob. : γὰρ καὶ δεσπόται Phot. δ᾽ ἂν δεσπόταις Suid. || οὐκ ἄν ποτε AO Stob. : οὐδέποτ᾽ ἂν Phot. Suid. || 2 διαγορευόμενοι AO Stobaei L : διαγενόμενοι Phot. Suid. διαγόμενοι Stobaei SMA || 3 ἀνίσοις AO Stobaei L : ἴσοις Stobaei SMA || 5 λόγος AO Stobaei L : ὁ λόγος Stobaei SMA || 7 δ᾽ AO Stobaei L : om. Stobaei SMA.

arrivent à l'introduire dans les marques d'honneur, celle qui est égale selon la mesure, le poids et le nombre[1] ; il suffit de la réaliser par le sort dans les distributions ; mais l'égalité la plus vraie et la plus excellente n'apparaît pas aussi facilement à tout le monde. Elle suppose le jugement de Zeus et vient rarement au secours des hommes, mais le rare secours qu'elle apporte aux cités ou même aux individus ne
c leur vaut que des biens ; au plus grand elle attribue davantage, au plus petit, moins, donnant à chacun en proportion de sa nature et, par exemple, aux mérites plus grands, de plus grands honneurs, tandis qu'à ceux qui sont à l'opposé pour la vertu et l'éducation[2] elle dispense leur dû suivant la même règle. Je crois, en effet, que pour nous la politique est toujours précisément cela, la justice en soi : maintenant encore, c'est en y tendant et en fixant les yeux sur cette
d égalité-là que nous devons, Clinias, fonder la cité naissante. Et si jamais quelqu'un en colonise une autre, c'est encore avec ce même but qu'il lui faudra légiférer, et non pas pour le plaisir de quelques tyrans ou d'un seul, ni non plus pour une domination démocratique, mais toujours en vue de la justice, de celle dont nous parlions à l'instant : l'égalité accordée en toute occasion à des inégaux telle que la requiert la nature ; pourtant l'ensemble d'une cité doit fatalement prendre aussi parfois ces expressions dans un sens détourné, si elle ne veut pas admettre les séditions en quelqu'une de ses parties : n'oublions pas que l'équité et l'indulgence sont
e toujours des entorses à la parfaite exactitude aux dépens de la stricte justice[3] ; aussi doit-on recourir à l'égalité du sort pour éviter le mécontentement populaire, en invoquant dans nos prières, cette fois encore, la divinité et la bonne fortune, afin qu'elles dirigent le sort du côté le plus juste. C'est ainsi qu'il faut user nécessairement des deux sortes d'égalité, mais
758 a le moins souvent possible de la seconde, celle qui requiert le hasard.

1. Les deux égalités sont l'égalité arithmétique et l'égalité géométrique ; cf. ci-dessus V 737 c et la note, 744 c.

2. « La vertu et l'éducation » forment une sorte d'hendiadyn ; cf. II 673 a 3 et la note.

3. L'opposition entre justice stricte et équité fera l'objet d'un chapitre de l'*Ethique à Nicomaque* (V 10).

δὲ εἰς πολλὰ σχεδὸν ἐναντίαιν, τὴν μὲν ἑτέραν εἰς τὰς
τιμὰς πᾶσα πόλις ἱκανὴ παραγαγεῖν καὶ πᾶς νομοθέτης,
τὴν μέτρῳ ἴσην καὶ σταθμῷ καὶ ἀριθμῷ, κλήρῳ ἀπευθύνων
εἰς τὰς διανομὰς αὐτήν· τὴν δὲ ἀληθεστάτην καὶ ἀρίστην
ἰσότητα οὐκέτι ῥᾴδιον παντὶ ἰδεῖν. Διὸς γὰρ δὴ κρίσις ἐστί,
καὶ τοῖς ἀνθρώποις ἀεὶ σμικρὰ μὲν ἐπαρκεῖ, πᾶν δὲ ὅσον
ἂν ἐπαρκέσῃ πόλεσιν ἢ καὶ ἰδιώταις, πάντ᾽ ἀγαθὰ ἀπεργά-
ζεται· τῷ μὲν γὰρ μείζονι πλείω, τῷ δ᾽ ἐλάττονι σμικρότερα c
νέμει, μέτρια διδοῦσα πρὸς τὴν αὐτῶν φύσιν ἑκατέρῳ, καὶ
δὴ καὶ τιμὰς μείζοσι μὲν πρὸς ἀρετὴν ἀεὶ μείζους, τοῖς δὲ
τοὐναντίον ἔχουσιν ἀρετῆς τε καὶ παιδείας τὸ πρέπον ἑκα-
τέροις ἀπονέμει κατὰ λόγον. Ἔστιν γὰρ δήπου καὶ τὸ πολι-
τικὸν ἡμῖν ἀεὶ τοῦτ᾽ αὐτὸ τὸ δίκαιον· οὗ καὶ νῦν ἡμᾶς ὀρε-
γομένους δεῖ καὶ πρὸς ταύτην τὴν ἰσότητα, ὦ Κλεινία,
ἀποβλέποντας, τὴν νῦν φυομένην κατοικίζειν πόλιν. Ἄλλην d
τε ἄν ποτέ τις οἰκίζῃ, πρὸς ταὐτὸ τοῦτο σκοπούμενον
χρεὼν νομοθετεῖν, ἀλλ᾽ οὐ πρὸς ὀλίγους τυράννους ἢ πρὸς
ἕνα ἢ καὶ κράτος δήμου τι, πρὸς δὲ τὸ δίκαιον ἀεί, τοῦτο
δ᾽ ἐστὶ τὸ νυνδὴ λεχθέν, τὸ κατὰ φύσιν ἴσον ἀνίσοις ἑκάσ-
τοτε δοθέν· ἀναγκαῖόν γε μὴν καὶ τούτοις παρωνυμίοισί
ποτε προσχρήσασθαι πόλιν ἅπασαν, εἰ μέλλει στάσεων
ἑαυτῇ μὴ προσκοινωνήσειν κατά τι μέρος — τὸ γὰρ ἐπιει-
κὲς καὶ σύγγνωμον τοῦ τελέου καὶ ἀκριβοῦς παρὰ δίκην τὴν e
ὀρθήν ἐστιν παρατεθραυμένον, ὅταν γίγνηται — διὸ τῷ τοῦ
κλήρου ἴσῳ ἀνάγκη προσχρήσασθαι δυσκολίας τῶν πολλῶν
ἕνεκα, θεὸν καὶ ἀγαθὴν τύχην καὶ τότε ἐν εὐχαῖς ἐπικαλου-
μένους ἀπορθοῦν αὐτοὺς τὸν κλῆρον πρὸς τὸ δικαιότατον.
Οὕτω δὴ χρηστέον ἀναγκαίως μὲν τοῖν ἰσοτήτοιν ἀμφοῖν,
ὡς δ᾽ ὅτι μάλιστα ἐπ᾽ ὀλιγίστοις τῇ ἑτέρᾳ, τῇ τῆς τύχης 758 a
δεομένῃ.

b 2 εἰς AO Stobaei ML : om. Stobaei SA || **d** 2 ταὐτὸ AO Stobaei SAL : ταὐτὸν Stobaei M || 8 μὴ A et s. v. O[4] : om. O || **e** 2 παρατεθραυμένον AO Stobaei L : παρατεθραυσμένον (σ s. v.) A[3]O[3] cum Stobaei SMA || 5 αὐτοὺς AO : αὐτοῖς K[c].

Les prytanes. Voilà pourquoi, amis, une cité doit nécessairement agir ainsi quand elle veut se sauver ; et puisque un vaisseau qui navigue en mer a besoin jour et nuit d'une garde constante, que de même un État se gouverne en se dirigeant à travers la houle des autres États et parmi les complots de toute sorte qui menacent de le saisir, il faut, tout le jour jusqu'à la nuit et depuis la nuit jusqu'au jour, que les magistrats fassent la chaîne, que les
b gardiens ne cessent jamais de succéder constamment à des gardiens et de passer la consigne à d'autres [1]. Une multitude ne peut jamais s'acquitter avec rigueur de pareille tâche, et l'on est réduit à laisser la plupart des bouleutes vaquer le plus souvent à leurs propres affaires et administrer leur propre maison ; mais on en attachera le douzième à chacun des douze mois, pour en faire tour à tour des gardiens prêts
c à entendre ceux qui viendraient d'ailleurs ou de la cité même, soit faire un rapport, soit encore s'enquérir d'un des sujets sur lesquels un État peut avoir à répondre à d'autres États ou, s'il en a interrogé un autre, à recevoir sa réponse [2], et aussi en vue de tous les troubles qui ne cessent de se produire en toute occasion dans la cité, afin que s'il se peut on les
d évite ou qu'après coup la cité, mise au fait le plus tôt possible, remédie à l'événement ; c'est pourquoi ce conseil qui préside aux intérêts de la cité doit toujours être maître de convoquer ou de dissoudre les assemblées, dans les cas prévus par les lois comme lors des coups soudains qui frappent la cité. Tout cela, le douzième du conseil le réglera, quitte à chômer les onze autres parties de l'année ; mais il faut qu'en commun avec les autres magistrats cette fraction du conseil assure toujours la garde de l'État [3].

Les affaires urbaines peuvent être regardées comme conve-
e nablement organisées de la sorte ; mais pour tout le reste du territoire, quels soins et quelles dispositions s'imposent ? Ne

1. La transmission des consignes est à rapprocher de la transmission de la vie, symbolisée par l'image du flambeau : 773 e-774 a.

2. Embryon d'un ministère des affaires étrangères.

3. A Athènes, l'épistate assurait cette permanence avec les prytanes qu'il présidait ; c'étaient les cinquante délégués de chaque tribu qui siégeaient ainsi pendant la dixième partie de l'année. Platon préfère le système duodécimal ; cf. V 746 d.

Ταῦτα οὕτως διὰ ταῦτα, ὦ φίλοι, ἀναγκαῖον τὴν μέλλουσαν σῴζεσθαι δρᾶν πόλιν· ἐπειδὴ δὲ ναῦς τε ἐν θαλάττῃ πλέουσα φυλακῆς ἡμέρας δεῖται καὶ νυκτὸς ἀεί, πόλις τε ὡσαύτως ἐν κλύδωνι τῶν ἄλλων πόλεων διαγομένη καὶ παντοδαπαῖσιν ἐπιβουλαῖς οἰκεῖ κινδυνεύουσα ἁλίσκεσθαι, δεῖ δὴ δι' ἡμέρας τε εἰς νύκτα καὶ ἐκ νυκτὸς συνάπτειν πρὸς ἡμέραν ἄρχοντας ἄρχουσιν, φρουροῦντάς τε φρουροῦσιν δια- b
δεχομένους ἀεὶ καὶ παραδιδόντας μηδέποτε λήγειν. Πλῆθος δὲ οὐ δυνατὸν ὀξέως οὐδέποτε οὐδὲν τούτων πράττειν, ἀναγκαῖον δὲ τοὺς μὲν πολλοὺς τῶν βουλευτῶν ἐπὶ τὸν πλεῖστον τοῦ χρόνου ἐᾶν ἐπὶ τοῖς αὑτῶν ἰδίοισι μένοντας εὐθημονεῖσθαι τὰ κατὰ τὰς αὑτῶν οἰκήσεις, τὸ δὲ δωδέκατον μέρος αὐτῶν ἐπὶ δώδεκα μῆνας νείμαντας, ἓν ἐφ' ἑνὶ παρέχειν αὐτοὺς φύλακας ἰόντι τέ τινί ποθεν ἄλλοθεν εἴτε καὶ ἐξ c
αὐτῆς τῆς πόλεως ἑτοίμως ἐπιτυχεῖν, ἄντε ἀγγέλλειν βούληταί τις ἐάντ' αὖ πυνθάνεσθαί τι τῶν ὧν προσήκει πόλει πρὸς πόλεις ἄλλας ἀποκρίνεσθαί τε, καὶ ἐρωτήσασαν ἑτέρας, ἀποδέξασθαι τὰς ἀποκρίσεις, καὶ δὴ καὶ τῶν κατὰ πόλιν ἑκάστοτε νεωτερισμῶν ἕνεκα παντοδαπῶν εἰωθότων ἀεὶ γίγνεσθαι, ὅπως ἂν μάλιστα μὲν μὴ γίγνωνται, γενομένων d
δέ, ὅτι τάχιστα αἰσθομένης τῆς πόλεως ἰαθῇ τὸ γενόμενον· διὸ συλλόγων τε ἀεὶ δεῖ τοῦτο εἶναι τὸ προκαθήμενον τῆς πόλεως κύριον καὶ διαλύσεων, τῶν τε κατὰ νόμους τῶν τε ἐξαίφνης προσπιπτουσῶν τῇ πόλει. Ταῦτα μὲν οὖν πάντα τὸ δωδέκατον ἂν μέρος τῆς βουλῆς εἴη τὸ διακοσμοῦν, τὰ ἕνδεκα ἀναπαυόμενον τοῦ ἐνιαυτοῦ μέρη· κοινῇ δὲ μετὰ τῶν ἄλλων ἀρχῶν δεῖ τὰς φυλακὰς ταύτας φυλάττειν κατὰ πόλιν τοῦτο τὸ μόριον τῆς βουλῆς ἀεί.

Καὶ τὰ μὲν κατὰ πόλιν οὕτως ἔχοντα μετρίως ἂν εἴη διατεταγμένα· τῆς δὲ ἄλλης χώρας πάσης τίς ἐπιμέλεια e

758 b 4 τὸν AO : τὸ A² (ν eraso) O² (ν p. n.) || **d** 3 διό Kᶜ : διὰ AO δι' ἃ cj. Winckelmann || ξυλλόγων AO : συλλογῶν cj. Burnet.

faut-il pas, puisque toute la ville et tout l'ensemble du territoire ont été divisés en douze parts, que les rues de la ville même, les maisons, les bâtiments publics, les ports, le marché, les fontaines, et surtout les enceintes consacrées, les sanctuaires et autres lieux du même genre, aient leurs surintendants désignés ?

Clinias. — Assurément.

759 a *Les ministres du culte.* L'Athénien. — Disons donc que les sanctuaires doivent avoir des sacristains, des prêtres et des prêtresses ; pour les routes, les édifices, l'ordre requis en pareille matière, les gens qu'il faut empêcher de mal faire et aussi les bêtes sauvages, on doit, afin que dans l'enceinte même de la ville comme dans les faubourgs soient prises les mesures qui conviennent à des cités, choisir trois catégories de magistrats, dont les uns, chargés des soins mentionnés à l'instant, s'appelleront astynomes ; les autres, commis à la bonne tenue du marché, agoranomes. En ce qui regarde les prêtres des sanctuaires, ceux ou celles qui détiennent un sacerdoce héréditaire, on
b n'y touchera pas[1] ; mais si, comme il est naturel en pareille matière dans le cas d'une fondation nouvelle, aucun des temples n'a son clergé ou un petit nombre seulement, pour ceux qui n'en ont pas d'établis on établira des prêtres et des prêtresses, chargés d'entretenir les sanctuaires des dieux. De toutes ces charges qu'on installera, les unes doivent être électives, les autres tirées au sort : on mêlera ainsi, pour les rendre amies entre elles, les classes populaires et les autres dans chaque territoire ou cité[2], de façon qu'il y ait le plus d'union possible. Pour les sacerdoces, on laissera le dieu lui-
c même indiquer ses préférences en les tirant au sort, ce qui reviendra à s'en remettre à la fortune divine ; on vérifiera pour chacun des élus si tout d'abord il est physiquement intègre et de naissance légitime, ensuite si, autant que

1. Intangibilité qui a de nombreux parallèles ; cf. IV 709 a et la note.

2. La réforme de Clisthènes avait marqué à Athènes la fin de l'organisation gentilice ; les génè perdirent alors toute importance et les membres de ces grandes familles se trouvèrent « noyés dans la masse du peuple, éparpillés dans tout un système de circonscriptions géographiques ». Plus tard, Aristote, énumérant les mesures propres

καὶ τίς τάξις ; ἆρα οὐχ ἡνίκα πᾶσα μὲν ἡ πόλις, σύμπασα δὲ ἡ χώρα κατὰ δώδεκα μέρη διανενέμηται, τῆς πόλεως αὐτῆς ὁδῶν καὶ οἰκήσεων καὶ οἰκοδομιῶν καὶ λιμένων καὶ ἀγορᾶς καὶ κρηνῶν, καὶ δὴ καὶ τεμενῶν καὶ ἱερῶν καὶ πάντων τῶν τοιούτων, ἐπιμελητάς δεῖ τινας ἀποδεδειγμένους εἶναι ;

ΚΛ. Πῶς γὰρ οὔ ;

ΑΘ. Λέγωμεν δὴ τοῖς μὲν ἱεροῖς νεωκόρους τε καὶ 759 a
ἱερέας καὶ ἱερείας δεῖν γίγνεσθαι· ὁδῶν δὲ καὶ οἰκοδομιῶν καὶ κόσμου τοῦ περὶ τὰ τοιαῦτα, ἀνθρώπων τε, ἵνα μὴ ἀδικῶσιν, καὶ τῶν ἄλλων θηρίων, ἐν αὐτῷ τε τῷ τῆς πόλεως περιβόλῳ καὶ προαστείῳ ὅπως ἂν τὰ προσήκοντα πόλεσιν γίγνηται, ἑλέσθαι δεῖ τρία μὲν ἀρχόντων εἴδη, περὶ μὲν τὸ νυνδὴ λεχθὲν ἀστυνόμους ἐπονομάζοντα, τὸ δὲ περὶ ἀγορᾶς κόσμον ἀγορανόμους. Ἱερῶν δὲ ἱερέας, οἷς μέν εἰσιν πάτριαι
ἱερωσύναι καὶ αἷς, μὴ κινεῖν· εἰ δέ, οἷον τὸ πρῶτον κατοι- b
κιζομένοις εἰκὸς γίγνεσθαι περὶ τὰ τοιαῦτα, ἢ μηδενὶ ἤ τισιν ὀλίγοις, οἷς μὴ καθεστήκοι καταστατέον ἱερέας τε καὶ ἱερείας νεωκόρους γίγνεσθαι τοῖς θεοῖς. Τούτων δὴ πάντων τὰ μὲν αἱρετὰ χρή, τὰ δὲ κληρωτὰ ἐν ταῖς καταστάσεσι γίγνεσθαι, μειγνύντας πρὸς φιλίαν ἀλλήλοις δῆμον καὶ μὴ δῆμον ἐν ἑκάστῃ χώρᾳ καὶ πόλει, ὅπως ἂν μάλιστα ὁμονοῶν εἴη. Τὰ μὲν οὖν τῶν ἱερέων, τῷ θεῷ ἐπιτρέποντα αὐτῷ τὸ κεχαρι-
σμένον γίγνεσθαι, κληροῦν οὕτω τῇ θείᾳ τύχῃ ἀποδιδόντα, c
δοκιμάζειν δὲ τὸν ἀεὶ λαγχάνοντα πρῶτον μὲν ὁλόκληρον καὶ γνήσιον, ἔπειτα ὡς ὅτι μάλιστα ἐκ καθαρευουσῶν οἰκήσεων, φόνου δὲ ἁγνὸν καὶ πάντων τῶν περὶ τὰ τοιαῦτα εἰς τὰ θεῖα ἁμαρτανομένων αὐτὸν καὶ πατέρα καὶ μητέρα κατὰ

759 a 6 ἑλέσθαι -**e** 2 ἱερέων hab. Stobaeus, IV, 2, 37 (175, 2-176, 7 H.) || **b** 1 αἷς O^2 (ι add., acc. mut.) cum Stobaei SMA : ἃς AO Stobaei L || 8 ἱερέων Stobaei SMA : ἱερῶν AO Stobaei L || **c** 4 φόνου AO : φόνων K^c || 5 αὐτὸν AO Stob. : αὐτῶν Π^o i. m. O^4 et (ῶ s. v.) O^4.

possible, il est né de maison sans souillure et s'il a vécu pur de meurtre et des crimes semblables qui offensent la divinité, lui et de même ses père et mère. On ira chercher à Delphes des lois pour tout le culte ; on constituera des interprètes
d pour les expliquer, et on les observera. Chacun des sacerdoces sera annuel et non pas plus long, et il faudra chez nous avoir au moins soixante ans pour prétendre accomplir dignement les rites divins selon les lois sacrées ; ces prescriptions s'appliqueront également aux prêtresses[1]. Les interprètes seront élus, en trois élections, à raison de quatre par groupe de quatre tribus, un dans chacune ; les trois qui auront obtenu le plus de suffrages seront retenus après examen, et les neuf autres seront envoyés à Delphes, où le dieu en désignera un sur chaque groupe de trois ; leur exa-
e men et leur limite d'âge seront les mêmes que pour les prêtres. Ceux-là seront interprètes leur vie durant ; si l'un d'eux vient à disparaître, le groupe de quatre tribus d'où il sortait élira son remplaçant. Les intendants responsables des fonds sacrés pour chacun des sanctuaires, des enceintes, de leurs produits, de leurs locations seront élus dans la plus
760 a haute classe, au nombre de trois pour les plus grands sanctuaires, de deux pour les sanctuaires moins considérables, d'un seul pour les plus modestes ; leur élection et leur examen se feront comme ils se faisaient pour les stratèges. Voilà les dispositions qui concernent le culte.

La garde du territoire.

Que rien, autant que possible, ne soit démuni de garde[2]. Les gardes urbaines se feront sous la surveillance des stratèges, des taxiarques, des hipparques, des phylarques, des
b prytanes et aussi des astynomes et des agoranomes, lorsque l'élection nous en aura donné un nombre suffisant ; tout le

à assurer les fondements d'une démocratie, recommandera les mesures mêmes de Clisthènes : « imaginer tous les moyens possibles pour mêler les citoyens les uns aux autres » (*Polit.*, VII (VI), 1319 b 25 ; cf. *Const. d'Ath.*, ch. xxi). G. Glotz, *Histoire grecque*, I, 1925, p. 474.

1. Sur l'organisation des sacerdoces, cf. L. Gernet, *Introduction*, p. cviii, n. 6. Conception religieuse de la vertu du sort : *ib.*, p. cxi.

2. Le ton est celui de la défense inscrite au fronton de l'Académie : « Que nul n'entre ici s'il n'est géomètre » (ἀγεωμέτρητος μηδεὶς εἰσίτω).

ταῦτὰ βεβιωκότας. Ἐκ Δελφῶν δὲ χρὴ νόμους περὶ τὰ θεῖα
πάντα κομισαμένους καὶ καταστήσαντας ἐπʼ αὐτοῖς ἐξηγη-
τάς, τούτοις χρῆσθαι. Κατʼ ἐνιαυτὸν δὲ εἶναι καὶ μὴ μακρό- d
τερον τὴν ἱερωσύνην ἑκάστην, ἔτη δὲ μὴ ἔλαττον ἑξήκοντα
ἡμῖν εἴη γεγονὼς ὁ μέλλων καθʼ ἱεροὺς νόμους περὶ τὰ θεῖα
ἱκανῶς ἁγιστεύσειν· ταῦτα δὲ καὶ περὶ τῶν ἱερειῶν ἔστω
τὰ νόμιμα. Τοὺς δὲ ἐξηγητὰς τρὶς φερέτωσαν μὲν αἱ τέτ-
ταρες φυλαὶ τέτταρας, ἕκαστον ἐξ αὑτῶν, τρεῖς δέ, οἷς ἂν
πλείστη γένηται ψῆφος, δοκιμάσαντας, ἐννέα πέμπειν εἰς
Δελφοὺς ἀνελεῖν ἐξ ἑκάστης τριάδος ἕνα· τὴν δὲ δοκιμασίαν
αὐτῶν καὶ τοῦ χρόνου τὴν ἡλικίαν εἶναι καθάπερ τῶν e
ἱερέων. Οὗτοι δὲ ἔστων ἐξηγηταὶ διὰ βίου, τὸν δέ γε λιπόντα
προαιρείσθωσαν αἱ τέτταρες φυλαὶ ὅθεν ἂν ἐκλίπῃ. Ταμίας
δὲ δὴ τῶν τε ἱερῶν χρημάτων ἑκάστοις τοῖς ἱεροῖς καὶ
τεμενῶν καὶ καρπῶν τούτων καὶ μισθώσεων κυρίους αἱρεῖσθαι
μὲν ἐκ τῶν μεγίστων τιμημάτων τρεῖς εἰς τὰ μέγιστα ἱερά, 760 a
δύο δʼ εἰς τὰ σμικρότερα, πρὸς δὲ τὰ ἐμμελέστατα ἕνα· τὴν
δὲ αἵρεσιν τούτων καὶ τὴν δοκιμασίαν γίγνεσθαι καθάπερ ἡ
τῶν στρατηγῶν ἐγίγνετο. Καὶ τὰ μὲν αὖ περὶ τὰ ἱερὰ ταῦτα
γιγνέσθω.

Ἀφρούρητον δὲ δὴ μηδὲν εἰς δύναμιν ἔστω. Πόλεως μὲν
οὖν αἱ φρουραὶ πέρι ταύτῃ γιγνέσθωσαν, στρατηγῶν ἐπι-
μελουμένων καὶ ταξιάρχων καὶ ἱππάρχων καὶ φυλάρχων καὶ
πρυτάνεων, καὶ δὴ καὶ ἀστυνόμων καὶ ἀγορανόμων, ὁπόταν b
αἱρεθέντες ἡμῖν καταστῶσίν τινες ἱκανῶς· τὴν δὲ ἄλλην

c 6 δὲ χρὴ νόμους Stob. cum a (χρὴ νόμ i. r.) et O^4 (ν et μ i. r.): γρ. δευτερην i. m. A^2 (sine acc., cum vitii nota) χρὴ νό⟨μους⟩ περὶ τὰ θεῖα i. m. A^3 (quid fuerit in AO non constat) || 7 ἐπʼ AO Stob. : ὑπʼ K^c || **d** 2 ἑκάστην AO Stob. : ἑκάστῳ K^c || 4 ταῦτα AO Stob. || 5 τρὶς A^2 (i. m. sine acc.) et O^4 (ὶ s. v.) : τρεῖς AO Stob. || 7 τοὺς ante ἐννέα K^c || 8 ἀνελεῖν AO Stob. : ἀφελεῖν K^c || **e** 4 δὲ AO : τε O^4 (τ s. v.) || **760 a** 2 εἰς τὰ σμικρότερα A et (ὰσ s. v., τ addito) O^3 : εἰσμικρότερα O || 8 ταξιάρχων scr. Schanz : ταξιαρχῶν AO.

reste du territoire sera gardé de la façon suivante. Tout notre
territoire a été divisé en douze sections aussi égales que pos-
sible ; chaque tribu affectée par le sort à chacune des sections
fournira pour l'année cinq membres, — appelons-les « agro-
nomes » et « phrourarques », — à qui il appartiendra de
recruter dans leur propre tribu chacun douze des jeunes
hommes entrés depuis cinq ans parmi les *néoi,* c'est-à-dire
c âgés d'au moins vingt-cinq ans et de trente au plus [1]. Entre
ceux-ci, le sort répartira pour un mois les sections du terri-
toire, une pour chaque groupe, afin que tous acquièrent
expérience et connaissance du territoire tout entier. L'auto-
rité et la garde dureront deux ans pour les gardes et les
magistrats. Quelle qu'ait été la première attribution des lots,
des régions du territoire, ils passeront chaque mois à la
d région suivante, conduits par les phrourarques en procédant
vers la droite, suivant la circonférence ; entendons par la
droite la direction du levant [2]. La première année révolue,
pour que le plus grand nombre possible des gardes
n'acquièrent pas seulement l'expérience du territoire pendant
une saison de l'année, mais approfondissent en aussi grand
nombre que possible, outre la topographie, les conditions de
chaque contrée à chacune des saisons, quand viendra la
seconde année les chefs alors en fonctions les ramèneront en
sens inverse cette fois, toujours vers la région de gauche,
e jusqu'à ce que la seconde année soit achevée ; à la troisième,
on élira d'autres agronomes et phrourarques, chacun des cinq
s'occupant de douze subalternes. Lors de leur séjour dans
chaque région, leurs occupations seront à peu près les sui-
vantes : ils veilleront d'abord à ce que le territoire soit le plus
possible fermé aux ennemis, grâce à des talus, là où il en
faudra, à des tranchées et à des ouvrages fortifiés qui tien-
dront en respect toute tentative de piller le territoire et les
troupeaux ; à cette fin, ils requerront les attelages et la main-

1. L'éphébie comprenait les jeunes gens de dix-huit à vingt ans, qui devenaient ensuite « jeunes hommes », *néoi* ; à vingt-cinq ans, on les appelait οἱ πέντε ἐκ τῶν νέων (ou peut-être ἐκ νέων ?). Il semble donc que l'expression lacédémonienne τὰ δέκα ἀφ' ἥβης (Xénophon, *Helléniques*, II 4, 32) désigne les hommes entre vingt et trente ans, c'est-à-dire dix classes militaires.

2. Cf. *Mélanges F. Cumont* (= *Annuaire... de Bruxelles*, IV, 1936),

χώραν φυλάττειν πᾶσαν κατὰ τάδε. Δώδεκα μὲν ἡμῖν ἡ
χώρα πᾶσα εἰς δύναμιν ἴσα μόρια νενέμηται, φυλὴ δὲ μία
τῷ μορίῳ ἑκάστῳ ἐπικληρωθεῖσα κατ' ἐνιαυτὸν παρεχέτω
πέντε οἷον ἀγρονόμους τε καὶ φρουράρχους, τούτοις δ' ἔστω
καταλέξασθαι τῆς αὑτῶν φυλῆς ἑκάστῳ δώδεκα τῶν πέντε
ἐκ τῶν νέων, μὴ ἔλαττον ἢ πέντε καὶ εἴκοσιν ἔτη γεγονότας, c
μὴ πλεῖον δὲ ἢ τριάκοντα. Τούτοις δὲ διακληρωθήτω τὰ
μόρια τῆς χώρας κατὰ μῆνα ἕκαστα ἑκάστοις, ὅπως ἂν πάσης
τῆς χώρας ἔμπειροί τε καὶ ἐπιστήμονες γίγνωνται πάντες.
Δύο δ' ἔτη τὴν ἀρχὴν καὶ τὴν φρουρὰν γίγνεσθαι φρουροῖς
τε καὶ ἄρχουσιν. Ὅπως δ' ἂν τὸ πρῶτον λάχωσιν τὰ μέρη,
τοὺς τῆς χώρας τόπους, μεταλλάττοντας ἀεὶ τὸν ἑξῆς τόπον
ἑκάστου μηνὸς ἡγεῖσθαι τοὺς φρουράρχους ἐπὶ δεξιὰ κύκλῳ· d
τὸ δ' ἐπὶ δεξιὰ γιγνέσθω τὸ πρὸς ἕω. Περιελθόντος δὲ τοῦ
ἐνιαυτοῦ, τῷ δευτέρῳ ἔτει, ἵνα ὡς πλεῖστοι τῶν φρουρῶν μὴ
μόνον ἔμπειροι τῆς χώρας γίγνωνται κατὰ μίαν ὥραν τοῦ
ἐνιαυτοῦ, πρὸς τῇ χώρᾳ δὲ ἅμα καὶ τῆς ὥρας ἑκάστης περὶ
ἕκαστον τὸν τόπον τὸ γιγνόμενον ὡς πλεῖστοι καταμάθωσιν,
οἱ τότε ἡγούμενοι πάλιν ἀφηγείσθωσαν εἰς τὸν εὐώνυμον
ἀεὶ μεταβάλλοντες τόπον, ἕως ἂν τὸ δεύτερον διεξέλθωσιν e
ἔτος· τῷ τρίτῳ δὲ ἄλλους ἀγρονόμους αἱρεῖσθαι καὶ φρουράρχους τοὺς πέντε τῶν δώδεκα ἐπιμελητάς. Ἐν δὲ δὴ ταῖς διατριβαῖς τῷ τόπῳ ἑκάστῳ τὴν ἐπιμέλειαν εἶναι τοιάνδε τινά· πρῶτον μὲν ὅπως εὐερκὴς ἡ χώρα πρὸς τοὺς πολεμίους ὅτι μάλιστα ἔσται, ταφρεύοντάς τε ὅσα ἂν τούτου δέῃ καὶ ἀποσκάπτοντας καὶ ἐνοικοδομήμασιν εἰς δύναμιν εἴργοντας τοὺς ἐπιχειροῦντας ὁτιοῦν τὴν χώραν καὶ τὰ κτήματα κακουργεῖν, χρωμένους δ' ὑποζυγίοις καὶ τοῖς οἰκέταις τοῖς ἐν

b 3 δώδεκα -6 φρουράρχους hab. Eusebius, 12, 47 (616 d V.) || 4 ἴσα μόρια AO : ἰσομοιρίᾳ Eus. || νενέμηται AO : νενεμήσθω Eus. || 6 φρουράρχους Eusebii ION : φυλάρχους AO || 7 καταλέξασθαι edd. : καταδέξασθαι AO || δώδεκα τῶν A (ut vid.) et O : δωδεκάτῳ A[2] (ι ex ν ?) et Π i. m. O[4] || **e** 7 ἐνοικοδομήμασιν cj. Schneider : ἐν οἰκοδομήμασιν AO.

761 a d'œuvre de chaque région, en les faisant travailler sous leur direction, et en choisissant le plus possible les moments de chômage des travaux individuels. On rendra les passages difficiles pour l'ennemi, le plus faciles possible pour ceux du pays, hommes, attelages et bétail, en faisant toutes les routes aussi praticables que possible, en empêchant les eaux de pluie de ravager le territoire et en les faisant plutôt couler
b utilement des hauteurs dans tous les vallons creux des montagnes, en arrêtant leur écoulement par des barrages et des canaux, afin que les vallons retiennent ou absorbent l'eau du ciel, créant ainsi, pour tous les champs et villages situés plus bas, des ruisseaux ou des fontaines, et assurant en abondance aux lieux les plus secs une eau excellente ; quant aux eaux de source, qu'elles forment des rivières ou des fontaines, on les ornera, on les embellira par des plantations et des édi-
c fices ; en rassemblant les filets d'eau au moyen de conduites souterraines, on répandra partout la fertilité ; par l'irrigation, en toute saison, s'il y a dans le voisinage un bois ou un enclos consacré[1], on amènera les eaux dans les sanctuaires mêmes des dieux pour l'ornement. Dans tous les endroits de ce genre, les jeunes gens devront aménager des gymnases pour eux et pour les vieillards, en y installant pour ceux-ci des bains chauds, qu'ils approvisionneront largement de bois de chauffage bien sec[2] : les malades y trouveront leur compte,
d ainsi que les corps usés par les travaux des champs, et cet accueil bienfaisant leur profitera beaucoup plus que les soins d'un médecin assez piètre.

La justice rurale. Ces travaux et tous les autres du même genre serviront à l'ornement et à l'utilité du pays, tout en procurant un divertissement qui ne manquera pas de charme ; mais le sérieux de ces occupations, le voici. Chaque groupe de soixante gardera sa région, non

p. 135, où j'ai rapproché ce texte d'*Epinomis* 987 b 5, alors qu'il s'accorde au contraire avec *Timée* 36 c 5-6.

1. « Consacré » rend ἀφειμένον, que F. Ast corrigeait en ἀνειμένον (attesté par Suidas) mais qui a pour lui les emplois analogues de *Critias* 116 c 5 et 117 c 6 ; au second endroit, A. Rivaud traduit : « réservé ». Cf. H. Herter, *Rheinisches Museum*, XCII, 1944, p. 262.

2. Une épigramme de huit vers, trouvée à Cnide, montre que le gymnase de cette ville comportait des bains chauds.

τῷ τόπῳ ἑκάστῳ πρὸς ταῦτα, δι' ἐκείνων ποιοῦντας, ἐκείνοις 761 a
ἐπιστατοῦντας, τῶν οἰκείων ἔργων αὐτῶν ἀργίας ὅτι μάλιστα
ἐκλεγομένους. Δύσβατα δὲ δὴ πάντα ποιεῖν τοῖς ἐχθροῖς,
τοῖς δὲ φίλοις ὅτι μάλιστα εὔβατα, ἀνθρώποις τε καὶ ὑπο-
ζυγίοις καὶ βοσκήμασιν, ὁδῶν τε ἐπιμελουμένους ὅπως ὡς
ἡμερώταται ἕκασται γίγνωνται, καὶ τῶν ἐκ Διὸς ὑδάτων,
ἵνα τὴν χώραν μὴ κακουργῇ, μᾶλλον δ' ὠφελῇ ῥέοντα ἐκ
τῶν ὑψηλῶν εἰς τὰς ἐν τοῖς ὄρεσι νάπας ὅσαι κοῖλαι, τὰς b
ἐκροὰς αὐτῶν εἴργοντας οἰκοδομήμασί τε καὶ ταφρεύμασιν,
ὅπως ἂν τὰ παρὰ τοῦ Διὸς ὕδατα καταδεχόμεναι καὶ πί-
νουσαι, τοῖς ὑποκάτωθεν ἀγροῖς τε καὶ τόποις πᾶσιν νάματα
καὶ κρήνας ποιοῦσαι, καὶ τοὺς αὐχμηροτάτους τόπους πολυ-
ύδρους τε καὶ εὐύδρους ἀπεργάζωνται· τά τε πηγαῖα ὕδατα,
ἐάντε τις ποταμὸς ἐάντε καὶ κρήνη ᾖ, κοσμοῦντες φυτεύμασί
τε καὶ οἰκοδομήμασιν εὐπρεπέστερα, καὶ συνάγοντες μεταλ- c
λείαις νάματα, πάντα ἄφθονα ποιῶσιν, ὑδρείαις τε καθ'
ἑκάστας τὰς ὥρας, εἴ τί που ἄλσος ἢ τέμενος περὶ ταῦτα
ἀφειμένον ᾖ, τὰ ῥεύματα ἀφιέντες εἰς αὐτὰ τὰ τῶν θεῶν
ἱερά, κοσμῶσι. Πανταχῇ δὲ ἐν τοῖς τοιούτοις γυμνάσια χρὴ
κατασκευάζειν τοὺς νέους αὑτοῖς τε καὶ τοῖς γέρουσι γερον-
τικὰ λουτρὰ θερμὰ παρέχοντας, ὕλην παρατιθέντας αὔην
καὶ ξηρὰν ἄφθονον, ἐπ' ὀνήσει καμνόντων τε νόσοις καὶ d
πόνοις τετρυμένα γεωργικοῖς σώματα δεχομένους εὐμενῶς,
ἰατροῦ δέξιν μὴ πάνυ σοφοῦ βελτίονα συχνῷ.

Ταῦτα μὲν οὖν καὶ τὰ τοιαῦτα πάντα κόσμος τε καὶ ὠφελία τοῖς τόποις γίγνοιτ' ἂν μετὰ παιδιᾶς οὐδαμῇ ἀχαρίτου· σπουδὴ δὲ περὶ ταῦτα ἥδε ἔστω. Τοὺς ἑξήκοντα ἑκάστους τὸν αὑτῶν τόπον φυλάττειν, μὴ μόνον πολεμίων ἕνεκα ἀλλὰ καὶ τῶν

761 a 3 τοῖς O⁴ (ἐν p. n.) : ἐν τοῖς AO || **c** 3 ἄλσος O³ (ἄ e. v., λ i. r.) et i. m. γρ. A³ : δάσος A et fort. O || 4 ἀφειμένον AO : ἀνειμένον Suidas (I, 213, 15 A.) || **d** 2 δεχομένους A (υς i. r.) et O || 3 δέξιν cj. Winckelmann : δ' ἕξιν AO || 6 τὸν A^c (o i. r. ex ω) et O : τῶν A (ut vid.).

seulement contre les ennemis, mais encore contre les prétendus amis : s'il vient des voisins quelque dommage, ou encore si les gens du pays en commettent les uns au détri-
e ment des autres, esclaves ou hommes libres, justice sera rendue pour le plaignant, si la cause est peu grave, par les cinq chefs eux-mêmes ; si elle l'est davantage, ils jugeront à dix-sept, en s'associant les douze subordonnés de l'un d'eux, jusqu'à concurrence de trois mines, toutes les assignations faites par un citoyen contre un autre. Mais aucun juge ou magistrat ne doit être exempt de comptes dans l'exercice de la justice ou de la magistrature[1], sauf ceux qui portent la sentence finale à la façon des rois ; si ces agronomes eux-mêmes se permettent d'offenser un de ceux dont ils ont le
762 a soin, en imposant des charges iniques, en essayant de pressurer les exploitations sans l'aveu des propriétaires, et s'ils se prêtent à des tentatives de corruption ou encore rendent injustement la justice, que pour s'être prêtés à la séduction ils soient déshonorés aux yeux de toute la cité[2] ; pour les autres injustices qu'ils commettraient envers les gens de leur région, ils devront, jusqu'à concurrence d'une mine, comparaître de leur plein gré devant les villageois et les voisins ; pour les détournements plus graves ou même pour les
b moindres, s'ils refusent de comparaître, en comptant que le fait de passer chaque mois à une autre région les soustraira à la poursuite, dans ces cas-là le plaignant aura son tour d'audience devant les tribunaux publics, et, s'il a gain de cause, il exigera double satisfaction de celui qui cherchait à se dérober et qui a refusé de comparaître librement.

La vie des agronomes.

Chefs et agronomes vivront, pendant leurs deux années, de la façon que voici : tout d'abord, dans chaque région, il y
c aura des repas publics, où tous prendront en commun leur subsistance ; celui qui s'absenterait des repas ne fût-ce que pour quelque temps ou qui découcherait une nuit sans un ordre du commandement et hors le cas d'une nécessité

1. Le juge athénien, lui, était irresponsable ; cf. L. Gernet, *Introduction*, p. CXXXIII et n. 2.

2. Sur les agronomes, cf. L. Gernet, *Introduction*, p. CVII.

φίλων φασκόντων εἶναι· γειτόνων δὲ καὶ τῶν ἄλλων πολιτῶν
ἣν ἄλλος ἄλλον ἀδικῇ, δοῦλος ἢ ἐλεύθερος, δικάζοντας τῷ e
ἀδικεῖσθαι φάσκοντι, τὰ μὲν σμικρὰ αὐτοὺς τοὺς πέντε ἄρ-
χοντας, τὰ δὲ μείζονα μετὰ τῶν δώδεκα τοὺς ἑπτακαίδεκα
δικάζειν μέχρι τριῶν μνῶν, ὅσα ἂν ἕτερος ἑτέρῳ ἐπικαλῇ.
Δικαστὴν δὲ καὶ ἄρχοντα ἀνυπεύθυνον οὐδένα δικάζειν καὶ
ἄρχειν δεῖ πλὴν τῶν τὸ τέλος ἐπιτιθέντων οἷον βασιλέων·
καὶ δὴ καὶ τοὺς ἀγρονόμους τούτους, ἐὰν ὑβρίζωσί τι περὶ
τοὺς ὧν ἐπιμελοῦνται, προστάξεις τε προστάττοντες ἀνίσους
καὶ ἐπιχειροῦντες λαμβάνειν τε καὶ φέρειν τῶν ἐν ταῖς 762 a
γεωργίαις μὴ πείσαντες, καὶ ἐὰν δέχωνταί τι κολακείας
ἕνεκα διδόντων, ἢ καὶ δίκας ἀδίκως διανέμωσι, ταῖς μὲν
θωπείαις ὑπείκοντες ὀνείδη φερέσθωσαν ἐν πάσῃ τῇ πόλει,
τῶν δὲ ἄλλων ἀδικημάτων ὅ τι ἂν ἀδικῶσι τοὺς ἐν τῷ τόπῳ,
τῶν μέχρι μνᾶς ἐν τοῖς κωμήταις καὶ γείτοσιν ὑπεχέτωσαν
ἑκόντες δίκας, τῶν δὲ μειζόνων ἑκάστοτε ἀδικημάτων ἢ καὶ
τῶν ἐλαττόνων, ἐὰν μὴ 'θέλωσιν ὑπέχειν, πιστεύοντες τῷ b
μεθίστασθαι κατὰ μῆνας εἰς ἕτερον ἀεὶ τόπον φεύγοντες
ἀποφευξεῖσθαι, τούτων πέρι λαγχάνειν μὲν ἐν ταῖς κοιναῖς
δίκαις τὸν ἀδικούμενον, ἐὰν δ' ἕλῃ, τὴν διπλασίαν πραττέσθω
τὸν ὑποφεύγοντα καὶ μὴ ἐθελήσαντα ὑποσχεῖν ἑκόντα τιμω-
ρίαν.

Διαιτάσθων δὲ οἵ τε ἄρχοντες οἵ τ' ἀγρονόμοι τὰ δύο
ἔτη τοιόνδε τινὰ τρόπον· πρῶτον μὲν δὴ καθ' ἑκάστους
τοὺς τόπους εἶναι συσσίτια, ἐν οἷς κοινῇ τὴν δίαιταν ποιη- c
τέον ἅπασιν· ὁ δὲ ἀποσυσσιτήσας κἂν ἡντιναοῦν ἡμέραν, ἢ
νύκτα ἀποκοιμηθείς, μὴ τῶν ἀρχόντων ταξάντων ἢ πάσης
τινὸς ἀνάγκης ἐπιπεσούσης, ἐὰν ἀποφήνωσιν αὐτὸν οἱ πέντε,

e 4 μνῶν A et s. v. O⁴ : om. O || 5 δὲ A (i. r.) et O || **762 a** 2 post κολακείας ras. duar. litt. in A || 3 ἢ καὶ δίκας ἀδίκως AO : ἢ καὶ δίκας ἢ ἀδίκως ἀ. i. m. O⁴ || **b** 3 τούτων πέρι λαγχάνειν O⁴ : τούτῳ περιλαγχάνειν AO || 4 δίκαις A² (ι s. v.) et O⁴ (ι add.) : δίκας AO.

imprévue, si les cinq informent contre lui et affichent son nom à l'agora pour avoir déserté son poste, il sera déshonoré comme ayant, autant qu'il est en lui, trahi le régime ; celui
d qui le rencontrera et voudra le châtier le châtiera à coups de fouet impunément[1]. Si un des chefs eux-mêmes va jusqu'à commettre une faute de ce genre, tous les soixante doivent aviser, et celui qui aurait vu ou appris la chose sans intenter de poursuite sera jugé d'après les mêmes lois et subira une peine plus sévère que les jeunes gens : il sera disqualifié pour toute autorité sur la jeunesse. Sur ces manquements, les gardiens des lois exerceront une vigilance exacte, pour qu'ils ne se produisent pas du tout ou que, s'ils se produisent, ils
e reçoivent le juste châtiment. C'est un devoir pour chacun de se mettre dans l'esprit, à propos de tous les hommes, que celui qui n'a pas servi ne saurait non plus exercer l'autorité d'une manière louable ; qu'il faut mettre sa fierté à bien obéir plutôt qu'à bien commander : d'abord aux lois, puisque c'est là obéir aux dieux ; ensuite, si l'on est jeune, à chacun des hommes plus âgés qui ont vécu dans l'honneur[2]. Après cela, celui qui est entré au nombre des agronomes doit, pendant ces deux ans, en avoir goûté le régime quotidien de modestes repas froids. En effet, une fois recrutés et réunis
763 a aux cinq, les douze doivent se dire qu'à titre de serviteurs, ils n'auront personnellement d'autres serviteurs ou esclaves qu'eux-mêmes ; ils ne prendront pas chez les autres, cultivateurs ou villageois, les domestiques de ceux-ci pour leur service personnel, mais seulement autant que le demande le bien public ; pour le reste, qu'ils prennent leur parti de vivre en rendant service et en étant leurs propres serviteurs, et de plus ils fouilleront tout le territoire, été et hiver, en
b armes, pour garder et reconnaître successivement toutes les régions. Il semble, en effet, que ce soit une étude à nulle

1. Cf. la formule toute semblable de 784 d 4.

2. Obéir aux lois, c'est obéir aux dieux ; cf. ci-dessus IV 715 c 2-4 : « Quiconque obéit le mieux aux lois établies..., c'est à celui-là qu'il faut remettre aussi le service des dieux », passage que l'on a voulu corriger : à tort, car la loi a pour Platon quelque chose de divin et participe de la sainteté de la justice ; cf. la prosopopée du *Criton*, surtout 51 a-b. L'obéissance aux hommes plus âgés est un élément essentiel du code civique ; cf. 729 b et la note.

καὶ γράψαντες θῶσιν ἐν ἀγορᾷ καταλελυκότα τὴν φρουράν,
ὀνείδη τε ἐχέτω τὴν πολιτείαν ὡς προδιδοὺς τὸ ἑαυτοῦ
μέρος, κολαζέσθω τε πληγαῖς ὑπὸ τοῦ συντυγχάνοντος καὶ
ἐθέλοντος κολάζειν ἀτιμωρήτως. Τῶν δὲ ἀρχόντων αὐτῶν d
ἐάν τίς τι δρᾷ τοιοῦτον αὐτός, ἐπιμελεῖσθαι μὲν τοῦ τοιούτου
πάντας τοὺς ἑξήκοντα χρεών, ὁ δὲ αἰσθόμενός τε καὶ πυθό-
μενος μὴ ἐπεξιὼν ἐν τοῖς αὐτοῖς ἐνεχέσθω νόμοις καὶ
πλείονι τῶν νέων ζημιούσθω· περὶ τὰς τῶν νέων ἀρχὰς
ἠτιμάσθω πάσας. Τούτων δὲ οἱ νομοφύλακες ἐπίσκοποι
ἀκριβεῖς ἔστωσαν, ὅπως ἢ μὴ γίγνηται τὴν ἀρχὴν ἢ γιγνό-
μενα τῆς ἀξίας δίκης τυγχάνῃ. Δεῖ δὴ πάντ' ἄνδρα δια- e
νοεῖσθαι περὶ ἁπάντων ἀνθρώπων ὡς ὁ μὴ δουλεύσας οὐδ'
ἂν δεσπότης γένοιτο ἄξιος ἐπαίνου, καὶ καλλωπίζεσθαι χρὴ
τῷ καλῶς δουλεῦσαι μᾶλλον ἢ τῷ καλῶς ἄρξαι, πρῶτον
μὲν τοῖς νόμοις, ὡς ταύτην τοῖς θεοῖς οὖσαν δουλείαν,
ἔπειτ' ἀεὶ τοῖς πρεσβυτέροις τε καὶ ἐντίμως βεβιωκόσι
τοὺς νέους. Μετὰ δὲ ταῦτα τῆς καθ' ἡμέραν διαίτης δεῖ τῆς
ταπεινῆς καὶ ἀπύρου γεγευμένον εἶναι τὰ δύο ἔτη ταῦτα τὸν
τῶν ἀγρονόμων γεγονότα. Ἐπειδὰν γὰρ δὴ καταλεγῶσιν οἱ
δώδεκα, συνελθόντες μετὰ τῶν πέντε, βουλευέσθωσαν ὡς
οἷόνπερ οἰκέται οὐχ ἕξουσιν αὐτοῖς ἄλλους οἰκέτας τε καὶ 763 a
δούλους, οὐδ' ἐκ τῶν ἄλλων γεωργῶν τε καὶ κωμητῶν τοῖς
ἐκείνων ἐπὶ τὰ ἴδια χρήσονται ὑπηρετήματα διακόνοις, ἀλλὰ
μόνον ὅσα εἰς τὰ δημόσια· τὰ δ' ἄλλα αὐτοὶ δι' αὑτῶν
διανοηθήτωσαν ὡς βιωσόμενοι διακονοῦντές τε καὶ διακο-
νούμενοι ἑαυτοῖς, πρὸς δὲ τούτοις πᾶσαν τὴν χώραν διεξε-
ρευνώμενοι θέρους καὶ χειμῶνος σὺν τοῖς ὅπλοις φυλακῆς
τε καὶ γνωρίσεως ἕνεκα πάντων ἀεὶ τῶν τόπων. Κινδυνεύει b

d 6 τούτων -**e** 7 νέους hab. Stobaeus, IV, 2, 38 (176, 9-17 H.) || νομοφύλακες AO Stobaei L : νομοφύλακες ἐν τούτῳ Stobaei SMA || **e** 1 δὴ AO Stobaei L : δὲ Stobaei SMA || 2 ἁπάντων AO Stobaei L : πάντων Stobaei SMA || 4 alt. τῷ AO Stobaei L : om. Stobaei SMA || 6 ἀεὶ Stobaei SMA : εἰ AO Stobaei L || 8 ἀπύρου cj. Apelt : ἀπόρου AO.

autre inférieure d'apprendre à connaître à fond, tous tant que nous sommes, notre propre pays ; c'est dans ce but que l'éphèbe doit courir le lièvre et s'exercer aux autres genres de chasse, encore plus que pour le plaisir qu'il y trouve ou pour le profit attaché à de pareilles occupations. Qu'ils appellent donc ces policiers, eux et leur exercice, cryptes ou agronomes [1], ou qu'ils leur donnent tel autre nom qu'il leur
c plaira, tous ceux-là s'y exerceront avec toute l'ardeur possible qui veulent efficacement conserver leur cité.

Les astynomes. Parmi les élections de magistrats, la suivante était celle des agoranomes et des astynomes [2]. A nos soixante agronomes correspondront trois astynomes, qui feront trois parts des douze sections urbaines et, à l'exemple des agronomes, prendront en charge les rues de la capitale, les grandes routes qui viennent toutes, de la campagne, se prolonger dans la ville ; les bâtiments,
d pour que tous restent conformes aux lois, et aussi les eaux que les agronomes leur enverront et leur remettront en bonne condition, pour qu'arrivant abondantes et pures dans les fontaines elles procurent à la ville tout ensemble ornement et utilité. Il faut donc que ces fonctionnaires soient eux aussi qualifiés et libres de leur temps pour s'occuper des affaires publiques ; aussi tout citoyen pourra-t-il proposer, pour la charge d'astynome, qui il voudra dans la plus haute classe ; lorsque le vote aura départagé les candidats et que
e ceux qui recueilleront le plus de suffrages auront atteint le nombre de six, ceux dont c'est l'office en tireront trois au sort, et, après examen, ceux-ci exerceront l'autorité selon les lois établies pour eux.

Les agoranomes. Les agoranomes seront élus à la suite des astynomes ; on en prendra cinq dans les deux premières classes, et quant au reste tout se passera pour leur élection comme pour celle des astynomes : quand

1. Le terme de « cryptes » rappelle à dessein la cryptie lacédémonienne ; cf. I 633 c et la note ; L. Gernet, *Introduction*, p. cvii.

2. L. A. Post (*American Journal of Philology*, LX, 1939, p. 95) a vu que l'inintelligible τρειν de AO venait d'un « saut » d'ἀστυνόμων à ἀστυνόμοι : c'est un reste du τρεῖς de c 5, que le scribe avait commencé d'écrire une ligne trop tôt ; des mains postérieures, O⁴ et

γὰρ οὐδενὸς ἔλαττον μάθημα εἶναι δι᾽ ἀκριβείας ἐπίστασθαι
πάντας τὴν αὐτῶν χώραν· οὗ δὴ χάριν κυνηγέσια καὶ τὴν
ἄλλην θήραν οὐχ ἧττον ἐπιτηδεύειν δεῖ τὸν ἡβῶντα ἢ τῆς
ἄλλης ἡδονῆς ἅμα καὶ ὠφελίας τῆς περὶ τὰ τοιαῦτα γιγνο-
μένης πᾶσιν. Τούτους οὖν, αὐτούς τε καὶ τὸ ἐπιτήδευμα,
εἴτε τις κρυπτοὺς εἴτε ἀγρονόμους εἴθ᾽ ὅ τι καλῶν χαίρει,
τοῦτο προσαγορεύων, προθύμως πᾶς ἀνὴρ εἰς δύναμιν ἐπι- c
τηδευέτω, ὅσοι μέλλουσι τὴν αὐτῶν πόλιν ἱκανῶς σῴζειν.

Τὸ δὲ μετὰ τοῦτο ἀρχόντων αἱρέσεως ἀγορανόμων πέρι
καὶ ἀστυνόμων ἦν ἡμῖν ἑπόμενον. Ἕποιντο δ᾽ ἂν ἀγρονό-
μοις γε ἀστυνόμοι τρεῖς ἑξήκοντα οὖσιν, τριχῇ δώδεκα μέρη
τῆς πόλεως διαλαβόντες, μιμούμενοι ἐκείνους τῶν τε ὁδῶν
ἐπιμελούμενοι τῶν κατὰ τὸ ἄστυ καὶ τῶν ἐκ τῆς χώρας
λεωφόρων εἰς τὴν πόλιν ἀεὶ τεταμένων καὶ τῶν οἰκοδομιῶν,
ἵνα κατὰ νόμους γίγνωνται πᾶσαι, καὶ δὴ καὶ τῶν ὑδάτων, d
ὁπόσ᾽ ἂν αὐτοῖς πέμπωσι καὶ παραδιδῶσιν οἱ φρουροῦντες
τεθεραπευμένα, ὅπως εἰς τὰς κρήνας ἱκανὰ καὶ καθαρὰ
πορευόμενα, κοσμῇ τε ἅμα καὶ ὠφελῇ τὴν πόλιν. Δεῖ δὴ καὶ
τούτους δυνατούς τε εἶναι καὶ σχολάζοντας τῶν κοινῶν
ἐπιμελεῖσθαι· διὸ προβαλλέσθω μὲν πᾶς ἀνὴρ ἐκ τῶν μεγί-
στων τιμημάτων ἀστυνόμον ὃν ἂν βούληται, διαχειροτονη-
θέντων δὲ καὶ ἀφικομένων εἰς ἓξ οἷς ἂν πλεῖσται γίγνωνται, e
τοὺς τρεῖς ἀποκληρωσάντων οἷς τούτων ἐπιμελές, δοκιμα-
σθέντες δὲ ἀρχόντων κατὰ τοὺς τεθέντας αὐτοῖς νόμους.

Ἀγορανόμους δ᾽ ἑξῆς τούτοις αἱρεῖσθαι μὲν ἐκ τῶν δευ-
τέρων καὶ πρώτων τιμημάτων πέντε, τὰ δ᾽ ἄλλα αὐτῶν
γίγνεσθαι τὴν αἵρεσιν καθάπερ ἡ τῶν ἀστυνόμων· δέκα ἐκ

763 c 4 ἦν i. r. a O^4 et (ἦν ἡμῖν) i. m. a : τρειν AO (ut vid.) et (cum vitii nota) i. m. A^2 || 5 γε cj. Bekker : τε AO || **d** 1 νόμους A Π i. m. O^4 : μόνους O || **e** 3 αὐτοῖς O : αὐτοὺς A et (οὺς comp. s. v.) O^c || 6 δέκα ἐκ τῶν K^c : δέκα ἢ τῶν A^3 (ἢ add. in fine v.) et O^3 (ἢ i. r.) δέκα τῶν A.

le vote en aura mis dix en avant des autres, cinq seront tirés au sort et, après examen, proclamés magistrats. Tous les électeurs voteront à chaque élection ; celui qui se déroberait,
764 a s'il est dénoncé aux autorités, aura une amende de cinquante drachmes, sans compter la réputation de mauvais citoyen. L'assemblée et les réunions publiques seront ouvertes à tous, mais obligatoires pour ceux des deux premières classes, qui auront dix drachmes d'amende si on les convainc de s'être abstenus ; pour ceux des troisième et quatrième classes, elles ne seront pas obligatoires et on les tiendra quittes d'amende, à moins que les autorités, dans un cas de force majeure,
b n'aient lancé une convocation générale. Pour en revenir aux agoranomes, ils maintiendront l'ordre fixé par les lois pour l'agora ; ils veilleront sur les sanctuaires et les fontaines qui s'y trouvent et empêcheront qu'on y commette le moindre méfait ; le malfaiteur sera châtié, par le fouet et la prison s'il est esclave ou étranger ; si quelqu'un du pays se livre à de pareils désordres, jusqu'à la somme de cent drachmes les agoranomes trancheront de leur propre autorité ; jusqu'au
c double de cette somme, ils jugeront le coupable et le condamneront en s'associant les astynomes. Les mêmes amendes et punitions seront également à la disposition des astynomes dans leur propre domaine ; jusqu'à une mine, l'amende sera à leur discrétion ; ils iront jusqu'au double d'accord avec les agoranomes.

Les autorités de l'éducation.

C'est ensuite pour la musique et la gymnastique qu'il conviendrait d'établir des autorités, de deux sortes pour chacune des deux, les unes pour l'éducation, les autres pour les compétitions. Pour l'éducation, la loi veut parler d'inten-
d dants des gymnases et des écoles, chargés de l'ordre, de l'instruction, des mesures à prendre en pareille matière, ainsi que des allées et venues et de la résidence des garçons et des filles[1] ; pour les concours, il s'agit de ceux qui dans les exer-

a (Constantin), ont rétabli ἦν. A Athènes, les astynomes et les agoranomes formaient deux collèges de dix fonctionnaires chacun ; cf. Aristote, *Constitution d'Athènes*, L-LI.

1. Mot à mot : « des jeunes gens (κορων, qu'il faudrait peut-être laisser sans accent, comme le voulait Wilamowitz) de l'un et l'autre sexe ». Cf. A. Wilhelm, *Glotta*, XXIV, 1936, p. 140.

τῶν ἄλλων χειροτονηθέντας τοὺς πέντε ἀποκληρῶσαι, καὶ
δοκιμασθέντας αὐτοὺς ἄρχοντας ἀποφῆναι. Χειροτονείτω
δὲ πᾶς πάντα· ὁ δὲ μὴ ᾽θέλων, ἐὰν εἰσαγγελθῇ πρὸς τοὺς 764 a
ἄρχοντας, ζημιούσθω πεντήκοντα δραχμαῖς πρὸς τῷ κακὸς
εἶναι δοκεῖν. Ἴτω δ᾽ εἰς ἐκκλησίαν καὶ τὸν κοινὸν σύλλογον
ὁ βουλόμενος, ἐπάναγκες δ᾽ ἔστω τῷ τῶν δευτέρων καὶ
πρώτων τιμημάτων, δέκα δραχμαῖς ζημιουμένῳ ἐὰν μὴ
παρὼν ἐξετάζηται τοῖς συλλόγοις· τρίτῳ δὲ τιμήματι καὶ
τῷ τετάρτῳ μὴ ἐπάναγκες, ἀλλὰ ἀζήμιος ἀφείσθω, ἐὰν μή
τι παραγγείλωσιν οἱ ἄρχοντες πᾶσιν ἔκ τινος ἀνάγκης
συνιέναι. Τοὺς δὲ δὴ ἀγορανόμους τὸν περὶ τὴν ἀγορὰν b
κόσμον διαταχθέντα ὑπὸ νόμων φυλάττειν, καὶ ἱερῶν καὶ
κρηνῶν ἐπιμελεῖσθαι τῶν κατ᾽ ἀγοράν, ὅπως μηδὲν ἀδικῇ
μηδείς, τὸν ἀδικοῦντα δὲ κολάζειν, πληγαῖς μὲν καὶ δεσμοῖς
δοῦλον καὶ ξένον, ἐὰν δ᾽ ἐπιχώριος ὤν τις περὶ τὰ τοιαῦτα
ἀκοσμῇ, μέχρι μὲν ἑκατὸν δραχμῶν νομίσματος αὐτοὺς
εἶναι κυρίους διαδικάζοντας, μέχρι δὲ διπλασίου τούτου
κοινῇ μετὰ ἀστυνόμων ζημιοῦν δικάζοντας τῷ ἀδικοῦντι. c
Τὰ αὐτὰ δὲ καὶ ἀστυνόμοις ἔστω ζημιώματά τε καὶ κολάσεις
ἐν τῇ ἑαυτῶν ἀρχῇ, μέχρι μὲν μνᾶς αὐτοὺς ζημιοῦντας,
τὴν διπλασίαν δὲ μετὰ ἀγορανόμων.

Μουσικῆς δὲ τὸ μετὰ τοῦτο καὶ γυμναστικῆς ἄρχοντας
καθίστασθαι πρέπον ἂν εἴη, διττοὺς ἑκατέρων, τοὺς μὲν
παιδείας αὐτῶν ἕνεκα, τοὺς δὲ ἀγωνιστικῆς. Παιδείας μὲν
βούλεται λέγειν ὁ νόμος γυμνασίων καὶ διδασκαλείων ἐπι-
μελητὰς κόσμου καὶ παιδεύσεως ἅμα καὶ τῆς περὶ ταῦτα d
ἐπιμελείας τῶν φοιτήσεών τε πέρι καὶ οἰκήσεων ἀρρένων
καὶ θηλειῶν κορῶν, ἀγωνίας δέ, ἔν τε τοῖς γυμνικοῖς καὶ
περὶ τὴν μουσικὴν ἀθλοθέτας ἀθληταῖς, διττοὺς αὖ τού-

764 a 7 τῷ A et (p. n.) O || **c** 7 παιδείας... ἀγωνιστικῆς i. m. A^3 : om. A || παιδεί⟨ας... παιδεί⟩ας inclusa i. m. O^3 : om. O || αὐτῶν A^3O^3 : αὐτῆς K^c || 8 διδασκαλείων cj. Estienne (cf. 779 d 4): διδασκαλιῶν AO || **d** 3 ἀγωνίας a O^4 : ἀγῶνας AO.

cices et les concerts décernent des prix aux concurrents, de
deux sortes eux aussi, les uns pour la musique, les autres
pour la lutte. Les compétitions humaines et les concours hip-
piques auront les mêmes juges ; en musique, une première
catégorie s'occupera des monodies imitatives, comme il con-
e vient que rhapsodes, citharèdes, flûtistes et autres artistes de
ce genre aient leurs juges à eux ; une autre surveillera le
chant choral. C'est tout d'abord pour ce jeu des chœurs, où
enfants, hommes, jeunes filles se livrent à la danse et à tout
l'ensemble des manifestations artistiques, que l'on doit, je
pense, élire les autorités ; il y suffira d'un magistrat, âgé
765 a d'au moins quarante ans. Un seul également suffira pour la
monodie, âgé d'au moins trente ans, pour admettre les
concurrents et rendre le verdict avec compétence. Le magis-
trat et intendant des chœurs sera élu à peu près de la façon
que voici. Tous les amateurs de cet art se rendront à la réu-
nion ; ils seront passibles d'une amende s'ils n'y vont pas, et
de cela les gardiens des lois seront juges, — mais pour les
autres, s'ils ne le désirent pas, on n'en fera aucune obliga-
b tion. Les électeurs proposeront leurs candidats parmi les
experts, et l'examen ne comportera pas d'autres motifs
d'admission ou d'exclusion que ceux-ci : pour les uns, l'élu
sera incompétent : pour les autres, il sera compétent ; l'unique
candidat retenu par le sort et l'examen, entre les dix que le
vote avait mis en avant, présidera les chœurs cette année-là
conformément à la loi. Au même titre et de la même façon,
celui des candidats à l'examen dont le nom sera sorti[1] prési-
dera cette année-là les monodies et les auditions de flûte, s'il
c soumet le choix du sort à la décision des juges. Après cela,
il faut choisir des juges des concours pour les exercices hip-
piques ou humains, dans la troisième classe et aussi dans la
seconde ; la participation à l'élection sera obligatoire pour les
trois premières classes, mais la dernière sera tenue quitte
d'amende[2]. Les élus seront au nombre de trois, ceux que le
sort aura désignés sur les vingt candidats mis en avant par

1. Je suis l'interprétation d'England et fais de τῶν ἀφικομένων (εἰς κρίσιν) un génitif masculin partitif dépendant de ὁ λαχών (cf. c 1) ; L. Robin fait dépendre de ce κρίσιν (non de ἀρχέτω) μονῳδιῶν... συναυλιῶν.

2. Cf. 756 d et la note.

τους, περὶ μουσικὴν μὲν ἑτέρους, περὶ ἀγωνίαν δ' ἄλλους.
Ἀγωνιστικῆς μὲν οὖν ἀνθρώπων τε καὶ ἵππων τοὺς αὐτούς,
μουσικῆς δὲ ἑτέρους μὲν τοὺς περὶ μονῳδίαν τε καὶ μιμη-
τικήν, οἷον ῥαψῳδῶν καὶ κιθαρῳδῶν καὶ αὐλητῶν καὶ πάν- e
των τῶν τοιούτων ἀθλοθέτας ἑτέρους πρέπον ἂν εἴη
γίγνεσθαι, τῶν δὲ περὶ χορῳδίαν ἄλλους. Πρῶτον δὴ περὶ
τὴν τῶν χορῶν παιδιὰν παίδων τε καὶ ἀνδρῶν καὶ θηλειῶν
κορῶν ἐν ὀρχήσεσι καὶ τῇ τάξει τῇ ἁπάσῃ γιγνομένῃ μου-
σικῇ τοὺς ἄρχοντας αἱρεῖσθαί που χρεών· ἱκανὸς δὲ εἷς
ἄρχων αὐτοῖς, μὴ ἔλαττον τετταράκοντα γεγονὼς ἐτῶν.
Ἱκανὸς δὲ καὶ περὶ μονῳδίαν εἷς, μὴ ἔλαττον ἢ τριάκοντα 765 a
γεγονὼς ἐτῶν, εἰσαγωγεύς τε εἶναι καὶ τοῖς ἁμιλλωμένοις
τὴν διάκρισιν ἱκανῶς ἀποδιδούς. Τὸν δὴ χορῶν ἄρχοντα καὶ
διαθετῆρα αἱρεῖσθαι χρὴ τοιόνδε τινὰ τρόπον. Ὅσοι μὲν
φιλοφρόνως ἐσχήκασι περὶ τὰ τοιαῦτα, εἰς τὸν σύλλογον
ἴτωσαν, ἐπιζήμιοι ἐὰν μὴ ἴωσιν — τούτου δὲ οἱ νομοφύ-
λακες κριταί — τοῖς δ' ἄλλοις, ἐὰν μὴ βούλωνται, μηδὲν
ἐπάναγκες ἔστω. Καὶ τὴν προβολὴν δὴ τὸν αἱρούμενον ἐκ b
τῶν ἐμπείρων ποιητέον, ἕν τε τῇ δοκιμασίᾳ κατηγόρημα
ἓν τοῦτ' ἔστω καὶ ἀπηγόρημα, τῶν μὲν ὡς ἄπειρος ὁ λαχών,
τῶν δ' ὡς ἔμπειρος· ὃς δ' ἂν εἷς ἐκ προχειροτονηθέντων
δέκα λάχῃ, δοκιμασθείς, τὸν ἐνιαυτὸν τῶν χορῶν ἀρχέτω
κατὰ νόμον. Κατὰ ταὐτὰ δὲ τούτοις καὶ ταύτῃ ὁ λαχὼν
τὸν ἐνιαυτὸν ἐκεῖνον τῶν ἀφικομένων εἰς κρίσιν μονῳδιῶν
τε καὶ συναυλιῶν ἀρχέτω, εἰς τοὺς κριτὰς ἀποδιδοὺς ὁ
λαχὼν τὴν κρίσιν. Μετὰ δὲ ταῦτα χρεὼν ἀγωνίας ἀθλοθέτας c
αἱρεῖσθαι τῆς περὶ τὰ γυμνάσια ἵππων τε καὶ ἀνθρώπων
ἐκ τῶν τρίτων τε καὶ ἔτι τῶν δευτέρων τιμημάτων· εἰς δὲ
τὴν αἵρεσιν ἔστω μὲν ἐπάναγκες τοῖς τρισὶ πορεύεσθαι
τιμήμασι, τὸ σμικρότατον δὲ ἀζήμιον ἀφείσθω. Τρεῖς δ'
ἔστωσαν οἱ λαχόντες, τῶν προχειροτονηθέντων μὲν εἴκοσι,

e 6 ἱκανός A² (ὁ i. r. ex ω) : ἱκανῶς AO ‖ **765 a** 4 διαθετῆρα iterat i. m. A²O³ ‖ **c** 4 τρισὶ A² (ν καὶ eraso) et O² (ν καὶ p. n.) : τρισὶν καὶ AO τρισὶ καὶ Π i. m. O⁴.

le vote et qui d'autre part auront obtenu des examinateurs
d un suffrage favorable ; si quelqu'un est exclu par l'examen lors du tirage au sort et du jugement pour une charge quelconque, on en élira un autre à sa place suivant les mêmes règles et l'examen se fera de la même manière pour celui-là.

Reste un magistrat dans ce que nous avons annoncé : le directeur de toute l'éducation féminine et masculine. Il n'y aura là encore, selon les lois, qu'un homme à commander, âgé d'au moins cinquante ans, père d'enfants légitimes, autant que possible de garçons et de filles à la fois, sinon,
e l'un ou l'autre ; que l'élu lui-même et l'électeur se mettent dans l'esprit que cette charge est de beaucoup la plus importante parmi les charges suprêmes de la cité. Car en toute vie la première croissance, si elle part bien, peut plus que tout pour porter la nature à sa perfection et lui donner l'achèvement approprié, qu'il s'agisse de plantes, d'animaux apprivoisés ou sauvages, ou d'hommes ; l'homme est sans doute,
766 a nous l'affirmons, un être apprivoisé ; néanmoins, si avec une bonne éducation et un naturel heureux il devient d'ordinaire le plus divin et le plus doux de tous les êtres, faute d'une éducation suffisante et bien conduite c'est le plus sauvage de tous ceux que la terre produit. Dans ces conditions, ce n'est pas comme quelque chose de secondaire ou d'accessoire que le législateur doit traiter l'éducation des enfants ; et puisque leur futur directeur doit commencer par être bien choisi, c'est le meilleur citoyen qu'il faut, dans toute la mesure du
b possible, leur assigner et commettre à leur direction[1]. Ainsi, que toutes les autorités, à l'exception du conseil et des prytanes, se rendent au temple d'Apollon et votent en secret pour celui des gardiens des lois que chacun estime le plus capable de présider à toute l'éducation ; celui qui aura réuni le plus grand nombre de suffrages sera examiné par les autres

1. Toute la page sur « le directeur de l'éducation » semble avoir marqué l'institution athénienne du cosmète, dont le titre a pu être créé sous l'influence des *Lois* (cf. Aristote, *Constitution d'Athènes*, XLII, et la note à 755 c) ; auparavant, il n'était question que de sophronistes, un par tribu (cf. Aristote, *l. c.*). Ailleurs, le haut fonctionnaire en matière d'éducation s'appelle *paidonomos* ou gymnasiarque, et dans l'Égypte hellénistique la gymnasiarchie sera la magistrature suprême, comme la direction de l'éducation l'est dans les *Lois*. Cf. L. Gernet, *Introduction*, p. CVIII.

λαχόντων δὲ ἐκ τῶν εἴκοσι τριῶν, οὓς ἂν καὶ ψῆφος ἡ τῶν
δοκιμαζόντων δοκιμάσῃ· ἐὰν δέ τις ἀποδοκιμασθῇ καθ' ἥντι- d
ναοῦν ἀρχῆς λῆξιν καὶ κρίσιν, ἄλλους ἀνθαιρεῖσθαι κατὰ
ταὐτὰ καὶ τὴν δοκιμασίαν ὡσαύτως αὐτῶν πέρι ποιεῖσθαι.

Λοιπὸς δὲ ἄρχων περὶ τὰ προειρημένα ἡμῖν ὁ τῆς παι-
δείας ἐπιμελητὴς πάσης θηλειῶν τε καὶ ἀρρένων. Εἷς μὲν
δὴ καὶ ὁ τούτων ἄρξων ἔστω κατὰ νόμους, ἐτῶν μὲν γεγονὼς
μὴ ἔλαττον ἢ πεντήκοντα, παίδων δὲ γνησίων πατήρ,
μάλιστα μὲν ὑέων καὶ θυγατέρων, εἰ δὲ μή, θάτερα· διανοη-
θήτω δὲ αὐτός τε ὁ προκριθεὶς καὶ ὁ προκρίνων ὡς οὖσαν e
ταύτην τὴν ἀρχὴν τῶν ἐν τῇ πόλει ἀκροτάτων ἀρχῶν πολὺ
μεγίστην. Παντὸς γὰρ δὴ φυτοῦ ἡ πρώτη βλάστη καλῶς
ὁρμηθεῖσα, πρὸς ἀρετὴν τῆς αὐτοῦ φύσεως κυριωτάτη
τέλος ἐπιθεῖναι τὸ πρόσφορον, τῶν τε ἄλλων φυτῶν καὶ
τῶν ζῴων ἡμέρων καὶ ἀγρίων καὶ ἀνθρώπων· ἄνθρωπος δέ,
ὥς φαμεν, ἥμερον, ὅμως μὴν παιδείας μὲν ὀρθῆς τυχὸν καὶ 766 a
φύσεως εὐτυχοῦς, θειότατον ἡμερώτατόν τε ζῷον γίγνεσθαι
φιλεῖ, μὴ ἱκανῶς δὲ ἢ μὴ καλῶς τραφὲν ἀγριώτατον, ὁπόσα
φύει γῆ. Ὧν ἕνεκα οὐ δεύτερον οὐδὲ πάρεργον δεῖ τὴν
παίδων τροφὴν τὸν νομοθέτην ἐᾶν γίγνεσθαι, πρῶτον δὲ
ἄρξασθαι χρεὼν τὸν μέλλοντα αὐτῶν ἐπιμελήσεσθαι καλῶς
αἱρεθῆναι, τῶν ἐν τῇ πόλει ὃς ἂν ἄριστος εἰς πάντα ᾖ,
τοῦτον κατὰ δύναμιν ὅτι μάλιστα αὐτοῖς καθιστάντα προ- b
στάττειν ἐπιμελητήν. Αἱ πᾶσαι τοίνυν ἀρχαὶ πλὴν βουλῆς
καὶ πρυτάνεων εἰς τὸ τοῦ Ἀπόλλωνος ἱερὸν ἐλθοῦσαι
φερόντων ψῆφον κρύβδην, τῶν νομοφυλάκων ὅντιν' ἂν
ἕκαστος ἡγῆται κάλλιστ' ἂν τῶν περὶ παιδείαν ἄρξαι γενο-
μένων· ᾧ δ' ἂν πλεῖσται ψῆφοι συμβῶσιν, δοκιμασθεὶς ὑπὸ

d 4 λοιπὸς -766 c 2 αἱρεῖσθαι hab. Stobaeus, IV, 2, 39 (176, 19-178, 5 H.); **e** 3 παντὸς -766 a 4 γῆ id., II, 31, 110 i (222, 30-223, 7 W.) || 6 ἡμέρων καὶ AO Stobaei II et IV L : ἡμέρων τε καὶ Stobaei IV SMA || **766 a** 7 πάντα A Stob. et (τα s. v.) O[3] : πᾶν O || **b** 1 προστάττειν AO Stob. : προστάτην καὶ K[c] || 5 ἄρξαι a (ξ e. v.) : ἀρχαὶ (ut vid.) A.

magistrats électeurs, à l'exception des gardiens des lois [1], et
c restera cinq ans dans cette charge [2] ; la sixième année, on y élira un autre d'après les mêmes règles.

Remplacement pour décès.

Si le titulaire d'une charge publique meurt plus d'un mois avant la fin de son mandat, ceux à qui ce soin revient lui donneront de la même manière un remplaçant. Et si un tuteur d'orphelins vient à mourir, leurs proches du côté paternel et du côté maternel qui habitent le pays, jusqu'aux enfants de leurs cousins germains, lui donneront un remplaçant dans les dix jours ; sinon, ils paieront chacun une
d drachme d'amende par jour, jusqu'à ce qu'ils aient donné aux enfants leur tuteur.

Les cours d'appel.

Assurément, toute cité cesserait d'en être une, si les tribunaux n'y étaient pas établis dans l'ordre ; or un juge muet ou qui ne parlerait pas plus que les parties lors des instructions, comme c'est le cas dans les arbitrages, ne sera jamais qualifié pour rendre la justice ; aussi n'est-il pas facile qu'un grand nombre jugent bien, ni non plus un petit nombre d'incapables. Il faut faire la clarté dans les prétentions successives des
e adversaires, et le temps, avec sa lenteur et la multiplicité des instructions [3], sert à éclairer le débat. C'est pourquoi les plaignants iront d'abord devant les voisins des uns et des autres, les amis et ceux qui sont le mieux au courant des
767 a faits en litige ; si par hasard on n'obtient pas devant ce tribunal une sentence convenable, qu'on aille à un autre ; mais si les deux premiers tribunaux n'arrivent pas à régler le différend, qu'un troisième décide en dernier ressort.

1. Sur le nom et le rôle des « gardiens des lois », *nomophylaques*, cf. L. Gernet, *Introduction*, p. CVI.

2. Alors que les magistratures athéniennes étaient annuelles pour la plupart.

3. Ceci est une critique des tribunaux athéniens : l'instruction, *anakrisis*, y était entachée de passivité, comme toute la judicature ; cf. L. Gernet, *Introduction*, p. CXL. L'arbitrage, où le « mutisme » de l'autorité consultée paraît plus normal, était une sorte de justice de paix.

τῶν ἄλλων ἀρχόντων τῶν ἑλομένων, πλὴν νομοφυλάκων,
ἀρχέτω ἔτη πέντε, ἕκτῳ δὲ κατὰ ταὐτὰ ἄλλον ἐπὶ ταύτην c
τὴν ἀρχὴν αἱρεῖσθαι.

Ἐὰν δέ τις δημοσίαν ἀρχὴν ἄρχων ἀποθάνῃ πρὶν ἐξήκειν
αὐτῷ τὴν ἀρχὴν πλεῖον ἢ τριάκοντα ἐπιδεομένην ἡμερῶν,
τὸν αὐτὸν τρόπον ἐπὶ τὴν ἀρχὴν ἄλλον καθιστάναι οἷς ἦν
τοῦτο προσηκόντως μέλον. Καὶ ἐὰν ὀρφανῶν ἐπίτροπος
τελευτήσῃ τις, οἱ προσήκοντες καὶ ἐπιδημοῦντες πρὸς
πατρὸς καὶ μητρὸς μέχρι ἀνεψιῶν παίδων ἄλλον καθιστάν-
των ἐντὸς δέκα ἡμερῶν, ἢ ζημιούσθων ἕκαστος δραχμῇ τῆς d
ἡμέρας, μέχριπερ ἂν τοῖς παισὶν καταστήσωσι τὸν ἐπί-
τροπον.

Πᾶσα δὲ δήπου πόλις ἄπολις ἂν γίγνοιτο, ἐν ᾗ δικαστήρια
μὴ καθεστῶτα εἴη κατὰ τρόπον· ἄφωνος δ' αὖ δικαστὴς ἡμῖν
καὶ μὴ πλείω τῶν ἀντιδίκων ἐν ταῖς ἀνακρίσεσι φθεγγό-
μενος, καθάπερ ἐν ταῖς διαίταις, οὐκ ἄν ποτε ἱκανὸς
γένοιτο περὶ τὴν τῶν δικαίων κρίσιν· ὧν ἕνεκα οὔτε πολλοὺς
ὄντας ῥᾴδιον εὖ δικάζειν οὔτε ὀλίγους φαύλους. Σαφὲς δὲ
ἀεὶ τὸ ἀμφισβητούμενον χρεὼν γίγνεσθαι παρ' ἑκατέρων, ὁ e
δὲ χρόνος ἅμα καὶ τὸ βραδὺ τό τε πολλάκις ἀνακρίνειν πρὸς
τὸ φανερὰν γίγνεσθαι τὴν ἀμφισβήτησιν σύμφορον. Ὧν
ἕνεκα πρῶτον μὲν εἰς γείτονας ἰέναι χρὴ τοὺς ἐπικαλοῦντας
ἀλλήλοις καὶ τοὺς φίλους τε καὶ συνειδότας ὅτι μάλιστα
τὰς ἀμφισβητουμένας πράξεις, ἐὰν δ' ἄρα μὴ ἐν τούτοις 767 a
τις ἱκανὴν λαμβάνῃ, πρὸς ἄλλο δικαστήριον ἴτω· τὸ δὲ
τρίτον, ἂν τὰ δύο δικαστήρια μὴ δύνηται διαλλάξαι, τέλος
ἐπιθέτω τῇ δίκῃ.

c 1 ἔτη πέντε AO et Stobaei L : ἐπὶ πέντε ἔτη Stobaei SMA || 6 μέλον **a** (sed λο i. r.) et O[4] (alt. λ p. n.) : μέλων (ut vid.) AO μέλλον O[2] (alt. λ i. r.) et (cum vitii nota) comp. i. m. A[2] || **d** 1 δραχμῇ AO : δραχμὴν A[2] (ν s. v.) || 8 γένοιτο AO : γίγνοιτο O[4] (ιγ s. v.) || 9-**e** 1 δὲ αἰεὶ τὸ AO : δὲ δὴ τό γε ἀ. i. m. O[4] || **767 a** 3 δύνηται **a** (η i. r.) et O[4] (η s. v.) : δύναται A (ut vid.) et O.

D'une certaine manière, on peut dire que constituer un
tribunal revient à élire des magistrats ; car tout magistrat
est aussi, par la force des choses, juge de certains cas, et
un juge qui n'est pas magistrat le devient, en quelque façon
et dans une mesure appréciable, le jour précis où, dans ses
fonctions de juge, il rend la sentence. Admettons donc que
b les juges sont eux aussi des magistrats, et disons quels juges
conviendraient, quelles causes ils pourraient juger et combien
il en faudrait pour chacune. Regardons comme le tribunal
le plus compétent celui que les parties se seront donné à
elles-mêmes, en choisissant d'un commun accord leurs juges ;
pour les autres affaires, il y aura deux cours : l'une quand
un particulier accuse un autre particulier de lui faire tort et
le traduit en justice dans le désir d'une décision ; l'autre,
lorsque quelqu'un estime que quelque citoyen fait tort à
c l'État et veut défendre l'intérêt commun [1]. Il faut dire quels
seront les juges et de quelle espèce [2]. Tout d'abord, nous aurons
un tribunal commun pour tous les particuliers qui plaident
en troisième instance, et il se constituera de la façon que
voici. Toutes les autorités dont le mandat est annuel ou d'une
durée plus considérable se réuniront, la veille du jour où la
nouvelle année va commencer avec la lune qui suit le solstice
d'été [3], tous les magistrats, dis-je, dans un seul temple, et,
d après serment à la divinité, ils prendront dans chaque magistrature, comme à titre de prémices, un seul juge, celui qui
se sera le plus distingué dans cette charge et semblera pouvoir trancher le mieux et le plus saintement les litiges de ses
concitoyens au cours de l'année à venir. Après leur élection,
ces juges subiront l'examen devant leurs électeurs mêmes,
et si l'un d'eux est exclu, on lui choisira un remplaçant selon
le même rite ; les élus confirmés jugeront ceux qui en appelleraient des autres tribunaux, et ils apporteront leur suffrage
e en public ; comme auditeurs et témoins de ces procès, il y
aura d'office les bouleutes et les autres corps qui élisent les

1. Termes consacrés à Athènes ; cf. *Introduction*, p. CXXXVII, n. 2.

2. Une correction de O, qui semble de première main, insère ici un δ' qui éclaire la construction : λεκτέον peut ainsi commencer une nouvelle phrase.

3. L'année athénienne commençait au premier jour du mois Hécatombéon (juin-juillet).

Τρόπον δή τινα καὶ τῶν δικαστηρίων αἱ καταστάσεις
ἀρχόντων εἰσὶν αἱρέσεις· πάντα μὲν γὰρ ἄρχοντα ἀναγκαῖον
καὶ δικαστὴν εἶναί τινων, δικαστὴς δὲ οὐκ ἄρχων καί τινα
τρόπον ἄρχων οὐ πάνυ φαῦλος γίγνεται τὴν τόθ᾽ ἡμέραν
ἧπερ ἂν κρίνων τὴν δίκην ἀποτελῇ. Θέντες δὴ καὶ τοὺς
δικαστὰς ὡς ἄρχοντας, λέγωμεν τίνες ἂν εἶεν πρέποντες b
καὶ τίνων ἄρα δικασταὶ καὶ πόσοι ἐφ᾽ ἕκαστον. Κυριώτατον
μὲν τοίνυν ἔστω δικαστήριον ὅπερ ἂν αὐτοὶ ἑαυτοῖς ἀποφή-
νωσιν ἕκαστοι, κοινῇ τινας ἑλόμενοι· δύο δὴ τῶν λοιπῶν
ἔστω κριτήρια, τὸ μὲν ὅταν τίς τινα ἰδιώτην ἰδιώτης, ἐπαι-
τιώμενος ἀδικεῖν αὑτόν, ἄγων εἰς δίκην βούληται διακρι-
θῆναι, τὸ δ᾽ ὁπόταν τὸ δημόσιον ὑπό τινος τῶν πολιτῶν
ἡγῆταί τις ἀδικεῖσθαι καὶ βουληθῇ τῷ κοινῷ βοηθεῖν.
Λεκτέον δ᾽ ὁποῖοί τ᾽ εἰσὶν καὶ τίνες οἱ κριταί. Πρῶτον δὴ c
δικαστήριον ἡμῖν γιγνέσθω κοινὸν ἅπασι τοῖς τὸ τρίτον
ἀμφισβητοῦσιν ἰδιώταις πρὸς ἀλλήλους, γενόμενον τῇδέ
πῃ. Πάσας δὴ τὰς ἀρχάς, ὁπόσαι τε κατ᾽ ἐνιαυτὸν καὶ
ὁπόσαι πλείω χρόνον ἄρχουσιν, ἐπειδὰν μέλλῃ νέος ἐνιαυτὸς
μετὰ θερινὰς τροπὰς τῷ ἐπιόντι μηνὶ γίγνεσθαι, ταύτης
τῆς ἡμέρας τῇ πρόσθεν πάντας χρὴ τοὺς ἄρχοντας συνελ-
θεῖν εἰς ἓν ἱερὸν καὶ τὸν θεὸν ὀμόσαντας οἷον ἀπάρξασθαι d
πάσης ἀρχῆς ἕνα δικαστήν, ὃς ἂν ἐν ἀρχῇ ἑκάστῃ ἄριστός
τε εἶναι δόξῃ καὶ ἄριστ᾽ ἂν καὶ ὁσιώτατα τὰς δίκας τοῖς
πολίταις αὐτῷ τὸν ἐπιόντα ἐνιαυτὸν φαίνηται διακρίνειν.
Τούτων δὲ αἱρεθέντων γίγνεσθαι μὲν δοκιμασίαν ἐν τοῖς
ἑλομένοις αὐτοῖς, ἐὰν δὲ ἀποδοκιμασθῇ τις, ἕτερον ἀνθαι-
ρεῖσθαι κατὰ ταὐτά, τοὺς δὲ δοκιμασθέντας δικάζειν μὲν
τοῖς τἆλλα δικαστήρια φυγοῦσι, τὴν δὲ ψῆφον φανερὰν
φέρειν· ἐπηκόους δ᾽ εἶναι καὶ θεατὰς τούτων τῶν δικῶν ἐξ e
ἀνάγκης μὲν βουλευτὰς καὶ τοὺς ἄλλους ἄρχοντας τοὺς
ἑλομένους αὐτούς, τῶν δὲ ἄλλων τὸν βουλόμενον. Ἐὰν δέ

c 1 λεκτέον δ᾽ O[c] (δ᾽ s. v.) : λεκτέον AO || 2 ἡμῖν A et ἀ. i. m. O[4] : om. O || d 1 ὀμόσαντας γρ. i. m. O[3] : ὀνομάσαντας AO.

juges, et en outre les citoyens qui voudront. Si quelqu'un reproche à un magistrat d'avoir rendu volontairement une sentence injuste, qu'il porte son accusation devant les gardiens des lois ; le condamné, dans une pareille affaire, sera tenu de payer à la victime la moitié du dommage[1], et s'il paraît mériter une amende plus considérable, les juges estimeront en outre quel supplément de peine il doit subir ou payer à la communauté et au plaignant. En matière d'accusation
768 a publique, il faut tout d'abord associer la multitude au jugement ; tous, en effet, sont victimes, quand on atteint la cité, et ils s'estimeraient justement lésés si on les tenait à l'écart des décisions de ce genre ; mais si le commencement d'une pareille affaire et son dénouement sont remis entre les mains du peuple, l'instruction appartiendra à trois des plus hautes magistratures, sur lesquelles le défendant et le plaignant se mettront d'accord ; s'ils ne peuvent par eux-mêmes aboutir à un accord, le conseil décidera en dernier ressort entre leur
b choix à tous les deux. Mais même pour les affaires privées il faut que, dans la mesure du possible, tous y prennent part ; car celui qui ne participe pas au pouvoir de juger s'estime absolument exclu de la cité[2]. C'est pourquoi il doit y avoir, même dans les tribus, des cours où les juges, choisis au sort et à l'improviste, jugent sans être accessibles aux sollicitations[3], et la sentence finale en toutes ces affaires appartiendra à ce tribunal que nous prétendons avoir doté de toute l'indépen-
c dance compatible avec les forces humaines, pour ceux qui ne peuvent ni devant leurs voisins ni devant les cours des tribus arriver à une solution.

Transition. Maintenant, en ce qui concerne nos tribunaux, — dont, je le prétends, il n'est pas facile de dire à coup sûr s'ils sont des magistratures ou s'ils n'en sont pas, — à leur propos, donc, une sorte d'esquisse tout extérieure a formulé quelques principes, elle

1. La conjecture de C. Ritter, qui remplace « la moitié » par « le double », a pour elle l'analogie de VIII 846 b 3 ; je n'ai pas osé, cependant, l'admettre dans le texte.

2. La même « atimie » prive le citoyen athénien du droit de siéger soit à l'assemblée, soit au tribunal.

3. Première mention des « cours tribales », qui sont des tribunaux

τις ἐπαιτιᾶταί τινα ἑκόντα ἀδίκως κρῖναι τὴν δίκην, εἰς τοὺς νομοφύλακας ἰὼν κατηγορείτω· ὁ δὲ ὀφλὼν τὴν τοιαύτην δίκην ὑπεχέτω μὲν τοῦ βλάβους τῷ βλαφθέντι τὸ ἥμισυ τίνειν, ἐὰν δὲ μείζονος ἄξιος εἶναι δόξῃ ζημίας, προστιμᾶν τοὺς κρίναντας τὴν δίκην ὅ τι χρὴ πρὸς τούτῳ παθεῖν αὐτὸν ἢ ἀποτίνειν τῷ κοινῷ καὶ τῷ τὴν δίκην δικασαμένῳ. Περὶ δὲ τῶν δημοσίων ἐγκλημάτων ἀναγκαῖον πρῶτον μὲν τῷ πλήθει μεταδιδόναι τῆς κρίσεως — οἱ γὰρ ἀδικούμενοι 768 a πάντες εἰσίν, ὁπόταν τις τὴν πόλιν ἀδικῇ, καὶ χαλεπῶς ἂν ἐν δίκῃ φέροιεν ἄμοιροι γιγνόμενοι τῶν τοιούτων διακρίσεων — ἀλλ' ἀρχήν τε εἶναι χρὴ τῆς τοιαύτης δίκης καὶ τελευτὴν εἰς τὸν δῆμον ἀποδιδομένην, τὴν δὲ βάσανον ἐν ταῖς μεγίσταις ἀρχαῖς τρισίν, ἃς ἂν ὅ τε φεύγων καὶ ὁ διώκων συνομολογῆτον· ἐὰν δὲ μὴ δύνησθον κοινωνῆσαι τῆς ὁμολογίας αὐτοί, τὴν βουλὴν ἐπικρίνειν αὐτῶν τὴν αἵρεσιν ἑκατέρου. Δεῖ δὲ δὴ καὶ τῶν ἰδίων δικῶν κοινωνεῖν κατὰ b δύναμιν ἅπαντας· ὁ γὰρ ἀκοινώνητος ὢν ἐξουσίας τοῦ συνδικάζειν ἡγεῖται τὸ παράπαν τῆς πόλεως οὐ μέτοχος εἶναι. Διὰ ταῦτ' οὖν δὴ καὶ κατὰ φυλὰς ἀναγκαῖον δικαστήριά τε γίγνεσθαι καὶ κλήρῳ δικαστὰς ἐκ τοῦ παραχρῆμα ἀδιαφθόρους ταῖς δεήσεσι δικάζειν, τὸ δὲ τέλος κρίνειν πάντων τῶν τοιούτων ἐκεῖνο τὸ δικαστήριον, ὅ φαμεν εἴς γε ἀνθρωπίνην δύναμιν ὡς οἷόν τε ἀδιαφθορώτατα παρεσκευάσθαι τοῖς μὴ δυναμένοις μήτε ἐν τοῖς γείτοσι μήτε ἐν τοῖς φυλε- c τικοῖς δικαστηρίοις ἀπαλλάττεσθαι.

Νῦν δὴ περὶ μὲν δικαστήρια ἡμῖν — ἃ δή φαμεν οὔθ' ὡς ἀρχὰς οὔτε ὡς μὴ ῥᾴδιον εἰπόντα ἀναμφισβητήτως εἰρηκέναι — περὶ μὲν ταῦτα οἷον περιγραφή τις ἔξωθεν περιγεγραμμένη τὰ μὲν εἴρηκεν, τὰ δ' ἀπολείπει σχεδόν· πρὸς

e 6 ἥμισυ AO : διπλάσιον cj. C. Ritter || 8 τούτῳ cj. Aldina : τούτων AO || αὐτὸν (ο i. r. : ex ω ?) AO || 10 δημοσίων AO : γρ. κοινῶν i. m. A[3]O[3] || **768 a** 8 αὐτοὶ AO : αὐτοῖς O[3] (σ s. v.) et II i. m. O[4] || **c** 6 ἀπολείπει O[4] (alt. ε ex ο et s. v.) : ἀπολείποι AO.

laisse de côté, sans doute, le reste ; car à la fin d'une législation on peut réglementer et distinguer exactement les procès avec la correction de beaucoup la plus grande. Disons
d donc à cette tâche de nous attendre vers la fin. Les installations des autres magistratures ont reçu, je pense, la plupart de leurs lois ; mais la description complète et exacte de toutes et chacune des mesures qui concernent la cité et la politique en général ne peut atteindre à la clarté avant que l'exposé n'ait depuis le début reçu les secondes parties, celles du milieu, tous ses éléments enfin, et ne soit ainsi arrivé au
e terme. Puisqu'à présent il est parvenu à l'élection des magistrats, nous pouvons décemment arrêter là nos préliminaires et aborder la législation, sans que celle-ci demande d'autres délais ou atermoiements d'aucune sorte.

Clinias. — Tu m'avais pleinement satisfait, étranger, par tes préliminaires ; mais maintenant que tu rattaches à la fin de ce qui précédait le début de ce qui reste à dire, cette déclaration me fait encore plus plaisir que les autres.

769 a L'Athénien. — Eh bien ! nous venons de jouer bellement jusqu'ici notre jeu de vieillards raisonnables[1].

Clinias. — Beau travail pour des hommes, veux-tu dire, apparemment.

L'Athénien. — Il paraîtrait ; mais considérons une chose, pour voir si tu es de mon avis.

Clinias. — Laquelle, et de quoi s'agit-il ?

Une législation se parfait peu à peu.

L'Athénien. — Tu sais, pour prendre un exemple, comment le labeur des peintres, sur quelque figure que ce soit, paraît sans limites : colorer, rehausser, ou quel que soit le
b nom que les disciples des peintres donnent à ce travail, il paraît incapable d'arrêter jamais ses retouches à un point où le tableau ne puisse plus gagner en beauté ni en expression.

Clinias. — Je conçois assez bien moi-même ce que tu veux dire. pour en avoir entendu parler, car la pratique de cet art m'est complètement étrangère.

de deuxième instance : avant de venir devant elles, les causes ont dû être entendues par les arbitres (cf. 766 d et p. 129, n. 3).

1. Cf. IV 712 b 2, et, pour une antithèse du même genre, le « jeu laborieux » de *Parménide* 137 b 2.

γὰρ τέλει νομοθεσίας ἡ δικῶν ἀκριβὴς νόμων θέσις ἅμα καὶ
διαίρεσις ὀρθότατα γίγνοιτ' ἂν μακρῷ. Ταύταις μὲν οὖν
εἰρήσθω πρὸς τῷ τέλει περιμένειν ἡμᾶς· αἱ δὲ περὶ τὰς d
ἄλλας ἀρχὰς καταστάσεις σχεδὸν τὴν πλείστην εἰλήφασιν
νομοθεσίαν, τὸ δὲ ὅλον καὶ ἀκριβὲς περὶ ἑνός τε καὶ πάντων
τῶν κατὰ πόλιν καὶ πολιτικὴν πᾶσαν διοικήσεων οὐκ ἔστιν
γενέσθαι σαφές, πρὶν ἂν ἡ διέξοδος ἀπ' ἀρχῆς τά τε δεύ-
τερα καὶ τὰ μέσα καὶ πάντα μέρη τὰ ἑαυτῆς ἀπολαβοῦσα
πρὸς τέλος ἀφίκηται. Νῦν μὴν ἐν τῷ παρόντι μέχρι τῆς
τῶν ἀρχόντων αἱρέσεως γενομένης τελευτὴ μὲν τῶν ἔμπρο- e
σθεν αὕτη γίγνοιτ' ἂν ἱκανή, νόμων δὲ θέσεως ἀρχὴ καὶ
ἀναβολῶν ἅμα καὶ ὄκνων οὐδὲν ἔτι δεομένη.

ΚΛ. Πάντως μοι κατὰ νοῦν, ὦ ξένε, τὰ ἔμπροσθεν εἰρη-
κώς, τὴν ἀρχὴν νῦν τελευτῇ προσάψας περὶ τῶν τε εἰρη-
μένων καὶ τῶν μελλόντων ῥηθήσεσθαι, ταῦτα ἔτι μᾶλλον
ἐκείνων εἴρηκας φιλίως.

ΑΘ. Καλῶς τοίνυν ἂν ἡμῖν ἡ πρεσβυτῶν ἔμφρων παιδιὰ 769 a
μέχρι δεῦρ' εἴη τὰ νῦν διαπεπαισμένη.

ΚΛ. Καλὴν τὴν σπουδὴν ἔοικας δηλοῦν τῶν ἀνδρῶν.

ΑΘ. Εἰκός γε· τόδε δ' ἐννοήσωμεν εἰ σοὶ δοκεῖ καθάπερ
ἐμοί.

ΚΛ. Τὸ ποῖον δὴ καὶ περὶ τίνων ;

ΑΘ. Οἶσθ' ὅτι καθάπερ ζωγράφων οὐδὲν πέρας ἔχειν ἡ
πραγματεία δοκεῖ περὶ ἑκάστων τῶν ζῴων, ἀλλ' ἢ τοῦ χραί-
νειν ἢ ἀποχραίνειν, ἢ ὁτιδήποτε καλοῦσι τὸ τοιοῦτον οἱ b
ζωγράφων παῖδες, οὐκ ἄν ποτε δοκεῖ παύσασθαι κοσμοῦσα,
ὥστε ἐπίδοσιν μηκέτ' ἔχειν εἰς τὸ καλλίω τε καὶ φανερώ-
τερα γίγνεσθαι τὰ γεγραμμένα.

ΚΛ. Σχεδὸν ἐννοῶ ἀκούων καὶ αὐτὸς ταῦτα ἃ λέγεις,
ἐπεὶ ἐντριβής γε οὐδαμῶς γέγονα τῇ τοιαύτῃ τέχνῃ.

c 8 ὀρθότατα ΑΟ : ὀρθότερον K^c || d 4 διοικήσεων ΑΟ : διοίκησιν K^c || 7 τέλος Α Π i. m. O^4 : τὸ τέλος Ο || 769 b 2 δοκεῖ ΑΟ : δοκῇ (ῇ s. v.) O^4.

L'Athénien. — Tu n'as rien perdu. Retenons, tout de même, du propos qui nous est là-dessus venu à l'idée, la leçon que voici : si quelqu'un imaginait un jour de faire une
c peinture aussi belle que possible, en tâchant qu'elle ne perdît jamais et gagnât sans cesse en beauté au cours des ans, tu penses bien qu'en mortel qu'il est, s'il ne laisse après lui un successeur pour réparer sur sa peinture les injures des années et qui puisse, en lui donnant l'éclat que n'avait pu atteindre la faiblesse technique de l'auteur, la rapprocher de la perfection, il n'assurera pas longue durée à toute sa peine[1] ?

Clinias. — Évidemment.

d L'Athénien. — Eh bien ! ne crois-tu pas que l'intention du législateur est celle-ci : en premier lieu, rédiger les lois suffisamment, avec toute l'exactitude possible ; puis, avec le progrès du temps et lorsqu'il mettra en œuvre ses idées, crois-tu qu'il y ait eu législateur assez inintelligent pour ignorer qu'il reste fatalement un très grand nombre de défauts et qu'un autre devra les corriger avec attention si le régime ne doit en aucune façon empirer mais s'améliorer, et
e l'ordre ne cesser de croître dans la cité qu'il a fondée ?

Clinias. — Il est naturel, sans aucun doute, que telles soient les intentions de tous les législateurs qu'on voudra.

L'Athénien. — Et si l'on avait quelque moyen d'arriver à ce but, si quelqu'un savait comment apprendre à un autre, par le précepte ou l'exemple, à se pénétrer plus ou moins bien de la façon dont il faut conserver ou corriger les lois, il ne se lasserait pas d'expliquer sa méthode avant d'être arrivé à ses fins ?

770 a Clinias. — Comment le pourrait-il ?

L'Athénien. — C'est donc ce qu'il nous faut faire à présent, vous et moi ?

1. Le législateur a été comparé à un modeleur (IV 712 b 1), comme le sont ailleurs le démiurge (*Timée* 73 c 9 *al.*) ou l'éducateur (*Lois* II 671 c 2). Il apparaît maintenant sous les traits d'un peintre soucieux d'assurer non seulement la durée mais l'embellissement continuel de son œuvre. La phrase est d'un beau mouvement, en dépit des anacoluthes que les éditeurs écartent de diverses manières : England insère ⟨ἰέναι⟩ après ἀεὶ (c 3) et, à l'exemple de Hermann, remplace τοῦ par ὅς (c 4) ; mais la seconde anacoluthe disparaîtrait aussi bien si l'on supprimait (c 6) οἷός τε et ἔσται, qui font double emploi avec le τοῦ de c 4, et εἰς τὸ πρόσθεν, peut-être doublet de πρὸς

ΑΘ. Καὶ οὐδέν γε ἐβλάβης. Χρησώμεθά γε μὴν τῷ νῦν
παρατυχόντι περὶ αὐτῆς ἡμῖν λόγῳ τὸ τοιόνδε, ὡς εἴ ποτέ
τις ἐπινοήσειε γράψαι τε ὡς κάλλιστον ζῷον καὶ τοῦτ' αὖ c
μηδέποτε ἐπὶ φαυλότερον ἀλλ' ἐπὶ τὸ βέλτιον ἴσχειν τοῦ
ἐπιόντος ἀεὶ χρόνου, συννοεῖς ὅτι θνητὸς ὤν, εἰ μή τινα
καταλείψει διάδοχον τοῦ ἐπανορθοῦν τε, ἐάν τι σφάλληται
τὸ ζῷον ὑπὸ χρόνων, καὶ τὸ παραλειφθὲν ὑπὸ τῆς ἀσθενείας
τῆς ἑαυτοῦ πρὸς τὴν τέχνην οἷός τε εἰς τὸ πρόσθεν ἔσται
φαιδρύνων ποιεῖν ἐπιδιδόναι, σμικρόν τινα χρόνον αὐτῷ
πόνος παραμενεῖ πάμπολυς ;

ΚΛ. Ἀληθῆ.

ΑΘ. Τί οὖν ; ἆρ' οὐ τοιοῦτον δοκεῖ σοι τὸ τοῦ νομοθέτου d
βούλημ' εἶναι ; πρῶτον μὲν γράψαι τοὺς νόμους πρὸς τὴν
ἀκρίβειαν κατὰ δύναμιν ἱκανῶς· ἔπειτα προϊόντος τοῦ
χρόνου καὶ τῶν δοξάντων ἔργῳ πειρώμενον, ἆρ' οἴει τινὰ
οὕτως ἄφρονα γεγονέναι νομοθέτην, ὥστ' ἀγνοεῖν ὅτι πάμ-
πολλα ἀνάγκη παραλείπεσθαι τοιαῦτα, ἃ δεῖ τινα συνεπό-
μενον ἐπανορθοῦν, ἵνα μηδαμῇ χείρων βελτίων δὲ ἡ πολι-
τεία καὶ ὁ κόσμος ἀεὶ γίγνηται περὶ τὴν ᾠκισμένην αὐτῷ e
πόλιν ;

ΚΛ. Εἰκός — πῶς γὰρ οὔ ; — βούλεσθαι πάντα ὀντινοῦν
τὸ τοιοῦτον.

ΑΘ. Οὐκοῦν εἴ τίς τινα μηχανὴν ἔχοι πρὸς τοῦτο, ἔργῳ
καὶ λόγοις τίνα τρόπον διδάξειεν ἂν ἕτερον εἴτε μείζονα
εἴτε ἐλάττω περὶ τοῦτ' ἔχειν ἔννοιαν, ὅπως χρὴ φυλάττειν
καὶ ἐπανορθοῦν νόμους, οὐκ ἄν ποτε λέγων ἀπείποι τὸ
τοιοῦτον πρὶν ἐπὶ τέλος ἐλθεῖν ;

ΚΛ. Πῶς γὰρ ἄν ; 770 a

ΑΘ. Οὐκοῦν ἐν τῷ νῦν παρόντι ποιητέον ἐμοὶ καὶ σφῷν
τοῦτο ;

769 c 1 τε ὡς scr. Heusde : τέως AO || 2 φαυλότερον AO Π i. m. O^4 : τὸ φαυλότερον O^4 (τὸ s. v.) || 3 αἰεὶ AO : δὴ ἀ. s. v. O^4 (δὴ supra αἰεὶ) || 8 παραμενεῖ scr. Estienne: παραμένει AO || **e** 5 τοῦτο O^2 (ν p. n.) : τοῦτον AO.

Clinias. — Qu'entends-tu par là ?

L'Athénien. — Puisque nous allons faire des lois, que
nous en avons choisi les gardiens et que nous sommes au soir
de la vie, alors qu'ils sont jeunes relativement à nous, il
nous faut, disons-nous, établir des lois, et en même temps
nous efforcer de faire, de ceux-là mêmes, des législateurs en
même temps que des gardiens des lois, dans la mesure du
possible ?

b Clinias. — Sans doute, si toutefois nous en sommes suffisamment capables.

L'Athénien. — Tout au moins, essayons et faisons de notre mieux.

Clinias. — Le moyen autrement ?

L'Athénien. — Disons-leur donc : « Chers conservateurs
de nos lois, nous laisserons bien des défauts, à propos de
chacun des sujets qu'envisagent ces lois ; c'est fatal ; cepen-
dant, pour tous les points importants et pour l'ensemble,
nous ne manquerons pas, autant que nous le pourrons, de
tracer une sorte d'esquisse ; mais il vous faudra compléter ces
linéaments. Le but que vous aurez en vue pour vous acquit-
c ter de cette tâche, vous devez l'apprendre. Nous nous le
sommes répété plus d'une fois, Mégillos, Clinias et moi, et
nous sommes d'accord que nous avions raison ; mais nous
voulons que vous deveniez nos approbateurs en même temps
que nos disciples, en vous proposant le but que nous avons,
d'un commun accord, proposé au législateur et au gardien
des lois. Or notre accord portait sur ce point essentiel : par
quelque voie qu'un homme puisse arriver à la perfection,
d posséder l'excellence propre à une âme humaine, que ce soit
par une occupation, une disposition, une possession quel-
conque, ou par un désir, ou une opinion, ou enfin certaines
études, et que nos citoyens soient d'un sexe ou de l'autre,
jeunes ou vieux, tout l'effort devra, pendant toute la vie, se
tendre vers le but dont nous parlons ; on ne verra personne
absolument préférer aucun des autres biens qui lui font
obstacle, fût-ce, en fin de compte, son pays même, s'il est
e clairement inévitable ou de le voir disparaître plutôt que

τὴν τέχνην. Comme il arrive souvent dans les *Lois*, Philippe d'Oponte, en les éditant, semble avoir laissé côte à côte des expressions équivalentes entre lesquelles Platon aurait sans doute choisi.

ΚΛ. Τὸ ποῖον δὴ λέγεις ;

ΑΘ. Ἐπειδὴ νομοθετεῖν μὲν μέλλομεν, ᾕρηνται δὲ ἡμῖν νομοφύλακες, ἡμεῖς δ' ἐν δυσμαῖς τοῦ βίου, οἱ δ' ὡς πρὸς ἡμᾶς νέοι, ἅμα μέν, ὥς φαμεν, δεῖ νομοθετεῖν ἡμᾶς, ἅμα δὲ πειρᾶσθαι ποιεῖν καὶ τούτους αὐτοὺς νομοθέτας τε καὶ νομοφύλακας εἰς τὸ δυνατόν.

ΚΛ. Τί μήν ; εἴπερ οἷοί τέ γ' ἐσμὲν ἱκανῶς. b

ΑΘ. Ἀλλ' οὖν πειρατέα γε καὶ προθυμητέα.

ΚΛ. Πῶς γὰρ οὔ ;

ΑΘ. Λέγωμεν δὴ πρὸς αὐτούς· Ὦ φίλοι σωτῆρες νόμων, ἡμεῖς περὶ ἑκάστων ὧν τίθεμεν τοὺς νόμους πάμπολλα παραλείψομεν — ἀνάγκη γάρ — οὐ μὴν ἀλλ' ὅσα γε μὴ σμικρὰ καὶ τὸ ὅλον εἰς δύναμιν οὐκ ἀνήσομεν ἀπεριήγητον καθάπερ τινὶ περιγραφῇ· τοῦτο δὲ δεήσει συμπληροῦν ὑμᾶς
τὸ περιηγηθέν. Ὅποι δὲ βλέποντες δράσετε τὸ τοιοῦτον, c
ἀκούειν χρή. Μέγιλλος μὲν γὰρ καὶ ἐγὼ καὶ Κλεινίας εἰρήκαμέν τε αὐτὰ ἀλλήλοις οὐκ ὀλιγάκις, ὁμολογοῦμέν τε λέγεσθαι καλῶς· ὑμᾶς δὲ ἡμῖν βουλόμεθα συγγνώμονάς τε ἅμα καὶ μαθητὰς γίγνεσθαι, βλέποντας πρὸς ταῦτα εἰς ἅπερ ἡμεῖς συνεχωρήσαμεν ἀλλήλοις τὸν νομοφύλακά τε καὶ νομοθέτην δεῖν βλέπειν. Ἦν δὲ ἡ συγχώρησις ἓν ἔχουσα κεφάλαιον, ὅπως ποτὲ ἀνὴρ ἀγαθὸς γίγνοιτ' ἄν,
τὴν ἀνθρώπῳ προσήκουσαν ἀρετὴν τῆς ψυχῆς ἔχων ἔκ d
τινος ἐπιτηδεύματος ἤ τινος ἤθους ἢ ποιᾶς κτήσεως ἢ ἐπιθυμίας ἢ δόξης ἢ μαθημάτων ποτέ τινων, εἴτε ἄρρην τις τῶν συνοικούντων οὖσα ἡ φύσις εἴτε θήλεια, νέων ἢ γερόντων, ὅπως εἰς ταὐτὸν τοῦτο ὃ λέγομεν τεταμένη σπουδὴ πᾶσα ἔσται διὰ παντὸς τοῦ βίου, τῶν δ' ἄλλων ὁπόσα ἐμπόδια τούτοις μηδὲν προτιμῶν φανεῖται μηδ'
ὁστισοῦν, τελευτῶν δὲ καὶ πόλεως, ἐὰν ἀνάστατον ἀνάγκη e
φαίνηται γίγνεσθαι πρὶν ἐθέλειν δούλειον ὑπομείνασα ζυγὸν

770 b 7 ante ἀπεριήγητον eras. in A (cum duob. sign.) || d 2 ἤθους AO : ἔθους Π i. m. O⁴ || 5 τεταμένη cj. Estienne : τεταγμένη AO || e 2 δούλειον A^c (ει i. r. ex ι) et O : δούλιον A.

d'accepter le joug de la servitude et se résigner à subir une autorité indigne, ou de le quitter pour l'exil[1]; car ce sont, je le vois, tous les maux de ce genre que nous devons accepter de souffrir plutôt que de passer sous un régime fait pour avilir les hommes. Ces principes, nous en sommes précédemment convenus; à votre tour, maintenant, de régler ce
771 a double but pour louer nos lois ou les blâmer si elles n'y sont pas adaptées, mais si elles le sont, les accueillir avec l'enthousiasme de la sympathie et vivre d'après elles; quant aux autres démarches qui tendraient à des biens différents parmi ceux que l'on appelle de ce nom, il faut leur dire adieu.

Nouveaux avantages du nombre 5040.

Prenons, pour point de départ des lois qui s'imposent à nous maintenant, celui que voici, qui s'inspire de la religion. Il faut d'abord considérer à nouveau le chiffre de 5040, toutes les divisions commodes que compor-
b taient et comportent le nombre total et aussi celui des tribus, qui est, disions-nous, le douzième de l'entier, et qui multiplie très exactement 21 par 20[2]. Le nombre entier est divisible par 12, par 12 aussi celui de la tribu; il faut se dire que chaque part est sacrée, un don de Dieu, correspondant aux mois et à la révolution de l'univers. C'est pourquoi aussi toute cité suit son instinct en sanctifiant ces divisions, bien que certains peut-être aient plus correctement que d'autres
c fait le partage et l'aient consacré avec plus de bonheur; pour nous, en tout cas, nous prétendons avoir très justement choisi le nombre 5040, qui contient tous les diviseurs de 1 à 12, sauf 11, et encore cette exception se contente-t-elle d'un remède minime: il y a un moyen de la remettre d'aplomb, c'est de retrancher deux foyers; et pour démontrer la vérité du fait, il suffirait du loisir que demande une
d brève explication. Sur la foi du principe énoncé à l'instant, faisons ce partage, et, après avoir assigné à chaque part un dieu ou un enfant des dieux, après lui avoir attribué des autels et leurs accessoires, faisons là-devant, pour des sacri-

1. Pour un semblable cas de conscience, cf. *Lettre VII*, 331 d (*Pindare et Platon*, p. 89-90).

2. Cf. V 737 e et la note.

ἄρχεσθαι ὑπὸ χειρόνων, ἢ λείπειν φυγῇ τὴν πόλιν· ὡς
πάντα τὰ τοιαῦτα ἄρ' ἔσθ' ὑπομενετέον πάσχοντας πρὶν
ἀλλάξασθαι πολιτείαν ἣ χείρους ἀνθρώπους πέφυκε ποιεῖν.
Ταῦτα ἡμεῖς τε ἔμπροσθεν συνωμολογησάμεθα, καὶ νῦν
ὑμεῖς ἡμῶν εἰς ταῦτα ἑκάτερα βλέποντες ἐπαινεῖτε καὶ
ψέγετε τοὺς νόμους ὅσοι μὴ ταῦτα δυνατοί, τοὺς δὲ δυνα- 771a
τοὺς ἀσπάζεσθέ τε καὶ φιλοφρόνως δεχόμενοι ζῆτε ἐν
αὐτοῖς· τὰ δ' ἄλλα ἐπιτηδεύματα καὶ πρὸς ἄλλα τείνοντα
τῶν ἀγαθῶν λεγομένων χαίρειν χρὴ προσαγορεύειν.

Ἀρχὴ δὲ ἔστω τῶν μετὰ ταῦτα ἡμῖν νόμων ἥδε τις, ἀφ'
ἱερῶν ἠργμένη. Τὸν ἀριθμὸν γὰρ δὴ δεῖ πρῶτον ἀναλαβεῖν
ἡμᾶς τὸν τῶν πεντακισχιλίων καὶ τετταράκοντα, ὅσας
εἶχέν τε καὶ ἔχει τομὰς προσφόρους ὅ τε ὅλος ἅμα καὶ ὁ b
κατὰ φυλάς, ὃ δὴ τοῦ παντὸς ἔθεμεν δωδεκατημόριον, ἓν
καὶ εἴκοσιν εἰκοσάκις ὀρθότατα φύν. Ἔχει δὲ διανομὰς
δώδεκα μὲν ὁ πᾶς ἀριθμὸς ἡμῖν, δώδεκα δὲ καὶ ὁ τῆς φυλῆς·
ἑκάστην δὴ τὴν μοῖραν διανοεῖσθαι χρεὼν ὡς οὖσαν ἱεράν,
θεοῦ δῶρον, ἑπομένην τοῖς μησὶν καὶ τῇ τοῦ παντὸς
περιόδῳ. Διὸ καὶ πᾶσαν πόλιν ἄγει μὲν τὸ σύμφυτον ἱεροῦν
αὐτάς, ἄλλοι δὲ ἄλλων ἴσως ὀρθότερον ἐνείμαντό τε καὶ
εὐτυχέστερον ἐθείωσαν τὴν διανομήν· ἡμεῖς δὲ οὖν νῦν c
φαμεν ὀρθότατα προῃρῆσθαι τὸν τῶν πεντακισχιλίων καὶ
τετταράκοντα ἀριθμόν, ὃς πάσας τὰς διανομὰς ἔχει μέχρι
τῶν δώδεκα ἀπὸ μιᾶς ἀρξάμενος πλὴν ἑνδεκάδος — αὕτη
δ' ἔχει σμικρότατον ἴαμα· ἐπὶ θάτερα γὰρ ὑγιὴς γίγνεται
δυοῖν ἑστίαιν ἀπονεμηθείσαιν — ὡς δ' ἐστὶν ταῦτα ἀληθῶς
ὄντα, κατὰ σχολὴν οὐκ ἂν πολὺς ἐπιδείξειεν μῦθος. Πιστεύ-
σαντες δὴ τὰ νῦν τῇ παρούσῃ φήμῃ καὶ λόγῳ, νείμωμέν τε d
ταύτην, καὶ ἑκάστῃ μοίρᾳ θεὸν ἢ θεῶν παῖδα ἐπιφημί-
σαντες, βωμούς τε καὶ τὰ τούτοις προσήκοντα ἀποδόντες,

e 7 ὑμεῖς ἡμῶν (ὑ ex ἡ, ἡ ex ὑ) A^2O^2 : ἡμεῖς ὑμῶν AO || **771 b 3** φύν O^2 : φῦν AO φῦναι comp. i. m. a (cum vitii nota).

fices, deux réunions par mois, douze pour les sections rurales de la tribu, douze pour ses fractions urbaines, d'abord afin de nous concilier la faveur des dieux et de toutes les influences divines, en second lieu pour faire connaissance et nous familiariser les uns avec les autres, comme nous osons le pré-
e tendre, et dans l'intérêt de toutes nos relations[1]. En effet, pour les associations et les unions matrimoniales, il est nécessaire qu'on cesse d'ignorer les familles où l'on prend femme, les fiancées elles-mêmes et ceux à qui on les donne en mariage, en attachant le plus grand prix à ne faire aucun faux pas en pareille matière dans toute la mesure du possible[2]. Il faut donc, en vue d'une affaire aussi sérieuse, régler aussi nos jeux, où danseront les garçons et danseront aussi
772 a les filles, à la fois observant et se laissant observer de façon réfléchie et en profitant d'un âge qui offre des occasions plausibles, nus les uns et les autres dans les limites qu'une sage réserve impose à tous. Pour veiller à tout cela et maintenir l'ordre, il y aura les chefs des chœurs et les juges des concours[3], qui fixeront, avec les gardiens des lois, tout ce que nous-mêmes aurions omis ; or il est fatal, comme nous l'avons dit, que sur tous les nombreux détails de ce genre le légis-
b lateur soit incomplet, et ce sera à ceux qui y deviennent compétents à chaque année nouvelle et qui s'instruisent par l'expérience, de les régler et de les modifier en les corrigeant chaque année jusqu'à ce que ces coutumes et pratiques aient été suffisamment définies. La période à la fois raisonnable et suffisante qu'il faudrait assigner à l'expérimentation de tous les détails pourrait être dix ans de sacrifices et de danses ; du vivant du législateur qui a créé l'institution, on agirait
c de concert avec lui ; après sa mort, les différents corps

1. Les avantages de cette connaissance réciproque des citoyens ont été soulignés plus haut (V 738 e).

2. En demandant que les futurs époux se connaissent, Platon n'innove pas seulement par rapport aux mœurs de son pays et de son époque ; les modernes peuvent sur ce point le regarder comme un précurseur. Saint-Simon ne rapporte-t-il pas ce dialogue : « Monsieur mon père, il me revient que vous songez à me trouver femme, et je serais bien aise de savoir la personne. — Monsieur mon fils, ne vous mêlez pas de mes affaires ; vous serez prévenu en temps voulu ? »

3. Le νομοθέτας d'a 5 paraît en effet équivaloir à l'ἀθλοθέτας de 764 e 2.

θυσιῶν πέρι συνόδους ἐπ' αὐτοῖς ποιώμεθα δύο τοῦ μηνός,
δώδεκα μὲν τῇ τῆς φυλῆς διανομῇ, δώδεκα δὲ αὐτῷ τῷ τῆς
πόλεως διαμερισμῷ, θεῶν μὲν δὴ πρῶτον χάριτος ἕνεκα καὶ
τῶν περὶ θεούς, δεύτερον δὲ ἡμῶν αὐτῶν οἰκειότητός τε
πέρι καὶ γνωρίσεως ἀλλήλων, ὥς φαῖμεν ἄν, καὶ ὁμιλίας
ἕνεκα πάσης. Πρὸς γὰρ δὴ τὴν τῶν γάμων κοινωνίαν καὶ e
σύμμειξιν ἀναγκαίως ἔχει τὴν ἄγνοιαν ἐξαιρεῖν παρ' ὧν τέ
τις ἄγεται καὶ ἃ καὶ οἷς ἐκδίδωσι, περὶ παντὸς ποιούμενον
ὅτι μάλιστα τὸ μὴ σφάλλεσθαι μηδαμῶς ἐν τοῖς τοιούτοις
κατὰ τὸ δυνατόν. Τῆς οὖν τοιαύτης σπουδῆς ἕνεκα χρὴ
καὶ τὰς παιδιὰς ποιεῖσθαι χορεύοντάς τε καὶ χορευούσας
κόρους καὶ κόρας, καὶ ἅμα δὴ θεωροῦντάς τε καὶ θεωρου- 772 a
μένους μετὰ λόγου τε καὶ ἡλικίας τινὸς ἐχούσης εἰκυίας
προφάσεις, γυμνοὺς καὶ γυμνὰς μέχριπερ αἰδοῦς σώφρονος
ἑκάστων. Τούτων δ' ἐπιμελητὰς πάντων καὶ κοσμητὰς τοὺς
τῶν χορῶν ἄρχοντας γίγνεσθαι καὶ νομοθέτας, μετὰ τῶν
νομοφυλάκων ὅσον ἂν ἡμεῖς ἐκλείπωμεν τάττοντας· ἀναγ-
καῖον δέ, ὅπερ εἴπομεν, περὶ τὰ τοιαῦτα πάντα ὅσα σμικρὰ
καὶ πολλὰ νομοθέτην μὲν ἐκλείπειν, τοὺς δ' ἐμπείρους ἀεὶ b
κατ' ἐνιαυτὸν γιγνομένους αὐτῶν, ἀπὸ τῆς χρείας μανθά-
νοντας, τάττεσθαι καὶ ἐπανορθουμένους κινεῖν κατ' ἐνιαυ-
τόν, ἕως ἂν ὅρος ἱκανὸς δόξῃ τῶν τοιούτων νομίμων καὶ
ἐπιτηδευμάτων γεγονέναι. Χρόνος μὲν οὖν μέτριος ἅμα καὶ
ἱκανὸς γίγνοιτ' ἂν τῆς ἐμπειρίας δεκαετηρὶς θυσιῶν τε καὶ
χορειῶν, ἐπὶ πάντα καὶ ἕκαστα ταχθείς, ζῶντος μὲν τοῦ
τάξαντος νομοθέτου κοινῇ, τέλος δὲ σχόντος, αὐτὰς c

d 6 διαμερισμῷ A et (δια comp. s. v.) O⁴ : μερισμῷ O || **e** 5 τῆς -772 a 4 ἑκάστων hab. Eusebius, 13, 19, 13 (708 a-b V.); Theodoretus, 9, 42 (232, 13-18 R.) || 6 παιδιὰς AO : παιδείας Eus. Theod. || **772 a** 1 κόρους καὶ AO : κόρους τε καὶ Eus. Theod. || 2 ἐχούσης AO : ἐχούσας Eusebii IOND (deficit B) || 3 γυμνοὺς καὶ AO Eus. : γυμνούς τε καὶ Theod. || 6 ὅσον AO : ὅσων K^c || τάττοντας K^c : τάττοντες AO || **b** 5 χρόνος γρ. i. m. A³O³: χορὸς AO || 6 δεκαετηρὶς scr. Schneider : δεκαετήρης vel δεκετήρης O⁴ (ε s. v., alt. η ex ι) δεκάτηρις AO δεκαέτηρος comp. i. m. A² (cum vitii nota) et γρ. i. m. O³.

feraient eux-mêmes, pour les corriger, un rapport sur les défauts de leur administration, jusqu'à ce que chacun paraisse avoir atteint son complet redressement ; ils prendront alors des mesures immuables, qu'ils observeront au même titre que les autres lois établies au début par le législateur qui avait travaillé pour eux ; en cette matière, on ne fera jamais aucun changement volontaire, mais si quelque raison
d survenait qui parût y contraindre, on irait consulter tous les magistrats, tout le peuple, tous les oracles des dieux, et si tous sont d'accord, on ferait le changement ; autrement, on n'en fera jamais d'aucune sorte, et l'opposant aura toujours légalement le dernier mot.

Le mariage. Dans quelque famille, donc, à quelque occasion que ce soit, qu'un homme âgé d'au moins vingt-cinq ans, grâce aux observations qu'il aura faites ou dont il aura été l'objet, croie avoir trouvé quelqu'un qui lui plaise et qui convienne à une union faite pour lui donner des enfants, qu'il se marie, toujours avant d'at-
e teindre trente-cinq ans, mais qu'il écoute d'abord comment il doit chercher la femme convenable et assortie ; car il faut, comme le prétend Clinias, placer en tête de chaque loi un prélude approprié[1].

CLINIAS. — Tu me le rappelles fort bien, étranger, et tu saisis à propos une occasion qui me paraît on ne peut mieux indiquée.

L'ATHÉNIEN. — Bonne parole. « Enfant, dirons-nous donc
773 a à un fils de parents excellents, il faut conclure l'union approuvée des sages, qui te recommanderaient de ne pas fuir l'alliance des pauvres, et de ne pas trop chercher à te marier chez les riches ; toutes choses égales d'ailleurs, il faut toujours préférer pour te l'associer le parti légèrement inférieur. La cité y trouvera son avantage, et aussi les foyers qui se fondent ; car l'égalité et la proportion valent mille fois mieux pour la vertu qu'un extrême sans mélange. C'est de
b parents tranquilles qu'on doit tendre à devenir le gendre quand on a conscience de se porter à tous les actes plus impétueuse-

1. Clinias avait au moins (IV 723 d 4 sv.) souligné l'utilité du prélude. L'Athénien va maintenant développer la loi « double » proposée en exemple 721 b-e.

ἑκάστας τὰς ἀρχὰς εἰς τοὺς νομοφύλακας εἰσφερούσας τὸ
παραλειπόμενον τῆς αὐτῶν ἀρχῆς ἐπανορθοῦσθαι, μέχριπερ
ἂν τέλος ἔχειν ἕκαστον δόξῃ τοῦ καλῶς ἐξειργάσθαι, τότε
δὲ ἀκίνητα θεμένους, ἤδη χρῆσθαι μετὰ τῶν ἄλλων νόμων
οὓς ἔταξε κατ' ἀρχὰς ὁ θεὶς αὐτοῖς νομοθέτης· ὧν πέρι
κινεῖν μὲν ἑκόντας μηδέποτε μηδέν, εἰ δέ τις ἀνάγκη δόξειέ
ποτε καταλαβεῖν, πάσας μὲν τὰς ἀρχὰς χρὴ συμβούλους, d
πάντα δὲ τὸν δῆμον καὶ πάσας θεῶν μαντείας ἐπελθόντας,
ἐὰν συμφωνῶσι πάντες, οὕτω κινεῖν, ἄλλως δὲ μηδέποτε
μηδαμῶς, ἀλλὰ τὸν κωλύοντα ἀεὶ κατὰ νόμον κρατεῖν.

Ὁπόθεν τις οὖν καὶ ὁπηνίκα τῶν πέντε καὶ εἴκοσι γεγο-
νότων ἔτη, σκοπῶν καὶ σκοπούμενος ὑπ' ἄλλων, κατὰ νοῦν
ἑαυτῷ καὶ πρέποντα εἰς παίδων κοινωνίαν καὶ γένεσιν
ἐξηυρηκέναι πιστεύει, γαμείτω μὲν πᾶς ἐντὸς τῶν πέντε
καὶ τριάκοντα ἐτῶν, τὸ δὲ πρέπον καὶ τὸ ἁρμόττον ὡς χρὴ e
ζητεῖν, πρῶτον ἐπακουσάτω· δεῖ γάρ, ὥς φησιν Κλεινίας,
ἔμπροσθεν τοῦ νόμου προοίμιον οἰκεῖον ἑκάστῳ προτιθέναι.

ΚΛ. Κάλλιστα, ὦ ξένε, διεμνημόνευσας, ἔλαβές τε τοῦ
λόγου καιρὸν καὶ μάλ' ἐμοὶ δοκοῦντ' εἶναι σύμμετρον.

ΑΘ. Εὖ λέγεις. Ὦ παῖ, τοίνυν φῶμεν ἀγαθῶν πατέρων
φύντι, τοὺς παρὰ τοῖς ἔμφροσιν εὐδόξους γάμους χρὴ 773 a
γαμεῖν, οἵ σοι παραινοῖεν ἂν μὴ φεύγειν τὸν τῶν πενήτων
μηδὲ τὸν τῶν πλουσίων διώκειν διαφερόντως γάμον, ἀλλ'
ἐὰν τἆλλα ἰσάζῃ, τὸν ὑποδεέστερον ἀεὶ τιμῶντα εἰς τὴν
κοινωνίαν συνιέναι. Τῇ τε γὰρ πόλει σύμφορον ἂν εἴη ταύτῃ
ταῖς τε συνιούσαις ἑστίαις· τὸ γὰρ ὁμαλὸν καὶ σύμμετρον
ἀκράτου μυρίον διαφέρει πρὸς ἀρετήν. Κοσμίων τε πατέρων
χρὴ προθυμεῖσθαι γίγνεσθαι κηδεστὴν τὸν αὑτῷ συνειδότα b
ἰταμώτερον ἅμα καὶ θᾶττον τοῦ δέοντος πρὸς πάσας τὰς
πράξεις φερόμενον· τὸν δ' ἐναντίως πεφυκότα ἐπὶ τἀναντία

d 5 ὁπόθεν K^{c} : ὁπότε AO || 8 πᾶς O^{4} (π ex τ) : τὰς AO et ἁ. i m. O^{4} || **e** 1 ἐτῶν A^{c}O : των A.

ment tout ensemble et plus promptement que de raison ; et celui qui a le tempérament opposé doit s'acheminer vers l'alliance contraire. En règle générale, n'ayons qu'un mot sur le mariage : chacun doit prétendre à celui qui sert la cité, non à celui qui lui plaît le mieux à lui-même. Or il arrive d'ordinaire que chaque nature se porte à ce qui lui ressemble le plus, d'où naît pour toute la cité l'inégalité des biens et des
c caractères ; ainsi se produisent les maux que nous voulons éviter dans notre fondation, maux qui se produisent, en fait général, dans la plupart des États. Mais si nous réglions ces questions sous forme de lois expresses, en interdisant au riche de s'adresser à un riche, à un homme influent d'en solliciter un autre, en obligeant les natures plus promptes à se rapprocher des plus lentes et les plus lentes à se rapprocher des plus promptes par l'union matrimoniale, outre que la chose serait ridicule, elle exciterait bien des colères ; car
d on ne se persuade pas facilement qu'une cité doit être mêlée à la façon d'un cratère, où le vin, sitôt versé, bout avec fureur, tandis que si un autre dieu sobre le corrige, il bénéficie d'une belle association et donne un breuvage salutaire et tempéré. Or, qu'il en soit de même dans la procréation des enfants, c'est ce dont personne, ou à peu près, ne peut se rendre compte ; aussi faut-il laisser ce sujet de côté dans notre loi et nous efforcer, par une sorte d'incantation, d'amener chacun à faire plus de cas de l'équilibre des enfants
e entre eux que de cette égalité dans les alliances qui n'est jamais rassasiée de richesses ; c'est par le blâme qu'on détournera le partisan trop empressé de la fortune dans le mariage, et non en le contraignant par une loi écrite.

Qu'en matière de mariages ces remarques servent d'encouragements, et aussi celle que nous avons formulée plus haut, qu'il faut s'attacher à l'éternel en laissant après soi des enfants de ses enfants et en fournissant au dieu des servi-
774 a teurs qui ne cessent de nous remplacer[1]. Tout cela et bien plus encore, on pourrait le dire à propos du mariage, avec

1. La phrase contient plusieurs expressions qui reprennent celles de 721 c (cf. les notes à cet endroit) : « s'attacher à l'éternel », c'était « participer à l'immortalité » (b 8, c 6-7) ; « laisser des enfants de ses enfants » est répété, au participe comme précédemment, sauf que l'actif remplace le moyen.

χρὴ κηδεύματα πορεύεσθαι. Καὶ κατὰ παντὸς εἷς ἔστω
μῦθος γάμου· τὸν γὰρ τῇ πόλει δεῖ συμφέροντα μνηστεύειν
γάμον ἕκαστον, οὐ τὸν ἥδιστον αὑτῷ. Φέρεται δέ πως πᾶς
ἀεὶ κατὰ φύσιν πρὸς τὸν ὁμοιότατον αὑτῷ, ὅθεν ἀνώμαλος
ἡ πόλις ὅλη γίγνεται χρήμασίν τε καὶ τρόπων ἤθεσιν· ἐξ c
ὧν ἃ μὴ βουλόμεθα συμβαίνειν ἡμῖν, καὶ μάλιστα συμβαίνει
ταῖς πλείσταις πόλεσι. Ταῦτα δὴ διὰ λόγου μὲν νόμῳ
προστάττειν, μὴ γαμεῖν πλούσιον πλουσίου, μηδὲ πολλὰ
δυνάμενον πράττειν ἄλλου τοιούτου, θάττους δὲ ἤθεσι πρὸς
βραδυτέρους καὶ βραδυτέρους πρὸς θάττους ἀναγκάζειν τῇ
τῶν γάμων κοινωνίᾳ πορεύεσθαι, πρὸς τῷ γελοῖα εἶναι
θυμὸν ἂν ἐγείραι πολλοῖς· οὐ γὰρ ῥᾴδιον ἐννοεῖν ὅτι πόλιν
εἶναι δεῖ δίκην κρατῆρος κεκραμένην, οὗ μαινόμενος μὲν d
οἶνος ἐγκεχυμένος ζεῖ, κολαζόμενος δὲ ὑπὸ νήφοντος
ἑτέρου θεοῦ καλὴν κοινωνίαν λαβὼν ἀγαθὸν πῶμα καὶ μέτριον
ἀπεργάζεται. Τοῦτ᾽ οὖν γιγνόμενον ἐν τῇ τῶν παίδων μείξει
διορᾶν ὡς ἔπος εἰπεῖν δυνατὸς οὐδείς· τούτων δὴ χάριν ἐᾶν
μὲν νόμῳ τὰ τοιαῦτα ἀναγκαῖον, ἐπᾴδοντα δὲ πείθειν πει-
ρᾶσθαι τὴν τῶν παίδων ὁμαλότητα αὐτῶν αὑτοῖς τῆς τῶν
γάμων ἰσότητος ἀπλήστου χρημάτων οὔσης περὶ πλείονος e
ἕκαστον ποιεῖσθαι, καὶ δι᾽ ὀνείδους ἀποτρέπειν τὸν περὶ τὰ
χρήματα ἐν τοῖς γάμοις ἐσπουδακότα, ἀλλὰ μὴ γραπτῷ νόμῳ
βιαζόμενον.

Περὶ γάμων δὴ ταῦτ᾽ ἔστω παραμύθια λεγόμενα, καὶ δὴ
καὶ τὰ ἔμπροσθε τούτων ῥηθέντα, ὡς χρὴ τῆς ἀειγενοῦς
φύσεως ἀντέχεσθαι τῷ παῖδας παίδων καταλείποντα ἀεὶ τῷ
θεῷ ὑπηρέτας ἀνθ᾽ αὑτοῦ παραδιδόναι. Πάντα οὖν ταῦτα 774 a
καὶ ἔτι πλείω τις ἂν εἴποι περὶ γάμων, ὡς χρὴ γαμεῖν,

773 c 2 ante ὧν eras. in A (cum uno signo) || 6 καὶ βραδυτέρους i. m. A³O³ : om. AO || 7 εἶναι AO : εἶναι καὶ Kc || 8 θυμὸν ἂν ἐγείραι scr. Ast : θυμὸν ἀνεγεῖραι (post θυμὸν eras., sine signis) AO || **d** 7 αὐτοῖς A (spir. dub.) : αὑτοῖς O αὐτῆς Kc || **e** 1 ἀπλήστου a (λη i. r.) et O⁴ (η s. v.) : ἀπλείστου O et (ut vid.) A || 5 περὶ-λεγόμενα, 6 ὡς-774 a 1 παραδιδόναι hab. Stobaeus, IV, 22 a, 26 (512, 9-11 H.) || ἔστω AO : ἔσται Stob. || 7 καταλείποντα cj. Estienne : καταλείποντι AO Stob.

ce juste prélude qu'il faut se marier. Si quelqu'un n'obéit
pas librement, mais, restant étranger et insociable dans la
cité, arrive sans avoir pris femme à l'âge de trente-cinq ans,
il sera chaque année frappé d'une amende, cent drachmes
pour la plus haute classe, soixante-dix pour la seconde,
soixante pour la troisième, trente pour la quatrième. Cet
b argent sera consacré à Héra[1]. Si l'on omet le versement de
l'année, on devra le décuple, qui sera recouvré par l'inten-
dant de la déesse ; faute de l'avoir recouvré, celui-ci devra
lui-même la somme, et lors de la reddition des comptes,
chacun des citoyens sera interrogé là-dessus. Financièrement,
telle sera l'amende des célibataires ; ils seront aussi privés
de tout honneur de la part de leurs cadets, et aucun des
jeunes gens ne leur obéira en rien de son plein gré ; s'ils
entreprennent d'en châtier quelqu'un, tout citoyen devra se
c porter au secours de la victime, et celui qui se serait trouvé
là sans prendre son parti sera légalement traité de citoyen
à la fois lâche et pervers.

La dot.

Au sujet de la dot, il a déjà été dit
mais nous redirons que les pauvres
risquent peu de vieillir, faute de bien, sans prendre femme
ou sans marier leur fille[2]. Car personne ne manque du néces-
saire parmi ceux de notre cité, et les raisons d'argent y
porteront moins les femmes à l'insolence, les maris à une
d servitude basse et déshonorante. Celui qui se soumettra
aura fait là une bonne action ; l'insoumis, celui qui donnera
ou recevra pour le trousseau plus que la valeur de cin-
quante drachmes, ou d'une mine, ou d'une mine et demie,
ou, s'il appartient à la plus haute classe, de deux mines,

1. Héra était la déesse du mariage, honorée comme l'épouse légitime de Zeus (cf. 774 d 7 et la métope de Sélinonte qui représente la scène du Gargaros racontée dans l'*Iliade*, 14, 292 sv.). D'après une loi citée par [Démosthène] XLIII (*Contre Macartatos*), 54, le plus proche parent d'une fille épiclère qui refuse d'épouser ou de marier celle-ci « est passible de mille drachmes consacrées à Héra » ; c'est la formule normale.

2. Cf. 742 c 2. England a bien interprété cette phrase et préfère avec raison la leçon de AO à la variante qu'Aréthas (O^3) mentionne en marge de O et que L. A. Post explique par le télescopage d'un ἄπαιδας et de γηράσκειν.

προοιμιαζόμενος ὀρθῶς· ἂν δ' ἄρα τις μὴ πείθηται ἑκών,
ἀλλότριον δὲ αὑτὸν καὶ ἀκοινώνητον ἐν τῇ πόλει ἔχῃ καὶ
ἄγαμος ὢν γένηται πεντεκαιτριακοντούτης, ζημιούσθω κατ'
ἐνιαυτὸν ἕκαστον, ὁ μέγιστον μὲν τίμημα κεκτημένος ἑκατὸν
δραχμαῖς, ὁ δὲ τὸ δεύτερον ἑβδομήκοντα, τρίτον δὲ ἑξή-
κοντα, ὁ δὲ τὸ τέταρτον τριάκοντα. Τοῦτο δ' ἔστω τῆς
Ἥρας ἱερόν. Ὁ δὲ μὴ ἐκτίνων κατ' ἐνιαυτὸν δεκαπλάσιον b
ὀφειλέτω· πραττέσθω δὲ ὁ ταμίας τῆς θεοῦ, μὴ ἐκπράξας
δὲ αὐτὸς ὀφειλέτω καὶ ἐν ταῖς εὐθύναις τοῦ τοιούτου λόγον
ὑπεχέτω πᾶς. Εἰς μὲν οὖν χρήματα ὁ μὴ 'θέλων γαμεῖν
ταῦτα ζημιούσθω, τιμῆς δὲ παρὰ τῶν νεωτέρων ἄτιμος
πάσης ἔστω, καὶ μηδεὶς ὑπακουέτω μηδὲν αὐτῷ ἑκὼν τῶν
νέων· ἐὰν δὲ κολάζειν τινὰ ἐπιχειρῇ, πᾶς τῷ ἀδικουμένῳ
βοηθείτω καὶ ἀμυνέτω, μὴ βοηθῶν δὲ ὁ παραγενόμενος δειλός c
τε ἅμα καὶ κακὸς ὑπὸ τοῦ νόμου πολίτης εἶναι λεγέσθω.

Περὶ δὲ προικὸς εἴρηται μὲν καὶ πρότερον, εἰρήσθω δὲ
πάλιν ὡς ἴσα ἀντὶ ἴσων ἐστὶν τὸ μήτε λαμβάνοντι μήτ'
ἐκδιδόντι διὰ χρημάτων ἀπορίαν γηράσκειν τοὺς πένητας·
τὰ γὰρ ἀναγκαῖα ὑπάρχοντά ἐστι πᾶσι τῶν ἐν ταύτῃ τῇ
πόλει, ὕβρις δὲ ἧττον γυναιξὶ καὶ δουλεία ταπεινὴ καὶ ἀνε-
λεύθερος διὰ χρήματα τοῖς γήμασι γίγνοιτο ἄν. Καὶ ὁ μὲν d
πειθόμενος ἓν τῶν καλῶν δρῴη τοῦτ' ἄν· ὁ δὲ μὴ πειθόμενος
ἢ διδοὺς ἢ λαμβάνων πλέον ἢ πεντήκοντα ἄξια δραχμῶν
ἐσθῆτος χάριν, ὁ δὲ μνᾶς, ὁ δὲ τριῶν ἡμιμναίων, ὁ δὲ δυοῖν
μναῖν, ὁ τὸ μέγιστον τίμημα κεκτημένος, ὀφειλέτω μὲν τῷ

774 c 4 τὸ AO Π i. m. O^4 : τῷ K^c || 5 γηράσκειν AO : γρ. διδάσκειν i. m. O^3 || 7 ὕβρις A^2 (ι i. r.) et O^2 (ι s. v.) : ὕβρεις O et (ut vid.) A || **d** 3 πλέον A^c (ο i. r.) et O : πλέων (ut vid.) A || 4 δυοῖν O^4 (οι s. v.) : δυεῖν AO || 5 ὀφειλέτω μὲν τῷ δημοσίῳ O^3 (ειλέτω i. r., ex λήσει ut vid., post ὀφειλέτω eras., ήμο i. r. et σιωι s. v., ergo δημοσίῳ ex διΐ) et i. m. sinistra a (ὀφειλέτω τῷ δημοσίῳ paulo superius i. m. O^4) : ὀφειλέτω μὲν τῷ διῒ Π i. m. O^4 ὀφλήσει ὀφειλέτω μὲν τῷ διῒ A (λήσει ὀφειλ i. r. a) et O οφλήσει (sine spir.) ὀφειλέτω (sic) i. m. interiore A^2.

devra encore autant au trésor public[1] ; quant à la somme donnée ou reçue, elle sera consacrée à Héra et à Zeus et recouvrée par les intendants de ces dieux, de même qu'il a
e été dit, à propos des célibataires, que le recouvrement se faisait chaque fois par les intendants d'Héra[2], faute de quoi chacun de ceux-ci payait l'amende de ses propres deniers.

Les cautions valables seront d'abord celle du père, en second lieu celle du grand-père, en troisième lieu celle des frères nés du même père ; à défaut des précédentes, celles du côté maternel seront valables ensuite de la même façon ; dans le cas d'un sort exceptionnellement déshérité, ce seront chaque fois les plus proches parents qui se porteront garants avec les tuteurs.

Les cérémonies.

En ce qui regarde les cérémonies prénuptiales et tout autre des rites qui
775 a doivent s'accomplir en pareil cas avant, pendant ou après les noces, il faut interroger les exégètes, et chacun, en leur obéissant, s'estimera satisfait.

Le banquet.

Pour ce qui est des banquets, il ne faut pas inviter plus de cinq amis ou amies de chaque famille, et de même autant de parents et alliés de chaque côté ; personne ne fera une dépense disproportionnée avec sa fortune, c'est-à-dire qui dépasse une mine pour les plus riches, la moitié de cette somme pour les sui-
b vants et ainsi du reste, à mesure que diminue le cens de chacun. Celui qui obéit à la loi méritera l'éloge universel, mais le délinquant sera châtié par les gardiens des lois comme un homme sans finesse, qui n'a pas été formé aux mélodies des Muses nuptiales. Boire jusqu'à l'ivresse n'est nulle part convenable, sauf aux fêtes du dieu qui a donné le vin, ni sans danger, surtout quand on songe au mariage, où il sied
c que la fiancée et le fiancé aient particulièrement leurs esprits au moment de faire un pareil changement dans leur vie, et

1. La tradition manuscrite hésite entre ὀφειλέτω et ὀφλήσει : l'impératif a pour lui la formule citée par le Pseudo-Démosthène (cf. p. 139, n. 1) ; et entre δημοσίῳ et Διί : cette dernière leçon anticiperait à contre-temps sur la ligne suivante.

2. Cf. 774 a-b.

δημοσίῳ τοσοῦτον ἕτερον, τὸ δὲ δοθὲν ἢ ληφθὲν ἱερὸν ἔστω
τῆς Ἥρας τε καὶ τοῦ Διός, πραττόντων δὲ οἱ ταμίαι τού-
τοιν τοῖν θεοῖν, καθάπερ ἐρρήθη τῶν μὴ γαμούντων πέρι e
τοὺς ταμίας ἐκπράττειν ἑκάστοτε τοὺς τῆς Ἥρας ἢ παρ᾽
αὑτῶν ἑκάστους τὴν ζημίαν ἐκτίνειν.

Ἐγγύην δὲ εἶναι κυρίαν πατρὸς μὲν πρῶτον, δευτέραν
πάππου, τρίτην δὲ ἀδελφῶν ὁμοπατρίων, ἐὰν δὲ μηδὲ εἷς
ᾖ τούτων, τὴν πρὸς μητρὸς μετὰ τοῦτο εἶναι κυρίαν ὡσαύ-
τως· ἐὰν δ᾽ ἄρα τύχῃ τις ἀήθης συμβαίνῃ, τοὺς ἐγγύτατα
γένους ἀεὶ κυρίους εἶναι μετὰ τῶν ἐπιτρόπων.

Ὅσα δὲ προτέλεια γάμων ἤ τις ἄλλη περὶ τὰ τοιαῦτα
ἱερουργία μελλόντων ἢ γιγνομένων ἢ γεγονότων προσήκουσά 775 a
ἐστιν τελεῖσθαι, τοὺς ἐξηγητὰς ἐρωτῶντα χρὴ καὶ πειθό-
μενον ἐκείνοις ἕκαστον ἡγεῖσθαι πάντα ἑαυτῷ μετρίως
γίγνεσθαι.

Περὶ δὲ τῶν ἑστιάσεων, φίλους μὲν χρὴ καὶ φίλας μὴ
πλείους πέντε ἑκατέρων συγκαλεῖν, συγγενῶν δὲ καὶ οἰκείων
ὡσαύτως τοσούτους ἄλλους ἑκατέρων· ἀνάλωμα δὲ μὴ
γίγνεσθαι πλέον ἢ κατὰ τὴν οὐσίαν μηδενί, τῷ μὲν εἰς
χρήματα μεγίστῳ μνᾶν, τῷ δ᾽ ἥμισυ τοῦ τοσούτου, τῷ δ᾽
ἐφεξῆς οὕτω, καθάπερ ὑποβέβηκεν ἑκάστῳ τὸ τίμημα. Καὶ b
τὸν μὲν πειθόμενον τῷ νόμῳ ἐπαινεῖν χρὴ πάντας, τὸν δὲ
ἀπειθοῦντα κολαζόντων οἱ νομοφύλακες ὡς ἀπειρόκαλόν τε
ὄντα καὶ ἀπαίδευτον τῶν περὶ τὰς νυμφικὰς Μούσας νόμων.
Πίνειν δὲ εἰς μέθην οὔτε ἄλλοθί που πρέπει, πλὴν ἐν ταῖς
τοῦ τὸν οἶνον δόντος θεοῦ ἑορταῖς, οὐδ᾽ ἀσφαλές, οὔτ᾽ οὖν
δὴ περὶ γάμους ἐσπουδακότα, ἐν οἷς ἔμφρονα μάλιστα εἶναι
πρέπει νύμφην καὶ νυμφίον μεταβολὴν οὐ σμικρὰν βίου c

e 7 τύχη A : τύχῃ A^c (ι add.) et O || ἀήθης συμβαίνῃ cj. Oxon. : ἀήθης, συμβαίνει AO || **775 b** 5 πίνειν -**c** 4 γεννήσει hab. Athenaeus, X, 431 f-432 a || 6 οὐδ᾽ Ath. : οὔτ᾽ AO || 7 δὴ AO : om. Ath.

en même temps pour que l'enfant soit toujours engendré le plus possible par des gens maîtres de leur raison ; car on ne sait guère quelle nuit ou quel jour, Dieu aidant, lui donnera l'être[1]. En outre, on ne doit pas faire des enfants quand les corps sont dissous par l'ivresse, mais pour se constituer l'embryon veut l'ordre : ferme, stable, tranquille. L'homme pris de vin donne et reçoit des chocs de toutes les manières,
d enragé qu'il est dans son corps et dans son âme : l'ivresse engendre donc de travers et mal, de sorte qu'elle a chance de produire des êtres mal venus, sans garantie, et aucun caractère, aucun corps qui marchent droit. Aussi faut-il, de préférence l'année et la vie entières, mais plus encore tout le temps que l'on procrée, veiller à ne rien faire volontairement de malsain, rien qui tienne de la démesure ou de l'injustice, — car cela pénètre et s'imprime dans l'âme et le corps de l'enfant et on donne fatalement le jour à des êtres de toute
e façon misérables ; mais c'est, par-dessus tout, ce jour et cette nuit-là qu'il faut s'abstenir de pareilles fautes ; car le commencement est un dieu qui, en s'établissant chez les hommes, sauve toutes choses, si chacun de ses dévots lui rend l'honneur convenable[2].

L'habitation des époux.

Le nouveau marié doit regarder l'une des maisons de son lot comme l'endroit
776 a où naîtront et grandiront ses petits, et se séparer de son père et de sa mère pour y faire ses noces, s'y fixer, s'y nourrir lui et ses enfants. En effet, dans les affections où se mêle un regret, celui-ci colle et soude tous les sentiments ; mais une cohabitation fastidieuse et dépourvue de ce regret qui naît avec le temps sépare les cœurs par l'excès de la satiété. Voilà pourquoi il faut laisser leur maison à ses père et mère, ainsi qu'aux parents de sa femme, et
b comme si l'on était allé en colonie, vivre en les visitant soi-

1. L'incertitude du moment de la conception est marquée par l'antithèse jour-nuit, comme celle de la mort l'est chez Pindare, *Ném. VI*, 6-7. Le passage sur la sobriété des époux a vivement frappé les anciens : témoin les imitations ou paraphrases énumérées par J. H. Waszink dans son commentaire du *De Anima* de Tertullien, 25, 9 (Leyde, 1947, p. 334).

2. Cf. le proverbe cité 753 e 6 et la note ; 765 e 3 sv.

μεταλλάττοντας, ἅμα δὲ καὶ τὸ γεννώμενον ὅπως ὅτι μάλιστα
ἐξ ἐμφρόνων ἀεὶ γίγνηται· σχεδὸν γὰρ ἄδηλον ὁποία νὺξ ἢ
φῶς αὐτὸ γεννήσει μετὰ θεοῦ. Καὶ πρὸς τούτοις δεῖ μὴ τῶν
σωμάτων διακεχυμένων ὑπὸ μέθης γίγνεσθαι τὴν παιδουρ-
γίαν, ἀλλ᾽ εὐπαγὲς ἀπλανὲς ἡσυχαῖόν τε ἐν μοίρᾳ συνίστα-
σθαι τὸ φυόμενον. Ὁ δὲ διῳνωμένος αὐτός τε φέρεται
πάντῃ καὶ φέρει, λυττῶν κατά τε σῶμα καὶ ψυχήν· σπείρειν d
οὖν παράφορος ἅμα καὶ κακὸς ὁ μεθύων, ὥστ᾽ ἀνώμαλα καὶ
ἄπιστα καὶ οὐδὲν εὐθύπορον ἦθος οὐδὲ σῶμα ἐκ τῶν εἰκότων
γεννῴη ποτ᾽ ἄν. Διὸ μᾶλλον μὲν ὅλον τὸν ἐνιαυτὸν καὶ βίον
χρή, μάλιστα δὲ ὁπόσον ἂν γεννᾷ χρόνον, εὐλαβεῖσθαι καὶ
μὴ πράττειν μήτε ὅσα νοσώδη ἑκόντα εἶναι μήτε ὅσα ὕβρεως
ἢ ἀδικίας ἐχόμενα — εἰς γὰρ τὰς τῶν γεννωμένων ψυχὰς
καὶ σώματα ἀναγκαῖον ἐξομοργνύμενον ἐκτυποῦσθαι καὶ
τίκτειν πάντῃ φαυλότερα — διαφερόντως δὲ ἐκείνην τὴν e
ἡμέραν καὶ νύκτα ἀπέχεσθαι τῶν περὶ τὰ τοιαῦτα· ἀρχὴ
γὰρ καὶ θεὸς ἐν ἀνθρώποις ἱδρυμένη σῴζει πάντα, τιμῆς
ἐὰν τῆς προσηκούσης αὐτῇ παρ᾽ ἑκάστου τῶν χρωμένων
λαγχάνῃ.

Νομίσαντα δ᾽ εἶναι χρὴ τὸν γαμοῦντα ταῖν οἰκίαιν ταῖν
ἐν τῷ κλήρῳ τὴν ἑτέραν οἷον νεοττῶν ἐγγέννησιν καὶ τροφήν, 776 a
χωρισθέντα ἀπὸ πατρὸς καὶ μητρὸς τὸν γάμον ἐκεῖ ποιεῖσθαι
καὶ τὴν οἴκησιν καὶ τὴν τροφὴν αὑτοῦ καὶ τῶν τέκνων. Ἐν
γὰρ ταῖς φιλίαις ἐὰν μὲν πόθος ἐνῇ τις, κολλᾷ καὶ συνδεῖ
πάντα ἤθη· κατακορὴς δὲ συνουσία καὶ οὐκ ἴσχουσα τὸν
διὰ χρόνου πόθον ἀπορρεῖν ἀλλήλων ποιεῖ ὑπερβολαῖς
πλησμονῆς. Ὧν δὴ χάριν μητρὶ καὶ πατρὶ καὶ τοῖς τῆς
γυναικὸς οἰκείοις παρέντας χρὴ τὰς αὑτῶν οἰκήσεις, οἷον
εἰς ἀποικίαν ἀφικομένους, αὐτοὺς ἐπισκοποῦντάς τε ἅμα b

c 6 ἡσυχαῖόν a (αῖ comp. i. r.) et O^4 (αῖ s. v.) : ἡσύχιον (ι supra ε) O^2 ἡσυχεον (sic) A (ut vid.) et O || μοίρᾳ AO : μήτρᾳ cj. Cornarius || 7 διῳνωμένος AO : διοινωμένος Π i. m. O^4 || **776 b** 1 ἀφικομένους AO : ἀφικνουμένους O^4 (νου s. v.).

même et en recevant leur visite, occupé à engendrer et à élever des enfants, pour transmettre d'une génération à l'autre le flambeau de la vie et ne pas cesser de servir les dieux selon la loi[1].

Les esclaves. Viennent maintenant les biens ; lesquels devrait-on posséder pour avoir la fortune la plus harmonieuse ? La plupart ne sont difficiles ni à concevoir ni à manier, mais la domesticité soulève des difficultés de toute sorte. La raison est que nos propos à cet
c égard sont incorrects à certains points de vue, corrects à d'autres ; car c'est en partie contrairement à l'expérience de leur utilité, en partie d'après elle, que nous devisons des esclaves.

MÉGILLOS. — Qu'est-ce à dire ? Nous ne comprenons pas encore, étranger, ce que tu entends par là.

L'ATHÉNIEN. — C'est assez naturel, Mégillos ; plus que tout en Grèce, les hilotes de Sparte sont un sujet de discussions et de querelles, les uns approuvant l'institution, les autres la blâmant ; on se querelle déjà moins sur l'esclavage
d pratiqué à Héraclée depuis qu'elle a réduit les Mariandyniens en servitude, et sur les pénestes de Thessalie[2] ; à la lumière de ces situations et de toutes celles du même genre, que devons-nous faire comme propriétaires de serviteurs ? Ce que j'ai dit par hasard au cours de mon développement, et dont tu m'as naturellement demandé le sens, le voici. Nous le savons : tous, je pense, nous dirions qu'il faut avoir des esclaves le mieux disposés et le plus excellents possible ; en fait, beaucoup, dans le passé, ont été, pour leurs maîtres, meilleurs à tous égards que des frères ou des fils, quand ils
e sauvaient leur personne, leurs biens, leur maisonnée tout entière. Nous savons, je pense, qu'on dit cela de certains esclaves.

MÉGILLOS. — Assurément.

L'ATHÉNIEN. — Mais on dit aussi le contraire, qu'il n'y a rien de sain dans une âme d'esclave, et que l'homme de sens ne doit jamais se fier en rien à cette engeance ? Le plus sage

1. Cf. Lucrèce, *De Rerum natura*, II 79 :

Et quasi cursores vitai lampada tradunt.

2. Les fondateurs grecs d'Héraclée du Pont avaient réduit au ser-

καὶ ἐπισκοπουμένους οἰκεῖν, γεννῶντάς τε καὶ ἐκτρέφοντας παῖδας, καθάπερ λαμπάδα τὸν βίον παραδιδόντας ἄλλοις ἐξ ἄλλων, θεραπεύοντας ἀεὶ θεοὺς κατὰ νόμους.

Κτήματα δὲ τὸ μετὰ τοῦτο ποῖα ἄν τις κεκτημένος ἐμμελεστάτην οὐσίαν κεκτῇτο ; τὰ μὲν οὖν πολλὰ οὔτε νοῆσαι χαλεπὸν οὔτε κτήσασθαι, τὰ δὲ δὴ τῶν οἰκετῶν χαλεπὰ
πάντῃ. Τὸ δ᾽ αἴτιον, οὐκ ὀρθῶς πως καί τινα τρόπον ὀρθῶς c
περὶ αὐτῶν λέγομεν· ἐναντία γὰρ ταῖς χρείαις, καὶ κατὰ τὰς χρείας αὖ, ποιούμεθα περὶ δούλων καὶ τὰ λεγόμενα.

ΜΕ. Πῶς δ᾽ αὖ τοῦτο λέγομεν ; οὐ γάρ πω μανθάνομεν, ὦ ξένε, ὅ τι τὰ νῦν φράζεις.

ΑΘ. Καὶ μάλα γε, ὦ Μέγιλλε, εἰκότως· σχεδὸν γὰρ πάντων τῶν Ἑλλήνων ἡ Λακεδαιμονίων εἱλωτεία πλείστην ἀπορίαν παράσχοιτ᾽ ἂν καὶ ἔριν τοῖς μὲν ὡς εὖ, τοῖς δ᾽ ὡς οὐκ εὖ γεγονυῖά ἐστιν — ἐλάττω δὲ ἥ τε Ἡρακλεωτῶν
δουλεία τῆς τῶν Μαριανδυνῶν καταδουλώσεως ἔριν ἂν ἔχοι, d
τὸ Θετταλῶν τ᾽ αὖ πενεστικὸν ἔθνος — εἰς ἃ καὶ πάντα τὰ τοιαῦτα βλέψαντας ἡμᾶς τί χρὴ ποιεῖν περὶ κτήσεως οἰκετῶν ; ὃ δὴ παριὼν τῷ λόγῳ ἔτυχον εἰπών, καὶ σύ με εἰκότως τί ποτε φράζοιμι ἠρώτησας, τόδε ἐστίν. Ἴσμεν ὅτι που πάντες εἴποιμεν ἂν ὡς χρὴ δούλους ὡς εὐμενεστάτους ἐκτῆσθαι καὶ ἀρίστους· πολλοὶ γὰρ ἀδελφῶν ἤδη δοῦλοι καὶ ὑέων τισὶν κρείττους πρὸς ἀρετὴν πᾶσαν γενόμενοι, σεσώ-
κασιν δεσπότας καὶ κτήματα τάς τε οἰκήσεις αὐτῶν ὅλας. e
Ταῦτα γὰρ ἴσμεν που περὶ δούλων λεγόμενα.

ΜΕ. Τί μήν ;

ΑΘ. Οὐκοῦν καὶ τοὐναντίον, ὡς ὑγιὲς οὐδὲν ψυχῆς δούλης, οὐδὲ πιστεύειν οὐδέποτ᾽ οὐδὲν τῷ γένει δεῖ τὸν νοῦν κεκτημένον ; ὁ δὲ σοφώτατος ἡμῖν τῶν ποιητῶν καὶ ἀπε-

b 7 τὰ -778 a 4 ἄρχειν hab. Athenaeus, VI, 264 d-265 b (multis omissis et saepe libere) || c 3 καὶ τὰ a (τὰ s. v. et i. m.) : καὶ AO τὰ O³ (i. r. ex καὶ).

de nos poètes est allé jusqu'à déclarer, en parlant de Zeus, que

777 a *Zeus à la grand'voix prive un homme de la moitié de son esprit, lorsque sur lui s'abat le jour de l'esclavage*[1].

Prenant parti entre ces opinions, chacun selon ses idées, les uns n'ont aucune foi en cette gent servile, et, comme s'il s'agissait de bêtes sauvages, rendent à coups d'aiguillon ou de fouet non pas trois mais plusieurs fois esclave l'âme de leurs serviteurs ; les autres font tout le contraire.

Mégillos. — Et comment !

b Clinias. — Que devons-nous donc faire, étranger, devant de pareilles divergences, à propos de notre pays, quand il s'agit d'avoir des esclaves et aussi de les châtier ?

L'Athénien. — Ah ! Clinias, une chose est claire : puisque l'animal « homme » a mauvais caractère et qu'à l'inévitable distinction qui nous fait distinguer en pratique esclave, homme libre et maître, il paraît ne vouloir en aucune manière se prêter maintenant ou plus tard, peu commode est ce cheptel[2] ; souvent on a eu la démonstration par le fait
c de tous les malheurs qui peuvent arriver, lors des fréquentes révoltes habituelles aux Messéniens, dans le cas des cités qui acquièrent beaucoup d'esclaves de même langue, et encore à propos des exploits et aventures innombrables de ceux qu'on appelle « vagabonds », ces pirates qui infestent l'Italie. En présence de tous ces faits, on peut se demander quel parti prendre dans toute cette question. Il ne reste que deux expédients : si l'on veut des esclaves plus dociles, on ne les pren-

vage les Mariandyniens, anciens maîtres du sol, et les envahisseurs doriens de la Thessalie avaient attaché à la glèbe, sous le nom de « pénestes », une partie des Achéens autochtones.

1. *Od.* 17, 322-323. Le texte des manuscrits de Platon diffère notablement de la tradition odysséenne. Au v. 322, τε νόου remplace τ' ἀρετῆς, avec « peu de chances d'être authentique » (J. Labarbe, *o. c.*, p. 250) ; ἀπαμείρεται, qui équivaut, pour le sens et la syntaxe, à l'ἀποαίνυται de la vulgate homérique, tient sans doute à la fréquence des syllabes ἀπαμει- après la penthémimère (*ib.*, p. 254) ; et en effet AO avaient écrit ἀπαμείδεται, normal à cette place. Au v. 323, « le génitif pluriel ἀνδρῶν, courant au premier pied de l'hexamètre, a été substitué au singulier ἀνέρος, beaucoup moins fréquent » (*ib.*).

2. « cheptel » rend κτῆμα : cf. V 735 c 3, X 906 a 7 ; ce dernier

φήνατο, ὑπὲρ τοῦ Διὸς ἀγορεύων, ὡς

> ἥμισυ γάρ τε νόου, φησίν, ἀπαμείρεται εὐρύοπα Ζεὺς 777 a
> ἀνδρῶν, οὓς ἂν δὴ κατὰ δούλιον ἦμαρ ἕλῃσι.

Ταῦτα δὴ διαλαβόντες ἕκαστοι τοῖς διανοήμασιν οἱ μὲν πιστεύουσί τε οὐδὲν γένει οἰκετῶν, κατὰ δὲ θηρίων φύσιν κέντροις καὶ μάστιξιν οὐ τρὶς μόνον ἀλλὰ πολλάκις ἀπεργάζονται δούλας τὰς ψυχὰς τῶν οἰκετῶν· οἱ δ' αὖ τἀναντία τούτων δρῶσι πάντα.

ΜΕ. Τί μήν;

ΚΛ. Τί οὖν δὴ χρὴ ποιεῖν, τούτων, ὦ ξένε, διαφερο- b
μένων οὕτω, περὶ τῆς ἡμετέρας αὖ χώρας ἡμᾶς, τῆς τε κτήσεως ἅμα καὶ κολάσεως τῶν δούλων πέρι;

ΑΘ. Τί δ', ὦ Κλεινία; δῆλον ὡς ἐπειδὴ δύσκολόν ἐστι τὸ θρέμμα ἄνθρωπος, καὶ πρὸς τὴν ἀναγκαίαν διόρισιν, τὸ δοῦλόν τε ἔργῳ διορίζεσθαι καὶ ἐλεύθερον καὶ δεσπότην, οὐδαμῶς εὔχρηστον ἐθέλειν εἶναί τε καὶ γίγνεσθαι φαίνεται,
χαλεπὸν δὴ τὸ κτῆμα· ἔργῳ γὰρ πολλάκις ἐπιδέδεικται περὶ c
τὰς Μεσσηνίων συχνὰς εἰωθυίας ἀποστάσεις γίγνεσθαι, καὶ περί γε τὰς τῶν ἐκ μιᾶς φωνῆς πολλοὺς οἰκέτας κτωμένων πόλεις, ὅσα κακὰ συμβαίνει, καὶ ἔτι τὰ τῶν λεγομένων περιδίνων τῶν περὶ τὴν Ἰταλίαν γιγνομένων παντοδαπὰ κλωπῶν ἔργα τε καὶ παθήματα. Πρὸς ἅ τις ἂν πάντα βλέψας διαπορήσειε τί χρὴ δρᾶν περὶ ἁπάντων τῶν τοιούτων. Δύο δὴ λείπεσθον μόνω μηχανά, μήτε πατριώτας

777 **a** 1 τε νόου AO : τ' ἀρετῆς Homeri codd. || ἀπαμείρεται A² (ρ i. r. ex ζ) et O² (ρ ex ζ) cum Ath. : ἀπαμείζεται AO ἀποαίνυται Homeri codd. || 2 ἀνδρῶν οὓς ἂν δὴ AO : ἀνέρος εὖτ' ἄν μιν Homeri codd. || **b** 4 ἐπειδὴ -778 a 4 ἄρχειν hab. Stobaeus, IV, 19, 52 (431, 14-433, 13 H.) || 5 διόρισιν AO Stob. et i. m. iterat A² || 7 ἐθέλειν AO Stob. || **c** 5 περιδίνων (ι s. v.) A²O² : περιδείνων AO Hesychius (s. v. περίδεινον) Athenaei A πέρι δεινῶν Stobaei S περὶ δεινῶν Stobaei M περιδεινῶν Stobaei A || παντοδαπὰ AO Stobaei SM : παντοδαπῶν Ath. παντοδαπῶν καὶ Stobaei A || 6 κλωπῶν Stobaei SM : κλοπῶν A (ο i. r.) et O Ath. Stobaei A || ἂν πάντα Stob. : ἅπαντα AO Ath. || 7 ἁπάντων AO Ath. : πάντων Stob. || τῶν AO Ath. Stobaei M : om. Stobaei SA.

d dra pas du même pays, ni, autant que possible, de la même langue ; et on les formera bien, en les entourant d'égards, non pas seulement dans leur intérêt, mais dans le sien plus encore ; or cette formation consiste à ne se permettre envers les serviteurs aucune brutalité et à les maltraiter, si c'est possible, moins que ses égaux. Là où l'on voit si quelqu'un a pour la justice un culte sincère et sans feinte, s'il déteste réellement l'injustice, c'est à propos de ceux à qui il lui est facile de faire du mal ; celui qui dans ses mœurs et sa con-
e duite envers ses esclaves échappe aux souillures de l'impiété et de l'injustice, celui-là est le plus qualifié pour semer des germes de vertu, et l'on peut, sans se tromper, en dire autant d'un maître, d'un tyran, de quiconque exerce une autorité, dans ses relations avec plus faible que soi-même. Il faut pourtant, quand la justice le demande, châtier les esclaves, sans les gâter en les avertissant comme des hommes libres ; en règle générale, toute parole adressée à un esclave doit être
778 a un ordre, et l'on ne plaisantera jamais d'aucune manière avec eux, qu'ils soient d'un sexe ou de l'autre ; par ces familiarités envers leurs esclaves, beaucoup, fort inconsidérément, compliquent la vie à plaisir, rendant plus difficile aux esclaves l'obéissance, à eux-mêmes l'autorité.

Clinias. — Tu as raison.

Les édifices

L'Athénien. — Ainsi donc, lorsque notre citoyen est pourvu de serviteurs autant que possible nombreux et aptes à l'aider matériellement, le discours doit ensuite décrire les habitations ?

Clinias. — Tout à fait.

b L'Athénien. — Puisqu'il s'agit autant dire de toute l'architecture d'une ville nouvelle et inhabitée jusqu'ici, il faut aviser à la manière de lui procurer chacun de ses édifices, en particulier ses temples et ses remparts. Cette question, Clinias, venait avant les mariages ; en fait, puisque la fondation est théorique, il est bien permis de procéder mainte-

texte, comme *Critias* 109 b 7, fait écho à *Phédon* 62 b 8, où κτήματα transcrit « un πᾶματα dorien qui figurait dans la tradition pythagoricienne » ; 735 c et 777 c traduisent ce mot du crétois, en lui gardant son sens dialectal. Cf. l'article de P. Chantraine cité à I 639 a (surtout p. 11).

ἀλλήλων εἶναι τοὺς μέλλοντας ῥᾷον δουλεύσειν, ἀσυμφώνους d
τε εἰς δύναμιν ὅτι μάλιστα, τρέφειν δ' αὐτοὺς ὀρθῶς, μὴ
μόνον ἐκείνων ἕνεκα, πλέον δὲ αὑτῶν προτιμῶντας· ἡ δὲ
τροφὴ τῶν τοιούτων μήτε τινὰ ὕβριν ὑβρίζειν εἰς τοὺς
οἰκέτας, ἧττον δέ, εἰ δυνατόν, ἀδικεῖν ἢ τοὺς ἐξ ἴσου.
Διάδηλος γὰρ ὁ φύσει καὶ μὴ πλαστῶς σέβων τὴν δίκην,
μισῶν δὲ ὄντως τὸ ἄδικον, ἐν τούτοις τῶν ἀνθρώπων ἐν οἷς
αὐτῷ ῥᾴδιον ἀδικεῖν· ὁ περὶ τὰ τῶν δούλων οὖν ἤθη καὶ
πράξεις γιγνόμενός τις ἀμίαντος τοῦ τε ἀνοσίου πέρι καὶ e
ἀδίκου, σπείρειν εἰς ἀρετῆς ἔκφυσιν ἱκανώτατος ἂν εἴη,
ταὐτὸν δ' ἔστ' εἰπεῖν τοῦτο ὀρθῶς ἅμα λέγοντα ἐπί τε
δεσπότῃ καὶ τυράννῳ καὶ πᾶσαν δυναστείαν δυναστεύοντι
πρὸς ἀσθενέστερον ἑαυτοῦ. Κολάζειν γε μὴν ἐν δίκῃ δούλους
δεῖ, καὶ μὴ νουθετοῦντας ὡς ἐλευθέρους θρύπτεσθαι ποιεῖν·
τὴν δὲ οἰκέτου πρόσρησιν χρὴ σχεδὸν ἐπίταξιν πᾶσαν
γίγνεσθαι, μὴ προσπαίζοντας μηδαμῇ μηδαμῶς οἰκέταις, 778 a
μήτ' οὖν θηλείαις μήτε ἄρρεσιν, ἃ δὴ πρὸς δούλους φιλοῦσι
πολλοὶ σφόδρα ἀνοήτως θρύπτοντες χαλεπώτερον ἀπεργάζεσθαι τὸν βίον ἐκείνοις τε ἄρχεσθαι καὶ ἑαυτοῖς ἄρχειν.

ΚΛ. Ὀρθῶς λέγεις.

ΑΘ. Οὐκοῦν ὅτε τις οἰκέταις κατεσκευασμένος εἰς δύναμιν εἴη πλήθει καὶ ἐπιτηδειότητι πρὸς ἑκάστας τὰς τῶν ἔργων παραβοηθείας, τὸ δὴ μετὰ τοῦτο οἰκήσεις χρὴ διαγράφειν τῷ λόγῳ;

ΚΛ. Πάνυ μὲν οὖν. b

ΑΘ. Καὶ συμπάσης γε ὡς ἔπος εἰπεῖν ἔοικεν τῆς οἰκοδομικῆς πέρι τήν γε δὴ νέαν καὶ ἀοίκητον ἐν τῷ πρόσθεν πόλιν ἐπιμελητέον εἶναι, τίνα τρόπον ἕκαστα ἕξει τούτων περί τε ἱερὰ καὶ τείχη. Γάμων δ' ἦν ἔμπροσθεν ταῦτα, ὦ Κλεινία, νῦν δ' ἔπειπερ λόγῳ γίγνεται, καὶ μάλ' ἐγχωρεῖ

d3 προτιμῶντας AO Ath. : προτιμῶντες Stob. || 8 ὁ AO : om. Stob. || e6 δεῖ Ath. Stob. : δ' ἀ(ι)εὶ AO ἀεὶ K[c] || 778 a 6 κατεσκευασμένος A[2] (post ο eras.) et O[2] (υ eraso) : κατεσκευασμένους O et fort. A (vel -μένοις).

nant comme nous le faisons ; lorsque la cité s'élèvera vraiment, nous réglerons l'architecture, s'il plaît à Dieu, avant les mariages, puis, pour couronner toutes les constructions,
c nous finirons par ceux-ci. Actuellement, il ne s'agit que de tracer brièvement une esquisse du projet.

Clinias. — Tout à fait.

L'Athénien. — Donc, les temples seront disposés tout autour de l'agora, et aussi en cercle autour de toute la ville sur les éminences, pour la sécurité et la propreté ; à côté d'eux, il y aura des bâtiments pour les magistrats et les tribunaux, où l'on prononcera et recevra les sentences comme en des lieux sacrés, étant donné la sainteté des causes et celle
d des dieux qui auront là leurs sanctuaires ; il se mêlera à ceux-ci des tribunaux où il conviendra de juger les affaires de meurtre et tous les crimes qui méritent la mort. En fait de remparts, Mégillos, j'accorderais à Sparte qu'il faut les laisser reposer et dormir dans la terre, sans les relever, pour les raisons que voici [1]. Il est beau, vraiment, le vers-proverbe qui se chante à leur sujet, que « le bronze et le fer doivent
e former les remparts, plutôt que le roc » [2] ; de plus, nous nous couvririons d'un ridicule bien mérité à envoyer chaque année nos jeunes gens dans la campagne, soit pour piocher, soit pour faire des tranchées, soit pour construire des ouvrages en vue d'arrêter l'ennemi, sous prétexte de ne pas laisser celui-ci envahir les frontières du territoire, alors que nous nous entourerions d'un rempart qui, d'abord, n'est d'aucune utilité pour la santé publique, et, en outre, a coutume de disposer les habitants à la mollesse en les invitant
779 a à se réfugier là sans lutter contre l'ennemi, à ne pas chercher le salut dans des gardes continuelles de nuit et de jour, mais à croire qu'une fois barricadés derrière des murs et des portes

1. La ville de Sparte n'est qu'un camp (cf. ci-dessus II 666 e et la note), et les poitrines de ses hommes constituent autour d'elle les seules murailles dont elle ait besoin ; cf. G. Glotz, *Histoire grecque*, I, 1925, p. 361.

2. Si l'on ignore de quel poème le proverbe est tiré, Alcée avait dit : « Des hommes courageux sont le rempart de leur cité », et l'idée est celle de Thémistocle avant Salamine, lorsqu'il conseillait aux Athéniens d'abandonner leur ville : « La véritable Athènes n'est pas où sont ses murs, mais où sont ses citoyens. » Cf. Eschyle, *Perses*,

ταύτῃ γίγνεσθαι τὰ νῦν· ἔργῳ μὴν ὅταν γίγνηται, ταῦτ᾽
ἔμπροσθεν τῶν γάμων, ἐὰν θεὸς ἐθέλῃ, ποιήσαντες, ἐκεῖνα
ἤδη τότε ἐπὶ πᾶσιν τοῖς τοιούτοις ἀποτελοῦμεν. Νῦν δὲ c
μόνον ὅσον τινὰ τύπον αὐτῶν δι᾽ ὀλίγων ἐπεξέλθωμεν.

ΚΛ. Πάνυ μὲν οὖν.

ΑΘ. Τὰ μὲν τοίνυν ἱερὰ πᾶσαν πέριξ τήν τε ἀγορὰν χρὴ
κατασκευάζειν καὶ τὴν πόλιν ὅλην ἐν κύκλῳ πρὸς τοῖς
ὑψηλοῖς τῶν τόπων, εὐερκείας τε καὶ καθαρότητος χάριν·
πρὸς δὲ αὐτοῖς οἰκήσεις τε ἀρχόντων καὶ δικαστηρίων, ἐν
οἷς τὰς δίκας ὡς ἱερωτάτοις οὖσιν λήψονταί τε καὶ δώσουσι,
τὰ μὲν ὡς ὁσίων πέρι, τὰ δὲ καὶ τοιούτων θεῶν ἱδρύματα, d
καὶ ἐν τούτοις δικαστήρια, ἐν οἷς αἵ τε τῶν φόνων πρέπου-
σαι δίκαι γίγνοιντ᾽ ἂν καὶ ὅσα θανάτων ἄξια ἀδικήματα.
Περὶ δὲ τειχῶν, ὦ Μέγιλλε, ἔγωγ᾽ ἂν τῇ Σπάρτῃ συμφε-
ροίμην τὸ καθεύδειν ἐᾶν ἐν τῇ γῇ κατακείμενα τὰ τείχη
καὶ μὴ ἐπανιστάναι, τῶνδε εἵνεκα. Καλῶς μὲν καὶ ὁ ποιη-
τικὸς ὑπὲρ αὐτῶν λόγος ὑμνεῖται, τὸ χαλκᾶ καὶ σιδηρᾶ δεῖν
εἶναι τὰ τείχη μᾶλλον ἢ γήινα· τὸ δ᾽ ἡμέτερον ἔτι πρὸς
τούτοις γέλωτ᾽ ἂν δικαίως πάμπολυν ὄφλοι, τὸ κατ᾽ ἐνιαυτὸν e
μὲν ἐκπέμπειν εἰς τὴν χώραν τοὺς νέους, τὰ μὲν σκάψον-
τας, τὰ δὲ ταφρεύσοντας, τὰ δὲ καὶ διά τινων οἰκοδομήσεων
εἴρξοντας τοὺς πολεμίους, ὡς δὴ τῶν ὅρων τῆς χώρας οὐκ
ἐάσοντας ἐπιβαίνειν, τεῖχος δὲ περιβαλοίμεθα, ὃ πρῶτον
μὲν πρὸς ὑγίειαν ταῖς πόλεσιν οὐδαμῶς συμφέρει, πρός δέ
τινα μαλθακὴν ἕξιν ταῖς ψυχαῖς τῶν ἐνοικούντων εἴωθε
ποιεῖν, προκαλούμενον εἰς αὐτὸ καταφεύγοντας μὴ ἀμύ-
νεσθαι τοὺς πολεμίους, μηδὲ τῷ φρουρεῖν ἀεί τινας ἐν αὐτῇ 779 a
νύκτωρ καὶ μεθ᾽ ἡμέραν, τούτῳ τῆς σωτηρίας τυγχάνειν,

c 5 πρὸς τοῖς ὑψηλοῖς AO : om. ἀ. i. m. O^4 || 6 εὐερχείας A^2 (ει ex ι) : εὐερχίας AO et ἀ. i. m. O^4 || **d** 3 γίγνοιντ᾽ A et (alt. ν s. v.) O^4 : γίγνοιτ᾽ O || 4 περὶ -6 ἐπανίστασθαι hab. Caecilius Calactinus, 67, 16 O. = π. ὕψους 4, 6 || ἔγωγ᾽ AO : ἐγὼ auct. π. ὕψους || 6 post καὶ eras. in A || ἐπανιστάναι AO : ἐπανίστασθαι auct. π. ὕψους || **e** 3 τὰ δὲ ταφρεύσοντας i. m. A^3O^3: om. AO.

ils n'auront qu'à dormir pour être sûrement protégés, comme s'ils n'étaient pas nés pour peiner et ignoraient que la facilité, au contraire, naît en réalité du labeur ; j'ajoute que la facilité honteuse et l'indolence sont bien faites pour engendrer de nouvelles peines[1]. Néanmoins, si les hommes
b ont pour quelque raison besoin de murailles, il faut dès le début jeter les fondements des habitations particulières de façon que toute la cité ne soit qu'un rempart, en alignant toutes les habitations sur le même plan du côté de la rue pour en assurer la défense, sans compter que l'aspect d'une ville n'est pas déplaisant quand elle ressemble à une seule maison et que, si elle facilite ainsi la garde, elle l'emporte du tout au tout sur les autres pour la sécurité. Ces soins et la conservation du plan initial appartiendront surtout,
c comme il convient, aux habitants ; les astynomes y veilleront aussi, en allant jusqu'à contraindre les insouciants au moyen d'amendes ; ils s'occuperont de tout l'ordre de la ville, de la propreté, et empêcheront qu'un particulier quelconque n'empiète sur les terrains publics pour bâtir ou creuser. De même, l'écoulement des eaux de pluie doit les préoccuper, et tout ce qu'il conviendra de régler dans l'enceinte de la ville ou à la périphérie ; sur tout cela, les nomothètes statueront après
d coup à la lumière de l'expérience, comme sur tous les autres points que la loi omet par impuissance à tout prévoir. Et maintenant que ces constructions, les édifices de l'agora, ceux des gymnases, tous les bâtiments scolaires sont prêts, qu'ils attendent leur public comme les spectacles attendent leurs spectateurs, passons à ce qui suit le mariage, fidèles à l'ordre de notre législation.

Clinias. — Tout à fait.

L'année qui suit le mariage.

L'Athénien. — Mettons donc, cher Clinias, que le mariage soit conclu ;
e viendrait ensuite le temps qui précède la procréation des enfants, une année entière, dont l'emploi

349 : « La cité qui garde ses hommes possède le plus sûr rempart » ; Lycurgue l'Orateur, *Contre Léocrate*, 153.

1. Après Platées et Mycale, Thémistocle avait imposé un programme de fortifications qui tendait à « faire dépendre la ville du Pirée et la terre de la mer » (Plutarque, *Thémistocle*, 19, 3). Commencés dès l'hiver 479/8, les travaux d'Athènes et du Pirée

τείχεσι δὲ καὶ πύλαις διανοεῖσθαι φραχθέντας τε καὶ καθεύδοντας σωτηρίας ὄντως ἕξειν μηχανάς, ὡς ἐπὶ τὸ μὴ πονεῖν γεγονότας, ἀγνοοῦντας δ᾽ αὖ τὴν ῥᾳστώνην ὡς ὄντως ἐστὶν ἐκ τῶν πόνων· ἐκ ῥᾳστώνης δέ γε, οἶμαι, τῆς αἰσχρᾶς οἱ πόνοι καὶ ῥᾳθυμίας πεφύκασι γίγνεσθαι πάλιν. Ἀλλ᾽ εἰ δὴ τεῖχός γέ τι χρεὼν ἀνθρώποις εἶναι, τὰς οἰκοδομίας χρὴ b
τὰς τῶν ἰδίων οἰκήσεων οὕτως ἐξ ἀρχῆς βάλλεσθαι, ὅπως ἂν ᾖ πᾶσα ἡ πόλις ἓν τεῖχος, ὁμαλότητί τε καὶ ὁμοιότησιν εἰς τὰς ὁδοὺς πασῶν τῶν οἰκήσεων ἐχουσῶν εὐέρκειαν, ἰδεῖν τε οὐκ ἀηδὲς μιᾶς οἰκίας σχῆμα ἐχούσης αὐτῆς, εἴς τε τὴν τῆς φυλακῆς ῥᾳστώνην ὅλῳ καὶ παντὶ πρὸς σωτηρίαν γίγνοιτ᾽ ἂν διάφορος. Τούτων δέ, ὡς ἂν μένῃ τὰ κατ᾽ ἀρχὰς οἰκοδομηθέντα, μέλειν μὲν μάλιστα τοῖς ἐνοικοῦσι πρέπον ἂν εἴη, τοὺς δὲ ἀστυνόμους ἐπιμελεῖσθαι καὶ προσαναγκά- c
ζοντας τὸν ὀλιγωροῦντα ζημιοῦντας, καὶ πάντων δὴ τῶν κατὰ τὸ ἄστυ καθαρότητός τ᾽ ἐπιμελεῖσθαι, καὶ ὅπως ἰδιώτης μηδεὶς μηδὲν τῶν τῆς πόλεως μήτε οἰκοδομήμασι μήτε οὖν ὀρύγμασιν ἐπιλήψεται. Καὶ δὴ καὶ ὑδάτων τῶν ἐκ Διὸς εὐροίας τούτους ἐπιμελεῖσθαι χρεών, καὶ ὅσα ἐντὸς πόλεως ἢ ὁπόσα ἔξω πρέπον ἂν οἰκεῖν εἴη· ταῦτα δὲ πάντα συνιδόντες ταῖς χρείαις οἱ νομοφύλακες ἐπινομοθετούντων καὶ d
τῶν ἄλλων ὁπόσα ἂν ὁ νόμος ἐκλείπῃ δι᾽ ἀπορίαν. Ὅτε δὲ ταῦτά τε καὶ τὰ περὶ ἀγορὰν οἰκοδομήματα καὶ τὰ περὶ τὰ γυμνάσια καὶ πάντα ὅσα διδασκαλεῖα κατεσκευασμένα περιμένει τοὺς φοιτητὰς καὶ θεατὰς θέατρα, πορευώμεθα ἐπὶ τὰ μετὰ τοὺς γάμους, τῆς νομοθεσίας ἑξῆς ἐχόμενοι.

ΚΛ. Πάνυ μὲν οὖν.

ΑΘ. Γάμοι μὲν τοίνυν ἡμῖν ἔστωσαν γεγονότες, ὦ Κλεινία· δίαιτα δὲ πρὸ παιδογονίας οὐκ ἐλάττων ἐνιαυσίας e
γίγνοιτ᾽ ἂν τὸ μετὰ τοῦτο, ἣν δὴ τίνα τρόπον χρὴ ζῆν νυμφίον

779 b 4 εὐέρκειαν a (ει ex ι) : εὐερκίαν AO ‖ 7 ὡς cj. Burnet : ἕως AO ‖ μένῃ cj. Schneider : μὲν ἢ AO ‖ **d 4** διδασκαλεῖα a et (εῖ s. v.) O⁴ : διδασκάλια O et (ut vid.) A.

pour de jeunes mariés dans une cité qui doit se distinguer du commun, — ce sujet rejoint nos conseils de tout à l'heure[1], — n'est pas des plus faciles à dire : alors que plus d'une parmi les règles précédentes ne va pas sans peine, celle-ci est plus malaisée encore que la plupart des autres à faire accepter de la foule. Néanmoins, Clinias, ce qui paraît juste et vrai doit absolument s'exprimer[2].

Clinias. — Tout à fait.

780 a L'Athénien. — Celui qui compte publier des lois pour des cités, afin de diriger leur vie dans l'exercice des fonctions officielles et publiques, sans croire qu'il en faille pour ceux des actes privés qui sont contrôlables ; qui permet aux individus de vivre toute la journée à leur guise et, au lieu de mettre l'ordre partout, laisse aller la vie privée sans lui donner de lois, estimant que les citoyens consentiront à conformer aux lois leur activité publique et officielle, celui-là est loin de compte. Pourquoi ai-je dit cela ? Parce que, nous
b l'affirmerons, nos mariés doivent prendre leur subsistance aux repas communs ni plus ni moins qu'avant leur mariage. Et si la coutume a étonné quand elle est apparue pour la première fois dans vos pays, dictée, comme de raison, par quelque guerre ou quelque autre événement qui avait le même effet pour des peuples peu nombreux et réduits à une situation angoissante, une fois qu'on y eut goûté et qu'on eut par force pris l'habitude des syssities, l'institution parut d'une
c grande efficacité pour le salut du pays, et c'est ainsi, ou à peu près, que s'établit chez vous cette pratique des repas en commun.

Clinias. — Il paraît bien, tout au moins.

L'Athénien. — Ce que je voulais dire, c'est que, tout étrange qu'elle parût jadis et quelque appréhension que certains aient eue à l'imposer, celui qui la prescrirait main-

s'achevaient vingt ans plus tard par la construction des Longs Murs ; cf. *Gorg.* 455 e.

1. Cf. 776 b, où le développement sur la vie des jeunes ménages avait été interrompu par la question des esclaves et celle des édifices.

2. Le culte intransigeant du vrai a dressé Platon contre Homère (*Rép.* X 595 c 2-3, X 607 c 7-8), et Aristote à son tour s'est prononcé contre son maître, « car entre deux amis il faut préférer la vérité » (*Ethique à Nicomaque*, I 4, 1, 1095 a 16).

καὶ νύμφην ἐν πόλει διαφερούσῃ τῶν πολλῶν ἐσομένῃ — τὸ
δὴ τῶν νῦν εἰρημένων ἐχόμενον — εἰπεῖν οὐ πάντων εὐκο-
λώτατον, ἀλλὰ ὄντων οὐκ ὀλίγων τῶν ἔμπροσθεν τοιούτων,
τοῦτο ἔτι ἐκείνων τῶν πολλῶν δυσχερέστερον ἀποδέχεσθαι
τῷ πλήθει. Τό γε μὴν δοκοῦν ὀρθὸν καὶ ἀληθὲς εἶναι πάντως
ῥητέον, ὦ Κλεινία.

ΚΛ. Πάνυ μὲν οὖν.

ΑΘ. Ὅστις δὴ διανοεῖται πόλεσιν ἀποφαίνεσθαι νόμους, 780 a
πῇ τὰ δημόσια καὶ κοινὰ αὐτοὺς χρὴ ζῆν πράττοντας, τῶν
δὲ ἰδίων ὅσον ἀνάγκη μηδὲ οἴεται δεῖν, ἐξουσίαν δὲ ἑκάστοις
εἶναι τὴν ἡμέραν ζῆν ὅπως ἂν ἐθέλῃ, καὶ μὴ πάντα διὰ
τάξεως δεῖν γίγνεσθαι, προέμενος δὲ τὰ ἴδια ἀνομοθέτητα,
ἡγεῖται τά γε κοινὰ καὶ δημόσια ἐθελήσειν αὐτοὺς ζῆν διὰ
νόμων, οὐκ ὀρθῶς διανοεῖται. Τίνος δὴ χάριν ταῦτα εἴρη-
ται ; τοῦδε, ὅτι φήσομεν δεῖν ἡμῖν τοὺς νυμφίους μηδὲν
διαφερόντως μηδὲ ἧττον ἐν συσσιτίοις τὴν δίαιταν ποιεῖσθαι b
τοῦ πρὸ τῶν γάμων χρόνου γενομένου. Καὶ τοῦτο μὲν δὴ
θαυμαστὸν ὄν, ὅτε κατ' ἀρχὰς πρῶτον ἐγένετο ἐν τοῖς παρ'
ὑμῖν τόποις, πολέμου τινὸς αὐτό, ὥς γ' εἰκός, νομοθετή-
σαντος ἤ τινος ἑτέρου τὴν αὐτὴν δύναμιν ἔχοντος πράγμα-
τος ἐν ὀλιγανθρωπίαις ὑπὸ πολλῆς ἀπορίας ἐχομένοις,
γευσαμένοις δὲ καὶ ἀναγκασθεῖσιν χρήσασθαι τοῖς συσσιτίοις
ἔδοξεν μέγα διαφέρειν εἰς σωτηρίαν τὸ νόμιμον, καὶ κατέστη
δὴ τρόπῳ τινὶ τοιούτῳ τὸ ἐπιτήδευμα ὑμῖν τὸ τῶν συσσι- c
τίων.

ΚΛ. Ἔοικε γοῦν.

ΑΘ. Ὃ δὴ ἔλεγον, ὅτι θαυμαστὸν ὂν τοῦτό ποτε καὶ
φοβερὸν ἐπιτάξαι τισίν, νῦν οὐχ ὁμοίως τῷ προστάττοντι
δυσχερὲς ἂν εἴη νομοθετεῖν αὐτό· τὸ δ' ἑξῆς τούτῳ, πεφυ-

e 3 πόλει A et (όλει i. r.) O || πολλῶν i. m. A^{3}O^{3} : om. AO || **780 a** 1 δὴ διανοεῖται A (δι i. r.) et (δη sine acc., δια i. r.) O || **b** 6 ὑπὸ πολλῆς ἀπορίας A^{c} (λῆ ref. i. r.) et O : ὑπο πολανσαποριας (sine acc.) i. m. A^{2} et (ut vid.) A || **c** 1 δὴ (δ s. v.) a O^{4} : ἡ A (i. m. vitii nota) ἢ O.

tenant n'aurait pas la même difficulté à l'ériger en loi ; mais la mesure qui suit logiquement celle-là, également faite pour réussir si on la tentait mais qui en réalité ne se tente nulle part, — faute de quoi le législateur, comme dit le proverbe, carde dans le feu et se livre à mille autres vains labeurs[1], —
d cette mesure n'est pas facile à formuler, ni ensuite à réaliser.

CLINIAS. — Qu'est-ce donc, étranger, que tu as sur les lèvres, pour avoir l'air d'hésiter si fort ?

Les syssities des femmes.

L'ATHÉNIEN. — Vous allez l'entendre, pour ne point passer là-dessus trop de temps sans profit. Tout ce qui se fait dans la cité en accord avec la règle et la loi n'a que de bons résultats, mais le plus souvent ce qui est sans règle ou a été mal réglé détruit ce qui était bien réglé à côté de lui. Le sujet actuel en est précisément un exemple. Chez vous,
e Clinias et Mégillos, les syssities des hommes ont été instituées d'une façon tout à la fois belle et, je le répète, étonnante, par suite d'une nécessité providentielle, mais, contre
781 a toute logique, celles des femmes ont été laissées sans lois, et pour elles la pratique des syssities n'est pas venue au monde : cette partie de notre race, déjà naturellement plus dissimulée et plus artificieuse en raison de sa faiblesse, le sexe féminin, a été à grand tort, par cette reculade du législateur, abandonnée à son désordre. Du fait de cette négligence, beaucoup de choses échappaient à votre contrôle qui eussent été beaucoup mieux qu'à présent si la loi s'en était occupée ; car ce n'est pas seulement négliger une moitié de la cité, comme
b on le croirait, que de laisser les femmes dans la licence ; mais plus nos femmes sont naturellement inférieures aux hommes pour la vertu, plus elles comptent, jusqu'à importer deux fois autant[2]. Il vaudrait donc mieux, pour le bonheur de la cité, revenir là-dessus, y mettre ordre et régler toutes les coutumes sans distinction d'hommes et de femmes ; en réalité, l'espèce humaine a été, bien malencontreusement, amenée à cette situation qu'on ne peut même faire allusion à la chose

1. L'analogie de *Rép.* VI 486 c 10 (ἀνόνητα δὴ πονῶν) avait fait conjecturer à F. Ast πονοῦντα pour ποιοῦντα ; Schanz et England ont introduit dans le texte ce léger changement ; cf. cependant *Phédon* 84 a 5 (πράττειν).

2. Cette sorte de fantaisie sur « la moitié » et « le double » rentre

κός τε ὀρθῶς ἂν γίγνεσθαι γιγνόμενον, νῦν τε οὐδαμῇ γιγνόμενον, ὀλίγου τε ποιοῦν τὸν νομοθέτην, τὸ τῶν παιζόντων, εἰς πῦρ ξαίνειν καὶ μυρία ἕτερα τοιαῦτα ἀνήνυτα ποιοῦντα δρᾶν, οὐ ῥᾴδιον οὔτ' εἰπεῖν οὔτ' εἰπόντα ἀποτελεῖν. d

ΚΛ. Τί δὴ τοῦτο, ὦ ξένε, ἐπιχειρῶν λέγειν ἔοικας σφόδρα ἀποκνεῖν ;

ΑΘ. Ἀκούοιτ' ἄν, ἵνα μὴ πολλὴ διατριβὴ γίγνηται περὶ τοῦτ' αὐτὸ μάτην. Πᾶν μὲν γάρ, ὅτιπερ ἂν τάξεως καὶ νόμου μετέχον ἐν πόλει γίγνηται, πάντα ἀγαθὰ ἀπεργάζεται, τῶν δὲ ἀτάκτων ἢ τῶν κακῶς ταχθέντων λύει τὰ πολλὰ τῶν εὖ τεταγμένων ἄλλα ἕτερα. Οὗ δὴ καὶ νῦν ἐφέστηκεν πέρι τὸ λεγόμενον. Ὑμῖν γάρ, ὦ Κλεινία καὶ Μέγιλλε, τὰ μὲν περὶ τοὺς ἄνδρας συσσίτια καλῶς ἅμα καί, e
ὅπερ εἶπον, θαυμαστῶς καθέστηκεν ἐκ θείας τινὸς ἀνάγκης, τὸ δὲ περὶ τὰς γυναῖκας οὐδαμῶς ὀρθῶς ἀνομοθέτητον 781 a
μεθεῖται καὶ οὐκ εἰς τὸ φῶς ἧκται τὸ τῆς συσσιτίας αὐτῶν ἐπιτήδευμα, ἀλλ' ὃ καὶ ἄλλως γένος ἡμῶν τῶν ἀνθρώπων λαθραιότερον μᾶλλον καὶ ἐπικλοπώτερον ἔφυ, τὸ θῆλυ, διὰ τὸ ἀσθενές, οὐκ ὀρθῶς τοῦτο εἴξαντος τοῦ νομοθέτου δύστακτον ὂν ἀφείθη. Διὰ δὲ τούτου μεθειμένου πολλὰ ὑμῖν παρέρρει, πολὺ ἄμεινον ἂν ἔχοντα, εἰ νόμων ἔτυχεν, ἢ τὰ νῦν· οὐ γὰρ ἥμισυ μόνον ἐστίν, ὡς δόξειεν ἄν, τὸ περὶ τὰς γυναῖκας ἀκοσμήτως περιορώμενον, ὅσῳ δὲ ἡ θήλεια ἡμῖν b
φύσις ἐστὶ πρὸς ἀρετὴν χείρων τῆς τῶν ἀρρένων, τοσούτῳ διαφέρει πρὸς τὸ πλέον ἢ διπλάσιον εἶναι. Τοῦτ' οὖν ἐπαναλαβεῖν καὶ ἐπανορθώσασθαι καὶ πάντα συντάξασθαι κοινῇ γυναιξί τε καὶ ἀνδράσιν ἐπιτηδεύματα βέλτιον πρὸς πόλεως εὐδαιμονίαν· νῦν δὲ οὕτως ἧκται τὸ τῶν ἀνθρώπων γένος

e 2 εἶπον O[3] (εἶ et ν i. r.) et comp. i. m. A[3] : ἠπόρει A[c] (ἠ i. r., ει ex emend.) et (ut vid.) O ειπορι A (ut vid.) et cum vitii nota i. m. A[2] || 781 a 3 ἀλλ' ὃ scr. Estienne : ἄλλο AO || 7 παρέρρει AO Π (sine τὸ βιβλίον) i. m. O[4] : παραρρεῖ O[4] (α et ˜ s. v.) || b 3 πλέον A (πλέ i. r. a) et O (πλέ i. r.) : i. m. vitii nota et πλε ` A[3].

sans passer pour un fou, tout au moins dans les régions et
c les cités où aucune sorte de repas en commun n'est devenue une institution officielle. Par quel biais alors essaiera-t-on en pratique, sans se ridiculiser, de contraindre les femmes à manger et à boire aux yeux de tout le monde ? Il n'est rien que ce sexe eût plus de peine à supporter ; car habitué à vivre retiré et dans l'ombre, si on veut l'amener à la lumière il opposera toutes les résistances au législateur et aura large-
d ment le dernier mot. Ailleurs, je le répète[1], il ne supporterait même pas, sans pousser les hauts cris, d'entendre énoncer la thèse orthodoxe, mais, ici, peut-être l'accepterait-il. Eh bien ! si vous trouvez que notre discussion sur l'ensemble de la politique n'a pas, au moins en théorie, manqué son but, je suis prêt à montrer les avantages et la convenance de mon idée, si vous êtes vous aussi disposés à m'entendre ; sinon, n'en parlons plus.

Clinias. — Ah ! étranger, nous sommes merveilleusement disposés tous deux à t'écouter, n'en doute pas.

L'Athénien. — Alors, voici. Ne vous étonnez pas si je vous
e semble remonter un peu haut ; nous sommes de loisir, et rien ne nous presse qui nous empêche d'examiner au grand complet la question des lois.

Clinias. — Bien dit.

Les coutumes évoluent.

L'Athénien. — Retirons-nous donc sur la ligne de notre premier exposé[2]. Il est une chose que tout homme doit bien se mettre en tête, c'est que la race humaine n'a absolument pas
782 a eu de commencement et n'aura jamais de fin ; elle n'a cessé

parmi les problèmes de multiplication et de division auxquels Platon se complaît ; il joue ici sur la différence de deux ordres, celui de la quantité et celui de la qualité. A la l. 3, ἤ paraît signifier « ou même » et non « que ».

1. Ma conjecture ὅτιπερ s'appuie sur deux cas analogues des *Lois* (II 670 c 5, VII 797 c 2) ; cf. *Une formule platonicienne de récurrence*, Paris, 1929, p. 11 et n. 1.

2. Le « premier exposé » se trouve au début du livre III, dont la phrase suivante, sur l'antiquité de la race humaine, reprend plusieurs expressions (en particulier l'ἀμήχανον de 782 a 3 = 676 b 7). Voir la note à 676 b.

οὐδαμῶς εἰς τοῦτο εὐτυχῶς, ὥστε οὐδὲ μνησθῆναι περὶ αὐτοῦ ἐν ἄλλοις γ᾽ ἐστὶν τόποις καὶ πόλεσιν νοῦν ἔχοντος, c
ὅπου μηδὲ συσσίτια ὑπάρχει τὸ παράπαν δεδογμένα κατὰ πόλιν εἶναι. Πόθεν δή τίς γε ἔργῳ μὴ καταγελάστως ἐπιχειρήσει γυναῖκας προσβιάζεσθαι τὴν σίτων καὶ ποτῶν ἀνάλωσιν φανερὰν θεωρεῖσθαι; τούτου γὰρ οὐκ ἔστιν ὅ τι χαλεπώτερον ἂν ὑπομείνειεν τοῦτο τὸ γένος· εἰθισμένον γὰρ δεδυκὸς καὶ σκοτεινὸν ζῆν, ἀγόμενον δ᾽ εἰς φῶς βίᾳ πᾶσαν ἀντίτασιν ἀντιτεῖνον, πολὺ κρατήσει τοῦ νομοθέτου. Τοῦτ᾽ οὖν ἄλλοθι μέν, ὅτιπερ εἶπον, οὐδ᾽ ἂν τὸν λόγον ὑπομείνειε d
τὸν ὀρθὸν ῥηθέντα ἄνευ πάσης βοῆς, ἐνθάδε δὲ ἴσως ἄν. Εἰ δὴ δοκεῖ λόγου γ᾽ ἕνεκα μὴ ἀτυχῆ τὸν περὶ πάσης τῆς πολιτείας γενέσθαι λόγον, ἐθέλω λέγειν ὡς ἀγαθόν ἐστι καὶ πρέπον, εἰ καὶ σφῷν συνδοκεῖ ἀκούειν, εἰ δὲ μή, ἐᾶν.

ΚΛ. Ἀλλ᾽, ὦ ξένε, θαυμαστῶς τό γε ἀκοῦσαι νῷν πάντως που συνδοκεῖ.

ΑΘ. Ἀκούωμεν δή. Θαυμάσητε δὲ μηδὲν ἐὰν ὑμῖν ἄνωθέν ποθεν ἐπιχειρεῖν δόξω· σχολῆς γὰρ ἀπολαύομεν καὶ e
οὐδὲν ἡμᾶς ἐστι τὸ κατεπεῖγον τὸ μὴ πάντῃ πάντως σκοπεῖν τὰ περὶ τοὺς νόμους.

ΚΛ. Ὀρθῶς εἴρηκας.

ΑΘ. Πάλιν τοίνυν ἐπὶ τὰ πρῶτα ἐπαναχωρήσωμεν λεχθέντα. Εὖ γὰρ δὴ τό γε τοσοῦτον χρὴ πάντ᾽ ἄνδρα συννοεῖν, ὡς ἡ τῶν ἀνθρώπων γένεσις ἢ τὸ παράπαν ἀρχὴν οὐδεμίαν εἴληχεν οὐδ᾽ ἕξει ποτέ γε τελευτήν, ἀλλ᾽ ἦν τε ἀεὶ 782 a

c 7 δεδυκὸς A : δεδοικὸς A^{c} (οι ex υ) et O || πᾶσαν AO : πᾶσιν (ι s. v.) O^{4} || **d** 1 ὅτιπερ scripsi (cf. 670 c 5, 797 e 2) : οἵπερ AO || ὑπομείνειε A^{2} (pr. ει i. r. ex ε) et (ί s. v.) O^{2} : ὑπομένειε AO || 3 post δοκεῖ eras. in A (cum uno signo) || **e** 6 εὖ -782 a 3 εἴη hab. Philoponus, *De aeternitate mundi*, 6, 13 (162, 8-13 R.) || χρὴ O^{3} (ή i. r.) et γρ. i. m. A^{3} cum Philop. : χρόνον A et (ut vid.) O || **782 a** 1 ποτέ γε AO : ποτὲ Philop.

et ne cessera d'être constamment, ou l'époque de son apparition remonte à des temps incroyablement reculés.

Clinias. — Assurément.

L'Athénien. — Eh quoi ! des formations et des catastrophes d'États, des mœurs de toute sorte, strictes ou relâchées ; en fait de régime, toutes les variétés de goûts quant aux breuvages et aux aliments, ne pensons-nous pas qu'il y a eu tout cela sur toute la terre, ainsi que toute espèce de révolutions dans les saisons, au cours desquelles les organismes ont dû
b passer par les changements les plus variés ?

Clinias. — Évidemment.

L'Athénien. — Eh quoi ! ne croyons-nous pas qu'un jour la vigne est apparue, alors qu'auparavant il n'y en avait pas ? Et de même pour l'olivier et les dons de Déméter et de Coré ? Un Triptolème n'en a-t-il pas été le pourvoyeur[1] ? Et dans le temps où ils n'existaient pas, ne pensons-nous pas que les animaux, comme cela se voit encore, s'appliquaient à s'entredévorer ?

Clinias. — Et comment !

c L'Athénien. — Que des hommes en immolent d'autres, c'est ce dont nous voyons jusqu'aujourd'hui bien des survivances ; à l'inverse, on nous dit qu'ailleurs il fut un temps où nous n'osions même pas manger de bœuf, où l'on n'offrait pas aux dieux de sacrifices d'êtres vivants, mais des gâteaux ou des fruits trempés dans le miel et d'autres sacrifices « purs » comme ceux-là, où l'on s'abstenait de viande, dans l'idée qu'il était impie d'en manger ou de souiller de sang les autels des dieux : la vie dite orphique était celle de l'humanité d'alors, qui se rejetait sur tout ce qui n'a pas vie
d et s'abstenait, au contraire, de tout ce qui a vie[2].

Clinias. — Tu évoques là des traditions fort répandues et dignes de foi.

L'Athénien. — Mais dans quel but vous ai-je fait maintenant tout ce discours ? On se le demandera peut-être.

Clinias. — Ta supposition est juste, étranger.

1. Déméter et Coré sont les déesses d'Eleusis, où Triptolème, qui succède dans la légende à l'enfant Démophon de l'*Hymne*, avait reçu le premier grain de blé ; cf. Isocrate, *Panégyrique*, 28.

2. La phrase décrit la « vie orphique » en des termes analogues à

καὶ ἔσται πάντως, ἢ μῆκός τι τῆς ἀρχῆς ἀφ' οὗ γέγονεν ἀμήχανον ἂν χρόνον ὅσον γεγονὸς ἂν εἴη.

ΚΛ. Τί μήν ;

ΑΘ. Τί οὖν ; πόλεων συστάσεις καὶ φθοράς, καὶ ἐπιτηδεύματα παντοῖα τάξεώς τε καὶ ἀταξίας, καὶ βρώσεως καὶ πωμάτων τε ἅμα καὶ βρωμάτων ἐπιθυμήματα παντοδαπά, πάντως καὶ περὶ πᾶσαν τὴν γῆν ἆρ' οὐκ οἰόμεθα γεγονέναι, καὶ στροφὰς ὡρῶν παντοίας, ἐν αἷς τὰ ζῷα μεταβάλλειν αὑτῶν παμπληθεῖς μεταβολὰς εἰκός ; b

ΚΛ. Πῶς γὰρ οὔ ;

ΑΘ. Τί οὖν ; πιστεύομεν ἀμπέλους τε φανῆναί πού ποτε πρότερον οὐκ οὔσας ; ὡσαύτως δὲ καὶ ἐλάας καὶ τὰ Δήμητρός τε καὶ Κόρης δῶρα ; Τριπτόλεμόν τέ τινα τῶν τοιούτων γενέσθαι διάκονον ; ἐν ᾧ δὲ μὴ ταῦτα ἦν τῷ χρόνῳ, μῶν οὐκ οἰόμεθα τὰ ζῷα, καθάπερ νῦν, ἐπὶ τὴν ἀλλήλων ἐδωδὴν τρέπεσθαι ;

ΚΛ. Τί μήν ;

ΑΘ. Τὸ δὲ μὴν θύειν ἀνθρώπους ἀλλήλους ἔτι καὶ νῦν c
παραμένον ὁρῶμεν πολλοῖς· καὶ τοὐναντίον ἀκούομεν ἐν ἄλλοις, ὅτε οὐδὲ βοὸς ἐτολμῶμεν γεύεσθαι, θύματά τε οὐκ ἦν τοῖς θεοῖσι ζῷα, πέλανοι δὲ καὶ μέλιτι καρποὶ δεδευμένοι καὶ τοιαῦτα ἄλλα ἁγνὰ θύματα, σαρκῶν δ' ἀπείχοντο ὡς οὐχ ὅσιον ὂν ἐσθίειν οὐδὲ τοὺς τῶν θεῶν βωμοὺς αἵματι μιαίνειν, ἀλλὰ Ὀρφικοί τινες λεγόμενοι βίοι ἐγίγνοντο ἡμῶν τοῖς τότε, ἀψύχων μὲν ἐχόμενοι πάντων, ἐμψύχων δὲ τοὐναντίον πάντων ἀπεχόμενοι. d

ΚΛ. Καὶ σφόδρα λεγόμεν' ἅττ' εἴρηκας καὶ πιστεύεσθαι πιθανά.

ΑΘ. Πρὸς οὖν δὴ τί ταῦτα, εἴποι τις ἄν, ὑμῖν πάντ' ἐρρήθη τὰ νῦν ;

ΚΛ. Ὀρθῶς ὑπέλαβες, ὦ ξένε.

a 3 ἂν εἴη AO : εἴη Philop. || **b** 7 μῶν A^c (ω ex o) et O : μον (cum vitii nota) i. m. A² || **c** 2 ὁρῶμεν A (ὁ i. r., praemisso uno signo) et O || 3 ἐτολμῶμεν A (supra o eras.) et O || **d** 2 ἅττ' K^c : ἅ τ' AO.

L'Athénien. — Eh bien ! si je puis, Clinias, je vais tâcher de vous expliquer ce qui s'ensuit.

Clinias. — Parle.

Les trois appétits fonciers.

L'Athénien. — Je vois que, chez les hommes, tout dépend d'un triple besoin et d'un triple appétit ; de là naît la vertu
c si la direction qu'on leur donne est correcte ; le contraire, si elle est mauvaise. Ce sont, dès la naissance, le manger et le boire, dont tout être, sans exception, a un amour instinctif qui le remplit de frénésie et de révolte si on lui dit qu'il y a autre chose à faire que d'assouvir en cet ordre sa passion de plaisir, et de se délivrer ainsi de toutes les douleurs pos-
783 a sibles ; le troisième de nos besoins essentiels, le plus vif de nos amours, est le dernier à poindre, mais il embrase absolument les hommes, jusqu'à les rendre fous ; c'est le désir de la génération, un feu plein de démesure. Ces trois impulsions, il faut, en les tournant vers le mieux par delà ce qu'on appelle les délices, s'efforcer de les contenir grâce aux trois freins les plus forts, la crainte, la loi et la raison vraie [1], et, avec l'appui des Muses et des dieux qui président aux
b jeux, en atténuer la croissance et en modérer l'afflux.

Pour en revenir à la procréation des enfants, plaçons-la après le mariage, puis, après la naissance, l'allaitement et l'éducation ; peut-être, avec le progrès de nos entretiens, nos différentes lois s'achèveront-elles, comme tout à l'heure quand nous sommes arrivés aux syssities (si de telles réunions doivent avoir lieu finalement pour les femmes ou seulement pour les hommes, c'est ce que nous considérerons mieux de près, peut-être, une fois aux prises avec elles) ; les questions préliminaires, qui maintenant encore restent
c sans lois, nous serviront de couverture une fois réglées, et, comme je viens de le dire, nous considérerons le sujet dans

ceux d'Euripide, *Hippolyte*, 952-954, et d'Aristophane, *Grenouilles*, 1032 ; ce dernier vers mentionne le passage de l'anthropophagie à la civilisation, comme le fera aussi l'*Epinomis*, 975 a 5-7. Cf. *Pindare et Platon*, p. 53.

1. La crainte et la loi, comme pour les Athéniens contemporains des guerres médiques (cf. II 699 c 3-4) ; la raison vraie, maîtresse de persuasion : allusion aux « préludes » du l. IV.

ΑΘ. Καὶ τοίνυν, ἐὰν δύνωμαι, τὰ τούτοις ἑξῆς, ὦ Κλεινία, πειράσομαι φράζειν.

ΚΛ. Λέγοις ἄν.

ΑΘ. Ὁρῶ πάντα τοῖς ἀνθρώποις ἐκ τριττῆς χρείας καὶ
ἐπιθυμίας ἠρτημένα, δι᾽ ὧν ἀρετή τε αὐτοῖς ἀγομένοις
ὀρθῶς καὶ τοὐναντίον ἀποβαίνει κακῶς ἀχθεῖσιν. Ταῦτα δ᾽ e
ἐστὶν ἐδωδὴ μὲν καὶ πόσις εὐθὺς γενομένοις, ἣν πέρι ἅπασαν
πᾶν ζῷον ἔμφυτον ἔρωτα ἔχον, μεστὸν οἴστρου τέ ἐστιν
καὶ ἀνηκουστίας τοῦ λέγοντος ἄλλο τι δεῖν πράττειν πλὴν
τὰς ἡδονὰς καὶ ἐπιθυμίας τὰς περὶ ἅπαντα ταῦτα ἀποπλη-
ροῦντα, λύπης τῆς ἁπάσης ἀεὶ δεῖν σφᾶς ἀπαλλάττειν·
τρίτη δὲ ἡμῖν καὶ μεγίστη χρεία καὶ ἔρως ὀξύτατος ὕστατος 783 a
μὲν ὁρμᾶται, διαπυρωτάτους δὲ τοὺς ἀνθρώπους μανίαις
ἀπεργάζεται πάντως, ὁ περὶ τὴν τοῦ γένους σπορὰν ὕβρει
πλείστῃ καόμενος. Ἃ δὴ δεῖ τρία νοσήματα, τρέποντα εἰς
τὸ βέλτιστον παρὰ τὸ λεγόμενον ἥδιστον, τρισὶ μὲν τοῖς
μεγίστοις πειρᾶσθαι κατέχειν, φόβῳ καὶ νόμῳ καὶ τῷ ἀληθεῖ
λόγῳ, προσχρωμένους μέντοι Μούσαις τε καὶ ἀγωνίοισι
θεοῖς σβεννύναι τὴν αὔξην τε καὶ ἐπιρροήν. b

Παίδων δὲ δὴ γένεσιν μετὰ τοὺς γάμους θῶμεν, καὶ μετὰ
γένεσιν τροφὴν καὶ παιδείαν· καὶ τάχ᾽ ἂν οὕτω προϊόντων
τῶν λόγων ὅ τε νόμος ἡμῖν ἕκαστος περαίνοιτο ὡς τοὔμ-
προσθεν ἐπὶ συσσίτια ἡνίκα ἀφικόμεθα — τὰς τοιαύτας
κοινωνίας εἴτε ἄρα γυναικῶν εἴτε ἀνδρῶν δεῖ μόνων γίγνε-
σθαι, προσμείξαντες αὐτοῖς ἐγγύθεν ἴσως μᾶλλον κατοψό-
μεθα — τά τε ἐπίπροσθεν αὐτῶν, ἔτι νῦν ὄντα ἀνομοθέ-
τητα, τάξαντες αὐτὰ ἐπίπροσθεν ποιησόμεθα, καὶ ὅπερ c
ἐρρήθη νυνδή, κατοψόμεθά τε αὐτὰ ἀκριβέστερον, μᾶλλόν

783 b 1 σβεννύναι K^c : σβεννύντων AO || 2 παίδων -d 4 καλῶς i. m. (praemissis eadem Arethae manu verbis ἔν τισι τῶν ἀντιγράφων φέρεται καὶ ταῦτα) A^3O^3 : om. AO || δὲ A^3 : om. O^3K^c || 3 οὕτω A^3 : οὕτως O^3 || 4 ὡς cj. England : εἰς A^3O^3 || 5 ἡνίκα ἀφικόμεθα A^3O^3 : ἵνα καὶ ἀφικόμενοι K^c || 6 μόνων A^3 : μόνον O^3.

un plus grand détail et serons mieux à même de lui donner les lois qui lui vont et lui conviennent.

Clinias. — C'est très juste.

L'Athénien. — Gardons d'ailleurs en mémoire ce que nous venons de dire ; car peut-être aurons-nous besoin de tout cela.

Clinias. — Sur quoi porte cette invitation ?

L'Athénien. — Sur les réalités que nous distinguons au moyen des trois termes : ne parlions-nous pas de nourriture, en second lieu de boisson ; enfin, d'une sorte d'exal-
d tation sexuelle[1] ?

Clinias. — Nous ne risquerons pas, étranger, d'avoir oublié l'objet de ton invitation présente.

L'Athénien. — Bien. Mais revenons à nos mariés, pour leur apprendre comment et de quelle façon ils doivent procréer leurs enfants, ou, si nous n'arrivons pas à les convaincre, pour les menacer par des lois.

Clinias. — Comment ?

La procréation.

L'Athénien. — L'épouse et l'époux doivent avoir en vue de donner à la cité les enfants les plus beaux et les meilleurs possible. Tous les
e hommes qui prennent part à une action quelconque font tout bel et bien quand ils réfléchissent et appliquent leur esprit à ce qu'ils font ; mais s'ils n'appliquent pas leur esprit ou qu'ils en manquent, c'est le contraire. Ainsi, que l'époux fasse attention à l'épouse et à la procréation, et de même aussi l'épouse, surtout pendant le temps qui précède la
784 a première naissance. Nous chargerons d'y veiller les femmes que nous avons choisies[2], en plus ou moins grand nombre, suivant et lorsqu'il plaira aux magistrats d'en désigner ; elles se réuniront chaque jour au temple d'Eilithyie pendant au

1. « Exaltation » rend διαπτόησιν. Πτοεῖν et ses dérivés ont été, dès Sappho (fr. 2 D., v. 5), les mots techniques pour le « battement d'ailes » de l'émoi amoureux. Cf. la note de P. Shorey à *Rép.* IV 439 d 7 (Loeb Classical Library, t. I, 1930) et ma traduction de Diadoque de Photicé (Paris, 1943), p. 57, n. 1.

2. Nulle part il n'a été question d'un pareil choix ; cette inadvertance aurait sans doute disparu lors d'une revision. Toute la fin du livre VI, où le texte des mss fait souvent difficulté et où un long passage ne nous a été conservé dans A et O que grâce à Aréthas

τε τοὺς προσήκοντας αὐτοῖς καὶ πρέποντας νόμους ἂν θείημεν.

ΚΛ. Ὀρθότατα λέγεις.

ΑΘ. Φυλάξωμεν τοίνυν τῇ μνήμῃ τὰ νυνδὴ λεχθέντα· ἴσως γὰρ χρείαν ποτ' αὐτῶν πάντων ἕξομεν.

ΚΛ. Τὰ ποῖα δὴ διακελεύῃ;

ΑΘ. Ἃ τοῖς τρισὶ διωριζόμεθα ῥήμασι· βρῶσιν μὲν ἐλέγομέν που, καὶ δεύτερον πόσιν, καὶ ἀφροδισίων δέ τινα
διαπτόησιν τρίτον. d

ΚΛ. Πάντως, ὦ ξένε, μεμνησόμεθά που ἅττα νῦν διακελεύῃ.

ΑΘ. Καλῶς. Ἔλθωμεν δ' ἐπὶ τὰ νυμφικά, διδάξοντές τε αὐτοὺς πῶς χρὴ καὶ τίνα τρόπον τοὺς παῖδας ποιεῖσθαι, καὶ ἐὰν ἄρα μὴ πείθωμεν, ἀπειλήσοντές τισιν νόμοις.

ΚΛ. Πῶς;

ΑΘ. Νύμφην χρὴ διανοεῖσθαι καὶ νυμφίον ὡς ὅτι καλλίστους καὶ ἀρίστους εἰς δύναμιν ἀποδειξομένους παῖδας
τῇ πόλει. Πάντες δ' ἄνθρωποι κοινωνοὶ πάσης πράξεως, e
ἡνίκα μὲν ἂν προσέχωσιν αὑτοῖς τε καὶ τῇ πράξει τὸν νοῦν, πάντα καλὰ καὶ ἀγαθὰ ἀπεργάζονται, μὴ προσέχοντες δὲ ἢ μὴ ἔχοντες νοῦν, τἀναντία. Προσεχέτω δὴ καὶ ὁ νυμφίος τῇ τε νύμφῃ καὶ τῇ παιδοποιίᾳ τὸν νοῦν, κατὰ ταὐτὰ δὲ καὶ ἡ νύμφη, τοῦτον τὸν χρόνον διαφερόντως ὃν
ἂν μήπω παῖδες αὐτοῖς ὦσιν γεγονότες. Ἐπίσκοποι δ' 784 a
ἔστωσαν τούτων ἃς εἱλόμεθα γυναῖκες, πλείους εἴτ' ἐλάττους, τοῖς ἄρχουσιν ὁπόσας ἂν δοκῇ προστάττειν τε καὶ ὁπόταν, πρὸς τὸ τῆς Εἰλειθυίας ἱερὸν ἑκάστης ἡμέρας

c 8 et **d** 2 διακελεύῃ a (εύῃ i. r.) et O[4] (ηι s. v.) : διακελεύει O[3] et (ut vid.) A[3] || **d** 1 διαπτόησιν edd. : διαπτοίησιν A[3]O[3] || 2 ἅττα K[c] : τὰ A[3] (tuetur Wilamowitz) τα̈ O (sic ; sine puncto supra τ) ; an legend. ἃ ? || νῦν A : νῦν δὴ O || 8 νύμφην A[c] (ν add.) et O : νύμφη A || **e** 5 παιδοποιίᾳ a (quart. ι i. r.) et (ι s. v., ν p. n.) O[4] : παιδοποιίαν A (ut vid.) et O.

moins le tiers d'une heure[1], et une fois réunies là, elles se signaleront mutuellement ceux des hommes ou des femmes en âge de procréer qu'on voit occupés d'autres soucis que de la tâche à eux assignée lors des sacrifices et des rites nup-
b tiaux. La procréation et la surveillance des conjoints dureront dix ans, et pas davantage, temps où la génération se répand en abondance ; si certains arrivent au terme de cette période sans avoir eu d'enfants, ils se sépareront en examinant, d'accord avec leurs proches et les femmes en charge, le parti le meilleur pour chacun d'eux. En cas de contestation sur le devoir et l'intérêt de chacun des conjoints, on
c choisira dix des gardiens des lois comme arbitres, et on s'en tiendra à leurs décisions. Les femmes entreront chez les jeunes ménages, tantôt avec des avertissements, tantôt avec des menaces, pour les tirer de culpabilité ou d'ignorance ; si elles échouent, elles iront avertir les gardiens des lois, qui séviront. Dans le cas où ceux-ci échoueraient à leur tour, ils feront une dénonciation publique, avec mise au pilori et en attestant par serment qu'ils ne réussissent pas à corriger tel
d et tel. Si celui qui aura été mis au pilori ne triomphe en justice de ses accusateurs, il sera frappé des atimies suivantes : il n'ira pas aux mariages ni aux fêtes qui célèbrent les naissances, ou, s'il y va, le premier venu pourra impunément le châtier à coups de fouet. Les mêmes mesures s'appliqueront à la femme : elle sera exclue des sorties réservées à son sexe, des distinctions, des réunions de mariage ou de naissance, si, pour le même désordre, elle est mise au
e pilori et ne peut se défendre avec succès. Quand on aura eu des enfants selon les lois, si un homme a des relations de ce genre avec la femme d'autrui, ou une femme avec un autre homme, et que le complice soit encore en âge de procréer,

(= A^3O^3 ; cf. *Introduction*, p. ccxiv), trahit des défauts de composition et de rédaction. L'âge indiqué (785 b 4-5) pour le mariage des garçons, trente à trente-cinq ans, ne s'accorde pas avec une prescription antérieure du livre VI (772 d), mais bien avec les lois du livre IV (721 b) ; pour les filles, la limite inférieure, fixée à vingt ans dans la *République* (V 460 e), l'est ici à seize (785 b 3) et le sera plus loin à dix-huit (VIII 833 d 4). Cf. L. Gernet, *Introduction*, p. clxv et n. 2. Sur l'inscription à la phratrie (785 a-b), *ibid.*, p. cxiv-cxv.

1. R. G. Bury (*Classical Review*, 1948, p. 108-109) supprimerait ὥρας, qui, d'après lui, devrait équivaloir ici à ἡμέρας.

συλλεγόμεναι μέχρι τρίτου μέρους ὥρας, οἷ δὴ συλλεχθεῖσαι
διαγγελλόντων ἀλλήλαις εἴ τίς τινα ὁρᾷ πρὸς ἄλλ' ἄττα
βλέποντα ἄνδρα ἢ καὶ γυναῖκα τῶν παιδοποιουμένων ἢ
πρὸς τὰ τεταγμένα ὑπὸ τῶν ἐν τοῖς γάμοις θυσιῶν τε καὶ
ἱερῶν γενομένων. Ἡ δὲ παιδοποιία καὶ φυλακὴ τῶν παιδο- b
ποιουμένων δεκέτις ἔστω, μὴ πλείω δὲ χρόνον, ὅταν εὔροια
ᾖ τῆς γενέσεως· ἂν δὲ ἄγονοί τινες εἰς τοῦτον γίγνωνται
τὸν χρόνον, μετὰ τῶν οἰκείων καὶ ἀρχουσῶν γυναικῶν δια-
ζεύγνυσθαι κοινῇ βουλευομένους εἰς τὰ πρόσφορα ἑκατέ-
ροις. Ἐὰν δ' ἀμφισβήτησίς τις γίγνηται περὶ τῶν ἑκατέροις
πρεπόντων καὶ προσφόρων, δέκα τῶν νομοφυλάκων ἑλομέ-
νους, οἷς ἂν ἐπιτρέψωσιν οἱ δὲ τάξωσι, τούτοις ἐμμένειν. c
Εἰσιοῦσαι δ' εἰς τὰς οἰκίας τῶν νέων αἱ γυναῖκες, τὰ μὲν
νουθετοῦσαι, τὰ δὲ καὶ ἀπειλοῦσαι, παυόντων αὐτοὺς τῆς
ἁμαρτίας καὶ ἀμαθίας· ἐὰν δ' ἀδυνατῶσι, πρὸς τοὺς νομο-
φύλακας ἰοῦσαι φραζόντων, οἱ δ' εἰργόντων. Ἂν δὲ καὶ
ἐκεῖνοί πως ἀδυνατήσωσι, πρὸς τὸ δημόσιον ἀποφηνάντων,
ἀναγράψαντές τε καὶ ὀμόσαντες ἦ μὴν ἀδυνατεῖν τὸν καὶ
τὸν βελτίω ποιεῖν. Ὁ δὲ ἀναγραφεὶς ἄτιμος ἔστω, μὴ ἑλὼν d
ἐν δικαστηρίῳ τοὺς ἐγγράψαντας, τῶνδε· μήτε γὰρ εἰς
γάμους ἴτω μήτε εἰς τὰς τῶν παίδων ἐπιτελειώσεις, ἂν δὲ
ἴῃ, πληγαῖς ὁ βουληθεὶς ἀθῷος αὐτὸν κολαζέτω. Τὰ αὐτὰ
δὲ καὶ περὶ γυναικὸς ἔστω νόμιμα· τῶν ἐξόδων γὰρ τῶν
γυναικείων καὶ τιμῶν καὶ τῶν εἰς τοὺς γάμους καὶ γενέθλια
παίδων φοιτήσεων μὴ μετεχέτω, ἐὰν ἀκοσμοῦσα ὡσαύτως
ἀναγραφῇ καὶ μὴ ἕλῃ τὴν δίκην. Ὅταν δὲ δὴ παῖδας γεννή- e
σωνται κατὰ νόμους, ἐὰν ἀλλοτρίᾳ τις περὶ τὰ τοιαῦτα
κοινωνῇ γυναικὶ ἢ γυνὴ ἀνδρί, ἐὰν μὲν παιδοποιουμένοις

784b 3 γίγνωνται **a** (ω ex ο) : γίγνονται AO || **c** 1 οἱ δὲ τάξωσι scr. **Burnet** : οἷδε τάξωσι AO οἷδε τάξουσι **a** (ου ex ω) οἷδε καὶ τάξωσι K^c || 7 ὀμόσαντες A^2 : ὁμόσαντες AO || **d** 6 γενέθλια γρ. i. m. K^c : γενεθλίων Π i. m. O^4 γενέσεων A^c (in εων spatio relicto, cum ras., inter ε et ω) et O γενέσια τῶν fort. A γενέσεις K^c || 7 τῶν ante παίδων cj. **Burnet** (ex A a. r.).

ils seront frappés des mêmes peines que les conjoints à qui il naît encore des enfants ; passée cette limite, ceux qui vivront chastement sous tous ces rapports seront entourés d'honneur, mais les autres auront la réputation contraire,
785 a ou plutôt ils seront déshonorés. Et si le plus grand nombre a la modération voulue en cette matière, on fera le silence là-dessus sans faire de règlements ; en cas de désordres, on fera des règlements et on les appliquera comme on l'a dit, d'après les lois édictées tout à l'heure. Le commencement de toute existence est la première année ; il faut enregistrer celle-ci dans les sanctuaires familiaux sous ce titre : « commencement de la vie ». Pour les garçons et les filles, on inscrira à côté de leur nom dans chaque phratrie, sur un mur blanchi, le numéro des archontes qui donnent leur numéro aux années (éponymes) ; les membres vivants de la
b phratrie seront inscrits successivement l'un à côté de l'autre et on effacera les défunts. L'âge de se marier sera chez les filles de seize à vingt ans, — pour déterminer la plus longue période ; chez les garçons, de trente à trente-cinq ans ; pour les charges, une femme devra avoir quarante ans et un homme trente ; pour la guerre, les hommes auront de vingt à soixante ans ; quant aux fonctions militaires qu'on croirait devoir imposer à des femmes après la naissance de leurs enfants, on fixera ce qui est possible et convenable pour chacune, sans dépasser cinquante ans.

ἔτι, τὰ αὐτὰ ἐπιζήμια αὐτοῖς ἔστω καθάπερ τοῖς ἔτι γεν- 784 e
νωμένοις εἴρηται· μετὰ δὲ ταῦτα ὁ μὲν σωφρονῶν καὶ
σωφρονοῦσα εἰς τὰ τοιαῦτα ἔστω πάντα εὐδόκιμος, ὁ δὲ
τοὐναντίον ἐναντίως τιμάσθω, μᾶλλον δὲ ἀτιμαζέσθω. Καὶ
μετριαζόντων μὲν περὶ τὰ τοιαῦτα τῶν πλειόνων ἀνομοθέ- 785 a
τητα σιγῇ κείσθω, ἀκοσμούντων δὲ νομοθετηθέντα ταύτῃ
πραττέσθω κατὰ τοὺς τότε τεθέντας νόμους. Βίου μὲν
ἀρχὴ τοῦ παντὸς ἑκάστοις ὁ πρῶτος ἐνιαυτός· ὃν γεγράφθαι
χρεὼν ἐν ἱεροῖσι πατρῴοις Ζωῆς ἀρχὴ κόρῳ καὶ κόρῃ.
Παραγεγράφθω δ' ἐν τοίχῳ λελευκωμένῳ ἐν πάσῃ φρατρίᾳ
τὸν ἀριθμὸν τῶν ἀρχόντων τῶν ἐπὶ τοῖς ἔτεσιν ἀριθμου-
μένων· τῆς δὲ φρατρίας ἀεὶ τοὺς ζῶντας μὲν γεγράφθαι
πλησίον, τοὺς δ' ὑπεκχωροῦντας τοῦ βίου ἐξαλείφειν. Γάμου b
δὲ ὅρον εἶναι κόρῃ μὲν ἀπὸ ἑκκαίδεκα ἐτῶν εἰς εἴκοσι, τὸν
μακρότατον χρόνον ἀφωρισμένον, κόρῳ δὲ ἀπὸ τριάκοντα
μέχρι τῶν πέντε καὶ τριάκοντα· εἰς δὲ ἀρχὰς γυναικὶ μὲν
τετταράκοντα, ἀνδρὶ δὲ τριάκοντα ἔτη· πρὸς πόλεμον δὲ
ἀνδρὶ μὲν εἴκοσι μέχρι τῶν ἑξήκοντα ἐτῶν· γυναικὶ δέ, ἣν
ἂν δοκῇ χρείαν δεῖν χρῆσθαι πρὸς τὰ πολεμικά, ἐπειδὰν
παῖδας γεννήσῃ, τὸ δυνατὸν καὶ πρέπον ἑκάσταις προστάτ-
τειν μέχρι τῶν πεντήκοντα ἐτῶν.

e 4 alt. ἔτι AO : ἄρτι Π i. m. O[4] || 785 a 5 ἀρχὴ (post κόρῃ distincto) AO Π i. m. O[4] : ἀρχὴν (ν add. sed p. n.) O[4].

TABLE DES MATIÈRES

Ce volume,
le cent quinzième
de la série grecque
de la Collection des Universités de France,
publié aux Éditions Les Belles Lettres,
a été achevé d'imprimer
en avril 2007
sur presse rotative numérique
de Jouve
11, bd de Sébastopol, 75001 Paris

N° d'édition : 6573
Dépôt légal : mai 2007

Imprimé en France